VII

COMENTÁRIOS AO CÓDIGO DE PROCESSO CIVIL

PROCEDIMENTO COMUM (DISPOSIÇÕES GERAIS ATÉ
DA AUDIÊNCIA DE INSTRUÇÃO E JULGAMENTO)

www.editorasaraiva.com.br/direito
Visite nossa página

JOSÉ ROGÉRIO CRUZ E TUCCI

COORDENADORES

JOSÉ ROBERTO F. GOUVÊA
LUIS GUILHERME A. BONDIOLI
JOÃO FRANCISCO N. DA FONSECA

COMENTÁRIOS AO CÓDIGO DE PROCESSO CIVIL

ARTS. 318 A 368

2ª edição
2017

ISBN 978-85-472-1770-9

DADOS INTERNACIONAIS DE CATALOGAÇÃO NA PUBLICAÇÃO (CIP)
ANGÉLICA ILACQUA CRB-8/7057

Cruz e Tucci, José Rogério

Comentários ao Código de Processo Civil – volume VII (arts. 318-368) / José Rogério Cruz e Tucci ; coordenação de José Roberto Ferreira Gouvêa, Luis Guilherme Aidar Bondioli, João Francisco Naves da Fonseca. – 2. ed. – São Paulo : Saraiva, 2017.

1. Processo civil 2. Processo civil - Leis e legislação - Brasil I. Título II. Gouvêa, José Roberto Ferreira III. Bondioli, Luis Guilherme Aidar IV. Fonseca, João Francisco Naves da.

17-0220 CDU 347.9(81)(094.4)

Índice para catálogo sistemático:

1. Processo civil – Leis e legislação – Brasil 347.9(81)(094.4)

SOMOS EDUCAÇÃO | saraiva jur

Av. das Nações Unidas, 7.221, 1º andar, Setor B
Pinheiros – São Paulo – SP – CEP 05425-902

SAC | 0800-0117875
De 2ª a 6ª, das 8h às 18h
www.editorasaraiva.com.br/contato

Presidente	Eduardo Mufarej
Vice-presidente	Claudio Lensing
Diretora editorial	Flávia Alves Bravin
Conselho editorial	
Presidente	Carlos Ragazzo
Consultor acadêmico	Murilo Angeli Dias dos Santos
Gerência	
Planejamento e novos projetos	Renata Pascual Müller
Concursos	Roberto Navarro
Legislação e doutrina	Thaís de Camargo Rodrigues
Edição	Daniel Pavani Naveira
Produção editorial	Ana Cristina Garcia (coord.)
	Luciana Cordeiro Shirakawa
	Clarissa Boraschi Maria (coord.)
	Guilherme H. M. Salvador
	Kelli Priscila Pinto
	Marília Cordeiro
	Mônica Landi
	Surane Vellenich
	Tatiana dos Santos Romão
	Tiago Dela Rosa
Diagramação e revisão	Know-How Editorial
Comunicação e MKT	Elaine Cristina da Silva
Capa	Aero Comunicação / Danilo Zanott
Produção gráfica	Marli Rampim
Impressão e acabamento	Prol Editora Gráfica

Data de fechamento da edição: 15-3-2017

Dúvidas? Acesse www.editorasaraiva.com.br/direito

Nenhuma parte desta publicação poderá ser reproduzida por qualquer meio ou forma sem a prévia autorização da Editora Saraiva. A violação dos direitos autorais é crime estabelecido na Lei n. 9.610/98 e punido pelo art. 184 do Código Penal.

CL 603276 CAE 618001

Aos encantos da minha vida:
Cibele, Amanda e Bianca

APRESENTAÇÃO

Nossa relação com a Editora Saraiva tornou-se conhecida em 1995, com a publicação da 26ª edição do *Código de Processo Civil e legislação processual em vigor* e da 14ª edição do *Código Civil e legislação civil em vigor*, ainda de autoria exclusiva de Theotonio Negrão, mas já com a colaboração do primeiro subscritor desta apresentação, revelada na nota daquelas edições. Atualmente, mais de 20 anos depois, essas obras estão na 47ª edição e na 34ª edição, respectivamente, o que é motivo de imensa alegria e satisfação para nós.

Outro momento marcante desta relação se deu em 2005, por ocasião do lançamento da Coleção Theotonio Negrão, destinada à publicação de dissertações de mestrado e teses de doutorado aprovadas nas melhores instituições de ensino jurídico do País, sob a coordenação do primeiro subscritor desta apresentação e com a participação, na condição de autores, dos outros dois subscritores.

Pouco depois de 2005, em nossas constantes conversas com a Editora Saraiva, surgiu a ideia de mais um projeto conjunto, qual seja, a edição de *Comentários ao Código de Processo Civil*, compostos por volumes a serem escritos individualmente por estudiosos do direito processual civil brasileiro. A inspiração óbvia para essa iniciativa era a paradigmática coleção coordenada pelo Mestre José Carlos Barbosa Moreira em outra casa editorial. Quando esse projeto não passava ainda de uma simples conversa, a constituição de uma comissão de juristas para a elaboração de um anteprojeto de Código de Processo Civil em 2009 nos causou sensações mistas. De um lado, esse anteprojeto nos colocava em compasso de espera e adiava a concretização de tal ideia. De outro lado, referido anteprojeto nos deixava a certeza de que, um dia, o mencionado intento ganharia concretude e proporções maiores do que as imaginadas originalmente.

Entre 2009 e 2015, acompanhamos com atenção o processo legislativo que passou pela elaboração dos projetos de lei n. 166/2010 e 8.046/2010 e culminou com a publicação da Lei n. 13.105, de 16 de março de 2015, que trouxe para o Brasil um novo Código de Processo Civil. Nesse ínterim, nosso mais recente projeto conjunto com a Editora Saraiva foi tomando corpo. Conseguimos reunir um selecionado time de doutores, livres-docentes e professores das mais renomadas faculdades de direito do País, que se integrou ao nosso projeto e foi determinante para que ele se tornasse realidade. A todos os integrantes desse time, ficam aqui os nossos mais sinceros agradecimentos!

Com a chegada do ano de 2016, o Código de Processo Civil entrou em vigor, um ano após a sua publicação e já alterado pela Lei n. 13.256, de 4 de fevereiro de 2016. Foi o período de maior reflexão e estudo na história processual recente do País. E é um extrato dessa reflexão e desse estudo que pretendemos ver presente nesta coleção de *Comentários ao Código de Processo Civil*, elaborada em 21 volumes, que, esperamos, contribuam para a boa compreensão e aplicação da lei processual mais importante do Brasil.

São Paulo, julho de 2016.

José Roberto Ferreira Gouvêa
Luis Guilherme Aidar Bondioli
João Francisco Naves da Fonseca

SUMÁRIO

Apresentação.. 7

PARTE ESPECIAL

LIVRO I
DO PROCESSO DE CONHECIMENTO E DO CUMPRIMENTO DE SENTENÇA

Título I
DO PROCEDIMENTO COMUM

1.	Conteúdo do Título I..	23
2.	Breve perfil histórico dos procedimentos no processo civil brasileiro....	24
	2.1. Introdução...	24
	2.2. Primeiras leis atinentes ao processo civil............................	25
	2.3. Regulamento n. 737 (1850)..	25
	2.3.1. Considerações prévias	25
	2.3.2. Estrutura..	26
	2.3.3. Atos, procedimentos e fases do processo.................	26
	2.4. Consolidação Ribas (1878)...	29
	2.5. Literatura processual da época	31
	2.6. Período da dualidade processual (1890-1934)	32
	2.7. Unificação do direito processual (1934-1938).....................	35
	2.8. Literatura processual da época	35
	2.9. CPC de 1939...	35
	2.10. CPC de 1973..	38
	2.11. Diagnóstico preambular do CPC de 2015	39
3.	Processo de conhecimento e cumprimento de sentença	42
4.	Processo e procedimento	44

5. Procedimento comum e procedimentos especiais 47
6. Superação do procedimento comum. Tutela diferenciada 48

Capítulo I
DISPOSIÇÕES GERAIS

Art. 318 51

7. Generalidades 51
8. Caráter subsidiário do procedimento comum............................... 51
9. Conversão do procedimento 52

Capítulo II
DA PETIÇÃO INICIAL
Seção I
Dos Requisitos da Petição Inicial

Art. 319 53

10. Generalidades 54
11. Requisitos intrínsecos da petição inicial....................................... 55
    11.1. Endereçamento 55
    11.2. Qualificação das partes... 55
    11.3. Causa de pedir... 56
        11.3.1. Exposição fático-jurídica.. 56
        11.3.2. Fato essencial e fato secundário............................ 57
        11.3.3. Conteúdo, classificação e cumulação da *causa petendi* 58
        11.3.4. Finalidade da *causa petendi* 61
        11.3.5. O problema da requalificação jurídica da demanda 61
        11.3.6. Causa de pedir e tutela de urgência...................... 67
    11.4. Pedido.. 67
    11.5. Valor da causa... 67
    11.6. Protesto por provas... 68
    11.7. Opção pela realização de conciliação ou de mediação 69
    11.8. Discriminação das obrigações sobre as quais se pretende controverter e do valor incontroverso................................. 69
    11.9. Postulação em causa própria 70
12. Petição inicial da ação rescisória... 70
13. Dispensa do requerimento para citação do réu 73

14. Talento e responsabilidade do advogado na elaboração da petição inicial 73
15. Aproveitamento da petição inicial e ponderação legal 76
16. Cópia da petição inicial como documento essencial do ato de citação 77

Art. 320 .... **78**
17. Generalidades 78
18. Oportunidade da produção da prova documental 78
19. Desatendimento do ônus de provar 79
20. Prova da vigência do direito 80
21. Reprodução cinematográfica ou fonográfica 80
22. Dificuldade de produção da prova em processo eletrônico 81
23. Conceito de documento novo e de documento superveniente 81
24. Produção ulterior de documento novo e de documento superveniente 81

Art. 321 .... **82**
25. Generalidades 82
26. Indeferimento da petição inicial 82

Seção II
Do Pedido

27. Generalidades 83
28. Cumulação de pedidos 83
29. Classificação do pedido 84

Art. 322 .... **84**
30. Generalidades 85
31. O dogma da correlação entre o pedido e a sentença 86
32. Pedidos implícitos 87
33. Interpretação do pedido norteada pelo princípio da boa-fé 89

Art. 323 .... **91**
34. Inclusão implícita *ope legis* das prestações sucessivas 91
35. Obrigação periódica e obrigação continuativa 92
36. Duração do processo e inadimplemento progressivo da obrigação periódica ou da obrigação continuativa 93
37. Latitude da condenação 94
38. Prestações vencidas e prescrição 94

Art. 324 .... **95**
39. Determinação do pedido 95
40. Pedido genérico e sentença ilíquida 96
41. Hipóteses excepcionais de pedido genérico................... 96

Art. 325 .... **97**
42. Generalidades 97
43. Conceito de obrigação alternativa.................................. 98
44. Procedência do pedido alternativo................................. 99

Art. 326 .... **99**
45. Generalidades 99
46. Pressupostos da cumulação subsidiária 101
47. Interesse em recorrer 103
48. Efeito devolutivo da apelação.. 106
49. Cumulação alternativa de pedidos................................ 108
50. Breve síntese conclusiva 108

Art. 327 .... **109**
51. Generalidades 109
52. Pressupostos da cumulação de pedidos........................ 110
    52.1. Compatibilidade dos pedidos............................. 110
    52.2. Juízo competente para todos os pedidos........... 112
    52.3. Adequação procedimental 113
53. Expressa preservação das técnicas de tutela diferenciada............... 115

Art. 328 .... **115**
54. Generalidades 115
55. Conceito processual de parte e de terceiro 116
56. Terceiros beneficiados pela eficácia da sentença transitada em julgado 120
57. Reconhecimento da improcedência do pedido em obrigação indivisível 123

Art. 329 .... **123**
58. Introdução: tendências do moderno processo civil sobre a estabilização da demanda 123
59. Generalidades 130
60. Interpretação restritiva da regra legal 133

61. Alteração involuntária da causa de pedir por força de fato superveniente 134

Seção III
Do Indeferimento da Petição Inicial

Art. 330 .... **137**
62. Generalidades 138
63. Hipóteses de indeferimento da petição inicial 139
    63.1. Inépcia 139
        63.1.1. Falta de pedido ou de causa de pedir 139
        63.1.2. Indeterminação do pedido 140
        63.1.3. Perplexidade emergente da narração fático-jurídica ... 140
        63.1.4. Incompatibilidade entre os pedidos 140
    63.2. Ilegitimidade de parte ou falta de interesse processual 141
        63.2.1. Carência de ação aferida *prima facie* 141
        63.2.2. Previsão expressa de emenda da petição inicial 143
    63.3. Falta de especificação de dados exigidos pela lei (art. 106).. 143
    63.4. Descumprimento da emenda da inicial no prazo legal (art. 321) 143
    63.5. Omissão das obrigações impugnadas e do valor incontroverso 143

Art. 331 .... **144**
64. Generalidades 144
65. Apelação e possibilidade de retratação 145
66. Interposição de apelação e citação do réu 145
67. Trânsito em julgado da sentença 146
68. Provimento do recurso e início do prazo para contestação 146

Capítulo III
DA IMPROCEDÊNCIA LIMINAR DO PEDIDO

69. Origem histórica e eficácia do precedente judicial na tradição luso-brasileira 146
    69.1. Disciplina do direito subsidiário 146
    69.2. Interpretação autêntica das leis e assentos dos tribunais 148
    69.3. Estilos da Casa da Suplicação 150
    69.4. Direito subsidiário na reforma pombalina 151

69.5.	Assentos e estilos na Lei da Boa Razão	153
69.6.	Coibição da prática abusiva de editar assentos	154
69.7.	Classificação dos assentos	155
69.8.	Assentos do Tribunal da Relação do Rio de Janeiro	155
69.9.	Assentos da Casa da Suplicação do Brasil	156

Art. 332 .... **157**

70. Generalidades 158
71. Precedente judicial como fundamento do julgamento liminar de improcedência 159

    71.1. Espécies de precedentes que não podem ser contrariados pelo pedido ... 159

    71.2. Protagonismo dos tribunais superiores ... 159

    71.3. Função e relevância dos pronunciamentos decisórios dos tribunais ... 160

    71.4. Repercussão do precedente judicial nos futuros julgamentos ... 162

    71.5. Tipologia da eficácia das decisões dos tribunais na experiência jurídica brasileira ... 163

        71.5.1. Súmulas com eficácia vinculante ... 164

        71.5.2. Súmulas e precedentes com relativa eficácia vinculante ("*force de facto*") ... 164

        71.5.3. Precedentes e jurisprudência com eficácia meramente persuasiva ... 166

72. Impossibilidade de decisão proferida com base em "fundamento-surpresa" ... 167
73. Reconhecimento da decadência ou da prescrição ... 168
74. Apelação e possibilidade de retratação ... 169
75. Interposição de apelação e citação do réu ... 170
76. Trânsito em julgado da sentença ... 170

Capítulo IV
DA CONVERSÃO DA AÇÃO INDIVIDUAL EM AÇÃO COLETIVA

Art. 333 .... **170**

Capítulo V
DA AUDIÊNCIA DE CONCILIAÇÃO OU DE MEDIAÇÃO

77. Introdução: meios suasórios de solução dos conflitos ... 170

Art. 334	**174**
78. Generalidades	175
79. Realização da audiência de conciliação ou de mediação	176
80. Conclusão da audiência	177
81. Não realização da audiência de conciliação ou de mediação	178
82. Ausência injustificada: ato atentatório à dignidade da justiça	178

Capítulo VI
DA CONTESTAÇÃO

83. Introdução: plenitude da bilateralidade da audiência	179
84. Síntese da atuação defensiva	183
Art. 335	**185**
85. Início do prazo de contestação	186
86. Prazo de contestação na hipótese de citação por via eletrônica	187
Art. 336	**187**
87. Generalidades	187
88. Requisitos formais da contestação	189
89. Natureza e classificação da matéria de defesa: "razões de fato e de direito"	190
89.1. Defesa indireta processual e prevalência da decisão de mérito	190
89.2. Defesa indireta de mérito	193
89.3. Defesa direta de mérito	195
90. Protesto pela produção de provas	195
91. Arguição de suspeição e de impedimento	196
Art. 337	**197**
92. Generalidades	197
93. Inexistência ou nulidade de citação (inciso I)	198
94. Incompetência relativa ou absoluta (inciso II)	202
94.1. Incompetência absoluta para julgamento da ação rescisória	202
95. Atribuição incorreta do valor da causa (inciso III)	205
96. Inépcia da petição inicial (inciso IV)	205
97. Perempção, litispendência ou coisa julgada (incisos V, VI e VII)	206
97.1. Perempção	206

97.2. Litispendência 206
97.3. Coisa julgada material 207
98. Conexão (inciso VIII) 208
99. Incapacidade de parte, defeito de representação ou falta de autorização (inciso IX) 209
100. Convenção de arbitragem (inciso X) 211
101. Falta de legitimidade ou de interesse processual (inciso XI) 212
102. Falta de caução ou de outra prestação imposta pela lei (inciso XII) .. 213
103. Indevida concessão do benefício da gratuidade de justiça (inciso XIII) 214

Art. 338 .... **214**
104. Generalidades: correção do legitimado passivo 215
105. Responsabilidade do autor pela sucumbência 215

Art. 339 .... **216**
106. Generalidades 216
107. Opções oferecidas ao autor 216

Art. 340 .... **217**
108. Generalidades 217
109. Suspensão e redesignação da audiência de conciliação ou de mediação 218

Art. 341 .... **218**
110. Generalidades: ônus da impugnação especificada dos fatos........... 219
111. Ônus da impugnação especificada imposto ao autor 221
112. Exceções à regra da presunção de veracidade 222
  112.1. Quando, pela sua natureza, for inadmissível a confissão...... 222
  112.2. Ausência de documento substancial 223
  112.3. Contradição com a defesa considerada em seu conjunto 224
  112.4. Não incidência a defensores públicos, advogados dativos e curadores especiais 224

Art. 342 .... **226**
113. Generalidades 226
114. Fato novo e fato superveniente (inciso I) 227

115. Superveniência de norma jurídica (inciso I) 228
116. Autorização legal para conhecer de ofício (inciso II) 228
117. Incidência em qualquer tempo e grau de jurisdição (inciso III) 229

Capítulo VII
DA RECONVENÇÃO

Art. 343 .... **231**

118. Generalidades 231
119. Requisitos extrínsecos específicos 232
      119.1. Litispendência 233
      119.2. Compatibilidade formal 233
      119.3. Competência 234
      119.4. Conexão 235
120. Requisitos intrínsecos 239
121. Falta de interesse processual: "ações dúplices" 240
122. "Intimação" do autor-reconvindo e "resposta" à reconvenção 242
123. Autonomia da reconvenção 243
124. Reconvenção sem contestação 244
125. Ampliação e redução subjetiva da reconvenção 245
126. Reconvenção e substituição processual 246

Capítulo VIII
DA REVELIA

Art. 344 .... **246**

127. Generalidades 247
128. Efeitos produzidos pela revelia 248

Art. 345 .... **251**

129. Generalidades 252
130. Exceções legais 252
      130.1. Pluralidade de réus 252
      130.2. Direitos indisponíveis 253
      130.3. Fatos inverossímeis ou contraditórios constantes da petição inicial 255
131. Outras exceções à regra 255

Art. 346	**256**
132. Generalidades	256
133. Comparecimento tardio	258

Capítulo IX
DAS PROVIDÊNCIAS PRELIMINARES E DO SANEAMENTO

Art. 347	**259**
134. Generalidades	259
135. Hipóteses que impõem providências preliminares	260

Seção I
Da Não Incidência dos Efeitos da Revelia

Art. 348	**261**
136. Generalidades	261
137. Especificação de provas	262
Art. 349	**263**
138. Generalidades	263
139. Oportunidade de ingresso nos autos pelo revel	264

Seção II
Do Fato Impeditivo, Modificativo ou Extintivo do Direito do Autor

Art. 350	**265**
140. Generalidades	265
141. Autorização para produzir quaisquer provas	266

Seção III
Das Alegações do Réu

Art. 351	**266**
142. Generalidades	266
143. Coibição de decisão escudada em "fundamento-surpresa"	267

Art. 352 .... **267**
144. Generalidades 267
145. Atuação saneadora guiada pelo princípio da economia processual ... 268
146. Providência para a correção do vício 269

Art. 353 .... **270**
147. Generalidades 270
148. Julgamento parcial do mérito e saneamento do processo 270

Capítulo X
DO JULGAMENTO CONFORME O ESTADO DO PROCESSO
Seção I
Da Extinção do Processo

Art. 354 .... **271**
149. Generalidades 271
    149.1. Julgamento sem resolução do mérito 272
    149.2. Julgamento com resolução do mérito 272
150. Imposição do contraditório 273
151. Julgamento parcial 273

Seção II
Do Julgamento Antecipado do Mérito

Art. 355 .... **274**
152. Generalidades 274
153. Desnecessidade da produção de outras provas 275
154. Reconhecimento da revelia e produção de seus respectivos efeitos ... 277
155. Julgamento antecipado e cerceamento de defesa 278

Seção III
Do Julgamento Antecipado Parcial do Mérito

Art. 356 .... **281**
156. Generalidades 282
157. Julgamento antecipado parcial do mérito 283

158. Hipóteses de cabimento e honorários advocatícios 284
159. Possibilidade de decisão condenatória ilíquida 285
160. Liquidação e possibilidade de cumprimento imediato da decisão parcial de mérito independentemente de caução 285
161. Recurso cabível 287
162. Coisa julgada sobre decisões parciais de mérito e inconstitucionalidade do art. 975 do CPC 287

Seção IV
Do Saneamento e da Organização do Processo

163. Introdução: aproximação dos regimes processuais europeus 291
164. Audiência de saneamento sob a perspectiva da comparação jurídica 292
165. Antecedentes da reforma brasileira 296

Art. 357 .... **298**

166. Generalidades 299
167. Resolução de questões processuais pendentes 300
168. Fixação das questões de fato e deferimento dos meios de prova 300
169. Distribuição do ônus da prova 304
170. Delimitação das questões de direito 305
171. Designação de audiência de instrução e julgamento 306
172. Previsão de pedido de esclarecimento formulado pelas partes 306
173. Delimitação consensual acerca das *questiones facti* e *iuris* 307
174. Complexidade da causa e imposição de audiência para o saneamento compartilhado 310
175. Procedimento para a futura produção de prova testemunhal 313
176. Procedimento para a futura produção de prova pericial 313
177. Intervalo mínimo entre a realização das audiências de instrução e julgamento 313
178. Limites da eficácia preclusiva da decisão de saneamento 314

Capítulo XI
DA AUDIÊNCIA DE INSTRUÇÃO E JULGAMENTO

179. Introdução: audiência de instrução e julgamento na tradição do processo civil brasileiro 318

Art. 358	**321**
180. Generalidades	321
181. Pregão e declaração de abertura da audiência	322
Art. 359	**323**
182. Generalidades	323
183. A arbitragem não constitui método de solução consensual de conflitos	324
Art. 360	**325**
184. Generalidades	325
185. Preservação da ordem e do decoro	326
186. Comportamento inconveniente e requisição de força policial	327
187. Tratamento urbano	328
188. Documentação dos requerimentos deduzidos na audiência	330
Art. 361	**330**
189. Generalidades	330
190. Cronologia da produção da prova oral	331
191. Palavra pela ordem com autorização judicial	332
Art. 362	**333**
192. Generalidades	333
193. Causas determinantes do adiamento da audiência	333
194. Responsabilidade pelas despesas	335
Art. 363	**336**
195. Generalidades	336
196. Nulidade decorrente da falta ou da inexatidão da intimação	336
Art. 364	**337**
197. Generalidades	337
198. Debates orais	337
199. Substituição dos debates orais pela apresentação sucessiva de memoriais escritos	339
199.1. As "razões finais escritas" em nossa tradição jurídica	339
199.2. Precisa redação do art. 364, § 2º, do CPC	342

Art. 365	**343**
200. Generalidades	343
201. Continuação da audiência em data próxima	343
Art. 366	**344**
202. Generalidades	344
203. Abandono da regra da identidade física do juiz	345
Art. 367	**346**
204. Generalidades	346
205. Documentação em autos físicos	347
206. Documentação em autos eletrônicos	347
207. Registro da audiência em vídeo e áudio	347
208. Autorização *ope legis* da gravação da audiência	348
Art. 368	**348**
209. Generalidades	348
210. Publicidade da audiência	349
211. Restrição legal à publicidade	350
Bibliografia	353

PARTE ESPECIAL

Livro I
DO PROCESSO DE CONHECIMENTO E DO CUMPRIMENTO DE SENTENÇA

Título I
DO PROCEDIMENTO COMUM

1. Conteúdo do Título I

Alterando formalmente a estrutura do CPC de 1973, o novo diploma processual, com sistemática mais científica, rege, no Livro I da Parte Especial, o processo de conhecimento, disciplinando o procedimento comum e os procedimentos especiais e, ainda, entre eles, as regras atinentes ao cumprimento de sentença.

O procedimento comum não mais se desdobra em ordinário e sumário, havendo assim um único procedimento de cunho residual, que deve ser seguido quando o processo de determinada demanda não for construído por normas procedimentais especiais.

O Título I, dedicado ao procedimento comum, é subdividido nos Capítulos I a XIV, que regulamentam: as disposições gerais (Cap. I), a petição inicial (Cap. II), a improcedência liminar do pedido (Cap. III), a audiência de conciliação e mediação (Cap. V), a contestação (Cap. VI), a reconvenção (Cap. VII), a revelia (Cap. VIII), as providências preliminares e o saneamento (Cap. IX), o julgamento conforme o estado do processo (Cap. X), a audiência de instrução e julgamento (Cap. XI), as provas (Cap. XII), a sentença e a coisa julgada (Cap. XIII) e, por fim, a liquidação de sentença (Cap. XIV).

Cumpre recordar que o Capítulo IV, sob a rubrica *Da Conversão da Ação Individual em Ação Coletiva*, contendo o art. 333, recebeu veto presidencial.

Este volume de comentários abrange os Capítulos I a XI do Título I do Livro I da Parte Especial, cobrindo os arts. 318 a 368, desde as disposições gerais do procedimento comum até a audiência de instrução e julgamento, que apresentam inúmeras novidades e alterações importantes em relação ao CPC revogado. Por esta razão, ao analisá-las e optar pela melhor interpretação para cada uma delas, norteado pela minha experiência acumulada na Academia e no Foro por mais de 35 anos, apenas procurei apontar o caminho que, em princípio, pareceu-me mais compatível com as tendências da moderna ciência processual, ajustando-as ao espírito da nova legislação.

Tenho expectativa de que estes comentários possam auxiliar os operadores do direito na exegese e na aplicação cotidiana das novas regras do CPC.

2. Breve perfil histórico dos procedimentos no processo civil brasileiro
2.1. Introdução

No Brasil, enquanto colônia do reino unido de Portugal, o processo civil era naturalmente regrado pelas leis lusitanas.

Após a Independência, continuou a vigorar em nosso território, por força de lei, aprovada pela Assembleia Constituinte e Legislativa, em 20 de outubro de 1823, toda a legislação (ordenações, leis, regimentos, alvarás, decretos e resoluções) promulgada pelos monarcas portugueses, "e pelas quais o Brasil se governava até o dia vinte e cinco de abril de mil oitocentos e vinte e um, em que Sua Majestade Fidelíssima, atual Rei de Portugal e Algarves, se ausentou desta Corte; e todas as que foram promulgadas daquela data em diante pelo Senhor Dom Pedro de Alcântara, como Regente do Brasil, enquanto Reino; e como Imperador Constitucional dele, desde que se erigiu em Império, ficam em inteiro vigor na parte em que não tiverem sido revogadas; para por elas se regularem negócios do interior deste Império, enquanto não se organizar um novo Código, ou não forem especialmente alteradas...".

E, a despeito da abalizada opinião de BRAGA DA CRUZ,[1] no sentido de que o ordenamento jurídico pátrio sofreu, de modo considerável, a influência de um acentuado condicionamento histórico, é certo que não seria possível, de um dia para o outro, a elaboração de uma codificação genuinamente brasileira.

Assim, diante do supratranscrito texto legal, as regras de processo civil, de modo particular, contempladas no Livro III das Ordenações Filipinas e na legislação posterior, restaram inalteradas.

Esse, na verdade, o motivo pelo qual ficamos mais apegados à tradição jurídica de Portugal do que os seus próprios juristas.

Se, com o passar do tempo, o nosso legislador foi recolhendo subsídios da experiência jurídica estrangeira, não deixou de preocupar-se, principalmente, em consolidar, de forma mais científica, a obra do passado, expurgando preceitos já obsoletos; lenta e sabiamente foi sendo erguida uma estrutura capaz de atender aos anseios da nação nova, constituindo o produto do esforço conjugado e harmonioso dos órgãos legislativos, da doutrina e da jurisprudência.

Aduza-se que, em atendimento ao art. 163 da Constituição Política do Império do Brasil, de 1824, o Supremo Tribunal de Justiça foi organizado pela lei de 18 de setembro de 1828, então composto por 17 juízes letrados, escolhidos entre desembargadores dos Tribunais da Relação, "por suas antiguidades".

---

1 *A formação histórica do moderno direito privado português e brasileiro*, p. 65. Cf. CRUZ E TUCCI e AZEVEDO, *Lições de história do processo civil lusitano*, n. 11 e 12, p. 177 e segs., parcialmente aqui resumidos. Consulte-se, ainda, HANDEL MARTINS DIAS, *Condicionamento histórico do processo civil brasileiro: o legado do direito lusitano*.

2.2. Primeiras leis atinentes ao processo civil

Resistindo então à ruptura abrupta dos laços políticos entre Portugal e Brasil, somente quase 10 anos depois da emancipação política é que o nosso direito processual sofreria inovações.

Promulgado em 1832, o Código do Processo Criminal do Império – que marcou época em razão da primorosa redação e de seu conteúdo liberal – trazia como título à parte (título único) a *Disposição provisória acerca da administração da justiça civil*.

O escopo dessa disposição, como se infere de seus 27 artigos, era o de transformar o processo civil num instrumento menos complicado e mais flexível, eliminando atos e formalismos desnecessários e recursos excessivos, tudo para favorecer uma prestação jurisdicional mais racional e célere e menos dispendiosa; por exemplo, nas causas em que as partes não podiam transigir, dispensava-se a conciliação; nas demais, se infrutífera, tomavam-se desde logo as providências para que o feito prosseguisse; o juiz adotava uma atitude mais dinâmica ao desenvolvimento da causa, reperguntando as testemunhas ou determinando qualquer outra diligência que lhe parecesse oportuna.

Como as leis em matéria de organização judiciária e de processo civil, promulgadas após a Independência, eram insuficientes para alcançar os seus objetivos, foi nomeada uma comissão de juristas e magistrados, em 3 de outubro de 1833, para proceder à revisão da legislação.

Esclarece LOBO DA COSTA que, após a declaração da maioridade do Imperador D. PEDRO II, o Partido Conservador assumiu o governo e opôs grande resistência contra algumas das novidades introduzidas pela Disposição provisória, mediante a edição da Lei n. 261, de 3 de dezembro de 1841, e seu Regulamento n. 143, de 15 de março de 1842: "nestes dois diplomas legais foram atingidos justamente os dois pontos fundamentais da reforma de 1832, que se destinavam a desembaraçar a marcha do processo para possibilitar maior brevidade no julgamento das causas: o princípio da eventualidade e o da irrecorribilidade em separado das interlocutórias".[2]

2.3. Regulamento n. 737 (1850)

2.3.1. Considerações prévias

Alguns anos mais tarde, em 25 de novembro de 1850, foi promulgado o Regulamento n. 737, que disciplinou o processo das causas de natureza comercial.

---

[2] LOBO DA COSTA, *Breve notícia histórica do direito processual civil brasileiro e de sua literatura*, p. 10-11.

À vista do aperfeiçoamento do sistema processual introduzido por esse diploma legal, após a proclamação da República, o Governo Provisório, pelo Decreto n. 763, de 19 de setembro de 1890, estendeu a sua aplicação, com algumas modificações, ao processo das causas cíveis.

O Regulamento é elogiado por alguns e criticado por outros processualistas. LOBO DA COSTA assevera que deve ele ser considerado nos quadrantes de seu tempo e no cenário da mentalidade brasileira à época de sua elaboração e respectiva promulgação... Colocado em confronto com o Código Napoleônico (1806), que adotara orientação nova, "rompendo com as fórmulas tradicionais, o velho Regulamento não lhe fica a dever muito, quanto à distribuição das matérias, precisão dos conceitos, clareza dos dispositivos e simplificação de atos e termos processuais". No tocante ao Regulamento n. 737, afirmou LIEBMAN: "neste se mantém substancialmente inalterada a estrutura fundamental do processo, mas foram introduzidas regras com grande clareza, em breves e precisas disposições, segundo a técnica legislativa moderna".[3] O exame comparativo do Regulamento com os Códigos italiano, português e espanhol, que lhe são posteriores, revela a superioridade daquele na forma de ordenar o processo, sobretudo no que concerne à economia e simplificação dos atos e das formas do procedimento.[4]

Por outro lado, além da aguda crítica formulada por PONTES DE MIRANDA contra o Regulamento n. 737, aduz FREDERICO MARQUES que tal diploma "não passava de uma adaptação brasileira, simples, sintética e muito bem elaborada do Livro III das Ordenações Filipinas..."; revelava, ademais, "a pobreza de nosso processo civil à época em que foi promulgado. Todavia, força é reconhecer que se apresenta primoroso quanto à redação e clareza dos dispositivos nele contidos...".[5]

2.3.2. Estrutura

O Regulamento n. 737, que contém 743 artigos, é estruturado em três partes: 1ª parte: *Do Processo Comercial*; 2ª parte: *Da Execução;* e 3ª parte: *Dos Recursos e das Nulidades*. E, ainda, no final, um título único, intitulado *Das Disposições Gerais*.

2.3.3. Atos, procedimentos e fases do processo

O procedimento ordinário vinha disciplinado no Título 2 da 1ª parte, sob a rubrica *Da Ordem do Juízo*, cujos principais atos e fases eram os seguintes:

---

3   Istituti del diritto comune nel processo civile brasiliano, in *Problemi del processo civile*, p. 500.
4   LOBO DA COSTA, *Breve notícia histórica do direito processual civil brasileiro e de sua literatura*, p. 32-33.
5   *O direito processual em São Paulo*, p. 6.

a) Cap. 1 – arts. 23 a 38: obrigatoriedade da tentativa de conciliação na maioria das demandas, excetuando-se algumas em razão da natureza do objeto do processo ou da qualidade das partes. Mesmo sem a existência de processo, os interessados poderiam apresentar-se perante o juiz de paz e requerer a assinatura do órgão judicial para que o respectivo termo tivesse eficácia executiva – art. 36;

b) Cap. 2 – arts. 39 a 59: espécies e requisitos da citação (por mandado, por precatória, por edital ou por hora certa – podia ser feita pelo escrivão do feito ou pelo oficial de justiça);

c) Cap. 3 – arts. 60 a 64: competência (a regra era o foro do domicílio do réu);

d) Cap. 4 – arts. 65 a 73: ação ordinária (na hipótese de não haver previsão para ação sumária, especial ou executiva), petição inicial (que deveria ser apresentada na audiência para a qual o réu foi citado) e respectivo ajuizamento (em audiência, com o deferimento de 10 dias para o réu apresentar contestação);

e) Cap. 5 – arts. 74 a 95: exceções (de incompetência e suspeição, ilegitimidade de parte, litispendência e coisa julgada – as outras, dilatórias ou peremptórias, constituíam matéria de defesa e deveriam ser arguidas na contestação);

f) Cap. 6 – arts. 96 a 102: contestação (a arguição de nulidade do processo deveria preceder a matéria de defesa);

g) Cap. 7 – arts. 103 a 110: reconvenção (com decisão *in simultaneus processus*);

h) Cap. 8 – arts. 111 a 117: autoria (natureza de denunciação da lide);

i) Cap. 9 – arts. 118 a 122: oposição (não havia necessidade de citação das partes originárias);

j) Cap. 10 – arts. 123 a 126: assistência (exigência de demonstração de "interesse aparente que tem na causa");

l) Cap. 11 – arts. 127 a 137: dilação probatória (prazo de 20 dias para a produção das provas);

m) Cap. 12 – arts. 138 a 222: meios de prova (documentos público e particular, confissão judicial e extrajudicial, juramento supletório, juramento *in litem*, testemunhas, presunções, arbitramento, depoimento da parte e vistoria). Observa-se aqui acentuada influência do direito canônico, seja no tocante às espécies de juramento, seja no que concerne à prova tarifada (*prova plena absoluta* – art. 140 – e *prova plena relativa* – art. 141);

n) Cap. 13 – arts. 223 a 229: alegações finais (10 dias, sucessivamente, para cada um dos litigantes);

o) Cap. 14 – arts. 230 a 235: sentença definitiva (impunha o art. 232 a motivação da sentença). A sentença era publicada "em mão do escrivão", sendo que somente era eficaz após a intimação das partes ou de seus procuradores (art. 234), ou "em audiência" (art. 235).

Infere-se, sem qualquer dificuldade, que a ordem do juízo traçada pelo Regulamento n. 737 era abrangente e continha rigor lógico.

Dentre muitos avanços e aspectos interessantes que poderiam ser objeto de comentário, vale salientar que, diferentemente da praxe moderna, da entrega simultânea de memoriais, em flagrante afronta à regra do *caput* do art. 454 do CPC de 1973, o art. 223 do Regulamento n. 737 dispunha, com invejável redação, que: "Na mesma audiência em que se derem por findas as dilações e requerimento das partes, se assinarão dez dias a cada uma delas para dizerem, afinal, por seu advogado, dizendo primeiro o autor e depois o réu". Explicava, a propósito, PAULA BAPTISTA que: "findas as dilações *probatórias* seguem-se as *razões finais*, que são uma dissertação que cada uma das partes faz, sustentando seu direito com argumentos fundados nas provas dos autos e na lei, e refutando as provas e argumentos *contrários*. São um ótimo meio de discussão; mas não ato substancial... Deve o autor arrazoar primeiro que o réu, guardada a regra: *Reus in exceptione actor est*".[6]

Além do procedimento ordinário, previa o Regulamento n. 737, para causas menos complexas ou de menor valor, o procedimento sumário (*Das Acções Summarias* – art. 236 e segs.), bem mais simplificado e semiescrito, que poderia ser encerrado ao ensejo da realização de uma única audiência.

Os procedimentos especiais (*Das Acções Especiais* arts. 246 e segs.) eram reservados para cinco demandas específicas.

No que se refere ao processo de execução (art. 308 e segs.), depois de eventual liquidação da sentença, o executado era citado para pagar ou nomear bens à penhora em 24 horas após a citação.

Não pagando e não nomeando bens, ou ainda quando os nomeasse sem atender às regras estabelecidas no art. 508, o patrimônio do executado ficava sujeito à penhora, em tantos bens quantos fossem suficientes para o pagamento da totalidade do débito (principal, juros e encargos do processo), a ser efetuada sobre dinheiro, ouro, prata, pedras preciosas, títulos da dívida pública, móveis e semoventes, bens de raiz ou imóveis, direitos ou ações, cumprindo-se o ato nessa ordem de preferência (arts. 510 e 512).

Os arts. 517 e 525 previam a prisão para aquele que resistisse à ordem judicial, escondesse os bens ou, com dolo, deixasse de possuí-los.

---

6 *Compendio de theoria e pratica do processo civil comparado com o commercial*, p. 164.

As exceções à penhorabilidade repetiam, em linhas gerais, aquelas que já constavam da legislação reinol; mas o Regulamento acrescentava outras, que haviam sido introduzidas com a promulgação do Código Comercial (1850): assim, não podiam ser penhorados os fundos sociais, pelas dívidas particulares dos sócios (art. 529, § 10); sob impenhorabilidade relativa ficavam os fundos líquidos que o executado possuísse na companhia ou sociedade comercial a que pertencera (art. 530, § 6º); outra inovação era o resguardo do vestuário que os empregados públicos usavam no exercício de suas funções (art. 530, § 2º).

Efetuada a constrição, outra não se realizava, a não ser que a primeira fosse nula; ou que o produto dos bens não atendesse ao valor do débito; ou, ainda, que o exequente dela desistisse, porque alcançara bens litigiosos, embargados ou de terceiros (arts. 518 e 519).

Quanto aos recursos, o Regulamento continuava prevendo o cabimento dos embargos de declaração, de restituição de menores e de nulidade e infringentes do julgado (arts. 639 a 645), da apelação (arts. 646 a 664) e dos agravos de petição e de instrumento (arts. 668 a 670).

Foram extintos os agravos ordinário e no auto do processo (art. 668); restabeleceram-se as cartas testemunháveis (art. 671); e restringiu-se o ajuizamento da revista à hipótese de nulidade do processo ou da sentença (art. 667), não sendo contemplado o tradicional fundamento "da injustiça notória da sentença".

2.4. Consolidação Ribas (1878)

Por incumbência do Governo Imperial, em atendimento ao § 14 do art. 29 da Lei n. 2.033, de 20 de setembro de 1871 (chamada *Lei da Reforma Judiciária*), ANTONIO JOAQUIM RIBAS ultimou, em 1878, a elaboração da *Consolidação das Leis do Processo Civil*. Essa obra foi dividida em duas partes, trazendo ainda, em apêndice, o decreto de 25 de outubro de 1875, que deu força de lei, no Império, aos assentos da Casa da Suplicação de Lisboa e estabeleceu a prerrogativa do Supremo Tribunal de Justiça para editar assentos.

A primeira parte da Consolidação traçava as diretrizes da organização judiciária. A segunda parte tratava do processo em geral, do processo das ações ordinárias, do processo das ações especiais, da execução das sentenças e dos recursos. O título do processo em geral abrange a jurisdição e competência, a conciliação, a citação e contumácia, a instância, a contestação da lide, a autoria, a oposição, a assistência, as dilações e férias, as provas, a conclusão e a sentença, e as custas. O título do processo das ações especiais compreende o processo sumário (em geral, das causas de valor reduzido, das causas de liberdade, da assinação de 10 dias, das possessórias, de preceito cominatório ou embargos à primeira, do despejo de casas, de depósito convencional, de alimentos, de soldadas, juramento d'alma, reforma de autos, inventário, partilha e divisão, demarcação, arbitral, preparatória, incidente e administrativa), o processo sumaríssimo (em geral, de valor ínfimo, de locação de serviço) e o processo executivo (ações executivas em geral, fiscais, de desapropriação, de custas, honorários, aluguéis, foros, depósito judicial, penhor convencional). O título da execução de sentença abrange a carta de sentença e citação do executado, os juízes e partes competentes, a liquidação, penhora, avaliação, editais e pregões, arrematação, adjudicação, embargos do executado, de terceiro e preferências. O título dos recursos alinha os agravos, os embargos, a apelação e a revista.

A *ação de assinação de 10 dias* ou *decendiária*, na tradição do direito luso-brasileiro, é a ancestral da denominada "ação monitória". ALMEIDA OLIVEIRA, na monografia específica sobre o tema,[7] conclui que a *ação decendiária* é criação genuína do foro português, sendo que, em momento posterior, a experiência da praxe brasileira a conservou em seu sistema processual. Com efeito, o Regulamento n. 737 previa, dentre as *ações especiais*, a *assinação de 10 dias*, dispondo, no art. 246, que: "Consiste esta ação na assinação judicial de dez dias para o réu pagar, ou dentro deles alegar e provar os embargos que tiver". Escrevendo sob a égide desse diploma processual, assevera ALBERTO ANTONIO DE MORAES CARVALHO que a *assinação de 10 dias* "é ação sumária, mas, se os embargos se recebem, torna-se ordinária".[8] Do Regulamento n. 737 a *ação decendiária* passou para a *Consolidação Ribas*.

Na edição comentada de 1880, auxiliado pelo filho JÚLIO A. RIBAS, o CONSELHEIRO RIBAS esclareceu na "Prefação" da 3ª edição (de 1915) que a Consolidação foi entendida necessária para preencher "o fim que teve em vista o legislador: regularizar e uniformizar a nossa praxe judiciária, e banir do foro as numerosas corruptelas que n'elle se tem introduzido".

Cumpre aduzir que, na Consolidação, RIBAS expendeu sua opinião, teórica e, muitas vezes, prática sobre todos aqueles institutos acima referidos. Lastreou-se, dentre outras, nas doutrinas de VALASCO, MELLO FREIRE, GAMA, PAULA BAPTISTA e PEREIRA E SOUSA. Apenas para registrar a segurança demonstrada por RIBAS no trato de questões de natureza processual, verifica-se que, no comentário ao art. 261 da Consolidação, referente à oposição de exceção peremptória pelo demandado, escreveu o Conselheiro que: "A grave questão tão debatida por Strick e outros praxistas, se a oposição de exceção de solução, prescrição ou qualquer outra peremptória, importa, ou não, a confissão da ação, acha-se resolvida pela Ordenação 3.50.1, que diz: 'Porém, se o réu na exceção peremptória confessar a ação do autor, haverá o dito julgador por provada pela confissão, e receberá a exceção, se for posta em forma que seja de receber, e dará lugar à prova d'ella'. Portanto, se o réu

---

7   *A assignação de dez dias no foro commercial e civil*, p. 16-17.
8   *Praxe forense ou directorio prático do processo civil brasileiro*, p. 229.

confessar que contraiu a obrigação, mas com certa condição, que a solveu, ou que prescreveu ou articular qualquer outra exceção peremptória, deverá provar a sua exceção; e se o não fizer deverá ser condenado pela sua confissão". Sobre a motivação das decisões judiciais, ao comentar o art. 487 da Consolidação, asseverava RIBAS: "Os juízes quer da primeira, quer da segunda instância ou do Supremo Tribunal de Justiça, são obrigados a expor especificamente os fundamentos das sentenças que proferem...". Enfocando a proibição de apelar imposta, pelo art. 1.529, § 5º, ao *revel verdadeiro*, RIBAS tece aguda crítica, observando que tal regra encerra "um arbítrio indiscreto, e é injusta porque ataca o direito de defesa".[9]

2.5. Literatura processual da época

Atribuindo mérito ao Regulamento n. 737 por ter propiciado a produção de inúmeros estudos doutrinários sobre o processo civil, LOBO DA COSTA se deu ao detido trabalho de inventariar e tecer breve comentário acerca da literatura da segunda metade do século XIX. Seguindo então, em apertado resumo, a exposição do saudoso processualista, pode-se anotar que, dentre muitos outros estudos, merecem alusão os dos seguintes juristas:

FRANCISCO DE PAULA BAPTISTA, que escreveu o *Compêndio de teoria e prática do processo civil comparado com o comercial*, foi o mais destacado intérprete do Regulamento n. 737. Este notável jurista, adiantando-se no tempo, afirmava que a ação há de ser definida como direito autônomo, distinto do direito subjetivo; dirige-se contra o Estado e não contra o réu; visa a obtenção de uma sentença de mérito; e é direito abstrato e não concreto. Independentemente do requerimento da parte, o juiz pode e deve mandar proceder às diligências tendentes a esclarecer sua consciência antes de proferir sentença.[10]

O Conselheiro BARÃO DE RAMALHO, professor e, por muitos anos, diretor da Faculdade de Direito do Largo de São Francisco, escreveu duas obras de inegável valor científico: *Prática civil e comercial* e *Praxe brasileira*.

TEIXEIRA DE FREITAS acomodou ao foro brasileiro as *Primeiras linhas* de PEREIRA E SOUSA; J. J. PEREIRA DA SILVA RAMOS, revendo anterior edição, adequou ao nosso foro o livro *Doutrina das ações,* de JOSÉ HOMEM CORREIA TELLES; e ANTÔNIO FERNANDES TRIGO DE LOUREIRO anotou o *Manual de apelações e agravos* de GOUVÊA PINTO.

A. DE ALMEIDA OLIVEIRA escreveu três monografias: *A lei de execuções*, sobre a Lei n. 3.272, de 5 de outubro de 1885; *Assinação de dez dias no foro commercial e civil*; e *O benefício da "restituição in integrum"*.

---

9   *Consolidação das leis do processo civil*, p. 164, 270 e 713-714.
10 *Compendio de theoria e pratica do processo civil comparado com o commercial*, p. 37 e 67.

2.6. Período da dualidade processual (1890-1934)

Após a proclamação da República, o Decreto n. 763, de 19 de setembro de 1890, ampliou o âmbito de incidência do Regulamento n. 737, que passou a ser aplicado no processo das causas cíveis em geral.

Ademais, como consequência do regime federalista desenhado pela primeira Constituição republicana de 1891, foi instituída pelo Governo Provisório a Justiça Federal, nos moldes do direito argentino e do direito dos Estados Unidos da América.

Em atendimento aos arts. 55 e 56 da Lei Maior, o Decreto n. 848, de autoria de CAMPOS SALLES, editado em 11 de novembro de 1890, criou, no Rio de Janeiro, o Supremo Tribunal Federal, a ser então composto por 15 Ministros.

A instalação do Supremo Tribunal Federal ocorreu em 28 de fevereiro de 1891, ao ensejo de sua primeira sessão plenária, sob a presidência interina do Ministro SAYÃO LOBATO (VISCONDE DE SABARÁ), que, até então, presidira o Supremo Tribunal de Justiça. Em tal ocasião foi eleito o primeiro presidente da Corte, Ministro FREITAS HENRIQUES (natural da Bahia).

Foi o mesmo Decreto n. 848 que, no art. 9º, parágrafo único, instituiu um recurso contra as sentenças definitivas proferidas pelos tribunais estaduais. Mais tarde, no Regimento Interno do Supremo Tribunal Federal, de 8 de agosto de 1891, é que esse meio de impugnação foi denominado *recurso extraordinário*.

Esse recurso, consoante esclarece JOÃO MENDES DE ALMEIDA JÚNIOR,[11] que tem sido chamado de *recurso extraordinário*, "é um recurso tão ordinário como o antigo 'agravo ordinário' e, como este, constitui uma nova instância, visto que, nos termos do art. 59, § 1º, da Constituição da República, o Supremo Tribunal Federal fatalmente conhecerá da causa como ficou fixada na contestação da lide. *Instantia est existencia fluens, id est, identitas mobilis aut quaedam unitas ducta in numerum prioris et posterioris* (= Instância é uma existência fluente, isto é, a identidade do móvel ou uma certa unidade no número anterior e do posterior). Ora, o 'móvel', no processo judiciário, é a 'causa', isto é, a relação litigiosa entre o direito e o fato individuado; este 'móvel' permanece em fluente litígio no Supremo Tribunal Federal, em circunstâncias idênticas às que anteriormente ficaram fixadas na contestação da lide. O nome lídimo deste recurso é 'suplicação', diz Strikio, 3, Diss. 24.4.36: 'foi introduzida em lugar da apelação, não só por causa da eminência do juiz recorrido, como porque era um recurso de recurso, visto que o juiz recorrido já funcionara em segunda instância (D. *de off. Praefect. Praet.*, n. 119.5.1)'. *Supplicatio*, de *plicare*, dobrar, repetir, e *supra*, para cima. Em suma, o atual denominado 'recurso extraordinário' para o Supremo Tribunal Federal é idêntico ao antigo 'agravo

---

11 *A uniformidade, a simplicidade e a economia do nosso processo forense*, p. 17-19.

ordinário' ou 'suplicação'; entretanto, não falta quem vá buscar analogia com o 'writ of error' dos ingleses e norte-americanos, aliás tão mal definidos que, na Inglaterra, desde os 'act' de 5-8-1873 e 11-8-1875, foram suprimidos e equiparados às apelações (v. *Annuaire de legisl. étrangére*, de 1874, p. 67 ss, e de 1875, p. 120 e 160, com as notas de Ribot e George Louis). Quem prestar atenção ao que era instituído nas Ord. Fil. (1.5.6, 6.pr; 3.84) e comparar tudo isso com o que está instituído no art. 59, § 1º, da Constituição da República, verá que o nosso Supremo, em relação às Justiças dos Estados, é, *na essência*, uma Casa de Suplicação; pois, as diferenças, na constituição do organismo e no funcionamento, se limitam a acidentes que não alteram, quer a 'natureza da instituição', quer a 'natureza do recurso'. Esta é a realidade que há de ser reconhecida e afirmada por quem quiser ver e dizer a coisa como a coisa é...".

Prevaleceu, outrossim, a ideia de que, se a organização judiciária era atribuição dos Estados-membros, a estes deveria também caber a respectiva legislação processual. Com efeito, como bem esclareceu Lobo da Costa, em decorrência da equivocada compreensão da estrutura federativa, a Constituição de 1891 acabou contemplando o entendimento defendido por Campos Salles, no sentido de se outorgar aos novos Estados da Federação a competência para legislar sobre matéria processual, reservando-se ao legislativo federal de fazê-lo no que concernia ao processo da Justiça Federal.

A teor do art. 34, n. 23, c/c o art. 65, n. 2, da referida Constituição Federal, os Estados-membros passaram a ter a prerrogativa de editar diplomas estaduais para regulamentar o respectivo processo judicial (civil e penal).

Foi veemente a crítica que Almeida Júnior teceu sobre essa nova orientação: "não é verdade que tivesse ficado assentada pela Constituição da República a competência 'privativa' dos Estados federados para legislar sobre o processo nas jurisdições estaduais..., ao contrário essa 'simples faculdade' importa exatamente a negação de uma competência 'privativa', tanto mais quanto o art. 65, n. 2, diz que: 'É facultado aos Estados todo e qualquer poder e direito que lhes não for negado por 'cláusula expressa' ou 'implicitamente' contida na cláusula expressa da Constituição...'. Finalmente, para os Estados federados, nada pode haver de mais seguro do que a consolidação das leis nacionais ou gerais do processo; e, quando muito, se quiserem usar de uma autonomia supervacua, poderão eles declará-las 'incorporadas' à respectiva legislação estadual. Não queremos dizer que os Estados federados não possam legislar sobre o procedimento, especialmente em relação aos termos dependentes das distâncias e meios de comunicação e em relação a estilos exorbitantes das regras de direito e que afetarem a normalidade da administração da justiça...".[12]

---

12 *A uniformidade, a simplicidade e a economia do nosso processo forense*, p. 3-10.

Como anotam, a propósito, LOBO DA COSTA e MENDONÇA LIMA, os Estados não cumpriram de imediato a importante tarefa. Enquanto o tempo passava, o processo continuou sendo regrado pelo velho Regulamento n. 737, o qual, ademais, serviu de inspiração e modelo aos legisladores estaduais.

As primeiras tentativas foram envidadas pelos Estados do Paraná e de São Paulo.

O pioneiro diploma regional sobre o processo civil foi o Regulamento Processual Civil e Comercial do Estado do Pará, aprovado pelo Decreto n. 1.380, de 22 de junho de 1905. Contudo, segundo escreveu MENDONÇA LIMA, "não tinha ele o nome nem a sistemática técnica de um Código".[13] Na verdade, o Rio Grande do Sul é que editou o primeiro Código de Processo Civil e Comercial, promulgado pela Lei n. 65, de 16 de janeiro de 1908.

Seguiram-se a este o Código de Processo Civil e Comercial do Estado do Maranhão (1909); o do Distrito Federal (1910, cuja vigência restou suspensa); o do Espírito Santo (1914, substituído por outro em 1915); o da Bahia (1915); o do Rio de Janeiro (1919); o do Paraná (1920); o do Piauí (1920); o do Sergipe (1920); o do Ceará (1921); o de Minas Gerais (1922); o do Rio Grande do Norte (1922); o de Pernambuco (1924); o do Distrito Federal (1924); o de Santa Catarina (1928); o de São Paulo (1930); outro do Espírito Santo (1930); e, por fim, o da Paraíba (1930).

Os Estados de Alagoas, do Amazonas, do Mato Grosso e de Goiás não chegaram a promulgar seus próprios Códigos.

Com algumas exceções, o exame do conteúdo dos diplomas aprovados revela, a um só tempo, o espírito conservador dos juristas da época e a enorme influência do Regulamento n. 737. Prevaleceu, no dizer de MENDONÇA LIMA, "a lei do menor esforço"...

Resulta, assim, notória a influência do direito processual lusitano na estrutura dos diplomas estaduais. A atividade forense, consequentemente, também se mostrava dominada pelo praxismo do foro lusitano. "Os Códigos da Bahia, de Minas e de São Paulo passam por ser os mais aperfeiçoados, segundo os cânones das novas doutrinas processuais que começavam a se difundir nos meios jurídicos do país. Mesmo assim, afora o aprimoramento técnico e o apuro de linguagem, de maior rigor científico na conceituação dos institutos e dos atos processuais, foram poucas as contribuições originais que trouxeram para o aperfeiçoamento do processo civil brasileiro".[14]

---

13 *A primazia do Código de Processo Civil e Comercial do Rio Grande do Sul*, p. 301 e segs.
14 LOBO DA COSTA, *Breve notícia histórica do direito processual civil brasileiro e de sua literatura*, p. 70.

2.7. Unificação do direito processual (1934-1938)

O denominado sistema da dualidade processual foi extinto pela Constituição Federal de 16 de julho de 1934, passando a União, pela primeira vez sob o regime republicano, a ter competência legislativa exclusiva em matéria processual (art. 5º, XIX, *a*). Cabia, pois, à União elaborar o CPC e o CPP, de âmbito federal, fazendo, destarte, desaparecer os diplomas regionais.

Considerando-se as vicissitudes políticas que ocorreram em meados da década de 1930, o projeto de Código de Processo Civil e Comercial não teve tempo de ser apreciado pelo Congresso Nacional.

A nova Constituição de 1937 (conhecida como "a polaca") não alterou a competência privativa da União para legislar sobre direito processual (art. 16, XVI).

2.8. Literatura processual da época

Valendo-nos, igualmente, do minucioso levantamento feito por LOBO DA COSTA, para o período pós-republicano até a promulgação do Código de 1939, devem ser mencionadas as seguintes obras, dispostas em ordem cronológica:

JOÃO MONTEIRO, *Programa do curso de processo civil*, São Paulo: 1899; *Teoria do processo civil e comercial*, v. 1, São Paulo: 1899; v. 2, São Paulo: 1901;

JOÃO MENDES DE ALMEIDA JÚNIOR, *Programa do curso de direito judiciário*, São Paulo: 1910 (reed. no Rio de Janeiro, em 1918);

MANOEL AURELIANO DE GUSMÃO, *Cousa julgada*, São Paulo: 1914; *Processo civil e comercial*, v. 1., São Paulo: 1921; v. 2, São Paulo: 1924;

OTAVIANO BRANDÃO, *Citação no direito brasileiro*, 1916;

ÁLVARO BITTENCOURT BERFORD, *Da intervenção de terceiros na instância*, Rio de Janeiro: 1919;

JORGE AMERICANO, *Estudo teórico e prático da ação rescisória*, 1922; *Da ação pauliana*, 1923; *Do abuso do direito no exercício da demanda*, 1923; *Processo civil e comercial*, São Paulo: 1925;

ANTÔNIO LUIZ DA CÂMARA LEAL, *Do depoimento pessoal*, 1923; *Código de Processo Civil e Comercial do Estado de São Paulo comentado*, 5 v., São Paulo: 1930-33;

MANOEL INÁCIO CARVALHO DE MENDONÇA, *Da ação rescisória das sentenças e julgados*, Rio de Janeiro: 1916 (reed. em 1940).

2.9. CPC de 1939

Resultado da nova ordem política, segundo tudo indica, foi a iniciativa do governo de, por meio da reforma processual, solucionar o problema que os anteriores regimes foram incapazes de resolver: o do acesso a uma justiça rápida!

Apesar do empenho demonstrado por FRANCISCO CAMPOS, então Ministro da Justiça, a comissão por ele nomeada para a elaboração do anteprojeto do CPC teve de ser dissolvida em razão do incontornável conflito de ideias reinante entre os seus respectivos membros.

Aproveitando a ocasião, PEDRO BATISTA MARTINS, advogado e jurista mineiro que havia integrado aquela comissão, apresentou trabalho próprio, que foi aceito por FRANCISCO CAMPOS como projeto preliminar e publicado no Diário Oficial de 4 de fevereiro de 1939.

Depois de examinadas e amplamente discutidas as inúmeras sugestões que foram formuladas, o primeiro CPC brasileiro foi promulgado pelo Decreto-lei n. 1.608, de 18 de setembro de 1939, a vigorar a partir de 1º de fevereiro de 1940, data prorrogada para 1º de março seguinte (Decreto-lei n. 1.965, de 16/1/1940).

Informa, a propósito, LOBO DA COSTA que o projeto recebeu "cerca de quatro mil sugestões, resultantes da ampla discussão a que foi submetido por advogados, juízes, institutos e associações, muitas das quais incluídas entre as emendas ao texto original. No trabalho de revisão do anteprojeto, a que se dedicou pessoalmente, o Ministro Francisco Campos foi auxiliado por Guilherme Estellita, magistrado e processualista, e pelo Professor Abgar Renault na sua redação final".[15]

Na defesa que PEDRO BATISTA MARTINS fez do anteprojeto do Código de Processo Civil vem expresso o desejo de imprimir maior celeridade ao processo. Dentre os pontos mais destacados para atender a tal imperativo, observa-se que o Código de 1939 prestigiou a oralidade e suprimiu a recorribilidade das decisões interlocutórias: "entre os princípios que concorrem para a solução do problema da rapidez avultam o da concentração do trato da causa num período único e o da irrecorribilidade das decisões interlocutórias".[16]

Nota-se aí que, neste particular, o legislador rompe com as tradições do processo lusitano.

Sob o ponto de vista técnico, a legislação codificada, em linhas gerais, era informada pelos seguintes princípios: *a*) dispositivo; *b*) da iniciativa das partes; *c*) da concentração; *d*) da oralidade; *e*) da imediatidade; *f*) do livre convencimento do juiz; *g*) da publicidade; *h*) da relevância das formas processuais; *i*) da pretensão processual dirigida ao Estado; e *j*) da preclusão.

Sobrelevando as funções atribuídas ao juiz na direção do processo, extrai-se da Exposição de Motivos do Código de 1939, subscrita pelo Ministro da Justiça,

---

15 *Breve notícia histórica do direito processual civil brasileiro e de sua literatura*, p. 99.
16 *Sobre o Código de Processo Civil*, p. 21.

Francisco Campos, que em seu texto prevaleceu, como importante diretriz, "a chamada concepção publicística do processo. Foi o mérito dessa doutrina, a propósito da qual deve ser lembrado o nome de Giuseppe Chiovenda, o ter destacado com nitidez a finalidade do processo, que é a atuação da vontade da lei num caso determinado. Tal concepção nos dá, a um tempo, não só o caráter público do direito processual, como a verdadeira perspectiva sob que devemos considerar a cena judiciária, em que avulta a figura do julgador. O juiz é o Estado administrando a justiça; não é um registo passivo e mecânico de fatos, em relação aos quais não o anima nenhum interesse de natureza vital. Não lhe pode ser indiferente o interesse da justiça. Este é o interesse da comunidade, do povo, do Estado, e é no juiz que um tal interesse se representa e personifica".

Enquanto a primeira parte do CPC, atinente ao processo de declaração, mereceu elogios da doutrina, porque elaborada segundo a dogmática mais moderna da ciência do processo, com inspiração nos diplomas da Áustria, da Alemanha e de Portugal, e, ainda, na literatura italiana, as outras três partes, dedicadas, respectivamente, às ações especiais, aos recursos e ao processo de execução, receberam acentuadas críticas, uma vez que se mantiveram extremamente apegadas à tradição do velho sistema do direito reinol, com a introdução de diminutas e inexpressivas alterações.

O Livro II, nos arts. 153 a 290, disciplinava o "procedimento único", regrando os respectivos atos e fases processuais, também aplicáveis aos "processos especiais".

Importa observar que as leis extravagantes, que regiam o processo de ações especiais não reguladas pelo novo diploma (dentre outras: renovatória de locação, execução fiscal, desapropriação etc.), continuaram vigentes. A partir de 1939, a ação decendiária deixou de ser contemplada no direito brasileiro.

O regime de impugnações, embora mais aperfeiçoado, continuou a admitir várias modalidades de embargos e de agravos.

No que se refere aos embargos de nulidade e infringentes, o autor do anteprojeto realçava que deveria prevalecer o bom senso, porquanto estes só se justificavam na hipótese em que não havia unanimidade no acórdão que reformava a sentença. Nesse caso, "a sentença do juiz que sentiu direta, e, pois, mais vivamente a prova, que ouviu as testemunhas e observou a atitude das partes, e que tem por si a autoridade de um outro sufrágio, não deverá ser cancelada sem que, antes, seja objeto de novo exame e de mais larga discussão. No sistema atual, a opinião do juiz que proferiu a sentença recorrida não tem qualquer influência sobre os efeitos da decisão superior. E é natural que assim seja, porque o prolator da sentença só teve conhecimento das provas e das próprias controvérsias jurídicas ao lhe serem conclusos os autos para proferir o julgamento. No sistema do código atual, todavia, a sentença do juiz de primeira instância assume importância tal, que não seria prudente que o acórdão do tribunal superior lhe apagasse todas as consequências, mesmo quando um voto a confirmasse. Por isso, o art. 883 admite embargos de nulidade e infringentes do julgado quando não for unânime o acórdão que, em grau de apelação, houver reformado a sentença".[17]

No CPC de 1939, o tratamento dispensado à execução seguiu, em linhas gerais, o sistema tradicional, oriundo do direito luso-brasileiro anterior.

Distinguiam-se as ações executivas das ações executórias, ambas abrindo caminho à execução forçada: a primeira tinha por fundamento o título executivo, ao qual a lei conferia taxativamente esta qualidade (art. 298); a segunda, fundada em sentença condenatória proferida em processo de conhecimento anterior (art. 882). As duas davam ensejo à penhora; não obstante, enquanto na primeira o réu contestava a ação, na segunda, a defesa era exercida por meio dos embargos do executado.[18]

2.10. CPC de 1973

Foi somente durante o breve governo de Jânio Quadros, no ano de 1961, que o Professor Alfredo Buzaid foi convidado pelo Ministro da Justiça Oscar Pedroso Horta a elaborar um anteprojeto de reforma do CPC. Três anos depois, no início de 1964, o trabalho foi submetido à análise do Poder Executivo. Para a respectiva revisão, o Ministro da Justiça, Abelardo de Araújo Jurema, nomeou comissão composta por Guilherme Estellita (mais tarde sucedido por José Frederico Marques), Luis Machado Guimarães e pelo próprio Alfredo Buzaid. Em momento posterior, a comissão foi ampliada, com a participação de Luis Antônio de Andrade.

O velho diploma de 1939 acabou sendo substituído por aquele que se encontrava vigente até 17 de março de 2016, então promulgado pela Lei n. 5.869, de 11 de janeiro de 1973.

O CPC de 1973 passou a vigorar a partir de 1º de janeiro de 1974, tendo se baseado no anteprojeto de 1964, de autoria do Professor Alfredo Buzaid, que, posteriormente, como Ministro da Justiça do governo do Presidente Emílio G. Médici, encaminhou o Projeto n. 810, de 1972, ao Congresso Nacional.

O procedimento comum se subdividia em ordinário e sumaríssimo, passando este, mais tarde, a ser denominado sumário, que deveria prevalecer em razão da matéria ou do valor. O Livro IV disciplinava os procedimentos especiais.

---

17 Pedro Batista Martins, *Sobre o Código de Processo Civil*, p. 21; *Em defesa do anteprojeto de Código de Processo Civil*, p. 225 e segs.
18 Luiz Carlos de Azevedo, *Da penhora*, p. 102.

Além da legislação extravagante, que, em grande parte, continuou regendo inúmeras ações de procedimento comum ou especial, vários outros procedimentos, por força do art. 1.218, continuaram sendo disciplinados pelo Código de 1939, "até serem incorporados nas leis especiais".

Forçoso é reconhecer que o referido diploma processual representou, inegavelmente, o ponto culminante da evolução científica do direito processual civil no Brasil. Em tudo superior ao estatuto revogado, o *Código de 1973*, como é comumente denominado, foi, em larga medida, idealizado tendo como paradigma inúmeras legislações modernas da Europa continental, então reverenciadas, havia várias décadas, pelos mais insignes especialistas.

Anote-se que, apesar desse irrefutável avanço, o processo civil lusitano ainda deixou a sua marca no Código, seja no rígido sistema de preclusões, seja na estrutura recursal.

A despeito do individualismo que plasma a integralidade de seu texto, a exemplo, aliás, dos diplomas que lhe serviram de paradigma, e não obstante a existência de aspectos criticáveis concernentes à falta de rigor terminológico e, de certo modo, sistemático, a verdade é que, paradoxalmente, muitas das novidades que somente em época bem mais recente foram adotadas, v.g., pelo processo civil italiano já haviam sido consagradas no revogado CPC, evidenciando, de um lado, a conspicuidade científica do estatuto brasileiro, e, de outro, que o intolerável problema da morosidade da justiça civil não decorre simplesmente de circunstâncias de natureza técnica, mas, sim, de vetores de ordem política, administrativa, econômica e cultural.

Aduza-se, outrossim, que "várias das leis processuais latino-americanas dos dois últimos decênios deixaram-se influenciar, com maior ou menor intensidade, pelo CPC de 1973. Não é difícil identificar, por exemplo, no *Código de Procedimiento Civil* boliviano de 1975, no *Código Judicial* panamenho de 1984, no *Código de Procedimiento Civil* venezuelano de 1985, no *Código Procesal Civil* paraguaio de 1988 e, sobretudo, no *Código Procesal Civil* costa-riquense de 1989, certo número de disposições que se inspiraram no estatuto brasileiro, ou que o tomaram por modelo, às vezes com rigorosa fidelidade. Em nenhum se descobre, contudo, influência tão grande como no *Código Procesal Civil* do Peru, promulgado em 29 de fevereiro de 1992".[19]

2.11. Diagnóstico preambular do CPC de 2015

Exaltado quando aprovado, o CPC de 1973, nestas últimas quatro décadas, prestou-se, de um lado, a reger precipuamente o processo contencioso de

---

19 Barbosa Moreira, *A influência do CPC brasileiro no novo Código peruano*, p. 7 e segs.

forma segura e eficiente e, de outro, a servir de base para a construção de vigorosa doutrina e sólida jurisprudência acerca de institutos e mecanismos que marcaram a nossa experiência jurídica.

Um dos mitos que se exige desfazer é o de que o CPC é o responsável pela morosidade crônica da prestação jurisdicional. A crua realidade é bem outra: a ineficiência da administração da justiça tem como causas primordiais a ausência de um serviço judiciário aparelhado e a banalização das demandas judiciais. No Brasil, litiga-se, em todo o território nacional, por tudo. É absolutamente surpreendente e intolerável a judicialização dos conflitos individuais sobre questões que poderiam ser dirimidas fora do ambiente forense (por exemplo: acesso a medicamentos, inserção abusiva do devedor nos cadastros de proteção ao crédito, extravio de bagagem, atraso de voo, cobrança de débitos condominiais, má prestação de serviços em geral etc.).

Com o passar do tempo, no entanto, diante de um número crescente e alarmante de demandas pendentes, devido sobretudo aos referidos fatores, o diploma processual em vigor sofreu sucessivas intervenções legislativas, que acabaram fragmentando demasiadamente a sua estrutura original. Ressalte-se, outrossim, que, acompanhando as tendências de vanguarda da ciência processual, diferentes paradigmas foram sendo assimilados e aperfeiçoados pelos operadores do direito.

Assim, toda essa natural evolução recomendava, de modo inexorável, a elaboração de um novel CPC.

Apresentado ao Senado, o anteprojeto que se transformou no Projeto n. 166/2010, do novo CPC, caracterizou-se por uma tramitação legislativa cuidadosa e participativa, imbuída de inequívoco espírito republicano, inclusive na Câmara dos Deputados (PL n. 8.046/2010). Na verdade, nos cinco anos de preparação e trâmite legislativo, em reiteradas oportunidades, toda a comunidade jurídica foi convidada a oferecer críticas e sugestões à sua respectiva elaboração.

É, sem dúvida, empenho hercúleo a construção de nova codificação, qualquer que seja o seu objeto.

No tocante ao processo civil, colocando em destaque essa evidente dificuldade, Carnelutti (incumbido, há mais de 80 anos, de elaborar um anteprojeto do CPC italiano, engavetado pela ascensão do regime fascista) chamava a atenção para a diferença entre a arquitetura científica e a arquitetura legislativa, sendo certo que esta última não deve desprezar os valores conquistados pela dogmática jurídica.

A tal propósito, nota-se, de logo, que o texto legal finalmente sancionado em 16 de março de 2015 – Lei n. 13.105 – não descurou a moderna linha principiológica que advém do nosso texto constitucional. Pelo contrário, destacam-se em sua redação inúmeras regras que, a todo momento, procuram assegurar o devido processo legal aos litigantes. Até porque os fundamentos de um CPC devem se nortear, em primeiro lugar, pelas diretrizes traçadas na Constituição Federal.

E, assim, num primeiro exame de conjunto, é possível afirmar que a legislação processual em vigor desde 18 de março de 2016 merece os maiores encômios. Tenho firme convicção de que será menos difícil advogar e judicar pelo novo CPC, uma vez que se apresenta bem mais simplificado e seguro. Igualmente, devo dizer que não me preocupa, nem um pouco, a possível dilatação dos poderes do juiz, visto que freado pelo constante – e às vezes até redundante – respeito ao contraditório.

Embora passível de inúmeras críticas pontuais, o novo CPC encerra um modelo processual governado pelas garantias do *due process of law* e pela flexibilização do procedimento a ser estruturado mediante cooperação das partes, na moldura de uma visão moderna, bem mais participativa.

Saliente-se, por outro lado, que a disciplina legal em vigor, em vários dispositivos, fomenta a solução consensual das controvérsias, em particular por meio da conciliação e da mediação. Não é preciso registrar que, à luz nova perspectiva que se descortina sob a égide do novel diploma processual, os aludidos protagonistas do foro não devem medir esforços na direção da composição amigável do litígio.

Importa ressaltar, por outro lado, apenas como exemplo, que, reafirmando o crescente protagonismo dos tribunais superiores na sociedade brasileira contemporânea e a consequente importância de seus respectivos pronunciamentos judiciais, o novo CPC procura valorizar a jurisprudência, no capítulo introdutório do título que disciplina a ordem dos processos nos tribunais (arts. 926 a 928).

Vale observar que tais regras destacam, com clareza, a louvável preocupação do legislador com o aspecto pedagógico no trato da matéria, sobretudo no que respeita à função institucional que é atribuída aos tribunais, visando à uniformização da interpretação e da aplicação do ordenamento jurídico.

Ademais, o legislador adotou importantes novidades, mas sempre com a devida cautela, em prol da efetividade do princípio da duração razoável do processo, inclusive no que se refere à atividade satisfativa.

As alterações processuais se projetam para a sociedade. É a melhor distribuição de justiça que, em tese, objetiva-se com a reforma. O processo judicial constitui a rota segura para fazer com que o império do direito seja restabelecido, e a paz social prevaleça, com a solução mais segura e efetiva dos litígios interpessoais.

É evidente que, para se alcançar a celeridade na tramitação das demandas e para que as decisões proferidas sejam tecnicamente mais acertadas e socialmente mais justas, torna-se necessário conjugar a reforma processual ora introduzida em nosso sistema legal com um novo desenho da estrutura judiciária, municiada dos meios materiais disponíveis em época contemporânea.

Feito este singelo diagnóstico, deve ser frisado que não há motivo para qualquer desconforto, visto que, com o passar do tempo, contando com o preparo adequado e o esforço dos profissionais, creio que será superado o exagerado pessimismo de alguns céticos, que criticam o novo diploma apenas pelo sabor da crítica.

Como tudo na vida, não se deve sofrer por antecipação.

Tomando como meu o vaticínio do processualista português MIGUEL TEIXEIRA DE SOUSA, pode-se afirmar que somente depois da entrada em vigor de um novo CPC é que começam as verdadeiras dificuldades.

Antes de tudo, é o próprio novo diploma que deve conquistar os operadores do direito para o regime processual que passou a vigorar, convencendo-os de suas vantagens; depois, as entidades de classe dos juízes, dos advogados e do Ministério Público têm o dever institucional de preparar e treinar os respectivos profissionais; simultaneamente, o Poder Judiciário não poderá medir esforços para aparelhar de modo minimamente consistente a máquina do serviço judiciário; e, finalmente – é preciso insistir –, há que se esperar que, na praxe forense, o novo CPC garanta efetivamente uma melhor gestão da justiça: segura, tempestiva e eficiente!

3. Processo de conhecimento e cumprimento de sentença

A pacificação social constitui um dos importantes escopos do Estado moderno, que reprime a atuação autodefensiva dos direitos subjetivos e predispõe normas reguladoras da conduta cotidiana dos membros da sociedade.

À antiga concepção duelística do processo de conotação privada haveria de substituir-se aquela governada pela autoridade estatal, na qual a ideia de processo aflora como instrumento de investigação da verdade e de administração da justiça.

Os sintomas dessa metamorfose – de uma experiência jurídica primitiva àquela de comunidade politicamente organizada –, vetando-se a autodefesa com a obrigatoriedade de conferir a terceira pessoa, imparcial e estranha ao litígio, a incumbência de dizer a quem assiste razão, representam uma conquista de época relativamente recente.

O livre acesso aos tribunais – lembra ÁNGELA FIGUERUELO BURRIEZA – deve ser reconhecido pelos povos civilizados como um direito fundamental baseado na percepção de que, em um Estado de Direito, "la petición de Justicia es un derecho inalienable del individuo, que a nadie puede ser negado, como medio necesario para obtener el amparo de la jurisdicción".[20]

Com a eclosão da lide, que é um fenômeno inexorável e metaprocessual, em muitas ocasiões, a parte que se sente prejudicada necessita buscar a satisfação de seu direito pela via jurisdicional. Três são os esquemas clássicos de tutela, dependendo da pretensão a ser formulada, que são colocados à disposição do demandante pelo nosso sistema processual.

O processo de conhecimento, como método, tem por finalidade a composição do conflito de interesses existente entre os litigantes por meio de uma sentença. Afirma-se que é "de conhecimento" porque há necessidade de o órgão jurisdicional proceder à cognição dos fundamentos fático-jurídicos deduzidos pelas partes para, em seguida, certificar o direito por meio de um pronunciamento judicial coativo.

Na respectiva "fase de conhecimento", que é vocacionada ao julgamento do mérito da controvérsia, verifica-se a produção de atos processuais tendentes a esse objetivo, que normalmente se desdobra em quatro "subfases": postulatória (demanda, citação, resposta), saneadora (providências preliminares, exame da matéria formal, fixação dos pontos controvertidos), instrutória (produção das provas) e decisória (sentença de mérito).

Frise-se que a parte condenatória da sentença, qualquer que seja a sua extensão ou o seu objeto, não satisfeita de modo voluntário, possibilita ao credor providenciar, em sequência, o seu cumprimento. É de notar que esta a providência, decorrente do descumprimento da obrigação imposta no título judicial, é regrada pelos arts. 513 e segs. do CPC e tem lugar nos mesmos autos do processo (*processo sincrético*), como uma fase complementar àquela de conhecimento.

Sincretismo tem o significado de fusão de dois ou mais corpos antagônicos em um único elemento. A locução "processo sincrético" expressa a técnica pela qual cognição e execução, em forma coordenada e sucessiva, efetivam-se nos mesmos autos, em benefício da otimização do tempo do processo.

O processo de execução, lastreado em título executivo extrajudicial, visa à satisfação do crédito certo, líquido e exigível que emerge daquele.

O processo cautelar, a seu turno, tem por escopo assegurar a efetividade da tutela a ser concedida no futuro.

Para a obtenção do resultado pleiteado em cada espécie de processo é necessário percorrer um adequado procedimento.

---

20 *El derecho a la tutela judicial efectiva*, p. 28.

4. Processo e procedimento

Sérgio Marcos de Moraes Pitombo realça o inseparável liame entre as pessoas que agem em juízo e seus respectivos atos protraindo-se conjugados, em sistema de movimento e mudança, e acrescenta que esta visão leva a compreender o fluxo, ou processo, como série numerável de atos coordenados – verdadeiro método –, que se vão justapondo, num espaço ideal, ou procedimento.[21]

Traçando a distinção conceitual entre processo e procedimento, a doutrina brasileira mais tradicional costuma invocar a clássica lição de Almeida Júnior, no sentido de que "o *processo* é uma direção no movimento; o *procedimento* é o *modo* de mover e a *forma* em que é movido o ato. *Omnis operatur motus dicitur...*". Enquanto aquele corresponde ao *movimento* no seu aspecto intrínseco, este é o mesmo *movimento*, visualizado, todavia, em sua forma extrínseca, "tal como se exerce pelos nossos órgãos corporais e se revela aos nossos sentidos".[22]

Trata-se, portanto, de característica ínsita à modalidade do ser processual: "durar, no ser instantáneo o momentáneo, prolongarse".[23]

Há pelo menos um século e meio intuíra-se que o processo não determina apenas um *procedere*, mas, também, regulamenta os poderes do juiz e as faculdades e deveres das partes, em mútua e recíproca relação. E essa concepção, como se sabe, "além de ter dado o passo decisivo para a autonomia do direito processual, ao isolar a relação material da processual, implicou igualmente postura metodológica renovadora, abrindo caminho para passar-se a entrever o fenômeno processual não mais como mero procedimentalismo, mas sim dentro da perspectiva da atividade, poderes e faculdades do órgão judicial e das partes. A sedimentação dessas ideias obrou com que hoje se encontre pacificado o entendimento de que o procedimento não deve ser apenas um pobre esqueleto sem alma, tornando-se imprescindível ao conceito a regulação da atividade das partes e do órgão judicial, conexa ao contraditório paritário e ainda ao fator temporal, a fatalmente entremear essa mesma atividade".[24]

---

21 In Rogério Lauria Tucci, *Direito intertemporal e a nova codificação processual penal*, 4ª capa.
22 João Mendes de Almeida Júnior, *Direito judiciário brasileiro*, p. 243-244. V., também, Elio Fazzalari, *Procedimento e processo (teoria generale)*, p. 827 e segs.; Paula Sarno Braga, *Norma de processo e norma de procedimento*, p. 160-162
23 Adolfo Gelsi Bidart, *El tiempo y el proceso*, p. 110.
24 Cf. Carlos Alberto Alvaro de Oliveira, *Do formalismo no processo civil*, p. 36, referindo-se à clássica doutrinação de Bülow. V., ainda, no mesmo sentido, Salvatore Satta, Dalla procedura civile al diritto processuale civile, *Rivista Trimestrale di Diritto e Procedura Civile*, 31 e segs.

O *processo* – direção no movimento – consubstancia-se, pois em um instituto essencialmente dinâmico, porquanto não exaure o seu ciclo vital em um único momento, mas é destinado a desenvolver-se no tempo, possuindo duração própria. Os atos processuais, embora tenham uma determinada ocasião para serem realizados, não se perfazem de modo instantâneo, mas, sim, desenrolam-se em várias etapas ou subfases.[25]

O processo é o instrumento destinado à atuação da vontade da lei, devendo, na medida do possível, desenvolver-se, sob a vertente extrínseca, mediante um procedimento célere, a fim de que a tutela jurisdicional emerja realmente oportuna e efetiva.

Sob a ótica técnica, a locução "processo civil" designa o instrumento pelo qual os cidadãos podem pleitear a tutela de seus direitos perante órgão estatal dotado de jurisdição.[26] Os atos que se desenrolam no âmbito do respectivo procedimento, pelas partes e pelo Estado-juiz, são basicamente disciplinados pelo CPC.

Para tanto, afirma-se correntemente que os direitos subjetivos dos cidadãos devem ser providos da máxima garantia social, com o mínimo sacrifício da liberdade individual, e, ainda, com o menor dispêndio de tempo e energia.

Todavia, a aspiração desse ideal vem obstada por possibilidades reais: "como não pode haver automatismo, é possível apenas pretender-se abreviar o tempo entre a lesão do direito e a sentença".[27]

É que – como exortava CARNELUTTI – "a semente da verdade necessita, às vezes, de anos, ou mesmo de séculos, para tornar-se espiga (*veritas filia temporis*)... O processo dura; não se pode fazer tudo de uma única vez. É imprescindível ter-se paciência. Semeia-se, como faz o camponês; e é preciso esperar para colher-se. Ao lado da exigência de atenção, coloca-se a paciência entre as

---

25   GELSI BIDART, *El tiempo y el proceso*, p. 111.
26   "Processo civil" é expressão polissêmica. Comumente, na linguagem da praxe forense, significa toda demanda judicial que tenha por objeto matéria não penal, trabalhista ou eleitoral. Nesse sentido, é muito frequente o emprego da expressão na chamada de ementas de acórdãos proferidos em causas de direito de família, de direito tributário, de direito administrativo etc. Confira-se, por exemplo: "Processo Civil. Direito de Família. Recurso Especial. Não configuração de violação ao art. 535 do CPC. Execução de obrigação alimenta r [...]" (STJ, 4ª T., REsp 1.332.808-SC, rel. Min. LUIS FELIPE SALOMÃO, m.v., *DJe* 24/2/2015); "Processo Civil. Embargos à Execução Fiscal. Inexistência de violação do art. 535 do CPC. Citação por edital [...]" (STJ, 2ª T., AgRg no Agravo em REsp 649.835-RS, rel. Min. HUMBERTO MARTINS, v.u., *DJe* 25/3/2015); "Processo Civil. Administrativo. Licitações e Contratos. Atribuição de efeito suspensivo a recurso especial [...]" (STJ, 2ª T., Med. Caut. 23.812-RS, rel. Min. HUMBERTO MARTINS, v.u., *DJe* 25/3/2015).
27   Cf. FERNANDO DE LA RÚA, *Procesos lentos y reforma urgente*, p. 227.

virtudes inafastáveis do juiz e das partes. Infelizmente estas são impacientes por definição; impacientes como os doentes, visto que também sofrem. Uma das tarefas dos defensores é aquela de inspirar-lhes a paciência. O *slogan* da justiça rápida e segura, que anda na boca dos políticos inexperientes, contém, lamentavelmente, uma contradição *in adiecto*: se a justiça é segura não é rápida, se é rápida não é segura".[28]

Seria realmente um inominado absurdo imaginar-se um processo no qual houvesse imediata tutela ao direito supostamente violado, porque, como é cediço, "é apenas durante um certo tempo que as partes, em particular, o réu, conseguem construir os seus próprios argumentos".[29]

Com efeito, o processo judiciário (de cognição) reclama, em homenagem a um elementar postulado de segurança jurídica, respeito a uma série de garantias das partes (*due process of law* em senso processual), cuja observância se faz incompatível com a precipitação.[30]

Omnia tempus habent (tudo tem seu tempo)!

Ressalta, nessa ordem de ideias, TERESA SAPIRO ANSELMO VAZ[31] que a grande equação que se impõe ao processualista reside, essencialmente, em conciliar esses valores e todas as consequências que deles advêm com a obtenção de decisão que represente uma composição do litígio consonante com a verdade, e em que se respeite amplamente o regramento do contraditório e todas as garantias de defesa, pois só assim se logrará uma decisão acertada no âmbito de um processo justo.

Desse modo, o esforço para harmonizar as garantias processuais com boa técnica de tutela substancial tem desafiado a legislação dos mais diferentes sistemas jurídicos.

Assim sendo, após apontar o escopo do processo civil de conhecimento como o de solucionar a lide, visando à realização do direito e à consequente concretização de uma atuação jurisdicional "sem pressa", anota EGAS DIRCEU MONIZ DE ARAGÃO que, no entanto, a superveniência de prejuízo às partes obsta aguardem elas "o resultado perfeito", instando-se ao operador do direito agir, sem perda de tempo, para "alcançar o final dentro do mais breve espaço".[32]

---

28 *Diritto e processo*, p. 154.
29 Cf. FERRUCIO TOMMASEO, *Appunti di diritto processuale civile (note introduttive)*, p. 166.
30 V., nesse sentido, ALBACAR LOPEZ, *La durata e il costo del processo nell'ordinamento spagnolo*, p. 1102.
31 *Novas tendências do processo civil no âmbito do processo declarativo comum (alguns aspectos)*, p. 925.
32 *Comentários ao Código de Processo Civil*, p. 99-100.

5. Procedimento comum e procedimentos especiais

O panorama histórico, no que se refere ao direito processual civil, revela que o procedimento das causas em busca da prestação jurisdicional, nas mais diversificadas épocas, vinha sempre disciplinado por um modelo padrão ou ordinário, geralmente envolvido por considerável solenidade.

Nota-se, todavia, que a peculiaridade do objeto de alguns litígios impunha uma variante nas regras que determinavam o rito procedimental, afastando-o daquele comum. Assim é que, por exemplo, na época do direito romano clássico, as ações possessórias (*interdicta*) exigiam a prolação de uma decisão preambular – verdadeira antecipação de tutela –, estabelecendo qual litigante deveria desfrutar da posse do bem litigioso enquanto pendente o processo. Sob a égide do direito reinol, as Ordenações Manuelinas (1521) introduziram a chamada ação decendiária (ancestral remota da ação monitória), que se desenvolvia por um novo tipo de procedimento,[33] de rito sumário, tendente a alcançar de forma mais rápida a futura execução, conforme assim determinasse o juiz, após a prolação da sentença, e se, até então, a dívida ainda não tivesse sido satisfeita pelo devedor.

As fontes jurídicas medievais do direito ocidental demonstram, contudo, que durante longo arco temporal o procedimento comum (*solemnis ordo iudiciarius*), cada vez mais aperfeiçoado, era lento, custoso e extremamente formal.

E, por isso, afirma-se que a história do processo civil, a partir deste momento, é a história do esforço para tornar o processo mais racional, menos complicado e, sobretudo, mais célere.

Nos domínios do direito canônico, ao ser instituído o processo escrito pelo cânone *quoniam contra* (IV Concílio de Latrão), foi determinado que o procedimento comum observasse as seguintes fases: *citationes et dilationes, recusationes et exceptiones, petitiones et responsiones, interrogationes et confessiones, testium depositiones et instrumentorum productiones, interlocutiones et appellationes, renunciationes, conclusiones.*

Os canonistas, diante da excessiva duração do processo, passaram a admitir que se procedesse *simpliciter, breviter, de plano ac sine estrepitu et figura iudicii,* respondendo a um imperativo de ordem social, em face do volume cada vez mais crescente de processos.

Tal princípio restou consolidado em duas bulas do Papa Clemente V, *Saepe contingit* (1306) e *Dispendiosam* (1311), ao se estabelecer, como regra, a *cognitio summaria*, no âmbito de um procedimento oral, caracterizado por lapsos temporais breves, que acabou sendo recepcionado pelas legislações laicas.

---

33 Ord. Man., 3.16: *Em que maneira se procederá contra os demandados por escrituras públicas, ou alvarás que têm força de escritura pública ou reconhecidos pela parte.*

Por tais decretos foi então introduzido o procedimento sumário, que tinha natureza eminentemente oral, oferecendo contraste com o escrito. Ademais, outorgavam-se ao juiz amplos poderes instrutórios e vinha prestigiada a regra da concentração dos atos probatórios, que passaram a ser realizados em uma só oportunidade, distinguindo-se assim do procedimento comum ordinário.

Daí a distinção formulada desde há muito entre procedimentos ordinário e sumário (materialmente mais simplificado), como espécies do gênero procedimento comum. A história do procedimento sumário é remota, tendo sido objeto de detidos estudos, principalmente na antiga dogmática alemã, por WILHELM AUGUST FRIEDRICH DANZ[34] e, mais tarde, por HANS KARL BRIEGLEB, autor de obra que se tornou referência.[35]

Já em época moderna, como esclarece ADROALDO FURTADO FABRÍCIO, a técnica continua sendo mais ou menos a mesma, vale dizer, as legislações processuais, de um modo geral, traçam a estrutura de um modelo básico – verdadeiro procedimento-padrão –, aplicável na grande maioria das demandas, e, ainda, introduzem variações, com o acréscimo, supressão ou modificação de atos, que acabam afastando alguns procedimentos daquele *standard* comum.[36]

Justificam-se tais "desvios" diante das peculiaridades da estrutura de determinadas relações de direito material (imagine-se, por exemplo, a pretensão de pagamento por consignação judicial) ou mesmo pela força da tradição, para a instituição de procedimentos especiais, no próprio CPC ou em leis especiais, que regem a tramitação judicial de certas pretensões.

Na verdade, não pode ensejar qualquer perplexidade o atendimento, no âmbito das normas disciplinadoras do procedimento, às inexoráveis particularidades do direito material, que, em determinadas hipóteses, podem tornar a relação jurídico-substancial insuscetível de tutela jurisdicional eficiente e adequada sob a regência do procedimento comum. Esta circunstância jamais pode ser concebida como interferência de postulados de um campo do direito em outro, mas, sim, como exigência técnica, dada a natureza instrumental do processo.[37]

6. Superação do procedimento comum. Tutela diferenciada

Cumpre ainda observar, sob outra perspectiva, que, descrevendo os males determinantes do retardamento da prestação jurisdicional, PROTO PISANI

---

34 *Grundsätze der summarischen Prozesse* (atual. Nikolaus Thaddäus Gönner, Stuttgart, Franz Christian, 1806).
35 *Einleitung in die Theorie der summarischen Processe* (Leipzig, Tauchnitz, 1859).
36 *Comentários ao Código de Processo Civil*, p. 4-5.
37 V., a respeito, ADROALDO FURTADO FABRÍCIO, *Comentários ao Código de Processo Civil*, p. 8.

assevera que a ideologia liberal-individualista dos fins do século XIX e da primeira metade do século XX imaginava com absoluta certeza que a técnica do procedimento comum resultava idônea a tutelar um rol infinito de direitos. Anota, assim, que o caráter mistificador decorrente do pressuposto teórico da igualdade formal das partes ensejou, de modo fecundo, o culto acrítico àquela clássica forma de procedimento.

Todavia, em momento mais recente, dada a inequívoca evolução científica e técnica do processo civil, observa-se que o tradicional modelo do procedimento comum ordinário é completamente inadequado para assegurar prestação jurisdicional efetiva a todas as situações de vantagem, enfim, a todos os direitos que reclamam tutela de urgência.[38]

E, por isso, dentre muitas e abalizadas opiniões convergentes, conclui-se que o procedimento comum, como técnica universal de solução de litígios, deve ser substituído, na medida do possível, por outras estruturas procedimentais, mais condizentes com a espécie de direito material a ser tutelado.

Diante desta necessidade para o aprimoramento do sistema jurisdicional, abstração feita das inúmeras incongruências resultantes de uma arcaica organização judiciária, os processualistas procuram encontrar um equilíbrio, tanto quanto possível harmônico, entre técnica de tutela substancial e asseguração das garantias processuais.

Escrevendo, aliás, acerca das novas exigências do direito processual civil, Ovídio Baptista da Silva conclui que a maior novidade científica no âmbito desse ramo jurídico passou a ser a incessante revitalização de modelos *extra ordinem* de tutela, classificados pelos juristas como espécies de tutela jurisdicional diferenciada.[39]

Tenha-se presente que a locução *tutela jurisdicional diferenciada*, cunhada inicialmente por Proto Pisani, é utilizada para indicar, em contraposição ao procedimento comum, a reunião de vários procedimentos – estruturados a partir de peculiaridades de certas categorias de situações substanciais – de natureza plenária ou sumária (cautelar ou sumária *tout court*), e que se apresentam como uma das vertentes para sintonizar a justiça civil com as garantias processuais ditadas pelo texto constitucional.[40]

---

38 Cf. Andrea Proto Pisani, *Introduzione (Breve premessa a un corso sulla giustizia civile)*, p. 18-19 e 24.
39 *Curso de processo civil*, v. 1, p. 125.
40 *Problemi della c. d. tutela giurisdizionale differenziata*, p. 212. V., a propósito, Andrea Proto Pisani, *Sulla tutela giurisdizionale differenziata*, p. 536 e segs.; Luigi Montesano, *Luci ed ombre in leggi e proposte di "tutele differenziate" nei processi civili*, p. 592 e segs.; Federico Carpi, "Flashes" sulla tutela giurisdizionale differenziata, p. 237 e segs. Entendendo inadequada a referida expressão: Elio Fazzalari, *Istituzioni di diritto processuale*, p. 141-142.

A despeito das múltiplas particularidades e contingências que separam as experiências jurídicas italiana e brasileira, é bem de ver que, entre nós, a doutrinação do processualista peninsular fez escola.

Com efeito, DONALDO ARMELIN, em idêntico senso, admite que "a temática de uma tutela jurisdicional diferenciada posta em evidência notadamente e também em virtude da atualidade do questionamento a respeito da efetividade do processo, prende-se talvez mais remotamente à própria questão da indispensável adaptabilidade da prestação jurisdicional e dos instrumentos que a propiciam à finalidade dessa mesma tutela. Realmente, presentes diferenciados objetivos a serem alcançados por uma prestação jurisdicional efetiva, não há por que se manter um tipo unitário desta ou dos instrumentos indispensáveis a sua corporificação. A vinculação do tipo de prestação à sua finalidade específica espelha a atendibilidade desta; a adequação do instrumento ao seu escopo potencia o seu tônus de efetividade".[41]

De sorte que essa permanente exigência de conformação da tutela jurisdicional e de seus respectivos instrumentos ao seu escopo afigura-se, em época presente, exaltada em razão do crescimento do indesejável fenômeno da morosidade da prestação jurisdicional, o qual, embora também existente em outros sistemas, repercute negativamente na efetividade daquela, determinando a adoção de várias providências tendentes à atenuação desse fenômeno, já que utópica a sua erradicação.[42]

No CPC, ao lado dos denominados procedimentos especiais, o exemplo mais significativo do desejo de superar as agruras das sucessivas fases do procedimento comum é a nova configuração, no art. 294 e segs., das denominadas tutelas de urgência (subdivididas em cautelar e antecipada) e de evidência, que propiciam, no plano teórico, o acesso a uma justiça efetiva a todos os jurisdicionados.

Infere-se realmente que o aperfeiçoamento dessa técnica continua sendo devido às contingências peculiares à universalização do procedimento comum (inexorável demora) e ao número sempre crescente de demandas. Isso significa que é exatamente nas experiências, como a nossa, nas quais a justiça é lenta que a precipitação temporal da tutela ganha expressão!

Não se deve olvidar ainda a ênfase que a novel matriz processual continua dispensando à tutela específica, cuja disciplina vem regrada pelos arts. 497 a 501.

---

41 *Tutela jurisdicional diferenciada*, p. 45. Consulte-se, também, KAZUO WATANABE, *Da cognição no processo civil*, p. 110; LUIZ GUILHERME MARINONI, *Tutela cautelar e tutela antecipatória*, p. 87 e segs.

42 Cf., ainda, DONALDO ARMELIN, *Tutela jurisdicional diferenciada*, p. 45.

CAPÍTULO I
DISPOSIÇÕES GERAIS

Art. 318. Aplica-se a todas as causas o procedimento comum, salvo disposição em contrário deste Código ou de lei.

Parágrafo único. O procedimento comum aplica-se subsidiariamente aos demais procedimentos especiais e ao processo de execução.

CPC de 1973 – art. 271

Comparação jurídica – art. 248 da LEC espanhola; art. 549º do CPC português; art. 219 do SZO suíço

7. Generalidades

O CPC, abandonando a dicotomia – ordinário e sumário – contemplada no diploma revogado, optou pela adoção de um único método ritual, independentemente da matéria ou do valor da controvérsia, qual seja, o *procedimento comum*, regrado no Título I do Livro I (*Do Processo de Conhecimento e do Cumprimento de Sentença*) da Parte Especial, que contém três títulos, a saber: I – *Do Procedimento Comum*; II – *Do Cumprimento de Sentença*; e III – *Dos Procedimentos Especiais*.

Vê-se, de logo, que o legislador corrigiu equívoco constante do diploma revogado, uma vez que inseriu os procedimentos especiais no Livro que trata do processo de conhecimento.

O procedimento comum é, então, aquele a ser observado nas hipóteses mais frequentes, destituídas de pormenores que justificariam, por exceção, tratamento procedimental heterogêneo.

Ademais, esse procedimento básico, no qual oferecidas às partes todas as garantias, caracteriza-se pela possibilidade de ampla e exauriente cognição (fase de conhecimento), desdobrando-se em quatro momentos (subfases) ideais que se desenvolvem perante o juízo de primeiro grau: postulatória, saneadora, probatória e decisória.

Esse desenho padrão, concatenado nestas etapas bem demarcadas, é o que deve ser aplicado a "todas as causas", a menos que o próprio CPC ou qualquer lei extravagante disponha de modo contrário. O âmbito de incidência do procedimento comum, portanto, delimita-se por exclusão.

8. Caráter subsidiário do procedimento comum

As normas que regulamentam o procedimento comum aplicam-se supletivamente aos demais, especiais e de execução. Assim também, até porque é o que mais garantias oferece aos litigantes, será o procedimento comum adotado, por força do disposto no art. 327, § 2º, na hipótese de cumulação de pedidos que, em princípio, subordinam-se a diferentes procedimentos.

9. Conversão do procedimento

Escreve Dinamarco que constitui dever do juiz impedir que o processo se desenvolva por meio de procedimento inadequado. De conformidade com a lógica do sistema, atribuem-se ao julgador poderes para simplesmente determinar que a causa observe o procedimento predisposto na lei, mesmo quando diferente haja sido a vontade do autor, eleita na petição inicial.[43]

Anote-se, no entanto, que o CPC não repetiu a velha regra do art. 295, V, que inseria entre as hipóteses de indeferimento da petição inicial a escolha de procedimento errado, quando impossível a sua adaptação. Na verdade, a praxe evidencia ser muito rara a impossibilidade de conversão do procedimento. Basta que o juiz determine ao autor os ajustes necessários para tornar adequado o procedimento ao tipo de pretensão deduzida.

A conversão de um procedimento em outro constitui mera correção de um equívoco formal, que, por expressa disposição do art. 283 do CPC, não deve prejudicar a parte. Se a tramitação do processo "já tiver progredido apesar desse erro e só mais tarde o juiz se aperceber dele, nesse momento deve ser feita a conversão *possível* – mas ela não será possível se o procedimento já estiver em um ponto tão avançado que não haja mais o que fazer depois de 'convertido' (ex.: autos já conclusos para sentença)."[44]

Depara-se, por exemplo, de modo frequente, com a conversão da execução em ação monitória, sem que se chegue à indesejável situação de indeferimento da petição inicial.[45]

De ressaltar, por fim, que, nessa seara, a doutrina contemporânea e a jurisprudência atual acabaram influenciando o legislador, visto que tem sido amplamente disseminada a ideia de flexibilização do procedimento.[46] Essa orientação restou consagrada na regra do art. 190 do CPC, ao admitir, em demandas que comportam autocomposição, a convenção das partes estipulando modificações no procedimento para ajustá-lo às especificidades da causa.[47] Trata-se do denominado princípio do respeito ao autorregramento da vontade

---

43 *Instituições de direito processual civil*, 3, p. 346.
44 Dinamarco, *Instituições de direito processual civil*, 3, p. 346.
45 Cf., v.g., STJ, 3ª T., AgRg no REsp 1.161.961-RJ, rel. Min. João Otávio de Noronha, v.u., DJe 22/8/2013: "Mantém-se o acórdão que confirmou decisão que determinou a emenda da inicial para conversão da execução em ação monitória, se ainda não ocorreu a citação de todos os executados".
46 Consulte-se, e.g., Fernando da Fonseca Gajardoni, *Flexibilização procedimental*, p. 189 e segs.; Guilherme Freire de Barros Teixeira, *Teoria do princípio da fungibilidade*, p. 202 e segs.
47 V., a propósito, *Negócios processuais* (obra coletiva); Antonio do Passo Cabral, *Convenções processuais*; Robson Godinho, *Negócios processuais sobre o ônus da prova no novo Código de Processo Civil*.

no processo, decorrente do modelo cooperativo, consagrado na novel legislação processual.[48]

Anote-se, a propósito, que o novo CPC português, no art. 547º, atribui ao juiz o poder-dever de "adequação formal", pelo qual: "O juiz deve adotar a tramitação processual adequada às especificidades da causa e adaptar o conteúdo e a forma dos atos processuais ao fim que visam atingir, assegurando um processo equitativo".

CAPÍTULO II
DA PETIÇÃO INICIAL

Seção I
Dos Requisitos da Petição Inicial

Art. 319. A petição inicial indicará:

I – o juízo a que é dirigida;

II – os nomes, os prenomes, o estado civil, a existência de união estável, a profissão, o número de inscrição no Cadastro de Pessoas Físicas ou no Cadastro Nacional da Pessoa Jurídica, o endereço eletrônico, o domicílio e a residência do autor e do réu;

III – o fato e os fundamentos jurídicos do pedido;

IV – o pedido com as suas especificações;

V – o valor da causa;

VI – as provas com que o autor pretende demonstrar a verdade dos fatos alegados;

VII – a opção do autor pela realização ou não de audiência de conciliação ou de mediação.

§ 1º Caso não disponha das informações previstas no inciso II, poderá o autor, na petição inicial, requerer ao juiz diligências necessárias a sua obtenção.

§ 2º A petição inicial não será indeferida se, a despeito da falta de informações a que se refere o inciso II, for possível a citação do réu.

§ 3º A petição inicial não será indeferida pelo não atendimento ao disposto no inciso II deste artigo se a obtenção de tais informações tornar impossível ou excessivamente oneroso o acesso à justiça.

CPC de 1973 – art. 282

Comparação jurídica – arts. 56 e 57 do NCPC francês; art. 163 do CPC italiano; art. 399 da LEC espanhola; art. 552º do CPC português; §§ 130 e 253 do ZPO alemão; art. 221 do SZO suíço

---

48 Cf., a respeito, Leonardo Carneiro da Cunha, *Comentários ao Código de Processo Civil*, 3, p. 50.

10. Generalidades

O Estado, na órbita do processo civil, não tem a prerrogativa de se imiscuir *sponte propria* nas questões litigiosas pendentes entre os jurisdicionados, afigurando-se, pois, pelo princípio da demanda (art. 2º do CPC), sempre imprescindível a provocação dos órgãos do Poder Judiciário, a fim de que estes, substituindo a investida dos interessados, possam, de modo imparcial e independente, declarar o direito, satisfazer o direito declarado ou, ainda, assegurar o direito cuja declaração é invocada.

Com a ação da parte, fundada no exercício do direito à jurisdição, ativando os órgãos estatais, detentores da função judicante, na busca de tutela jurisdicional, irrompe também o monopólio de disposição, reconhecido ao demandante.

Com efeito, tal concepção, vigente na generalidade dos ordenamentos processuais democráticos, exprime a supremacia do litigante para instaurar o processo, determinar-lhe o objeto e a extensão.[49] Em idêntico sentido, JOSÉ ROBERTO DOS SANTOS BEDAQUE escreve que a hegemonia da parte sobre a iniciativa do processo sempre está presente, independentemente da natureza do objeto litigioso. Mesmo que indisponível o direito subjetivo material, persiste o princípio da inércia da jurisdição, pelo qual o interessado detém o monopólio da demanda. E, se o Estado tem interesse direto ou indireto na relação jurídica em jogo, ainda assim não se atribui qualquer poder de iniciativa ao juiz.[50]

Na Alemanha, o procedimento comum inicia-se, por iniciativa do autor, com a propositura da demanda (*Klageerhebung*), a qual deve ser apresentada por escrito (*Klageschrift*) perante a maioria dos tribunais. Os requisitos da petição inicial encontram-se previstos nos §§ 130 e 253 do ZPO, dentre os quais se exige que o pedido de tutela jurisdicional seja certo e determinado e que a argumentação da matéria fática seja precisa.[51]

O ajuizamento da ação, no processo civil que hoje vigora na Itália, também é formalizado por meio de ato escrito, que assume a forma de citação, materializada na denominada *edictio actionis*. O art. 163.3 do CPC italiano

---

49 ROBERT WYNESS MILLAR, *The Formative Principles of Civil Procedure*, p. 14.
50 *Poderes instrutórios do juiz*, p. 99. Enfatiza, a propósito, HÉLIO TORNAGHI que, em nosso sistema processual civil, "o juiz, além de não poder tomar a iniciativa do processo (*ne procedat iudex ex officio*) e de ficar na dependência da do autor (*nemo iudex sine actore*), também deve conformar-se ao que foi pedido, sendo-lhe defeso conhecer de matéria estranha à demanda e à contestação" (*Comentários ao Código de Processo Civil*, v. 1, p. 399).
51 V., a respeito, PETER L. MURRAY e ROLF STÜRNER, *German Civil Justice*, p. 191-192. Consulte-se, para uma visão geral, FÁBIO PEIXINHO GOMES CORRÊA, Direito processual civil alemão, in *Direito processual civil europeu contemporâneo*, p. 11 e segs.

estabelece que a citação deve conter a determinação do objeto do litígio, com a especificação da causa de pedir e do pedido.[52]

Igualmente, na experiência jurídica inglesa, qualquer que seja o procedimento previsto, a demanda é ajuizada por meio de uma petição inicial. Consoante dispõe a regra 16.2 das *Civil Procedure Rules*, deve ela ser elaborada a partir de um resumo da controvérsia, devendo ser deduzida a pretensão do autor, a espécie de tutela almejada e o respectivo valor da causa.[53]

A petição inicial escrita é, pois, o instrumento pelo qual a parte interessada estimula a jurisdição. Constitui-se ela no ato postulatório preambular do processo, devendo ser construída à luz do modelo esquadrinhado nos arts. 319 e 320 do nosso novo CPC. Estas são normas cogentes, cuja inobservância acarreta sérias consequências ao autor.

11. Requisitos intrínsecos da petição inicial

11.1. Endereçamento

A petição inicial indicará, em primeiro lugar, a teor do art. 319, I, o juízo destinatário do pedido de tutela jurisdicional, inclusive do tribunal, quando a causa for de competência originária deste.

O endereçamento no cabeçalho da inicial deve levar em consideração as regras de competência estabelecidas no art. 42 e segs. do CPC, bem como aquelas de organização judiciária, assentadas em cada Estado da Federação. Em algumas ocasiões, quando a causa for da competência originária de tribunal, pode surgir dúvida atinente ao endereçamento da respectiva petição inicial. Basta o advogado dirigi-la ao desembargador presidente da corte competente, que determinará a distribuição da ação segundo as regras do regimento interno.

A indicação constante da petição inicial geralmente fixa o juízo da demanda, embora sempre sujeito a alteração *ex officio* ou por meio de arguição, pelo réu, de incompetência absoluta ou relativa (art. 337, II e § 5º, do CPC).

11.2. Qualificação das partes

Em seguida, o art. 319, II, exige a qualificação do autor e do réu da forma mais precisa possível, inclusive com a especificação do respectivo endereço eletrônico, o domicílio e o local da residência.

---

52 NICOLA PICARDI, *Manuale del processo civile*, p. 256. V. LUIZ EDUARDO BOAVENTURA PACÍFICO, Direito processual civil italiano, in *Direito processual civil europeu contemporâneo*, p. 258.
53 CRUZ E TUCCI, Direito processual civil inglês, in *Direito processual civil europeu contemporâneo*, p. 229.

A indicação do estado civil, dependendo da natureza da demanda, delineia-se importante para o exame da necessidade de outorga uxória ou marital (arts. 1.647 do CC e 73 do CPC), ou, ainda, da imprescindibilidade da presença de ambos os cônjuges no processo (litisconsórcio necessário – art. 114 do CPC).

Equiparando, para efeitos processuais, o casamento à união estável, o novel legislador acaba preenchendo enorme lacuna da legislação revogada. Se a união estável opera efeitos patrimoniais entre os companheiros, é importante que se disponha de elementos para verificar a legitimidade do demandante para figurar no polo ativo do processo sem a anuência ou mesmo sem a presença do outro companheiro (dependendo de tratar-se de hipótese dos arts. 73 ou 114 do CPC). Essa verificação, todavia, em caso de união estável, só é possível se a própria parte declinar a condição de convivente, porque ainda não está suficientemente implantado no nosso sistema o registro das uniões estáveis constituídas por contrato escrito, e, de qualquer forma, sempre será possível a sua constituição de fato, independentemente de formalidade. Assim, instituindo o dever de o autor declinar a existência de união estável, a lei permite melhor controle da constituição válida do processo e garante a plena eficácia da sentença que vier a ser proferida.

O registro do *e-mail* das partes também é exigido. Num ambiente cada vez mais dominado pela comunicação virtual, é sem dúvida um dado pessoal significativo para os desígnios do processo eletrônico. No novo estatuto processual, a citação e a intimação podem ser efetivadas por via eletrônica (arts. 246, V, e 270).

O domicílio também é pertinente para aferição da competência, e o endereço da residência, relevante para a eventual intimação pessoal da parte.[54] É dever da parte comunicar, nos autos do processo, a atualização de seu endereço residencial sempre que ocorrer qualquer alteração "temporária ou definitiva" (art. 77, V).

Não sendo disponíveis tais informações referentes ao réu, poderá o autor, na própria petição inicial, requerer ao juiz que sejam deferidas diligências para sua obtenção (art. 319, § 1º).

De qualquer modo, a petição inicial não será indeferida por insuficiência dos dados pessoais exigidos, desde que possível a citação do réu (§ 2º). Igualmente, não será indeferida se a obtenção prévia de tais informações "tornar impossível ou excessivamente oneroso o acesso à justiça" (§ 3º).

11.3. Causa de pedir
11.3.1. Exposição fático-jurídica

Além de seu requisito extrínseco ou externo, vale dizer, a forma escrita, dentre os requisitos intrínsecos, o inciso III do art. 319 do CPC exige que

---

54 Cf. CALMON DE PASSOS, *Comentários ao Código de Processo Civil*, p. 215.

conste da petição inicial a exposição do fato e dos fundamentos jurídicos do pedido. Assim, a narração, ou narrativa, levada a cabo pelo autor nada mais é do que a descrição fática e jurídica dos fundamentos da pretensão deduzida, cujo objeto deve ser efetiva e positivamente indicado no petitório (art. 319, IV).

A reconvenção deve ser elaborada segundo os mesmos requisitos do art. 319, devendo, igualmente, conter a *causa petendi*. Já no âmbito das denominadas ações dúplices, nas quais a pretensão do réu pode ser inserida na própria contestação, como, por exemplo, a exceção de retomada na ação renovatória de locação, também deverá ser observado o requisito da exposição dos fatos e fundamentos do pedido formulado na própria peça de defesa.

11.3.2. Fato essencial e fato secundário

Cumpre acrescentar que o fato ou os fatos que são essenciais para configurar o objeto do processo e que constituem a causa de pedir são exclusivamente aqueles que têm o condão de delimitar a pretensão.

Recorrendo ao conhecido discrime entre fato jurígeno e fato simples, anota MILTON PAULO DE CARVALHO que o fato reputado como causa eficiente de uma pretensão processual é apenas aquele (fato principal) que emerge "carregado de efeito pelo ordenamento jurídico", e não, à evidência, o *fato simples* ou *secundário*.[55]

Daí por que, para que o órgão do Poder Judiciário possa proferir a sentença, é necessário que o ato inaugural do processo esteja particularizado por determinados acontecimentos produzidos pela dinâmica social e dos quais possa ser extraída uma consequência jurídica.

Com efeito, "individualização e motivação de uma petição são dois aspectos distintos e se prestam a finalidades diversas... No que tange à delimitação da causa de pedir, unicamente têm valor aqueles episódios da vida real que a singularizam de todas as causas teoricamente possíveis e que eventualmente poderiam constar da petição inicial", devendo, ainda, ser lastreados pela respectiva fundamentação jurídica.[56]

A *communis opinio* da doutrina, inclusive de época contemporânea, afirma que o fato jurídico integra o núcleo central da *causa petendi*, concebido como fato ocorrido e enquadrável *sub specie iuris*. O fato essencial, pois, além de constituir o objeto da prova, é o pressuposto inafastável da existência do direito submetido à apreciação judicial.

PROTO PISANI, destacando o papel relevante do fato jurídico (em contraposição ao fato secundário), fornece os seguintes exemplos: *a)* em acidente de

---

55 *Do pedido no processo civil*, p. 81.
56 Cf., nesse sentido, MARIA VICTORIA BERZOSA FRANCOS, *Demanda, causa petendi e objeto del proceso*, p. 32.

trânsito, a culpa do condutor por excesso de velocidade é o fato principal; a alta velocidade do automóvel poucos minutos antes do acidente e o hábito do condutor de dirigir com excesso de velocidade constituem fatos secundários; *b*) a lesão física de alguém, provocada por facadas, é o fato essencial na demanda em que a vítima pleiteia indenização por ato ilícito; já a luta entre os antagonistas, a posse pelo demandado de uma faca compatível com o ferimento, as manchas de sangue nas roupas do ofensor, a impressão digital no cabo da faca encontrada na cena do crime são todos fatos simples...

Acrescenta o Professor de Firenze que estes fatos secundários ganham dimensão e importância no âmbito do processo na medida em que o autor, não conseguindo produzir prova direta do fato principal, recorre à comprovação do fato secundário para que o julgador possa, por presunção, formar um juízo de verossimilhança acerca daquele.[57]

É certo, contudo, que o subscritor da petição inicial – ainda mais nos dias de hoje, em que longos arrazoados são malvistos – não pode se perder em minúcias que não trazem qualquer interesse para o deslinde da questão.

11.3.3. Conteúdo, classificação e cumulação da *causa petendi*

Mais precisamente: compõem a *causa petendi* o fato (*causa remota*) e o fundamento jurídico (*causa proxima*).

A *causa petendi remota* (ou *particular*) engloba, normalmente, o fato constitutivo do direito do autor associado ao fato violador desse direito, do qual se origina o interesse processual para o demandante. O fato constitutivo do direito do autor ZANZUCCHI denominou *causa ativa*; o fato do réu contrário ao direito, *causa passiva*.[58]

Ressalte-se que, segundo MANDRIOLI,[59] o fato constitutivo do direito afirmado deve ser especificado pelo *fato lesivo* ou, na ação de natureza declaratória, pelo *fato contestado*, de que decorre o interesse de agir.

GIUSEPPE FRANCHI, por outro lado, assinala ser ainda possível a existência apenas da *causa petendi passiva*, como, e.g., na hipótese de anulação do contrato por vício da vontade, porquanto o fato negativo surge após a conclusão do contrato, e afirmar que o direito à resolução ocorreu em momento precedente é a mesma coisa que dizer que todos os contratos são rescindíveis por inadimplemento.[60]

Inferida da exposição da *causa de pedir remota* a relação fático-jurídica existente entre as partes, a *causa petendi proxima* (ou *geral*) se consubstancia, por

---

57 *Lezioni di diritto processuale civile*, p. 448-449.
58 *Nuove domande, nuove eccezioni e nuove prove in appello (art. 490-491 CPC)*, p 335.
59 *Corso di diritto processuale civile*, v. 1, p. 145.
60 *La litispendenza*, p. 98-99.

sua vez, no enquadramento da situação concreta, narrada, *in status assertionis*, à previsão abstrata, contida no ordenamento de direito positivo, e do qual decorre a juridicidade daquela, e, em imediata sequência, a materialização, no pedido, da consequência jurídica alvitrada pelo autor.

Baseando-se, outrossim, em seu conteúdo, é possível também ser afirmado que a *causa de pedir* resulta *simples, composta* ou *complexa*.[61]

Simples quando um único fato jurídico a integra, como, por exemplo, ação veiculando pretensão de despejo fundada na "falta de pagamento do aluguel e demais encargos" (art. 9º, III, da Lei n. 8.245/1991).

A *causa petendi* é *composta* na hipótese em que corresponde a uma pluralidade de fatos individuadores de uma única pretensão.

É o que ocorre na ação de alimentos alicerçada na necessidade do cônjuge inocente e na disparidade da partilha de bens (alimentos compensatórios).

Diz-se *complexa* a *causa de pedir* quando, da variedade de fatos justapostos, forem individuadas várias pretensões: expõe o autor, em ação visando à cobrança de verbas decorrentes de relação locatícia já extinta, que o réu, ex-inquilino, não só inadimpliu alugueres e acessórios como, também, efetivou danos no imóvel. "Declinando o autor, simultaneamente, mais de uma causa de pedir próxima e remota, estando o fato e a consequência relacionados em cada uma, resta pouca dúvida de que há mais de uma causa, e, conseguintemente, cumulação de ações. Por exemplo: narra o autor que, utilizando certo produto, o réu causou dano à colheita, e, com outro, danos irremediáveis à gleba. Há, aqui, duas ações diferentes".[62]

O art. 62, I, da atual legislação inquilinária (Lei n. 8.245/1991) permite ao locador deduzir, em uma única ação, dois diferentes fundamentos respeitantes a duas diferentes pretensões, ao determinar que: "Nas ações de despejo fundadas na falta de pagamento de aluguel e acessórios da locação, observar-se-á o seguinte: I – o pedido de rescisão da locação poderá ser cumulado com o de cobrança dos aluguéis e acessórios da locação, devendo ser apresentado, com a inicial, cálculo discriminado do valor do débito".

Igualmente, toda vez que o demandante cumula pedidos de ressarcimento de dano material e de dano moral também existirão duas causas de pedir, cada uma a justificar cada qual das pretensões. Assim, se porventura o autor pleiteou apenas indenização por prejuízo material em uma primeira ação, nada obsta a que, em seguida, ajuíze outra demanda visando à condenação do réu pelo dano moral experimentado.

---

61 Cf., a respeito, Miguel Teixeira de Sousa, *Sobre a teoria do processo declarativo*, p. 182.
62 Araken de Assis, *Cumulação de ações*, p. 128.

A causa de pedir encerra, pois, "um fato ou complexo de fatos necessário e suficiente a esclarecer a razão jurídica da pretensão ou das pretensões do demandante".[63]

A petição inicial que instaura o processo de execução, independentemente da natureza do título, deve também conter esta narração fática acerca do fato constitutivo do direito invocado (art. 319, III) e, ainda, os requisitos específicos ditados pelos arts. 798 e 799 do CPC.

Na execução, a causa de pedir não se consubstancia no título executivo. Este, na verdade, tem o condão de tornar adequada a via da execução.

Examinando essa questão, JUVÊNCIO VASCONCELOS VIANA entende, com acerto, que, para cumprir a exigência de especificação da *causa petendi* no processo de execução, o credor apontará os fatos constitutivos de seu direito, representado por um título executivo, bem como aduzirá, "em termos genéricos", o fato violador desse direito, qual seja, o inadimplemento do devedor. "Invocará (e exibirá) o título executivo, mas esse, entretanto, servirá mais ao propósito de possibilitar a verificação pelo julgador das condições da ação executiva, em especial, o interesse de agir, no que diz respeito à adequação do tipo de tutela postulada (executiva). A posse do título – cujo crédito que representa deve ser detentor de certeza, liquidez e exigibilidade –, bem como o fato de nos encontrarmos em uma seara não mais de acertamento do direito do autor, mas sim de realização prática deste nos levará à verificação de que, aqui, a exposição da *causa petendi* se descomplica. Mas isso não deve, absolutamente, conduzir o autor a uma excessiva simplificação de sua peça exordial, a ponto de limitar-se a afirmar que possui o título e, daí, reclamar do órgão judiciário o cumprimento do comando".[64]

Impõe-se ao exequente dimensionar o título, especificando os seus caracteres e o seu conteúdo, e, assim, esclarecer, na inicial, qual o resultado efetivo que o crédito lhe propicia e os respectivos meios de satisfação.

Embora, como observa CARNELUTTI, a estrutura formal da demanda executiva seja bem menos rigorosa do que a do processo de cognição, a *causa petendi in executivis* também corresponde "à situação de fato de que se originou o direito e o fundamento jurídico da pretensão do exequente" (fato gerador do crédito + exigibilidade), "bem como a atitude do executado, violadora desse alegado direito" (inadimplemento).[65]

Enfrentando este ponto, escreve CARLOS SILVEIRA NORONHA que, no cumprimento da sentença condenatória, "a concausa da incerteza já fora erra-

---

63 Cf., ainda, ZANZUCCHI, *Nouve domande...*, p. 336.
64 Causa de pedir na ação de execução, in *Causa de pedir e pedido no processo civil (questões polêmicas)*, p. 105.
65 *Lezioni di diritto processuale civile. Processo di esecuzione*, v. 1, p. 92.

dicada pela provisão de cognição, que a transmutou em *certeza absoluta* pela autoridade da coisa julgada material. Deste modo, há no processo executório fundado em título judicial, uma transformação da *causa petendi* em relação ao antecedente processo de cognição, pois aqui já não mais reside a *concausa da incerteza*, remanescendo apenas a *causa originária* formada pela *insatisfação* do direito do exequente, ainda não adimplido pelo executado, que persiste na sua atitude de mora e rebeldia".

Aduz, ainda, que, no âmbito da execução de título executivo extrajudicial, diferentemente da certeza absoluta que caracteriza o título decorrente de sentença condenatória, tem-se uma *certeza relativa*, conferida ao título pela própria lei, uma vez que este, não submetido ao crivo da jurisdição, pode ser portador de invalidades ou quaisquer outros vícios que subtraiam a certeza absoluta e, por via de consequência, a eficácia executiva, deformidades tais que podem ser alegadas nos embargos do devedor, com ampla cognição.

Daí por que – complementa – a "*causa remota* nesse tipo de execução, é formada pelo *fato constitutivo da insatisfação do direito do exequente* e pela *concausa* fundada na *incerteza relativa*, que resta implícita. Guarda pois, o processo de execução por título extrajudicial semelhança próxima, no que pertine à *causa petendi*, ao processo de conhecimento de natureza condenatória".[66]

11.3.4. Finalidade da *causa petendi*

Conclui-se, assim, que a *causa petendi* possui dupla finalidade advinda dos fatos que a integram, vale dizer, presta-se, em última análise, a individualizar a demanda e, por via de consequência, a identificar o pedido.

11.3.5. O problema da requalificação jurídica da demanda

Embora o *nomen iuris* e/ou fundamento legal porventura declinado pelo autor na petição inicial possa influenciar a convicção do julgador, nada obsta, dada a incidência do aforismo *iura novit curia*, a que este requalifique juridicamente a demanda, emoldurando-a em outro dispositivo de lei ou mesmo em outra categoria jurídica (e.g.: contrato de parceria para contrato de representação comercial). O juiz tem, pois, o poder-dever de examinar os fatos que lhe são submetidos nos quadrantes de todo o ordenamento jurídico, ainda que determinada norma ou categoria jurídica não tenha sido mencionada pelas partes.

Na verdade, o limite da liberdade do juiz encontra-se naquele ou naqueles fatos que individualizam a pretensão do autor e a exceção oposta pelo demandado, e que constituem, respectivamente, a *causa petendi* e a *causa excipiendi*:

---

66 Carlos Silveira Noronha, *A causa de pedir na execução*, p. 35-36.

a qualificação jurídica desenhada pelo autor e secundada pelo réu nunca é definitiva, e, por via de consequência, nada impede a livre eleição dos motivos ou normas jurídicas que o órgão judicante entenda pertinentes.

Pode até mesmo suceder que, no processo hermenêutico de subsunção, o juiz entenda que à situação fática narrada de conformidade com a *lex generalis* sejam aplicáveis normas especiais de regência, como, por exemplo, o Código de Defesa do Consumidor, mesmo que não invocadas pelos demandantes. Tem-se aí verdadeira modificação da tipificação jurídica do fundamento fático exposto pelo autor.

Disso também decorre que as partes podem variar, durante as fases do procedimento, o fundamento legal que eventualmente tenha sido deduzido na petição inicial ou na contestação, sem acarretar modificação do objeto do processo.

Cumpre, portanto, reconhecer que essa orientação, sintetizada pelo velho brocardo *da mihi factum dabo tibi ius*, está a revelar que, no drama do processo, a delimitação do *factum* e a individuação do *ius* correspondem, em princípio, a atividades subordinadas à iniciativa de diferentes protagonistas. Enquanto a alegação e comprovação do fato são incumbência dos litigantes, a aplicação do direito é apanágio do juiz!

Verifica-se, assim, que essa concepção é largamente consagrada não só na doutrina, mas também nos tribunais, em especial na jurisprudência do Superior Tribunal de Justiça.

Com efeito, a 4ª Turma, no julgamento do Agravo Regimental no Recurso Especial n. 870.624-SC, de relatoria da Ministra MARIA ISABEL GALLOTTI, deixou assentado que: "Não há óbice ao reconhecimento da fraude a credores em razão da parte invocar dispositivos próprios da revogada Lei de Falências. Isso porque nas instâncias ordinárias vigoram os princípios *iura novit curia* e *da mihi factum dabo tibi ius*, pelos quais o julgador não se adstringe ao direito invocado pela parte, podendo aplicar norma jurídica diversa para o julgamento da causa".[67]

Em senso análogo, o mesmo órgão fracionário, ao ensejo do julgamento do Recurso Especial n. 1.046.497-RJ, com voto condutor do Ministro JOÃO OTÁVIO DE NORONHA, decidiu que: "Inexiste violação dos arts. 458 e 535 do CPC [de 1973] quando o acórdão recorrido, ratificando a sentença, examina as questões havidas como necessárias ao desate da lide, com a exposição dos elementos e premissas jurídicas que ensejaram as conclusões ali firmadas. Com base nos fatos narrados pela parte na peça preambular, cabe ao magistrado atribuir a qualificação jurídica que tenha correspondência à solução do litígio diante do princípio *iura novit curia*, pelo qual se pressupõe o seu conhecimento

---

67   V.u., *DJe* 12/3/2013.

do direito, cuja relevância reflete postulado de igual matiz: *da mihi factum dabo tibi ius*. Não há ofensa aos arts. 128 e 460 do CPC [de 1973] se a qualificação jurídica dos fatos difere daquela apontada pelos autores recorrentes".[68]

Exemplo didático pode ser extraído de importante precedente, da 1ª Seção do Superior Tribunal de Justiça, no julgamento da Ação Rescisória n. 4.446-SP, de relatoria da Ministra Eliana Calmon, ao reconhecer que o tribunal, circunscrito à matéria controvertida, está autorizado a alterar o fundamento da ação rescisória, nos termos sintetizados na seguinte ementa: "1. Ação rescisória ajuizada para desconstituir acórdão do Superior Tribunal de Justiça que, em julgamento de recurso especial, concluiu pela incidência do imposto de renda sobre verbas pagas ao requerente por mera liberalidade do empregador. 2. Apesar da ação desconstitutiva ter sido ajuizada com esteio no art. 485, V, do CPC [de 1973], encontra-se o magistrado autorizado a conferir à hipótese narrada pelo autor a correta qualificação jurídica aos fatos expostos na exordial (decisão rescindenda fundada em suposto erro de fato – art. 485, IX, do CPC). Princípio do *iura novit curia*. 3. Ação rescisória julgada improcedente".[69]

Conclui-se, destarte, que, baseando-se no mesmo cenário fático, nada obsta a que o juiz altere o fundamento legal, o dispositivo da lei (de resto, irrelevante), ou ainda o fundamento jurídico, vale dizer, a tipificação jurígena que advém do fato ou dos fatos narrados. A qualificação da demanda, emergente do conjunto fático-jurídico constante dos autos, pode perfeitamente ser alterada pelo julgador. Trata-se de "requalificação jurídica" *ex officio*.

Importa esclarecer, de logo, que não se delineia possível, para os propósitos do presente comentário, traçar um conceito unívoco para a expressão "requalificação jurídica", visto que, dependendo da situação concreta, diferente será a extensão de suas implicações práticas na esfera de direito das partes.

Será suficiente conceber por "requalificação jurídica" o poder-dever que todo julgador tem de emprestar aos fatos narrados definição, categoria ou tipificação da relação jurídica diversa daquela eleita pelo autor e pelo réu, na fase postulatória da demanda.

Vejamos como as coisas se passam no terreno da casuística, tomando como exemplo a possibilidade de alteração da qualificação jurídica em matéria de responsabilidade civil.

Tenha-se presente que, em certas ações, como as que versam sobre responsabilidade civil (*fundamento global*), inúmeros fatos são passíveis de individualizar uma única pretensão, o que faz surgir séria celeuma quanto à possibilidade de intercâmbio do elemento causal da demanda no curso do processo.

---

[68] V.u., *DJe* 9/11/2010.
[69] V.u., *DJe* 10/9/2010.

Todavia, é certo que em relação a tais demandas, embora existam vários fundamentos jurídicos (v.g.: culpa contratual, culpa aquiliana) aptos a identificar um único pedido, é vedado ao autor alterar os elementos fático-jurídicos depois de estabilizado o objeto do processo.

Assim, se o demandante, pretendendo indenização por perdas e danos ocorridos durante a condução da carga, é derrotado em ação fundada no contrato de transporte, poderá, sem dúvida, pleitear, em seguida, a mesma indenização com arrimo na culpa decorrente de ato ilícito, dada a manifesta imperícia do motorista do caminhão que transportava a mercadoria.

Como já tive oportunidade de escrever,[70] no âmbito do processo civil brasileiro, a regra da eventualidade e a respectiva substanciação da demanda (agora reafirmada no art. 319, III, do CPC) dizem respeito exclusivamente ao *fato essencial*, ou seja, àquele delimitado pelo autor na petição inicial, de sorte que, se houver outro fundamento independente, ainda que para idêntica pretensão, nova demanda poderá ser ajuizada, porque a primeira não se identifica com aquela sucessiva.

A despeito de ter sido muito debatida, nas cortes francesas, a possibilidade de coexistência, numa mesma ação, de *causae petendi* estribadas em diversas categorias de culpa, entre nós irreleva que sejam aquelas diferentes, fundando-se uma na culpa derivada de ato ilícito e outra radicando na responsabilidade contratual.

Forçoso é reconhecer, com ARAKEN DE ASSIS, que na "concorrência" entre responsabilidade contratual e aquiliana, dada a uniformidade do complexo de fatos, há tão somente divergência acerca do enquadramento legal, uma vez que os fatos ou configuram a primeira ou a segunda ação.[71]

Excelente trecho de voto de PHILADELPHO DE AZEVEDO, quando Ministro do Supremo Tribunal Federal, presta-se a ilustrar o assunto ora examinado: "As incertezas e deficiências de técnica dos arrazoados e da sentença, em face da origem da culpa e da natureza do contrato, foram apreciadas com severidade e, talvez, em detrimento do recorrente; erros de situação do problema jurídico não devem prejudicar as partes, eis que *ius novit curia* e as ações têm a mesma forma; aliás, a noção fundamental de culpa desafia distinções e enfraquece classificações, ainda que prestigiadas por uma longa tradição, de origem diversa, sem que se possa concluir que a preferência por um desses aspectos concorrentes envolva apreciação *extra* ou *ultra petita*, a despeito dos eruditos debates travados no Tribunal recorrido...".[72]

---

70 *A causa petendi no processo civil*, p. 152 e segs.
71 *Cumulação de ações*, p. 185.
72 *Um triênio de judicatura*, v. III, p. 312.

Não há se falar, pois, em modificação da demanda quando da narração fática levada a cabo pelo autor for possível ao juiz produzir qualificação diversa daquela inicialmente declinada pelo demandante. É claro que, se o autor expuser na petição inicial os fatos que indicam a existência de culpa decorrente de ato ilícito, mas afirmar, por equívoco ou deficiência técnica, que se trata de responsabilidade advinda do contrato celebrado entre as partes, o juiz deve conferir a adequada qualificação jurídica ao conjunto fático jurídico deduzido na causa.

E, assim, desde que debatida a questão sob todos os ângulos possíveis, não incide, à evidência, a regra do art. 10 do CPC, uma vez que a requalificação jurídica da demanda não se descortina como um "fundamento-surpresa".

Desse modo, pode ser afirmado que o juiz não só pode como deve, sem alterar os fatos expostos, imprimir o enquadramento jurídico que entender mais adequado. Daí por que, por exemplo, o tribunal poderá desprezar toda a discussão travada sobre a prova do ato culposo e, com base na responsabilidade objetiva, *sem modificar ou introduzir quaisquer fatos*, emprestar nova moldura jurídica a estes, a partir do reconhecimento da culpa presumida do produtor demandado no âmbito de uma relação de consumo.

Suponha-se, por exemplo, que um sujeito tenha ajuizado uma demanda, pleiteando indenização com fundamento na culpa de preposto da Administração Pública, por ter agido com manifesta negligência. Todo o contraditório se desenvolve sobre tal questão. Todavia, guiado pelos princípios que regem a responsabilidade objetiva, o juiz, desconsiderando a prova efetiva do ato ilícito, profere sentença de procedência do pedido com fundamento na culpa presumida do Estado.

Nessa hipótese, a circunstância essencial, fundamental para a substanciação da demanda visando à indenização decorrente de atuação culposa de funcionário público, consubstancia-se precisamente no nexo causal entre o dano e o ato do agente. Ainda que deduzida pelo autor a culpa desse agente, não lhe é carreado o ônus da prova quanto ao ato comissivo.

Igualmente, na situação em tela, também não se aplica o disposto no indigitado art. 10 do novo diploma processual, simplesmente porque o fundamento que lastreia a sentença não constitui surpresa alguma, mas, na verdade, mera subsunção lógica do fato essencial ao ordenamento jurídico.

O mesmo ocorrerá se, por ilustração, as partes estiverem litigando com base em determinados fatos que configuram coação, embora todo o debate encontre-se centrado na alegação de simulação. Dúvida não há de que, apesar do "rótulo" (simulação) sobre o qual contendem as partes, o juiz pode julgar, requalificando o fundamento jurídico da demanda, reconhecendo ou não a existência de coação.

No entanto, a recíproca não é verdadeira, vale dizer, se o contraditório tiver como foco a possível existência de coação, é vedado ao juiz, sem possibilitar a manifestação das partes, proferir sentença declaratória de subsistência do negócio oculto (art. 167 do CC), com fundamento na simulação, visto que diferente seria a base fática.

Assim também, se o juiz formar convencimento de que se operou a prescrição, não arguida e tampouco debatida durante toda a tramitação do processo, não poderá extingui-lo, por meio de sentença de improcedência pelo reconhecimento da prescrição, sem ouvir previamente as partes envolvidas. Justifica-se a manifestação dos litigantes, até porque poderá existir uma causa interruptiva da prescrição, não revelada pelo autor pela simples razão de não ter sido ela suscitada pelo demandado.

O mesmo se impõe quando, por exemplo, vislumbrada possível ilegitimidade de parte no momento em que, encerrada a instrução da causa, aguarda-se a prolação da sentença.

Ademais, há determinadas situações nas quais a alteração da qualificação jurídica dos fatos implica modificação do regime jurídico aplicável ao caso concreto. Não se trata aí, como se observa, de mera requalificação da demanda, mas, sim, de diferente imputação ou tipificação jurídica extraída do conjunto fático constante dos autos, que pode acarretar sérias consequências na esfera do direito material e processual das partes.

Explico-me: a empresa X ajuíza demanda de natureza ressarcitória com arrimo no art. 186 do Código Civil. A ré Y se defende, deduzindo apenas fato modificativo das circunstâncias alegadas na petição inicial.

Ao iniciar a fase instrutória, diante das postulações das partes, o juiz se convence de que a relação é de consumo, entendendo aplicáveis as regras do Código de Defesa do Consumidor, com todas as implicações substanciais e processuais daí decorrentes.

Não tenho receio de afirmar que, nesta hipótese, antes de prosseguir com a realização dos demais atos procedimentais, o juiz deve propiciar a manifestação das partes nos termos do art. 10 do CPC, a evitar futura decisão nula, escudada em "fundamento-surpresa".

E isso porque a iniciativa oficial que comporta a requalificação jurídica dos fatos deduzidos deve compatibilizar-se com as garantias processuais das partes, de modo a assegurar a imparcialidade do juiz e a plenitude do direito ao contraditório.

Daí a relevância da regra do novo art. 492, que veda ao juiz prover sobre coisa diferente daquela pretendida ou mesmo impor condenação em montante superior ou em objeto diverso daquele que é objeto da pretensão do autor.

Tal princípio, que impõe observância judicial entre o que foi pedido e o que foi decidido, implica, pois, a proibição de um "julgamento assimétrico". Haverá, assim, vício – *ultra* ou *citra petita* – toda vez que o juiz, interferindo no poder dispositivo das partes, introduzir, *sponte propria*, alteração na *causa petendi* ou no *petitum*, imediato ou mediato, deduzido pelo autor.

Como bem pontuou, a esse propósito, a 1ª Turma do Superior Tribunal de Justiça, no julgamento do Recurso Especial n. 15.689-SP: "A prestação jurisdicional deve se materializar na decisão sobre aquilo que foi pedido, nem a menor nem a maior, nem fora da postulação".[73]

Nesse idêntico sentido, a 3ª Turma do Superior Tribunal de Justiça, ao julgar o Recurso Especial n. 103.093-ES,[74] assentou que: "O juiz deve, tendo em vista o princípio da correlação entre o pedido e a sentença, consagrado nos arts. 128 e 460 do CPC [de 1973], decidir a demanda nos limites do pedido do autor e da resposta do réu; portanto, é vedado ao julgador proferir sentença fora do pedido ('extra petita')...".

11.3.6. Causa de pedir e tutela de urgência

Nas situações nas quais o autor formula pedido liminar de antecipação de tutela, a causa de pedir é sempre *composta*, uma vez que a justificativa da respectiva necessidade e urgência deve constar expressamente da petição inicial.

Assim, além da *causa petendi*, que fundamenta a pretensão principal, torna-se necessário declinar, de forma específica e até mesmo em item destacado da inicial, as circunstâncias fáticas que determinam o pronunciamento *initio litis* de caráter cautelar ou antecipatório.

11.4. Pedido

Depois da narração da causa de pedir, o autor deverá formular a sua pretensão, consubstanciada no pedido ou pedidos (art. 319, IV). O pedido imediato, ou seja, a espécie de tutela jurisdicional pleiteada (por exemplo: condenação do réu), e, ainda, o pedido mediato (o montante da obrigação que deverá ser imposta pela sentença).

Diante das peculiaridades do liame jurídico existente entre os litigantes, o autor pode deduzir um único pedido ou vários pedidos, em cumulação objetiva, como é expressamente permitido pelo art. 327 do CPC: "É lícita a cumulação, em um único processo, contra o mesmo réu, de vários pedidos, ainda que entre eles não haja conexão".

11.5. Valor da causa

Segue-se a atribuição do valor da causa (art. 319, V), que deverá ser certo, mesmo que a demanda não tenha conteúdo econômico prontamente

---

73 V.u., *DJ* 16/5/1994.
74 V.u., *DJ* 25/2/1998.

estimável (art. 291). Observe-se que tal requisito da petição inicial não mais ostenta qualquer significado para determinar o tipo de procedimento a ser trilhado.

Tenha-se presente, no entanto, que, além da repercussão no terreno fiscal para fins de recolhimento de custas processuais, inúmeras sanções encontram-se atreladas ao valor da causa, como, por ilustração, as multas contempladas nos arts. 77, § 2º, 81 e 334, § 8º, do CPC.

O novo art. 292, a exemplo do revogado art. 259, estabelece os critérios legais para aferir o valor da demanda.

Nesse particular, três pontos merecem destaque. Em primeiro lugar, o inciso II do art. 292 do CPC determina que, se a ação tiver por escopo a modificação, resolução, resilição ou rescisão de ato jurídico, o valor da causa será equivalente ao da parcela controvertida. Ademais, nas ações indenizatórias, o valor corresponderá ao da pretensão, incluindo-se o pedido de eventual ressarcimento com fundamento em dano moral (inciso V).

Saliente-se, ainda, que, consoante o disposto no § 3º do mesmo art. 292, o juiz poderá corrigir "de ofício e por arbitramento" o valor atribuído à causa, "quando verificar que não corresponde ao conteúdo patrimonial em discussão ou ao proveito econômico perseguido pelo autor".

O réu, todavia, continua podendo impugnar o valor dado à causa. Deve fazê-lo na própria contestação, "sob pena de preclusão" (art. 293).

11.6. Protesto por provas

O autor ainda deverá formular na petição inicial o protesto genérico por provas, sobretudo daquelas pelas quais pretende ele demonstrar a veracidade dos fatos articulados (art. 319, VI, do CPC).

Ocorre que, na dinâmica lógica do processo, apenas depois de apresentada a resposta é que o demandante terá condições de aquilatar quais fatos reclamam a respectiva comprovação. Deduzidos fatos impeditivos, modificativos ou extintivos pelo réu, faz-se o controle de quais irrompem controvertidos, cuja prova se impõe.

Todavia, verifica-se mais uma vez que tal regra redunda despida de sentido prático, até porque a especificação das provas, com a devida justificação para a sua produção, somente tem lugar em momento processual ulterior.

Acrescente-se que, se a matéria controvertida se enquadrar na moldura do art. 355, I, do CPC, vale dizer, se não houver necessidade da produção de outros elementos de convicção, totalmente inócuo o protesto por provas na petição inicial, cabendo apenas ao autor afirmar que se trata de hipótese que comporta julgamento antecipado do mérito.

É o que ocorre comumente na órbita de demandas de natureza tributária, nas quais o objeto litigioso quase sempre encerra questão, cuja prova documental, exibida com a petição inicial, é suficiente para a certificação do fato constitutivo do direito deduzido pelo contribuinte.

Assim também, na ação de mandado de segurança, o "direito líquido e certo" alegado pelo impetrante, consoante dispõe o art. 6º da Lei n. 12.016/2009, deve ser inferido da prova documental que instrui a petição inicial.

11.7. Opção pela realização de conciliação ou de mediação

Como importante novidade, a petição inicial deverá também conter, a teor do inciso VII do mesmo art. 319 do CPC, a expressa disposição do demandante à realização ou não de audiência de conciliação ou de mediação, prevista no subsequente art. 334.

Esta mesma exigência vem reiterada no § 5º do art. 334, que determina: "O autor deverá indicar, na petição inicial, seu desinteresse na autocomposição...".

Procurando infundir a cultura da pacificação entre os protagonistas do processo, o CPC, em inúmeros preceitos, sugere a autocomposição. Nesse sentido dispõe, por exemplo, o § 2º do art. 3º: "O Estado promoverá, sempre que possível, a solução consensual dos conflitos".

Tão importante se revela esse mecanismo suasório de resolução do litígio na perspectiva do legislador que o art. 334, § 8º, do CPC preceitua que: "O não comparecimento injustificado do autor ou do réu à audiência de conciliação é considerado ato atentatório à dignidade da justiça", sancionado inclusive com a imposição de multa.

11.8. Discriminação das obrigações sobre as quais se pretende controverter e do valor incontroverso

Constitui ainda requisito formal da petição inicial, exigido pelo art. 330, § 2º, do CPC, a especificação, pelo autor, das cláusulas obrigacionais questionadas e inclusive da soma incontroversa do débito, nas ações que tenham por objeto "empréstimo de financiamento ou de alienação de bens", e certamente de outros negócios a estes equivalentes.

A experiência revela que, nestas espécies de demanda, o litígio geralmente eclode em decorrência da desavença entre os contratantes acerca da incidência de índices de atualização sobre a quantia devida. Daí por que o subsequente § 3º do art. 330 determina que o valor incontroverso das sucessivas prestações periódicas que se vencerem no curso do processo deverá se adimplido no tempo e modo contratados.

11.9. Postulação em causa própria

Quando estiver procurando em causa própria, o autor tem igualmente o dever de declinar na petição inicial o seu respectivo endereço profissional, seu número de inscrição na OAB e, ainda, se for o caso, o nome da sociedade de advogados que integra, para recebimento de intimações (arts. 106 e 77, V, do CPC).

Não observado tal dever, o juiz determinará seja ele cumprido, no prazo de cinco dias, sob pena de indeferimento da petição inicial (art. 106, § 1º).

O advogado, outrossim, terá de comunicar ao juízo qualquer modificação de seu endereço, valendo as intimações enviadas àquele destino constante dos autos (inclusive eventual endereço eletrônico), ainda quando descumprido o referido dever (art. 106, § 2º).

12. Petição inicial da ação rescisória

Nos sistemas processuais contemporâneos, a sentença de mérito, mesmo depois de adquirir a autoridade de coisa julgada material, pode ainda ser revogada em hipóteses excepcionais.

Costuma-se justificar esta técnica na necessidade de prevalência de um interesse que transcende aquele das partes à realização de justiça, uma vez que a decisão definitiva poderá apresentar um vício tão nocivo à ordem pública que propicia a sua revogação inclusive após ter-se operado a preclusão dos prazos para a interposição de quaisquer recursos.

Os mecanismos processuais instituídos para esse fim são tradicionalmente de duas espécies: ação autônoma ou recurso. Ambos considerados de natureza especial em razão de seu escopo, que se destaca das vias ordinárias de impugnação e supera o da generalidade das ações.

É, aliás, o que se verifica nos ordenamentos processuais da Itália e da Alemanha, que consagram no *ricorso per cassazione* e na *Nichtigkeitsklage* uma espécie de ação de revogação da sentença; e da França, Espanha e Portugal, que disciplinam um recurso de revisão da sentença também já transitada em julgado.

Ação ou recurso, pouco importa, a finalidade destes institutos é uma só: a desconstituição da eficácia do *decisum* coberto pela coisa julgada, com fundamento em um dos motivos taxativamente enumerados na lei.[75]

Em nosso país, tal *remedium iuris*, tendo como antecedente histórico mais próximo o recurso de revista do velho direito lusitano, é a denominada ação rescisória, que constitui o meio pelo qual se pleiteia a desconstituição da sentença

---

75 Cf. MOACYR LOBO DA COSTA, *Cumulação de juízos na ação rescisória*, p. 2.

ou acórdão transitado em julgado, com possibilidade de rejulgamento, ato contínuo, da matéria já apreciada, isto é, do *meritum causae*.

De competência originária dos tribunais, a petição inicial da ação rescisória deve preencher todos os requisitos exigidos pelo art. 319 do CPC (art. 968). O autor da demanda deverá, outrossim, observar aqueles específicos, previstos no art. 968, I e II, do CPC, isto é, terá de cumular, na petição inicial, ao pedido de rescisão, quando for o caso, o de novo julgamento do processo, e depositar a quantia equivalente a 5% do valor atribuído à causa, a título de multa, na hipótese de a ação rescisória ser indeferida ou ter o pedido julgado improcedente por unanimidade de votos.

Assevera, a propósito, MOACYR LOBO DA COSTA que a ação rescisória poderá produzir um duplo julgamento como decorrência da instauração de dois juízos, o rescindente – que constitui o escopo precípuo da demanda – e o rescisório, que são conexos, não obstante distintos. Aquele tem por objetivo rescindir a sentença transitada em julgado, "arguida de vício capitulado na lei como motivo de sua insubsistência". O juízo subsequente, a seu turno, visa a promover novo julgamento da causa, "uma vez rescindida a decisão".[76]

Nem sempre, contudo, tem lugar esta duplicidade de julgamentos. Vejamos, por exemplo, a hipótese de "ação rescisória contra decisão que violou a coisa julgada, na qual o juízo rescisório não tem cabimento. Do mesmo modo, no caso de incompetência *ratione materiae* do órgão prolator da decisão rescindenda...". Em tais situações, como se conclui, delineia-se impertinente o juízo rescisório, uma vez que "o objetivo colimado com a ação rescisória é atingido no juízo rescindente. Se o órgão judicial não tinha competência para julgar a causa, não a tem para julgá-la de novo".[77]

Assim sendo, é imprescindível que o advogado, ao preparar a inicial da ação rescisória, tenha presente o requisito previsto no inciso I do art. 968 do CPC, determinativo da ampliação objetiva da demanda.

Com efeito, *se for o caso* – reza o aludido dispositivo –, deverá ser cumulado ao pedido de rescisão o de novo julgamento da causa.

É que, em algumas circunstâncias, como visto, o tribunal, que tem competência originária para julgar a ação rescisória, não está autorizado a reexaminar o mérito da demanda primitiva.

A análise das hipóteses legais, discriminadas no art. 966 do CPC, evidencia que em pelo menos cinco delas a finalidade da ação rescisória já é atingida com o julgamento de procedência do pedido, vale dizer, com a rescisão da sentença.

---

76 *Cumulação de juízos na ação rescisória*, p. 18. V., ainda, SÉRGIO RIZZI, *Ação rescisória*, p. 7.
77 Cf., ainda, LOBO DA COSTA, *Cumulação de juízos na ação rescisória*, p. 18.

Assim, nos casos de: *a)* prevaricação, concussão ou corrupção do juiz; *b)* impedimento ou incompetência absoluta do juiz; *c)* dolo ou coação do vencedor em prejuízo da parte derrotada, ou simulação ou colusão entre os litigantes visando a fraudar a lei; *d)* ofensa à coisa julgada; *e)* prova nova, não havendo lugar para o *iudicium rescissorium* (juízo rescisório) por manifesta falta de interesse ou impossibilidade lógica, ainda que o respectivo pedido tenha sido erroneamente cumulado ao rescindente.

Em todas estas situações a ação rescisória é estribada em uma única *causa petendi*, que se prestará a fundamentar apenas e tão somente a pretensão do autor ao juízo rescindente.[78]

Saliente-se, por outro lado, que, dentre os permissivos legais, dois deles – enumerados no art. 966, VI e VIII, do CPC – abrem a via para o desfazimento da sentença, possibilitando o pedido cumulado, não apenas de rescisão, mas também de novo julgamento da causa pelo mesmo órgão perante o qual a demanda foi ajuizada.

Toda vez que a rescisória se escudar em: *a)* falsa prova ou *b)* erro de fato, a respectiva causa de pedir emergirá necessariamente *complexa*. *Causa petendi complexa*, como já ressaltado, é a que encerra uma pluralidade de fatos jurídicos individuando mais de uma pretensão: narra o autor, em uma ação rescisória lastreada em prova falsa, a situação fática precedente e a insubsistência do meio probante reconhecidamente falso (*causa de pedir do juízo rescindente*), bem como fundamenta aquela mesma situação no contexto jurídico dos demais elementos de convicção para o fim de obter o rejulgamento da demanda (*causa de pedir do juízo rescisório*).

Nesse caso, não há qualquer óbice a que o tribunal, reconhecendo a procedência do primeiro pedido, rescinda o acórdão tido como viciado e, na mesma oportunidade, profira novo julgamento da causa.

Já no que concerne à hipótese de violação a norma jurídica – art. 966, V, do CPC –, a causa de pedir da ação rescisória poderá ser *simples* ou *complexa*, dependendo da natureza da norma inobservada.

Tratando-se de vício de atividade – *error in procedendo* (por exemplo: a falta de intimação do procurador da parte para o julgamento da apelação, que, sem dúvida, constitui motivo de nulidade do acórdão por afronta à literalidade do art. 272, § 2º, do CPC) –, a fundamentação da rescisória restringir-se-á a essa *causa petendi*, uma vez que o tribunal, convencendo-se da procedência do pedido, determinará o rejulgamento da causa, agora com estrita observância

---

[78] Reproduzo aqui conceitos já examinados em precedente estudo de minha autoria, *A causa petendi no processo civil*, p. 279 e segs.

da regra legal efetivamente violada, pelo mesmo órgão que proferira o acórdão rescindido.

Por outro lado, sendo invocado *error in iudicando* por infringência a texto de lei material, a *causa petendi* da rescisória deverá ser *complexa* para fundamentar a cumulação de pedidos, porquanto, além de rescindir a decisão viciada, o tribunal também prosseguirá no julgamento da demanda, podendo perfeitamente proferir nova decisão.

Acrescente-se, por fim, que a mencionada cumulação de pedidos se subordina às regras de competência previstas na legislação processual em vigor.

Daí por que, em razão do motivo de rescindibilidade invocado contra a decisão rescindenda, é imperioso que se verifique se o tribunal é competente para julgar, novamente, o objeto litigioso da sentença rescindida. Sendo incompetente, o julgamento da rescisória se exaure no juízo rescindente.

13. Dispensa do requerimento para citação do réu

Verifica-se que, diferentemente do disposto no velho art. 282, VII, o novo art. 319 do CPC não mais insere como requisito da petição inicial o requerimento para a citação do réu.

Como assinala Luis Guilherme Aidar Bondioli,[79] esta inovação bem evidencia que a determinação do ato de chamamento do réu é providência que o juiz deve tomar de ofício uma vez aferido que, em princípio, não existem causas de indeferimento da petição inicial. Afinal, dúvida não há de que o autor pretende que o réu seja devida e rapidamente citado!

14. Talento e responsabilidade do advogado na elaboração da petição inicial

A petição inicial, como ato introdutório da demanda, considerada "protótipo de sentença", tem enorme relevância para a sorte do processo.

Por se tratar de um importantíssimo ato processual, cabe ao advogado esmerar-se em sua elaboração, procurando ser preciso na exposição dos fatos, claro e coerente na fundamentação jurídica.

O advogado não pode se esquecer de que o diagnóstico das chances do cliente e o respectivo aconselhamento para a propositura da demanda são de sua inteira responsabilidade técnica. Desse modo, a petição inicial deve conter a síntese persuasiva do estudo feito pelo patrono, lastreado na lei, nos elementos fáticos, em doutrina de reconhecida qualidade e na mais atual orientação

---

79 *Breves comentários ao novo Código de Processo Civil*, coord. Teresa Arruda Alvim Wambier et alii, p. 819.

pretoriana. Tudo sem exageros, porque, como é cediço, a extensão do arrazoado jamais significa que o autor tenha razão.

Invoque-se, a propósito, a experiência de CALMON DE PASSOS, resumida em trecho que merece transcrição: "A petição inicial não é o momento próprio para sustentações doutrinárias, nem discussão do fato que serve de fundamento à demanda. Nela devem os fatos apenas ser expostos e precisadas as teses jurídicas consequentes. A discussão dos fatos e a sustentação das teses serão transferidas para o debate oral ou alegações por escrito, no momento adequado para tanto, ou para a sustentação dos recursos que venham a ser interpostos".[80]

Na minha assídua atividade profissional, tenho me deparado, ao longo do tempo, com excelentes colegas que enchem de orgulho os quadros da advocacia brasileira. São causídicos que conhecem muito bem o relevante papel que o advogado desempenha em prol da construção da cidadania no seio de uma sociedade livre, plural e democrática. São profissionais que sabem lidar com o direito de seus respectivos clientes, jamais se afastando dos importantes princípios deontológicos que vivificam o exercício da defesa de direitos alheios.

Discorrendo sobre as boas relações entre juízes e advogados, afirmava CALAMANDREI que a postura ética do advogado é fundamental para o crescimento do prestígio social de toda uma classe. Nesta mesma linha, asseverava que, assim como os magistrados, porta-vozes da soberania estatal, não devem se afastar da sobriedade que reveste os atos decisórios, os advogados também não podem ser desleixados ou ainda fazer pilhéria, mínima que seja, em seus arrazoados, em particular na petição inicial e na contestação.[81]

O capricho, aliás, é recomendável em toda petição, por mais simples que seja a demanda. Torna-se criticável, sob todos os aspectos, a apresentação de um requerimento tecnicamente imperfeito, com equívoco de digitação ou mesmo – o que é muito pior – com erro de português. Negligência, preguiça e descuido definitivamente não combinam com o precioso ofício tão valorizado por RUI BARBOSA, em seu famoso *Dever do Advogado*!

Ressalte-se, nesse particular, que os advogados devem cooperar com o julgador, procurando esclarecer, com clareza e coerência, qual a tese jurídica que embasa o direito de seu cliente. O art. 6º do CPC, que encerra o denominado princípio da cooperação, tem, de fato, como corolário o dever de esclarecimento das partes, pelo qual os respectivos patronos, como é curial, têm a "obrigação" profissional de zelar pela boa interpretação das normas jurídicas aplicáveis à causa.

---

80 *Comentários ao Código de Processo Civil*, p. 213.
81 *Elogio dei giudici scritto da un avvocato*, p. 83-85. V., nesse sentido, VINCENZO FERRARI, Etica del processo: profili generali, *Rivista Trimestrale di Diritto e Procedura Civile*, p. 486-487.

Assim também, devem demonstrar ao juiz, tanto quanto possível, quais decisões – jurisprudência, precedente ou súmula – incidem no caso concreto, fazendo sempre o cotejo entre os elementos fáticos da questão a ser julgada e uma anterior decisão que tenha o condão de iluminar a melhor interpretação da regra de direito que embasa os argumentos deduzidos.

Cumprindo esta relevante tarefa, com o devido afinco e cuidado, torna-se bem mais coerente e produtiva a atuação desempenhada pelo profissional do direito.

A minha experiência de advogado aconselha os colegas mais jovens que, na elaboração da petição inicial, quando oportuna a referência aos pronunciamentos dos tribunais, invoquem, preferencialmente, nas hipóteses em que cabível, a súmula vinculante do Supremo Tribunal Federal, pela sua evidente eficácia vertical, em tudo equiparada à lei. Incidindo a súmula vinculante num caso concreto, cuja demonstração, a rigor, é ônus do advogado, não se exige citação de qualquer outra decisão para reforçar a argumentação expendida.

Não havendo incidência de súmula vinculante, torna-se necessário verificar se existe "súmula persuasiva", editada pelo Supremo Tribunal Federal ou pelo Superior Tribunal de Justiça, a qual, embora não tenha a mesma força da vinculante, ostenta inegável importância intrínseca.

Na sequência, um acórdão atual, colacionado como paradigma, numa hipótese concreta análoga, mesmo com a sua eficácia simplesmente persuasiva, constitui eloquente subsídio. Nesta situação, cabe ao advogado cotejar os fatos do precedente judicial com aqueles do caso a ser submetido à cognição do magistrado. Não se deve citar simplesmente a ementa. O advogado deve esquadrinhar a *ratio decidendi* e procurar demonstrar ao juiz a tese jurídica sufragada pela turma julgadora, que, em tudo, deve abonar aquela por ele defendida na defesa do direito de seu cliente. Ressalte-se, a propósito, que o precedente das cortes superiores, diante da autoridade que decorre da hierarquia judiciária (precedente vertical), possui, em tese, um valor persuasivo maior do que um julgado proveniente de tribunal postado no mesmo grau hierárquico (precedente horizontal). De qualquer modo, quanto mais recente for a decisão, tanto melhor para o fim a que se destina a sua respectiva citação.

É certo que, em qualquer uma destas situações, a quantidade conspira contra a qualidade. Não é necessária a alusão a muitos julgados; basta que aqueles colacionados retratem o "mesmo caso" *sub judice*.

Já naquelas hipóteses nas quais as cortes superiores ainda não tiveram oportunidade de enfrentar a questão objeto do litígio, o advogado deve selecionar julgados de segundo grau, optando, antes de quaisquer outros, pelos acórdãos do tribunal ao qual o juiz de primeiro grau encontra-se hierarquicamente subordinado. Aqui também a quantidade não deve prevalecer sobre a qualidade. O advogado tem a tarefa de garimpar os mais recentes precedentes e trabalhar com a fundamentação dos julgados trazidos como paradigma, inclusive declinando o nome dos integrantes da turma julgadora, sobretudo quando gozarem eles de prestígio perante a comunidade jurídica.

É, assim, imprescindível que se tenha esse mínimo de zelo, revestido de absoluta fidelidade, precisão e ética profissional, nas respectivas citações das decisões judiciais, visando a desde logo persuadir o julgador a favor da tese sustentada na petição inicial.

15. Aproveitamento da petição inicial e ponderação legal

Embora importante o conjunto das informações exigidas pelo art. 319, II, para a qualificação das partes, o legislador acertadamente não chega ao ponto de sacrificar o autor na hipótese em que o acesso a tais dados apresente real dificuldade.

Em primeiro lugar, o § 1º do art. 319 do CPC autoriza o autor, quando não dispuser de informações suficientes relativas ao réu, a requerer ao juiz, na própria petição inicial, que defira diligências reputadas necessárias à obtenção daquelas.

Não obstante, a petição inicial será recebida a processamento, ainda que incompletos os dados necessários à adequada qualificação do réu, quando for possível a efetivação da citação (art. 319, § 2º).

Vale aqui observar que, se o autor desconhecer o domicílio do demandado, não pode precipitar-se, requerendo desde logo a citação editalícia, porque haverá aí manifesta nulidade. A citação por edital, como é cediço, deve ser requerida somente em situações excepcionais, quando os autos certificarem que o autor esgotou todas as providências para descobrir o endereço do réu.[82]

Por fim, encerrando verdadeiro "juízo de ponderação", o § 3º do art. 319 do CPC, de forma realista, prevê o aproveitamento da petição inicial se porventura a obtenção das indigitadas informações relativas ao réu "tornar impossível ou excessivamente onerosa o acesso à justiça".

Na praxe forense há realmente algumas situações-limite nas quais não se tem como precisar a qualificação dos requeridos. Às vezes, por exemplo, no campo das ações possessórias dirigidas a réus invasores, sequer se tem conhe-

---

[82] V., nesse sentido, STJ, 3ª T., REsp 1.280.855-SP, rel. Min. NANCY ANDRIGHI, v.u., DJe 9/10/2012: "A utilização da via editalícia, espécie de citação presumida, só cabe em hipóteses excepcionais, expressamente enumeradas no art. 231 do CPC [de 1973] e, ainda assim, após criteriosa análise, pelo julgador, dos fatos que levam à convicção do desconhecimento do paradeiro dos réus e da impossibilidade de serem encontrados por outras diligências".

cimento do nome correto destes. Nem por isso deve ser indeferida a petição inicial.

Essa é a orientação que tem prevalecido na jurisprudência, como se constata, e.g., no julgamento da 1ª Turma do Superior Tribunal de Justiça, no Recurso Especial n. 837.108-MG, da relatoria do Ministro Luiz Fux, ao decidir que: "A citação do réu desconhecido, por edital, (CPC [de 1973], art. 231, I) é medida excepcional, somente admitida quando possível determinar ao menos o grupo de pessoas a que é dirigida, como, v.g., nos casos de ações possessórias contra invasores de imóvel, impossibilitando o autor, em razão da verdadeira multidão instalada no bem, identificar cada um dos que molestavam a sua posse. Precedentes: (REsp 362.365-SP, *DJ* 28.03.2005; REsp 28900-RS, *DJ* 3.5.1993)".[83]

Invocando expressamente esse posicionamento, a 9ª Câmara de Direito Público do Tribunal de Justiça de São Paulo, no julgamento da Apelação n. 1005756-86.2015.8.26.0053, da relatoria do Desembargador J. Rebouças de Carvalho, também entendeu que: "Inexiste a alegada nulidade da não identificação do polo passivo e consequente inexistência de citação. No caso em exame, a citação de todos os invasores se mostra inviável, uma vez que se trata de área invadida por mais de 350 famílias, com constante e intensa rotatividade de esbulhadores, o que tornaria impossível qualquer medida judicial. Logo, inexiste a nulidade apontada por ausência de individualização do polo passivo".[84]

16. Cópia da petição inicial como documento essencial do ato de citação

Sendo a citação realizada pelo correio ou por oficial de justiça, consoante dispõem, respectivamente, os arts. 248 e 250, V, do CPC, a carta ou o mandado deverá ser instruído com cópia da petição inicial. Dada a notória relevância do ato citatório, será ele considerado nulo se não for cumprida tal determinação legal.

A esse respeito, apresenta-se como novidade a regra do § 1º do art. 695 do CPC, segundo a qual, nas denominadas "ações de família", o mandado de citação "conterá apenas os dados necessários à audiência e deverá estar desacompanhado de cópia da petição inicial, assegurado ao réu o direito de examinar seu conteúdo a qualquer tempo".

Revestida de prudência, a exceção em tela pretende evitar, à evidência, o acirramento de ânimo do destinatário da citação, que, num primeiro momento, não tomará conhecimento dos termos da pretensão deduzida pelo

---

83 V.u., *DJe* 18/6/2008.
84 V.u., registro em 10/12/2015.

autor. Caberá ao seu advogado examiná-los e, em seguida, narrar-lhe, certamente de modo mais inteligente, o conteúdo da petição inicial.

Art. 320. A petição inicial será instruída com os documentos indispensáveis à propositura da ação.

CPC de 1973 – art. 283

Comparação jurídica – art. 163 do CPC italiano; arts. 264, 265 e 399 da LEC espanhola; art. 423º do CPC português; art. 221 do SZO suíço

17. Generalidades

Em regra, a pretensão deduzida pelo autor assenta-se em fundamentos fáticos que demandam comprovação por meio de prova documental.

Assim, além dos requisitos intrínsecos discriminados no art. 319 do CPC, a petição inicial deverá ainda ser aparelhada com os documentos destinados a certificar o fato ou fatos constitutivos do direito do demandante.

18. Oportunidade da produção da prova documental

Diferentemente do que se verifica com os demais meios de prova, a produção da prova documental não fica confinada à fase instrutória. Em perfeita simetria com o disposto no art. 373 do CPC, o preceito ora comentado estabelece o momento do adimplemento do ônus subjetivo da prova documental, carreando-o desde logo ao autor, a quem incumbe exibir, com a petição inicial, os documentos aptos a confirmar a veracidade dos argumentos fáticos por ele deduzidos.

Observa-se que o enunciado dos arts. 320 e 434 do CPC dizem menos do que realmente ocorre na teoria e na prática, uma vez que toda postulação, além da petição inicial e da contestação, deve ser instruída com documentação suficiente a fazer prova de eventual fato alegado. Assim, por exemplo, o requerimento de instauração do incidente de desconsideração da personalidade jurídica (art. 133 CPC), a postulação de qualquer interveniente (assistente, *amicus curiae* etc.).

Ademais, havendo aditamento ou alteração dos elementos objetivos da demanda (*petitum* e *causa petendi*), o art. 329, II, do CPC garante expressamente o contraditório ao réu, que poderá desde logo produzir prova documental na complementação de sua contestação. Cabe aqui veemente crítica à redação do art. 329, II, proveniente do texto aprovado pelo Senado Federal (e que não constava do anteprojeto), que também "faculta" ao réu "o requerimento de prova suplementar", quando, na verdade, tem ele o direito de apresentar, desde logo, se for o caso, prova documental com a sua respectiva manifestação.

19. Desatendimento do ônus de provar

É certo que o descumprimento do *onus probandi*, quando a prova documental for indispensável à propositura da ação, implica indeferimento da petição inicial (art. 330, c/c art. 321, parágrafo único, do CPC).

Diante desta paradoxal situação, é de concluir que a carência de prova documental dos fatos alegados na petição inicial, sobretudo depois de o autor ser instado a produzi-la (art. 321),[85] pode levar à improcedência do pedido (*"Allegatio et non probatio, quasi non allegatio"* = "alegação sem prova é como não haver alegação"). E isso – veja-se bem – desde que a prova documental seja imprescindível ao ajuizamento da demanda, como, por exemplo, a absoluta falta de elementos probantes que deveriam ser exibidos já com a petição inicial, numa ação renovatória de aluguel. O mesmo ocorre na esfera da ação monitória, diante da exigência de prova escrita (art. 700 do CPC). Nestas hipóteses, como a prova do fato constitutivo deduzido pelo demandante não pode ser suprida por outro meio probatório, estar-se-ia diante de mais um caso de improcedência liminar do pedido, além daqueles arrolados no art. 332 do CPC.

Explica CALMON DE PASSOS que a indispensabilidade do documento pode derivar de que sem ele não subsiste a pretensão deduzida em juízo. Isso porque "ele é da substância do ato, ou dele deriva a especialidade do procedimento". À guisa de ilustração, não se pode reivindicar imóvel sem a prova do domínio, que requer escritura pública ou particular devidamente registrada na respectiva matrícula. Não se pode pretender o divórcio sem que se comprove a existência de sociedade conjugal, mediante registro civil de casamento. Tampouco se viabiliza o ajuizamento de ação de depósito sem a sua prova literal, ou de ação de divisão, sem a prova de domínio do autor, ou mesmo ação de execução com fundamento em título extrajudicial, sem a exibição deste, que a legitima. Na verdade, "em todas estas situações, é o próprio fato título da demanda que está em jogo, porquanto sua prova se vincula, de modo essencial, ao documento que o manifesta".[86]

---

85 V., a propósito, STJ, 6ª T., AgRg na PET no REsp 1.125.860-MG, Min. ROGÉRIO SCHIETTI CRUZ, v.u., *DJe* 20/2/2015: "A despeito de ser ônus do autor cumprir os requisitos exigidos no art. 71 da Lei n. 8.245/91 para a propositura de ação renovatória, não cabe a extinção do processo, sem que antes seja proporcionada à parte a oportunidade de trazer aos autos o documento reputado como indispensável à propositura da ação, em observância ao princípio da função instrumental do processo. Entende-se por petição inicial passível de emenda, a que não se faz acompanhar dos documentos indispensáveis à propositura da ação".

86 *Comentários ao Código de Processo Civil*, p. 227-228.

20. Prova da vigência do direito

Lembre-se que, em regra, a prova recai sobre um fato que tenha repercussão no mundo jurídico. Excepcionalmente, o objeto da prova pode ser o teor e a vigência de um texto legal "municipal, estadual, ou estrangeiro ou consuetudinário" (art. 376 do CPC), invocado por uma das partes e desde que o juiz assim o determine.

Nesta derradeira hipótese, diante das circunstâncias peculiares, quando o juiz impuser à parte o ônus de comprovar o conteúdo e a vigência de determinada regra jurídica, não prevalece a presunção contida no tradicional aforismo *iura novit curia* ("o juiz conhece a lei").

Em princípio, não há dificuldade em produzir prova do direito vigente. A parte que o invocar, cumprindo decisão judicial, deverá especificar os dados da lei e reproduzir a norma invocada.[87] Tratando-se da prova de *lex fori*, em situações mais específicas, a comprovação do texto e da vigência pode ser feita por meio de resposta à solicitação, assinada por autoridade competente do país de origem; mediante *legal opinion* de jurista; por citação de doutrina atual e reconhecida; ou, ainda, por meio de reprodução de julgado de época recente.[88]

A prova da existência de uma regra jurídica pode revelar-se mais difícil quando esta é de origem consuetudinária. A respectiva vigência é comprovada mediante cópia de contratos em negócios análogos e também pela jurisprudência.[89] Não se descarta inclusive a prova testemunhal: "Não é possível excluir, de plano, a possibilidade de que a existência de um costume mercantil seja demonstrada por via testemunhal".[90]

21. Reprodução cinematográfica ou fonográfica

Tratando-se de documento consistente em suporte que contenha reprodução cinematográfica ou fonográfica, o parágrafo único do art. 434 do CPC admite a sua respectiva apresentação em juízo. Todavia, ressalva que o seu conteúdo será revelado, em audiência, na presença das partes, que deverão ser intimadas.

---

[87] STJ, 1ª T., RMS 21.268-PR, rel. Min. Francisco Falcão, v.u., *DJe* 28/4/2008: "Acrescente-se, outrossim, que não fez o recorrente prova do direito estadual que argumenta não ser suficiente à sua repreensão, como lhe era dever, segundo se extrai do art. 337 do CPC [de 1973]. E, por outro lado, por não se coadunar com o rito da ação mandamental a dilação probatória, não seria a hipótese, ademais, de se conceder prazo para fins de correção da falta".

[88] V., nesse sentido, Luiz Guilherme Marinoni e Sérgio Cruz Arenhart, *Comentários ao Código de Processo Civil*, v. 5, t. 1, p. 237.

[89] Cf., a propósito, Moacyr Amaral Santos, *Prova judiciária no cível e comercial*, v. 1, p. 227-228.

[90] STJ, 3ª T., REsp 877.074, rel. Min. Nancy Andrighi, v.u., *DJe* 17/8/2009.

Esta audiência descortina-se totalmente desnecessária. Explica-se: como a eficácia probante desse documento está sujeita ao crivo do contraditório, nada obsta a que a outra parte tome conhecimento do conteúdo do documento e sobre ele se manifeste, e que o juiz, a seu turno, extraia de quanto assistir a sua convicção. A audiência, por certo, mesmo com a participação das partes, não poderá ensejar um grau de evidência maior do que o conteúdo do indigitado documento. Se houver necessidade de algum esclarecimento, aí sim o juiz poderá determinar que a parte o preste em audiência ou dentro do prazo que lhe for deferido.

O suporte do documento pode ser um DVD, CD ou *pen drive* contendo, por exemplo, a reprodução de filmagem interna de um colégio, pela qual se pretende provar determinado fato. O subsequente art. 439 assegura às partes acesso ao seu teor, sem previsão de qualquer audiência para a *disclosure* de seu respectivo conteúdo.

22. Dificuldade de produção da prova em processo eletrônico

A praxe tem demonstrado certa incompreensão dos juízes quanto à apresentação da prova documental, contida em outro suporte que não o papel digitalizado, no âmbito do processo eletrônico. Quando se tratar, por exemplo, de reprodução cinematográfica ou fonográfica, torna-se incompatível a "juntada do suporte aos autos" do processo em forma digital. Nestes casos, mediante requerimento da parte, a evitar qualquer prejuízo, o juiz deve deferir o depósito do suporte (DVD, CD, *pen drive* etc.) em mãos do escrivão, que o conservará em cartório, para oportuno exame do magistrado e do outro litigante.

23. Conceito de documento novo e de documento superveniente

Distinção importante para a compreensão de determinadas situações é aquela entre documento novo e documento superveniente. Não há confundir documento novo – que é aquele preexistente, mas que não foi ou não pode ser exibido nos autos no momento da fase postulatória, em particular na petição inicial – com documento superveniente – aquele que se formou posteriormente.

24. Produção ulterior de documento novo e de documento superveniente

Como a produção da prova documental se faz possível durante todo o procedimento, em princípio, até o encerramento da fase instrutória (art. 435 do CPC) é admitida a juntada de "documento novo", ou seja, daquele cuja exibição se torna necessária para comprovar fatos ocorridos em momento posterior à fase postulatória (*rectius*: documento superveniente), ou ainda para fazer prova contrária aos documentos apresentados pelo outro litigante (documento novo propriamente dito).

Não se verifica, pois, preclusão quanto à apresentação posterior de documentos supervenientes ("formados após a petição inicial ou a contestação") ou de documentos novos ("que se tornaram conhecidos, acessíveis ou disponíveis após esses atos").

No tocante a estes – documentos novos –, impõe-se à parte que os produziu o ônus não apenas de justificar como de comprovar o obstáculo que a impediu de exibi-los no momento processual oportuno, sob pena de desentranhamento.

É claro que o juiz, como sucede em outras circunstâncias processuais, examinará a justificativa apresentada à luz da regra do art. 5º do CPC, ou seja, se a parte agiu sem malícia ou chicana, imbuída, portanto, de boa-fé.

> **Art. 321.** O juiz, ao verificar que a petição inicial não preenche os requisitos dos arts. 319 e 320 ou que apresenta defeitos e irregularidades capazes de dificultar o julgamento de mérito, determinará que o autor, no prazo de 15 (quinze) dias, a emende ou a complete, indicando com precisão o que deve ser corrigido ou completado.
>
> **Parágrafo único.** Se o autor não cumprir a diligência, o juiz indeferirá a petição inicial.
>
> *CPC de 1973 – art. 284*
> *Comparação jurídica – arts. 558º e 560º do CPC português*

25. Generalidades

Ajuizada a demanda, antes mesmo de determinar a citação do réu, a técnica do novo diploma processual pressupõe o início da atividade saneadora do juiz, com o exame formal da petição inicial.

Se esta não se ativer aos requisitos legais (arts. 319 e 320 do CPC) ou, ainda, ensejar perplexidade pela falta de clareza, não se encontrando em termos para ser admitida a processamento e, portanto, pondo em risco a resolução do mérito, o juiz deverá determinar que o autor, no prazo máximo de 15 dias, contorne o defeito, sempre especificando o que deve ser corrigido ou completado, sob pena de indeferimento.

26. Indeferimento da petição inicial

A rejeição da petição inicial é expressamente prevista nas hipóteses arroladas no art. 330 do CPC, desde a inépcia, ilegitimidade de parte, ausência de interesse processual, até a incompatibilidade de pedidos. Verificada qualquer uma destas situações anormais, quando possível, o juiz então determinará que o autor supra o defeito.

Descumprida a ordem judicial, não restará outra alternativa ao juiz senão indeferir a inicial.

Segundo o art. 331 do CPC, esse ato decisório, que tem natureza de sentença, desafia apelação. É facultado ao juiz retratar-se no prazo de cinco dias após a interposição do recurso.

Não há confundir a natureza da sentença terminativa de indeferimento da petição inicial com aquela que decorre da improcedência liminar do pedido, segundo a regra do art. 332, implicativa da prolação de sentença de mérito, que produz coisa julgada material.

Seção II
Do Pedido

27. Generalidades

Como já foi assinalado, na estrutura lógica da petição inicial, após a narração da causa de pedir, o autor deverá formular a sua pretensão, consubstanciada no pedido ou pedidos (art. 319, IV, do CPC).

Pedido (do latim *petitum*), no âmbito do processo civil, constitui vocábulo técnico designativo da pretensão do demandante. Não é possível conceber-se uma ação judicial sem a especificação de, pelo menos, um pedido, visto que este é um de seus elementos estruturais.

Para dar início ao processo de conhecimento, cumpre, pois, ao autor provocar a jurisdição solicitando uma determinada espécie de provimento (*pedido imediato*), para tutelar um bem jurídico (*pedido mediato*).

A providência jurisdicional que vem então reclamada, quando acolhida, redunda numa sentença que, dependendo do tipo de demanda proposta, será meramente declaratória, constitutiva, condenatória, mas (em tese) sempre útil ao autor.

Anote-se que a petição inicial deve conter, como exigência formal mínima, além dos requisitos já examinados, o pedido. Assim, basta por exemplo que o autor descreva a relação locatícia e a ulterior falta de pagamento (*causa petendi remota* e *proxima*) e extraia desse contexto fático-jurídico a consequência prevista na lei, qual seja, o despejo do imóvel alugado.

28. Cumulação de pedidos

É evidente que a complexidade dos episódios da vida relevantes para o direito, em certas ocasiões, reflete-se no plano do processo. Desse modo, como também já frisado, nada obsta a que uma única pretensão venha escudada em vários fatos e fundamentos jurídicos.

Normalmente, um único pedido singulariza uma única demanda. Trata-se, nesse caso, de *pedido simples*, como, por exemplo, a condenação à restituição do bem reivindicado; a rescisão do contrato de mandato etc.

No entanto, norteadas pelos imperativos da economia processual e da harmonia de julgados,[91] inúmeras legislações autorizam a cumulação de pedidos em uma mesma demanda.[92]

29. Classificação do pedido

Considerando situações que, concretamente, emergem das relações de direito material, o novo CPC disciplina os aspectos técnicos mais relevantes, no plano do processo, das seguintes espécies de pedido: pedido único, determinado ou genérico, pedido alternativo e pedido implícito. A formulação de dois ou mais pedidos é possível, ensejando cumulação própria, simples ou sucessiva; e cumulação imprópria, subsidiária ou alternativa.

> **Art. 322.** O pedido deve ser certo.
>
> **§ 1º** Compreendem-se no principal os juros legais, a correção monetária e as verbas de sucumbência, inclusive os honorários advocatícios.

---

91 V., acerca das possíveis justificativas da cumulação objetiva de demandas, TERESA ARMENTA DEU, *La acumulación de autos (reunión de procesos conexos)*, p. 48 e segs., mostrando que nem sempre aquelas duas exigências encontram-se presentes de modo absolutamente simétrico em todas as hipóteses de cúmulo de pedidos: v.g., na cumulação simples prepondera a economia processual; na cumulação sucessiva é a harmonia de julgamentos que irrompe mais relevante. Consulte-se, ainda, PAULO LUCON, *Relação entre demandas*, p. 14 e segs.

92 Atenho-me aleatoriamente a alguns diplomas processuais. Apenas como ilustração, o art. 555º do novo CPC português reza que: "Pode o autor deduzir cumulativamente contra o mesmo réu, num só processo, vários pedidos que sejam compatíveis, se não se verificarem as circunstâncias que impedem a coligação". A *Ley de Enjuiciamiento Civil* da Espanha prescreve, no art. 71.2, que: "El actor podrá acumular en la demanda cuantas acciones le competan contra el demandado, aunque provengan de diferentes títulos, siempre que aquéllas no sean incompatibles entre sí". Em sentido praticamente idêntico, o art. 66 do CPC da Província de Québec tem a seguinte redação: "Plusieurs causes d'action peuvent être réunies dans une même demande en justice, pourvu que les recours exercés ne soient pas incompatibles ni contradictoires, qu'ils tendent à des condamnations de même nature, que leur réunion ne soit pas expressément défendue, et qu'ils soient sujets au même mode d'enquête". O art. 100 do CPC do Paraguai, sob a rubrica "Acumulación objetiva de acciones", também dispõe que: "El actor podrá acumular, antes de la notificación de la demanda, todas las acciones que tuviere contra una misma persona, siempre que: a) no sean contraria entre sí, de modo que por la elección de una quede excluida la otra, salvo el caso en que promueva una como subsidiaria de la otra; b) correspondan a la competencia del mismo juez; y c) puedan sustanciarse por los mismos trámites".

§ 2º A interpretação do pedido considerará o conjunto da postulação e observará o princípio da boa-fé.

CPC de 1973 – arts. 286 e 193
Comparação jurídica – sem correspondência

30. Generalidades

Reproduzindo parcialmente a regra do art. 286 do diploma processual revogado, o novo CPC estabelece que o pedido deve ser certo, para que o réu possa se defender de forma consistente, preservando-se assim a efetividade do contraditório. Como dizia o saudoso Professor Joaquim Canuto Mendes de Almeida, a melhor garantia da defesa é uma acusação revestida de certeza! O mesmo vale para o processo civil: quanto mais preciso for o pedido, tanto melhor para a elaboração dos argumentos de contestação!

Pedido mal formulado, a despeito da importante regra que autoriza a emenda (art. 321 do CPC), pode conduzir à inépcia da petição inicial, acarretando o seu indeferimento (art. 330, I e § 1º, do CPC).

Com efeito, descortina-se consistente no Superior Tribunal de Justiça a orientação segundo a qual "a inépcia da petição inicial, escorada no inc. II do parágrafo único do art. 295 do CPC [de 1973], se dá nos casos em que se impossibilite a defesa do réu ou a efetiva prestação jurisdicional (STJ, 3ª T., REsp 1.134.338-RJ, rel. Ministro Massami Uyeda, *DJe* de 29.9.2011)".[93]

Não obstante, não é raro, na prática, o réu se deparar com pleitos que ensejam enorme perplexidade, dificultando a compreensão da pretensão deduzida e consequentemente a elaboração da defesa a ser ofertada.

Exsurge desse contexto a relevante missão do advogado, sobre o qual recai, como interlocutor da parte autora, toda a responsabilidade pela redação da petição inicial, em particular pela especificação do pedido, o qual deve espelhar, em termos técnicos, exatamente o anseio de seu constituinte.

Observe-se, outrossim, que a exigência de certeza da pretensão deduzida pelo autor presta-se a delimitar o dispositivo da sentença, que não poderá conceder mais de quanto foi pleiteado e tampouco atribuir coisa diversa daquela demandada.

O pedido certo, portanto, circunscreve os limites objetivos do pronunciamento judicial, até porque, consoante dispõe o art. 492 do CPC: "É vedado ao juiz proferir decisão de natureza diversa da pedida, bem como condenar a parte em quantidade superior ou em objeto diverso do que lhe foi demandado".

---

[93] Cf. STJ, 2ª T., AgRg no REsp 1.346.838-DF, rel. Min. Assusete Magalhães, v.u., *DJe* 2/6/2015.

31. O dogma da correlação entre o pedido e a sentença

O art. 141 do CPC visa a estabelecer um harmônico equilíbrio entre os limites objetivos da demanda e os poderes cognitivos do órgão jurisdicional, ao dispor que: "O juiz decidirá o mérito nos limites propostos pelas partes, sendo-lhe vedado conhecer de questões, não suscitadas, a cujo respeito a lei exige a iniciativa da parte".

O julgador não deve, pois, pronunciar-se sobre coisa não demandada, não podendo também deferir mais do que lhe foi postulado. Desse princípio decorre que o exercício da função jurisdicional fica na dependência da manifestação de vontade do interessado para postular o seu direito, o que implica o dever do juiz de prover sobre o mérito, na medida de quanto foi efetivamente alegado e requerido, não podendo, porém, emitir provisão sobre questão para cuja resolução não haja pedido das partes.[94] Se o fizer, vale dizer, atribuir ao autor mais ou fora do que demonstrou pretender, encontra-se, por certo, viciado o julgado. Diz-se que, nessa hipótese, a sentença, respectivamente, é *ultra, extra* ou *citra petita*.

Determina, com efeito, o art. 492 do CPC que o juiz está proibido de prover sobre coisa diferente daquela pretendida ou mesmo de fixar condenação em montante superior ou em objeto diverso daquele que especificado na pretensão do autor.

Tal princípio, que impõe observância judicial entre o que foi pedido e o que foi decidido, implica, pois, a proibição de um "julgamento assimétrico". Haverá, destarte, vício de "ultra" ou de "extrapetição" toda vez que o juiz, interferindo no poder dispositivo do autor, introduzir, de forma indevida, alteração na *causa petendi* ou no *petitum*, imediato ou mediato, deduzido na

---

94 Cf. CARLOS SILVEIRA NORONHA, *Sentença civil*, p. 58.
Na verdade, a experiência jurídica romana de época clássica já externava preocupação com esta questão. O juiz que porventura atribuísse ao autor mais do que havia pedido "fazia sua a lide". Há de fato um importante fragmento de ULPIANO (D. 5.1.15.1, *libro XXI ad edictum*) que aborda a questão do *iudex qui litem sua facere*, esclarecendo que o juiz que provesse *ultra petita* sujeitava-se a severas sanções e não mais poderia exercer a atividade judicante (TUCCI e AZEVEDO, *Lições de história do processo civil romano*, p. 104). Mais tarde, esse princípio é examinado pelos juristas medievais, sendo que o grande tratadista GUILHERMO DURANTE, autor do famoso *Speculum iudiciale*, exortava, sob a rubrica *Sententia debet essere conformis libello*, que os aforismos *iudex ne procedat ex officio* e *nemo iudex sine auctore* foram cunhados pelos glosadores, a partir da concepção de que o juiz era mero espectador do duelo judiciário e de que a jurisdição necessitava ser provocada. E essa ideia foi então transmitida para a época moderna, uma vez que se afeiçoava com a vocação liberal e individual de processo. Não foi por outra razão que se disseminou, na dogmática contemporânea, a ideia de que o monopólio da ação é do jurisdicionado, ao passo que a hegemonia da decisão é do Estado.

petição inicial, para extrair consequência jurídica diferente daquela alvitrada pelo demandante.

Tenha-se presente que a regra em apreço é de ser igualmente observada no julgamento dos recursos.

A despeito de ser um imperativo constante da legislação ordinária e não da Constituição Federal, registra José Roberto dos Santos Bedaque que o denominado princípio da congruência ou da adstrição é calcado nas garantias constitucionais do contraditório e da ampla defesa: "o motivo pelo qual o legislador processual não permite ao juiz decidir fora dos limites objetivos fixados na inicial, ou legitimamente ampliados, é exatamente preservar a integridade desses princípios".[95]

Seguindo essa mesma linha de raciocínio, acrescenta Marcelo Pacheco Machado[96] que a atuação dos protagonistas do processo está sempre condicionada ao pleno respeito ao contraditório e à ampla defesa. O objeto da demanda aforada será apresentado ao réu, que deve ter condições efetivas de compreendê-lo (informação) e, se desejar, de realizar todos os atos pertinentes ao convencimento do juiz, a fim de que o rejeite (possibilidade de reação adequada).

Seja como for, é imprescindível que o ato decisório se circunscreva à pretensão do autor, exatamente da forma como foi ela deduzida.

32. Pedidos implícitos

De salientar-se, por outro lado, que a doutrina, de um modo geral, sustenta a existência de pedidos implícitos. Na verdade, a própria legislação (arts. 322, § 1º, e 323) admite a ausência de especificação, no pedido, da incidência de juros, correção monetária, custas e honorários, bem como em relação a prestações periódicas. A rigor, quando atribuídas estas verbas ao demandante, pode parecer, em princípio, que a regra da congruência foi violada. Note-se, nesse particular, inexistir dúvida de que a falta de correlação entre o pedido e a sentença é apenas aparente.

Invoque-se, a propósito, a velha Súmula n. 256 do STF: "É dispensável pedido expresso para condenação do réu em honorários, com fundamento nos arts. 63 ou 64 do CPC [de 1939]".

Revalidando este enunciado, a 3ª Turma do Superior Tribunal de Justiça, no julgamento do Agravo Regimental no Recurso Especial n. 1.314.549-MS,

---

95 Os elementos objetivos da demanda examinados à luz do contraditório, in *Causa de pedir e pedido no processo civil (questões polêmicas)*, p. 34. Cf., em senso análogo, Barbosa Moreira, *Correlação entre o pedido e a sentença*, p. 209.

96 *A correlação no processo civil. Relações entre demanda e tutela jurisdicional*, p. 198.

com voto condutor do Ministro Paulo de Tarso Sanseverino, decidiu ser: "Pacífico o entendimento desta Corte no sentido de que a aplicação de juros e correção monetária, mesmo que não requerida pelo autor, não configura julgamento *extra petita*, posto que ambos os institutos são simples consectários legais da condenação".[97]

Nessa mesma linha orientativa, a 2ª Turma teve oportunidade de averbar, no Agravo Regimental no Agravo em Recurso Especial n. 632.493-PR, da relatoria do Ministro Mauro Campbell Marques, que: "Esta Corte Superior fixou entendimento no sentido de que os juros de mora e a correção monetária integram os chamados pedidos implícitos, de modo que a alteração ou modificação de seu termo inicial não configura julgamento *extra petita* ou *reformatio in pejus*. Nesse sentido: AgRg no AREsp 324.626-SP, 2ª T., rel. Ministro Humberto Martins, DJe 28.6.2013; AgRg nos EDcl no Ag 1.240.633-PE, 3ª T., rel. Ministro Ricardo Villas Bôas Cueva, DJe 23.5.2013; REsp 1.070.929-RJ, 5ª T., rel. Ministra Laurita Vaz, DJe 11.10.2010".[98]

Observe-se, por outro lado, que a jurisprudência, em determinadas situações, identifica pedidos implícitos, como se extrai de aresto da 4ª Turma do Superior Tribunal de Justiça, no Recurso Especial n. 162.028-MG, da lavra do Ministro Cesar Asfor Rocha: "A falsidade do registro de nascimento pode ser demonstrada no âmbito da ação investigatória de paternidade. A procedência do pedido conduz ao cancelamento do registro, não se exigindo pedido expresso, nem muito menos ação própria".[99]

Os denominados efeitos secundários ou anexos da sentença, que emergem da própria decisão, não se confundem com os pedidos implícitos, uma vez que estes estão compreendidos no pedido principal.

Lembra Luis Guilherme Aidar Bondioli que tão somente os juros legais são subsumidos no pedido. Aqueles de outra natureza – remuneratórios e compostos –, quando incidentes, ficam sujeitos a pedido expresso do autor para serem incluídos na respectiva condenação.[100]

Ademais, segundo o disposto no art. 491 do CPC, quanto à atualização monetária e aos juros, ainda que no pedido não estejam explicitadas tais verbas, impõe-se ao juiz e ao tribunal o dever de especificar, na sentença ou no acórdão que impuser condenação, tanto quanto possível, a extensão da obrigação, vale dizer, o valor líquido, e, ainda, os critérios da respectiva atualização: "o índice de correção monetária, a taxa de juros, o termo inicial de ambos e a periodicidade da capitalização dos juros" (§ 2º).

---

[97] V.u., *DJe* 19/5/2014.
[98] V.u., *DJe* 23/4/2015.
[99] V.u., *DJ* 18/3/2002.
[100] *Breves comentários ao novo Código de Processo Civil*, p. 823.

Não é preciso dizer que a *mens legislatoris*, no sentido de evitar a prolação de sentenças ilíquidas, merece aqui os maiores elogios, simplesmente porque, com esta providencial determinação, evitar-se-á enorme e interminável discussão que, na maioria das vezes, eclode ao ensejo da liquidação acerca dos cálculos apresentados pelo exequente, e que não raro chega a atingir a fase de cumprimento de sentença.

O regramento do § 1º do art. 322, aqui sob análise, também vale para o tribunal, na hipótese de omissão no recurso quanto à inversão da sucumbência.

Realmente, com esse entendimento, aliás bem frequente, a Corte Especial do Superior Tribunal de Justiça, no julgamento dos Embargos de Declaração na Sentença Estrangeira Contestada n. 10.126-EX, relatado pelo Ministro OG FERNANDES, decidiu: "No que se refere aos embargos de declaração opostos pela segunda Embargante (Requerida), não houve manifestação acerca do pedido implícito de condenação em sucumbência. O acórdão merece integração".[101]

Em senso análogo, a 6ª Turma, nos Embargos de Declaração no Recurso Especial n. 805.976-PE, da relatoria do Ministro ROGÉRIO SCHIETTI CRUZ, reconheceu, à unanimidade de votos, que: "... de acordo com reiterada jurisprudência deste Superior Tribunal de Justiça, quando se atribuem efeitos infringentes aos embargos de declaração, é possível recebê-los como agravo regimental. Tanto o direito ao percebimento de parcelas vencidas e vincendas quanto à inversão do ônus sucumbencial são pedidos implícitos, razão pela qual, ainda que não enunciados, devem ser examinados pela decisão".[102]

33. Interpretação do pedido norteada pelo princípio da boa-fé

O art. 322, § 2º, ora comentado, dispõe que a interpretação do pedido considerará a postulação de forma abrangente, sob o signo da boa-fé.

A exegese de uma pretensão constitui uma operação mental que visa a compreender o seu sentido intrínseco. Esse processo intelectual deve, pois, responder qual o objetivo do demandante e a sua respectiva extensão no mundo fático.

Como todo texto escrito, o pedido é especificado por meio de palavras, que projetam a futura decisão judicial. Para captar-lhe o significado e a intenção, vem agora, na novel codificação, dispensado qualquer processo hermenêutico restritivo, substituído pela busca de compreensão sob o enfoque de uma perspectiva global.

Em tema de exegese da pretensão, não se pode interpretá-la dissociada da fundamentação deduzida na petição inicial. Assim, causa de pedir e pedido

---

101 V.u., *DJe* 1º/7/2015.
102 *DJe* 19/12/2013.

formam, necessariamente, um contexto do qual ao juiz incumbe extrair uma conclusão, considerando-se inclusive o comportamento das partes, antes e durante o desenvolvimento do processo.

Na mesma linha principiológica, que marca as denominadas "Normas Fundamentais do Processo Civil", constantes do preâmbulo do CPC, inspirando-se, por certo, na dogmática do direito privado, o legislador estabelece, no art. 5º, uma cláusula geral de boa-fé processual, que deverá nortear, durante as sucessivas etapas do procedimento, a conduta de todos os protagonistas do processo: o juiz, as partes, os advogados, o representante do Ministério Público, o defensor público e também os auxiliares da justiça (serventuários, peritos, intérpretes etc.).

Sob tal perspectiva, o fundamento constitucional da boa-fé decorre da cooperação ativa dos litigantes, especialmente no contraditório. Devem eles participar da construção da decisão, colaborando, pois, com a prestação jurisdicional. Não há se falar, com certeza, em processo justo e équo se as partes atuam de forma abusiva, conspirando contra as garantias constitucionais do devido processo legal.

Informa, a propósito, JOAN PICÓ I JUNOY que a jurisprudência do Tribunal Constitucional espanhol tem se norteado pelo princípio da boa-fé processual como critério válido para rechaçar a invocação maliciosa das normas processuais, em detrimento do direito à efetividade da tutela jurisdicional do outro litigante.[103]

Eis a razão pela qual a interpretação lógico-sistemática do pedido deve considerar, em seu conjunto, a intenção dos litigantes a partir do princípio da boa-fé.

Desse modo, depois de ajuizada a demanda, o autor não pode pretender, como se pedido implícito houvesse, mais do que efetivamente pretendeu. Nesse exato sentido, a 3ª Turma do Superior Tribunal de Justiça, no julgamento do Agravo Regimental no Recurso Especial n. 1.313.696-MS, relatado pela Ministra NANCY ANDRIGHI, assentou que: "Na espécie, a partir de um exame atento da petição inicial, depreende-se que em nenhuma passagem se constata a existência de pedido de pagamento de compensação por danos morais. Ressalte-se que não se está diante de hipótese de pedido implícito – aquele que 'embora não explicitado na demanda, compõe o objeto do processo (mérito) por força de lei'...".[104]

Em outras oportunidades, o raciocínio lógico na interpretação do pedido conduz o julgador a entendimento compatível com a efetividade do processo,

---

103 *La buena fe procesal*, p. 70-71.
104 V.u., *DJe* 4/6/2013.

como se infere de recente acórdão proferido pela 3ª Turma do Superior Tribunal de Justiça, no julgamento do Agravo Regimental no Recurso Especial n. 1.070.825-PR, com voto condutor lavrado pelo Ministro RICARDO VILLAS BÔAS CUEVA, com o seguinte fundamento: "Nos termos da jurisprudência do Superior Tribunal de Justiça, considera-se implicitamente requerido o novo julgamento da causa, desde que seja decorrência lógica do pedido na ação rescisória".[105]

Procurando guardar fidelidade à pretensão deduzida pelo autor, a mesma 3ª Turma, sob diversa angulação, decidiu que: "Esta Corte possui entendimento firmado no sentido de que o pedido deve ser extraído a partir de uma interpretação lógico-sistemática de toda a petição inicial. Ademais, expostos os fatos, não pode o magistrado se esquivar da análise ampla e detida da relação jurídica posta em exame... *In casu*, houve pedido implícito de incidência da multa por infração contratual, que era exigível porquanto prevista em contrato. A agravante não trouxe nenhum argumento capaz de modificar a conclusão do julgado, a qual se mantém por seus próprios fundamentos".[106]

> **Art. 323.** Na ação que tiver por objeto cumprimento de obrigação em prestações sucessivas, essas serão consideradas incluídas no pedido, independentemente de declaração expressa do autor, e serão incluídas na condenação, enquanto durar a obrigação, se o devedor, no curso do processo, deixar de pagá-las ou de consigná-las.

CPC de 1973 – art. 290

Comparação jurídica – art. 557º do CPC português; § 258 do ZPO alemão

34. Inclusão implícita *ope legis* das prestações sucessivas

Alterando apenas aspectos formais da redação do revogado art. 290, o dispositivo sob análise, inspirado no art. 557º, 1, do atual CPC português, encerra o chamado pedido implícito, quando a pretensão do autor se desdobrar em prestações sucessivas ou periódicas. Estas serão consideradas incluídas, mesmo que não se tenha feito qualquer alusão a elas na formulação do pedido.

---

105 V.u., *DJe* 3/2/2014. Não obstante, evidenciando as enormes dificuldades da uniformização da jurisprudência na experiência jurídica brasileira, v. STJ, 3ª T., EDcl no AgRg no REsp 1.184.763-MG, rel. Min. RICARDO VILLAS BÔAS CUEVA, v.u., *DJe* 22/5/2014, com a seguinte ementa: "1. É incabível emendar a petição inicial inepta após o oferecimento da contestação pelo réu, devendo o feito ser julgado extinto, sem julgamento de mérito, em respeito ao princípio da estabilidade da relação processual. 2. É obrigatória a cumulação de pedidos do *iudicium rescindens* e do *iudicium rescissorium*, prevista no art. 488, I, do CPC [de 1973], sendo inviável considerar como implícito o pedido de novo julgamento da causa".

106 AgRg no AREsp 305.191-SP, rel. Min. SIDNEI BENETI, v.u., *DJe* 13/6/2013.

Observa-se, ademais, que a regra do art. 323 versa sobre "cumprimento de obrigação", pressupondo que esta já se encontra pré-constituída, lastreada na lei ou no contrato, despido este de eficácia executiva.

Requerendo o demandante a condenação sobre as parcelas vencidas, necessariamente está pleiteando o cumprimento de todas as prestações vincendas, "enquanto durar a obrigação". É dizer: "ainda quando não mencionadas expressamente, elas se contêm no pedido".[107]

35. Obrigação periódica e obrigação continuativa

Importa esclarecer, para evitar imprecisões, que a norma processual em apreço se refere a obrigações que se desdobram em prestações periódicas ou sucessivas, que têm termo certo, geralmente decorrentes de um contrato prevendo o pagamento de parcelas até a conclusão da relação negocial. Os exemplos mais comuns destas são a obrigação do locatário de pagar o aluguel convencionado (arts. 18 e 19 Lei n. 6.649/1979); a aquisição a prestações de um imóvel ou de bens de consumo. Nessa espécie de obrigação, quando inadimplida e exigido o seu cumprimento judicial, a respectiva sentença de procedência impõe condenação no montante pleiteado, vale dizer, vencido antes do ajuizamento da demanda, acrescido das parcelas não quitadas no curso do processo, até o valor total do débito em aberto.

Inserem-se ainda na verba legal examinada as obrigações continuativas ou de trato continuado, que são aquelas de exigibilidade duradoura, contínua, despidas de termo certo.[108] Nesta tipologia de obrigação, a sentença condenatória que reconhece a obrigação de pagar, passada em julgado, tem eficácia perene, até que haja uma alteração no estado de fato que possibilite ao devedor promover demanda com fundamento em nova causa de pedir, para dela se exonerar.

Os efeitos da condenação que constitui a obrigação de execução continuada atingem a exigibilidade das prestações futuras, mesmo depois do trânsito em julgado da sentença, como ocorre, v.g., com a prestação de pagar alimentos.

Proferido ato decisório de natureza condenatória, impondo a obrigação alimentar, tem ela eficácia para o futuro, enquanto perdurarem os elementos constitutivos da obrigação, podendo ser requerido o cumprimento da sentença mesmo em relação a parcelas que se vencerem depois do término do processo.

---

107 V., nesse sentido, CALMON DE PASSOS, *Comentários ao Código de Processo Civil*, p. 261.
108 MÁRIO JÚLIO DE ALMEIDA COSTA, *Direito das obrigações*, p. 699-700.

O mesmo ocorre em relação à condenação em prestação de não fazer.

É até elementar ressaltar que, mesmo no âmbito das demandas que têm por objeto relações jurídicas de trato continuado, a coisa julgada material não oferece qualquer peculiaridade, a despeito do disposto no art. 505, I, do CPC (que repete o mesmo equívoco do revogado art. 471, I).

Com efeito, diante da alteração fática verificada na demanda sucessiva, outra será a causa de pedir próxima, a justificar o pedido de nova tutela jurisdicional (e não de revisão da anterior). Alterado em substância o respectivo fundamento jurídico, não se estará, à evidência, diante de ação idêntica. É exatamente por esta razão que os limites objetivos da precedente coisa julgada não se estendem à "nova questão", posta na segunda demanda.

36. Duração do processo e inadimplemento progressivo da obrigação periódica ou da obrigação continuativa

O art. 323 do CPC (assim como o revogado art. 290) concerne ao inadimplemento das obrigações periódicas ou sucessivas, com termo certo, e, ainda, das obrigações continuativas ou de execução continuada.

A norma legal em evidência determina que serão estas abrangidas pelo pedido e, consequentemente, na hipótese de procedência, atingidas pela condenação, "enquanto durar a obrigação, se o devedor, no curso do processo, deixar de pagá-las ou de consigná-las".

O art. 323 compreende as relações jurídicas pré-constituídas, geralmente de origem contratual, referindo-se, portanto, sempre à guisa de ilustração, ao contrato de compra e venda a prazo, ao contrato de locação etc.

Na moderna doutrina, dentre outros, DIÓGENES M. GONÇALVES NETO, autor de importante tese de doutorado sob a orientação do meu saudoso JOSÉ IGNÁCIO BOTELHO DE MESQUITA, ao interpretar o art. 290 do CPC revogado, insere no mesmo binário, a despeito da diferente natureza conceitual, as obrigações de pagar pensão alimentícia (continuativas) e de pagar encargos condominiais (periódicas), sustentando que a sentença de procedência, nas duas hipóteses, impõe condenação para o futuro.[109]

A expressão "condenação para o futuro" deve ser entendida como condenação das prestações vincendas, no âmbito do mesmo processo, até a satisfação integral do crédito. Nestas situações, "o juiz é autorizado a proferir sentença condenatória cujo momento lógico-substancial tem por conteúdo a declaração de obrigações já exigíveis, em associação a outras ainda inexigíveis,

---

109 *Tutela condenatória civil e condenação para o futuro.*

mas que *provavelmente* não seriam cumpridas voluntariamente pelo obrigado à medida que fossem vencendo".[110]

37. Latitude da condenação

Com o trânsito em julgado da sentença condenatória, o processo caminha para a fase de cumprimento do título judicial, a ser efetivada nos próprios autos e, assim, ainda no curso do mesmo processo.

Como o art. 323 do CPC abrange as prestações vencidas no "curso do processo", entendo que deverão estar lançadas na memória de cálculo a ser apresentada pelo credor (ou até mesmo pelo devedor – art. 526 do CPC) as prestações inadimplidas que se vencerem, mesmo após o trânsito em julgado, e, ainda, as vincendas até a satisfação integral do direito do credor, na fase de cumprimento da sentença.

38. Prestações vencidas e prescrição

Aduza-se, por fim, que, na hipótese de sucessivas prestações inadimplidas respeitantes a um determinado crédito, a lei em vigor não faz distinção a partir de que momento passa a fluir o lapso prescricional. No entanto, pelo denominado princípio da *actio nata*, é razoável sustentar que, em princípio, aquele prazo se inicia na data em que o credor puder demandar judicialmente a satisfação do direito violado. É aí que nasce o direito à tutela do órgão judicial para obter o resultado prático correspondente à pretensão.[111] Tratando-se, pois, de obrigações de pagar sucessivas quantias, o credor tem a faculdade de aforar demanda a partir do inadimplemento de cada uma delas.

Suponha-se que o expropriado, ao levantar as parcelas depositadas nos autos de ação de desapropriação, deixe de pagar os honorários contratados com o seu patrono. O início do prazo prescricional para a cobrança de parcelas não

---

110 Cf. DINAMARCO, *Instituições de direito processual civil*, 3, p. 317. Explica, ainda, DINAMARCO que, em regra, careceria o autor de legítimo interesse ao processo e ao julgamento de pretensão relativa a prestações futuras e, assim, inexigíveis. Todavia, estando elas atadas a outras prestações já vencidas e portanto exigíveis, "do inadimplemento destas o legislador extrai a razoável previsão de que também as futuras não serão honradas e, por esse motivo, confere ao sedizente credor a possibilidade de postular a condenação do alegado devedor por todas – vencidas e vincendas. No tocante a estas, a condenação é *para o futuro*" (p. 245). Sob tal perspectiva, torna-se tarefa árdua, à luz do nosso sistema processual, interpretar o disposto no art. 557º, 2, do CPC português, com a seguinte redação: "Pode ainda pedir-se a condenação em prestações futuras quando se pretenda obter o despejo de um prédio no momento em que findar o arrendamento e nos casos semelhantes em que a falta de título executivo na data do vencimento da prestação possa causar grave prejuízo ao credor".
111 Cf. HUMBERTO THEODORO JÚNIOR, *Prescrição: ação, exceção e pretensão*, p. 27.

adimplidas é o da data do respectivo vencimento/inadimplemento. A pretensão surge com a violação do direito. É o que preconiza o art. 189 do Código Civil vigente: "Violado o direito, nasce para o titular a pretensão, nos prazos a que aludem os arts. 205 e 206".

Nesse sentido, aliás, têm decidido os tribunais pátrios, inclusive o Superior Tribunal de Justiça, como se extrai, e.g., de julgado da 1ª Turma, no Agravo Regimental nos Embargos de Declaração no Recurso Especial n. 1.060097-CE, relatado pelo Ministro LUIZ FUX, textual: "A prescrição, em se tratando de prestações sucessivas, atinge apenas as prestações vencidas antes do quinquênio anterior à propositura da ação... Precedentes do STJ: 1ª S., REsp 714.211-SC, rel. para acórdão Ministro Luiz Fux, *DJ* de 16.6.2008; Corte Especial, AgRg nos EREsp 766.228-PR, rel. Ministro Francisco Falcão, *DJ* de 18.12.2008; e 1ª T., AgRg no REsp 915.014-SC, rel. Ministro Luiz Fux, *DJ* de 4.12.2008".[112]

> **Art. 324.** O pedido deve ser determinado.
> **§ 1º** É lícito, porém, formular pedido genérico:
> **I** – nas ações universais, se o autor não puder individuar os bens demandados;
> **II** – quando não for possível determinar, desde logo, as consequências do ato ou do fato;
> **III** – quando a determinação do objeto ou do valor da condenação depender de ato que deva ser praticado pelo réu.
> **§ 2º** O disposto neste artigo aplica-se à reconvenção.
>
> *CPC de 1973 – art. 286*
> *Comparação jurídica – art. 163 do CPC italiano; art. 556º do CPC português; § 253 do ZPO alemão*

39. Determinação do pedido

O pedido, além de certo quanto à extensão e qualidade, deve também ser determinado na petição inicial. Pedido determinado é aquele que, a um só tempo, especifica, com clareza, a providência jurisdicional objetivada (pedido imediato) e individualiza um bem jurídico, não deixando qualquer margem de dúvida quanto à pretensão material do autor (pedido mediato).

A certeza e a determinação, portanto, são atributos que não se excluem, mas se somam.[113] Faltando um deles, a petição inicial torna-se inconclusa e, assim, inapta para atingir o seu objetivo. Descumprida a determinação de

---
112 *DJe* 6/8/2009.
113 CALMON DE PASSOS, *Comentários ao Código de Processo Civil*, p. 236.

emenda da petição inicial (art. 321 do CPC), torna-se inexorável o seu indeferimento liminar (art. 330, I e § 1º, II, do CPC).

Embora absolutamente desnecessário, o § 2º do art. 324 do CPC estabelece que a reconvenção também exige pedido determinado.

40. Pedido genérico e sentença ilíquida

Não obstante, o § 1º do art. 324 admite, em determinadas situações, que o pedido seja deduzido de forma genérica.

Por pedido genérico se deve entender aquele que, a despeito de certo quanto à qualidade e natureza, não se faz possível, *a priori*, individuá-lo. Esta parcial indeterminação restringe-se ao aspecto quantitativo do pedido (*quantum debeatur*), visto que inadmissível qualquer imprecisão quanto ao próprio crédito (*an debeatur*). Enfatiza a respeito CALMON DE PASSOS, ao afirmar: "o que é devido não pode ser indeterminado; mas, quanto é devido pode não ser de logo determinado, contanto que seja determinável".[114]

Esta indeterminação quantitativa, em algumas circunstâncias, ultrapassa até mesmo a fase de conhecimento, implicando, também em caráter excepcional, a prolação de sentença ilíquida.

Nestes casos, torna-se necessário efetivar-se a apuração do *quantum debeatur* ou a especificação do objeto da condenação por meio de liquidação.

A liquidação de sentença tem, assim, a finalidade de encontrar o montante de uma dívida preexistente ou da abrangência exata da obrigação, reconhecida por decisão judicial.

A exigência de liquidação decorre, pois, como destaca LUIZ RODRIGUES WAMBIER, da excepcionalíssima circunstância de ser proferida sentença genérica ou ilíquida, porque impossível ao magistrado determinar, desde logo, na sentença, o valor da condenação ou individuar o objeto da obrigação. Visa-se, pois, pela liquidação, a eliminar a generalidade da condenação, de forma que a sentença se torne exequível.[115]

41. Hipóteses excepcionais de pedido genérico

O § 1º do art. 324 do novo diploma processual admite que o pedido, embora deva ser determinado, possa ser excepcionalmente formulado de forma genérica. É o que sucede: *a*) nas denominadas ações universais, como a de petição de herança, na hipótese de o demandante não conseguir desde logo individuar os bens demandados; *b*) quando impossível delimitar prontamente

---

114 *Comentários ao Código de Processo Civil*, p. 237.
115 *Breves comentários ao novo Código de Processo Civil*, p. 1313.

a extensão do ato ou fato, para quantificar o montante do dano, como, v.g., nas ações individuais ou coletivas visando à recomposição do meio ambiente; e *c*) nos casos em que a determinação do objeto ou do valor da condenação depender de ato que deva ser praticado pelo réu, a exemplo da (agora denominada) ação de exigir contas (arts. 550 a 553 do CPC).

Versando a demanda sobre universalidade de direito ou universalidade de fato, na maioria das situações é impossível ao autor individuar o seu quinhão. Portanto, justifica-se plenamente a formulação de pedido genérico no atinente à sua quantidade e extensão.

O mesmo ocorre quando são desconhecidas todas as consequências de um determinado evento danoso. Nestes casos, o autor se limita a requerer a condenação do réu abrangendo, por exemplo, todos os prejuízos decorrentes do acidente de veículos, inclusive no ressarcimento de despesas médicas, presentes e futuras, como cirurgia reparatória, tratamento fisioterápico e aquisição de medicamentos.

> **Art. 325.** O pedido será alternativo quando, pela natureza da obrigação, o devedor puder cumprir a prestação de mais de um modo.
> **Parágrafo único.** Quando, pela lei ou pelo contrato, a escolha couber ao devedor, o juiz lhe assegurará o direito de cumprir a prestação de um ou de outro modo, ainda que o autor não tenha formulado pedido alternativo.

CPC de 1973 – art. 288

Comparação jurídica – art. 553º do CPC português

42. Generalidades

A expressão "pedido alternativo" é de emprego frequente na praxe forense, nas situações em que se apresenta ao juiz requerimento contendo dois diferentes pleitos, geralmente quando subsiste dúvida objetiva acerca de determinada questão de natureza processual, não prevista, ao menos de forma explícita, no ordenamento. Justifica-se a postulação nesse sentido, exatamente para evitar a preclusão.

Assim, dentre inúmeros exemplos correntes, a 2ª Turma do Superior Tribunal de Justiça, ao apreciar o Recurso Especial n. 1.292.228-RS, relatado pela Ministra ELIANA CALMON, examinou uma destas situações, concluindo, *verbis*: "Prequestionada, ainda que implicitamente, a tese em torno dos dispositivos legais tidos por violados, acolhe-se o *pedido alternativo* de exame do mérito recursal e julga-se prejudicado o exame da questão acerca da alegada violação do art. 535 do CPC [de 1973]".[116]

---

[116] V.u., *DJe* 10/12/2013.

Não é, por certo, esta espécie de pedido alternativo (instituído pela praxe – repita-se) que vem contemplada no *caput* do art. 325 do novo diploma processual, que reproduz textualmente o revogado art. 288.

Com efeito, observe-se inicialmente que nada obsta a que as partes convencionem que a obrigação possa ser adimplida pelo devedor por mais de um modo. Descumprido o contrato e judicializada a questão, o cumprimento da respectiva obrigação passa a ser o objeto do processo. O demandante pretende receber a prestação, embora continue ela podendo ser adimplida pela forma que for mais conveniente ao réu obrigado.

Neste caso, o autor, em regra, formulará pedido alternativo. Não se trata, à evidência, de cumulação objetiva de pedidos. O direito subjetivo do credor se revela único, "e se satisfaz, por igual, com apenas uma prestação. A alternativa se configura somente no objeto mediato da ação".[117]

Apesar de a praxe forense revelar certo equívoco,[118] não há confundir pedido subsidiário com pedido alternativo. Esclarece a respeito José Alberto dos Reis que "o único ponto de contato ou de semelhança é que aparecem deduzidos sob forma alternativa: pede-se uma coisa *ou* outra. Mas nos pedidos subsidiários a alternativa é meramente formal, *aparente*; na realidade não há alternativa, porque falta a característica essencial da obrigação alternativa: a equivalência das prestações...".[119]

43. Conceito de obrigação alternativa

Obrigação alternativa é a que, diante de mais de uma possibilidade de adimplemento, apenas uma prestação é devida. Cumprida por meio de uma das formas previstas pelas partes contratantes, a obrigação se extingue. Normalmente, se não houver estipulação diferente, a escolha cabe ao devedor (art. 252 CC).

Consoante preceitua o art. 253 do Código Civil, se porventura uma de duas prestações se tornar inexequível, subsistirá a obrigação no que se refere à outra.

A obrigação alternativa não se confunde com obrigação facultativa. Esta se caracteriza pela circunstância de que, apesar de dever uma prestação deter-

---

117 Cf. Araken de Assis, *Cumulação de ações*, p. 224.
118 Exemplo de tratamento impreciso da questão pode ser extraído de antigos julgamentos proferidos nos REsp 19.019-0-PR ("Na cumulação alternativa é de se entender que deflui na própria expectativa do Autor no sentido de que ao Réu seja impossível cumprir o julgado, por isso que nessa cumulação eventual, existe até, necessariamente, certa oposição entre o pedido subsidiário e o pedido principal, que jamais se apresentam como acolhíveis ambos") e REsp 111.216-0-RS ("Havendo pedido alternativo, se a instância ordinária acolheu o pedido subsidiário, deve o Tribunal apreciar e resolver o pedido principal. Inteligência do art. 289 CPC...").
119 *Comentário ao Código de Processo Civil*, p. 137.

minada, torna-se possível ao devedor se liberar prestando outra, sem qualquer objeção do credor.

Araken de Assis, escudado em lição de Barbosa Moreira, incluía na moldura do antigo art. 288 as obrigações facultativas,[120] que hoje também estão certamente contempladas no novo art. 325.

44. Procedência do pedido alternativo

Sendo a escolha do devedor, cabe ao credor formular pedido alternativo ou mesmo que não o tenha deduzido, a sentença de procedência deverá assegurar ao réu o direito de honrar a prestação pelo modo que lhe aprouver (art. 325, parágrafo único, do CPC).

Se o contrato, por outro lado, autorizar ao credor fazer a opção dentre as prestações convencionadas, não se exigirá que o pedido seja alternativo. Na verdade, "seu pedido será determinado, tendo por conteúdo a forma de prestação escolhida. Não será, contudo, inepta sua inicial, nem defeituosa, como não será ilícito o pedido alternativo que formule nessa circunstância. O credor tem o direito de escolha, não a obrigação de escolher. Formulado pedido alternativo, isso significa que renunciou, em benefício do réu, ao direito de escolher".[121]

> **Art. 326.** É lícito formular mais de um pedido em ordem subsidiária, a fim de que o juiz conheça do posterior, quando não acolher o anterior.
> **Parágrafo único.** É lícito formular mais de um pedido, alternativamente, para que o juiz acolha um deles.
>
> *CPC de 1973 – art. 289*
>
> *Comparação jurídica – art. 401 da LEC espanhola; art. 554º do CPC português*

45. Generalidades

Caracteriza-se o cúmulo subsidiário[122] toda vez que um pedido tiver de ser tomado em consideração na eventualidade de não vingar o pedido antecedente.

---

120 *Cumulação de ações*, p. 224, fornecendo o seguinte exemplo de obrigação facultativa: "Basta imaginar alguém, em compromisso de compra e venda, depois de pagar o sinal, se obrigando à sub-rogação na dívida hipotecária do proprietário do imóvel. Nada impede, neste caso, que o obrigado pague ao credor hipotecário, liberando o imóvel, e, assim, prestando de modo diverso e irrefutável a obrigação. Prevista a prestação suplementar, cabível em face das circunstâncias determinadas, há obrigação facultativa".
121 Cf. Calmon de Passos, *Comentários ao Código de Processo Civil*, p. 258.
122 A literatura mais moderna tem empregado a expressão "cumulação subsidiária", reputada mais técnica e científica do que cumulação eventual (utilizada pela doutrina

Essa espécie de cumulação, chamada de *alternativa aparente* por João de Castro Mendes,[123] decorre da situação em que o autor formula dois ou mais pedidos, acentuando que apenas um deve ser julgado procedente.

Mantendo intocada a regra do *caput* do art. 289 do CPC de 1973, permite-se também ao autor, sob a égide do novo diploma, deduzir, numa escala lógica de preferência e de possibilidade material, mais de um pedido.

É por esta razão que: "Havendo cumulação subsidiária, o órgão julgador deve respeitar a hierarquia entre os pedidos formulados".[124]

Compete, pois, ao próprio demandante esquematizar na petição inicial a hipótese (ou hipóteses) subsequente de satisfação alvitrada, pela simples circunstância de que o pedido *subsidiário* pressupõe outro, que pode ser denominado *principal*; todavia, como o pedido principal faz subentender um pedido acessório e o pedido subsidiário não tem esta conotação, seria mais correto adotar a seguinte terminologia: pedido *primário* e pedido *subsidiário*.[125]

É de ser anotado que entre estes respectivos pedidos não há, em princípio, qualquer prevalência de natureza substantiva, visto que o demandante pode ordená-los do modo que lhe for mais conveniente. O autor, por exemplo, ajuíza uma ação pedindo (a título principal) a declaração de nulidade da compra e venda de um negócio com fundamento na simulação que propiciou a fraude contra o credor, e (a título subsidiário) o cumprimento do contrato com a respectiva entrega do bem (ou vice-versa).[126]

Como anota Ricardo Luiz da Costa Tjäder, a tutela da primeira pretensão exclui e impossibilita a da posterior, como uma consequência natural, obrigatória e inafastável.[127]

Registre-se que essa espécie de pedido ganha importância em sistemas processuais, como o brasileiro, que adotam um regime rígido de preclusões,

---

alemã: *Eventuelle Klagenhäufung*): v., a propósito, a pertinente observação de Carolina Fons Rodríguez, *La acumulación objetiva de acciones en el proceso civil*, p. 78-9.
123 *Direito processual civil*, v. 2, p. 395.
124 STJ, 3ª T., AgRg no Ag 1.343.283-SP, rel. Min. Nancy Andrighi, v.u., *DJe* 21/2/2011.
125 Cf. José Alberto dos Reis, *Comentário ao Código de Processo Civil*, p. 139.
126 José Lebre de Freitas, *Introdução ao processo civil. Conceito e princípios gerais à luz do Código revisto*, p. 168-9. Frise-se que, a despeito dessa indiferença, a praxe revela algumas hipóteses em que o pedido principal deve, lógica e necessariamente, preceder aquele subsidiário: cf., e.g., pedido de anulação de casamento e, caso não atendido, pedido de divórcio. Entendemos, pois, que, nesse exemplo, o pedido de divórcio não poderia preceder o de anulação do casamento.
127 *Cumulação eventual de pedidos*, p. 36-37.

proibindo, no que toca ao autor, a introdução de novo pedido no curso do processo.[128]

Segundo a abalizada lição de Jaime Guasp, partindo-se do pressuposto de que a lei fixa para a formulação da pretensão um determinado momento processual, a cumulação subsidiária opera como antídoto contra esse rigor, que, em caso contrário, produziria a perda de todo o processo gerado com a dedução imperfeita ou mesmo equivocada do pedido.[129]

Inspirada em Chiovenda, assevera no mesmo sentido Carolina Fons Rodríguez que: "a cumulação subsidiária atua para atenuar o princípio da preclusão, que em certas ocasiões irrompe excessivamente rígido. Ao autor se faculta a cumulação eventual, podendo deduzir na petição inicial vários pleitos que são examinados e julgados, a despeito de sua possível incompatibilidade substancial, conseguindo, assim, afastar a incidência da preclusão. Sem embargo das vantagens, nota-se que o cúmulo subsidiário encerra certa contradição, uma vez que o autor imagina sua derrota quanto ao pedido principal".[130]

Na verdade, a cumulação subsidiária de pedidos é indicativa de um estado provável de insegurança ou hesitação do demandante perante a argumentação que deverá ser desenvolvida na petição inicial. Não estando, assim, seguro de que a respectiva pretensão seja acolhida ou de que, a despeito do acolhimento, não possa ser cumprida pelo antagonista, o autor deduz subsidiariamente outro pedido para ser tomado em consideração pelo órgão jurisdicional no caso de não vingar o primeiro.[131]

46. Pressupostos da cumulação subsidiária

Verifica-se que, no concernente aos pressupostos de admissibilidade da cumulação subsidiária de pedidos, não prevalecem com a mesma intensidade aqueles ditados pelo subsequente art. 327 do CPC para as demais espécies de cumulação.

---

128 Tenha-se presente o enunciado do art. 329 do CPC de 2015.
129 *Derecho procesal civil*, t. 1, p. 243-4.
130 *La acumulación objetiva de acciones en el proceso civil*, p. 77. Vale reproduzir, nesse particular, o experiente alvitre de Araken de Assis (*Cumulação de ações*, p. 236), no sentido de que o "expressivo inconveniente desta cumulação, perfeitamente apanhado pelo tirocínio de José Alberto dos Reis, e repetido por Calmon de Passos, a crer-se na falta de ordem específica, reside na dúvida do autor sobre o acolhimento da ação principal, e, por isso, formula a outra, talvez mais sólida, para o caso de não vingar a primeira. Este aspecto frágil da inicial merecerá a crítica do réu atento, que, por certo, irá explorá-lo".
131 Cf., ainda, José Alberto dos Reis, *Comentário ao Código de Processo Civil*, p. 140.

Com efeito, a nova legislação processual também dispensa, nesse tipo de cúmulo, qualquer compatibilidade ou nexo substancial entre os pedidos. E isso porque, como já afirmado, não se inserem eles no mesmo plano axiológico.[132]

A rigor – enfatiza Ricardo Tjäder –, "tal possibilidade exsurge da própria natureza do pedido eventual em que não são pedidas duas coisas, dois bens da vida, mas um ou outro, não se justificando, assim, a exigência de compatibilidade entre duas coisas que, automaticamente, se excluem, pois, atendido o primeiro pedido, fica repudiado o segundo, que somente poderá ser acolhido se o repúdio ocorrer em relação ao primeiro".[133]

Bem esclarece essa questão significativo precedente da 3ª Turma do Superior Tribunal de Justiça, no julgamento do Recurso Especial n. 48.175–MG, relatado pelo Ministro Carlos Alberto Menezes Direito, no qual se admitiu a cumulação subsidiária consubstanciada no pedido de declaração de nulidade da subscrição de ações e a restituição do respectivo valor, acrescida de juros e correção monetária, ou, se tal não puder ser acolhido, que o tribunal reconheça a responsabilidade do Banco Central do Brasil pela negligência e conivência na operação do Banco..., por não ter fiscalizado, na forma da lei, o fluxo contábil do estabelecimento de crédito.[134]

Seja como for, incompatibilidade não significa que possam ser cumulados, na espécie aqui examinada, pedidos absolutamente autônomos quanto à sua gênese fático-jurídica. Na verdade, deverá haver um elo de prejudicialidade entre os pedidos, uma vez que o provimento jurisdicional de procedência do primário fulmina (implicitamente) o interesse processual e, consequentemente, exaure a pretensão do autor em relação ao pedido subsidiário.

Desse modo, não se viabiliza o cúmulo subsidiário na hipótese de o autor reclamar o pagamento do preço decorrente da alienação de um automóvel e, subsidiariamente, na circunstância de ser rechaçado esse primeiro pedido, reivindicar ele a propriedade de um determinado imóvel.[135]

Quanto à competência, deve levar-se em consideração, tão só a absoluta, que se delineia excludente, em qualquer situação, da cumulação de pedidos. Assim, para a admissão do pedido subsidiário, é imprescindível que para ele seja competente, em razão da matéria ou da hierarquia, e, em alguns casos, *ratione loci*, o juízo que for competente para conhecer e julgar o pedido antecedente.

---

132 Araken de Assis, *Cumulação de ações*, p. 235, aduzindo que o autor não poderia pedir de maneira simultânea a anulação do contrato e a restituição parcial do preço (art. 455 do CC de 2002), mas, sim, ou uma coisa ou outra, "a última só na hipótese de não se lhe prover a primeira".
133 *Cumulação eventual de pedidos*, p. 51.
134 V.u., *DJ* 14/10/1996.
135 Cf., a propósito, Jaime W. Teitelbaum, *El proceso acumulativo civil*, p. 118-119.

Finalmente, no que toca à coincidência de procedimento a ser observado, há de ser um só, único, para todos os pedidos cumulados. Nesse sentido, o § 2º do art. 327 do CPC, no caso de divergência de rito, permite que o autor eleja o procedimento comum.

E esse importante pormenor está a demonstrar que inexiste afronta alguma à garantia da paridade de armas em detrimento da defesa do réu, razão pela qual, em princípio, entendemos irrecusável a cumulação subsidiária.[136]

47. Interesse em recorrer

O julgamento do primeiro pedido sempre deve preceder o do subsidiário. Reconhecida a procedência daquele, dito principal (*rectius*: primário), a sentença não poderá examinar a pretensão subsidiária deduzida na petição inicial.

O juiz fica impedido de "escolher um dos pedidos, deixando de examinar os demais, mas está ele vinculado e condicionado à ordem em que os pedidos são apresentados pelo autor, impondo-se que examine e decida em primeiro lugar o pedido antecedente, somente passando para o exame dos seguintes, se não o acolher". É o autor, e exclusivamente ele, como visto, que estabelece a ordem lógica em que os pedidos deverão ser enfrentados pelo juiz.[137]

Assim, esclarece PROTO PISANI que a característica primordial da "demanda subordinada" é a de ser deduzida sob condição suspensiva da rejeição da "demanda principal": apenas quando se verifica essa condição é que nasce para o juiz o dever de considerá-la; todavia, "se a principal vem acolhida, não se realiza o evento sujeito à condição", e, por isso, o pleito subsidiário torna-se ineficaz ou mesmo prejudicado pela decisão.[138]

Aduza-se que nem mesmo o possível reconhecimento do pedido subsidiário pelo réu permite ao juiz desconsiderar o primeiro pedido. A 3ª Turma do Superior Tribunal de Justiça, em antigo aresto proferido no Recurso Especial n. 8.892-SP, já deixara consignado que: "O reconhecimento pelo réu da procedência de pedido subsidiário não importa em extinção do processo com julgamento do mérito ou por falta de interesse de agir do autor, porquanto perdura a lide em face do pedido principal".[139]

O demandante, por outro lado, poderá desistir do pedido principal (ou do subsidiário) até mesmo sem a observância da regra do art. 485, § 4º, do

---

136 V., nesse mesmo sentido, RICARDO LUIZ DA COSTA TJÄDER, *Cumulação eventual de pedidos*, p. 53.
137 Cf. RICARDO LUIZ DA COSTA TJÄDER, *Cumulação eventual de pedidos*, p. 37.
138 *Lezioni di diritto processuale civile*, p. 535. O exemplo já citado, em que é acolhido o pedido de anulação do casamento, evidencia que o divórcio, pleiteado em caráter subsidiário, vem "absorvido" pela sentença.
139 Rel. Min. DIAS TRINDADE, v.u., *DJ* 27/5/1991.

CPC, isto é, sem a aquiescência do demandado, visto que o processo segue o seu curso normal em relação à pretensão remanescente.

Ademais, como já asseverado, o pedido subsidiário somente será objeto de julgamento se for reconhecida a carência ou a improcedência daquele denominado primário. Colhe-se, com efeito, de antigo acórdão da 2ª Turma do Superior Tribunal de Justiça, no julgamento do Recurso Especial n. 129.193-RS, de relatoria do Ministro Hélio Mosimann, que: "Se a inicial pediu a aplicação do princípio da equivalência, ou, assim não se entendendo, que fosse a majoração das prestações limitada ao incremento do salário mínimo, concluindo a própria decisão recorrida ser o pedido *sucessivo*, impunha-se a apreciação do principal. O segundo pedido somente será objeto de decisão na eventualidade da improcedência do primeiro".[140]

Acertado, ao nosso ver, o posicionamento de Ricardo Tjäder no sentido de que, vislumbrada pelo juiz apenas a parcial procedência do pedido principal, deverá ele passar ao exame e, em caso de procedência integral, ao julgamento do pedido subsidiário. Presume-se aí "que o interesse do autor estará melhor atendido com a procedência total do pedido subsidiário do que com a procedência meramente parcial do primeiro pedido. Deverá ele, obrigatoriamente, fazer constar da fundamentação da sentença tanto os motivos pelos quais poderia deferir apenas parcialmente o primeiro pedido, como as razões jurídicas do acolhimento integral do segundo pedido".[141]

Dilema que se descortina ao julgador, nem sempre de solução simples, é a hipótese em que, verificada a procedência apenas parcial do pedido principal, o segundo também não pode ser acolhido integralmente.

Bem é de ver, sob outro ângulo, que é considerada *citra petita* a sentença que, julgando improcedente o primeiro pedido, deixa de examinar o pedido subsidiário. Decidiu, a propósito, a 3ª Turma do Superior Tribunal de Justiça, no Recurso Especial n. 26.423-0-SP, cujo acórdão foi relatado pelo Ministro Waldemar Zveiter, que: "Caracteriza sentença *citra petita*, por isso nula, a rejeição do pedido principal sem, contudo, apreciar o subsidiário ou sucessivo, pelo que, neste caso, o julgado não esgotou a prestação jurisdicional, acolhendo ou rejeitando, no todo ou em parte, o último. Trata-se, como se colhe da doutrina, de pedidos formulados para a eventualidade de rejeição de um dentre eles (o principal ou o subsidiário)...".[142]

---

140 V.u., *DJ* 17/5/1999.
141 *Cumulação eventual de pedidos*, p. 37.
142 V.u., *DJ* 22/3/1993. V., em idêntico sentido, STJ, 2ª T., REsp 122.345-MG, rel. Min. Adhemar Maciel, v.u., *DJ* 8/9/1997.

Quanto ao interesse em recorrer, como se infere de clássica lição de Renzo Provinciali, a sucumbência há de ser controlada de modo objetivo, cotejando--se o teor do provimento judicial com a demanda (*lato sensu*), vale dizer, com o intento das partes. "Se attore, la soccombenza consiste nel mancato accoglimento della domanda; se convenuto, nell'opposta pronuncia; situazione che si riproduce nei confronti dei terzi intervenienti...".[143]

Barbosa Moreira, a seu turno, enfatiza que "o interesse em recorrer resulta da conjugação de dois fatores: de um lado, é preciso que o recorrente possa esperar, da interposição do recurso, a consecução de um resultado a que corresponda situação *mais vantajosa*, do ponto de vista *prático*, do que a emergente da decisão recorrida; de outro lado, que lhe seja necessário usar o recurso para alcançar tal vantagem".[144]

Assim sendo, atendido o primeiro pedido formulado na petição inicial, somente o réu é que terá interesse em recorrer. Para o autor, diante de tal situação, não haverá nem sucumbência teórica e tampouco sucumbência prática...[145]

Rejeitada, por outro lado, a pretensão primária e reputada procedente a subsidiária, configura-se inusitada situação de sucumbência recíproca, e, por essa razão, ambas as partes terão interesse em recorrer: o autor visando ao acolhimento do primeiro pedido; o réu pugnando pela integral improcedência da demanda.

A 2ª Turma do Superior Tribunal de Justiça, na vigência do CPC revogado, sufragou esse entendimento no julgamento do Recurso Especial n. 1.238.360-PR, com voto condutor da lavra do Ministro Mauro Campbell Marques, ao decidir que: "Na cumulação subsidiária de pedidos, prevista no art. 289 do CPC [de 1973], o autor formula o pedido principal, que satisfaz integralmente a sua pretensão, e outro pedido secundário, que somente será apreciado e acolhido na hipótese de rejeição daquele pedido principal. Há uma ordem hierárquica ou sucessiva, razão pela qual mesmo com o acolhimento do pedido subsidiário permanece o interesse da parte em recorrer".[146]

---

143 *Delle impugnazioni in generali*, p. 146.
144 *Comentários ao Código de Processo Civil*, v. 5, 2009, p. 298. Cf., no mesmo sentido, Franco Lancellotti, *La soccombenza requisito di legittimazione alle impugnazioni*, p. 33.
145 Cf. Proto Pisani, *Lezioni di diritto processuale civile*, p. 535.
146 V.u., *DJe* 9/5/2011. No mesmo sentido: STJ, 2ª T., REsp 1.158.754-RS, rel. Min. Mauro Campbell Marques, v.u., *DJe* 30/9/2010: "Considerando que a autora (ora recorrente) estabeleceu ordem de preferência ou de hierarquia entre os pedidos formulados, a rejeição do pedido principal e o acolhimento do pedido subsidiário faz com que fique caracterizada a sucumbência recíproca, como bem observou o Tribunal de origem. Além disso, cumpre esclarecer que é manifesto o grau de superioridade satisfativa em relação ao pedido principal, razão pela não há falar em

48. Efeito devolutivo da apelação

Com declarado escopo de imprimir maior celeridade processual, sem desprezar as garantias do devido processo legal, o novo art. 1.013, § 3º, reproduz a orientação do antigo § 3º ao art. 515 do CPC de 1973, autorizando, com todas as letras, o tribunal a proferir o julgamento do mérito, desde que seja possível.

Dando ênfase à instrumentalidade, continua ampliada a extensão do efeito devolutivo da apelação, permitindo que o juízo recursal extravase o âmbito do dispositivo da sentença de primeiro grau e, por via de consequência, o objeto da impugnação.

Com isso, a apelação, regrada na novel codificação, deixa de ter natureza de *revisio prioris instantiae* e passa a ser concebida como um *novum iudicium*, no qual ao órgão jurisdicional superior é lícito o mais amplo reexame da causa, em todos os seus aspectos de fato e de direito, de modo a julgá-la *ex novo*:

---

decaimento de parte mínima do pedido (art. 21, parágrafo único, do CPC [de 1973])"; STJ, Corte Especial, EDiverg em REsp 616.918-MG, rel. Min. CASTRO MEIRA, v.u., *DJe* 23/8/2010: "1. Embora não tenham adotado a mesma terminologia para decidir a cumulação de pedidos de que trata o art. 289 do CPC [de 1973], os arestos embargado e paradigma divergem quanto à correta interpretação desse dispositivo. O primeiro conclui que o acolhimento do pedido subsidiário, e a rejeição do principal, conduz à sucumbência integral da parte ré, enquanto o segundo entende, em situação análoga, que há mútuo sucumbimento das partes. No caso, apenas foi deferida a restituição dos valores recolhidos a título de FINSOCIAL e do PIS, nos termos dos Decretos-leis 2.445 e 2.449/88, no que se refere ao montante recolhido através de substituição tributária, nos termos do pedido subsidiário (e não a restituição da totalidade dos valores retidos por substituição tributária a título de PIS, COFINS e FINSOCIAL), mesmo assim, houve o reconhecimento da sucumbência integral da Fazenda Pública, ora embargante. 2. Na cumulação alternativa não há hierarquia entre os pedidos, que são excludentes entre si. O acolhimento de qualquer um deles satisfaz por completo a pretensão do autor, que não terá interesse em recorrer da decisão que escolheu uma dentre outras alternativas igualmente possíveis e satisfativas. Se não há interesse recursal, conclui-se que os ônus da sucumbência devem ser integralmente suportados pelo réu. 3. Já na cumulação subsidiária, como é o caso dos autos, os pedidos são formulados em grau de hierarquia, denotando a existência de um pedido principal e outro (ou outros) subsidiário(s). Assim, se o pedido principal foi rejeitado, embora acolhido outro de menor importância, surge para o autor o interesse em recorrer da decisão. Se há a possibilidade de recurso, é evidente que o autor sucumbiu de parte de sua pretensão, devendo os ônus sucumbenciais serem suportados por ambas as partes, na proporção do sucumbimento de cada um".

Se, nesse caso, o autor não recorre, ao tribunal não é devolvida em hipótese alguma a cognição referente ao pedido antecedente: v., a propósito, REsp 22.814-5-SP (*Rev. do STJ*, 56/191).

"tem-se, então, na consagrada expressão de BINDING, uma *Zweite Erstinstanz*" (*segunda primeira instância*).[147]

Devolvida a cognição da controvérsia ao tribunal *ad quem*, a causa poderá ser julgada pelo mérito em segundo grau. Bastará, para tanto, que o *thema decidendum* tenha necessariamente sido debatido sob o crivo do contraditório e que – na dicção do texto legal – esteja "em condições de imediato julgamento" (art. 1.013, § 3º), isto é, não exija a produção de qualquer outra prova.

Seja como for, com a orientação que agora vem ainda mais ampliada, o recurso de apelação perde a sua função substitutiva, tendo-se em vista que nem sempre o novo julgamento se identificará com o objeto da sentença recorrida.

Não é preciso dizer que, caso não tenha sido conferida oportunidade para o réu se manifestar sobre questão não examinada em primeiro grau, dúvida não pode haver de que esta técnica do julgamento da apelação, acolhida no art. 1.013 do CPC, vulnera o princípio fundamental do *due process of law*. Habilitando o tribunal a proferir decisão acerca de tema que não foi objeto de debate no procedimento recursal, a referida regra afrontaria direito das partes, sobretudo do litigante que vier a experimentar derrota.

Cumpre ainda esclarecer que o art. 938 do CPC passa a ter grande relevância em algumas circunstâncias geradas pela cumulação subsidiária de pedidos.

Se, por hipótese, a sentença reconhece a procedência do primeiro pedido e, em seguida, o tribunal provê a apelação do réu no sentido de reconhecer a improcedência daquele, diante da amplitude do efeito devolutivo, nada obsta a que se passe ao julgamento do pedido subsidiário.

É evidente que isso não poderá ocorrer se houver vício insanável, de tal sorte a determinar a remessa dos autos ao juízo de primeiro grau para que seja proferido novo julgamento.

---

147 Cf. ANTONIO CARLOS DE ARAÚJO CINTRA, *Sobre os limites objetivos da apelação civil*, p. 15-16. Com apoio em MACHADO GUIMARÃES, explica ARAÚJO CINTRA que, no direito brasileiro, antes da modificação introduzida no CPC de 1973 (art. 515, § 3º), a apelação sofrera radical mudança conceptual, porquanto, de *novum iudicium*, amplo e pleno, em vigor no direito reinol de época filipina, transformou-se, por meio de longa evolução histórica, em *revisio prioris instantiae*, consagrada, em princípio, a partir do CPC de 1939. Assim, vedando a modificação da demanda e limitando rigorosamente a alegação de novas questões de fato, o legislador brasileiro conferiu à apelação as marcas características da simples revisão da matéria reunida no primeiro grau de jurisdição (p. 21).

49. Cumulação alternativa de pedidos

O parágrafo único do art. 326 do CPC admite a cumulação alternativa de pedidos, que não se confunde com pedido alternativo, contemplado no anterior art. 325, no qual não há qualquer cumulação de pretensões.

Na cumulação alternativa, pelo contrário, o demandante deduz mais de um pedido na petição inicial, mas não manifesta preferência no acolhimento de qualquer um deles. Na verdade, redunda "indiferente para o autor qual dos pedidos formulados será acolhido; basta que um deles o seja para se dar por satisfeita a sua pretensão". Nessas circunstâncias, não existe uma ordem para a apreciação dos pedidos pelo juiz, que pode livremente eleger qualquer deles; acolhido um, são considerados prejudicados os demais, sem que isso implique derrota alguma ao demandante.[148]

50. Breve síntese conclusiva

Das considerações tecidas, pode-se concluir, em apertada síntese, que a cumulação subsidiária de pedidos é marcada pela *singularidade* da pretensão, tendo-se presente que a sentença deve acolher o pedido subsidiário na hipótese de não poder ser atendido o pedido antecedente, denominado primário.

Essa modalidade de cúmulo objetivo ostenta relevância em sistemas processuais, como o nosso, que são caracterizados pela adoção de um regime rígido de preclusões, no qual é vedada a adição de nova pretensão no curso do processo.

Para a cumulação subsidiária é suficiente que haja um vínculo de prejudicialidade entre os pedidos, porquanto a procedência do primário (ou principal) torna absolutamente ineficaz a pretensão do demandante em relação ao pedido subsidiário.

Ademais, viabiliza-se essa espécie de cumulação desde que o juízo seja competente para conhecer e julgar todos os pedidos.

Impõe-se, outrossim, a compatibilidade de procedimentos, permitindo o § 2º do art. 327 do CPC, na hipótese de discrepância entre eles, que o autor adote o procedimento comum.

O julgamento do primeiro pedido sempre deve preceder o do subsidiário. Este somente será objeto de apreciação se for reconhecida a carência da ação ou a improcedência do pedido antecedente.

Quanto à instância recursal, acolhido o pedido primário, apenas o réu é que tem interesse em recorrer. Ambas as partes, no entanto, poderão interpor

---

148 Cf. LUIS GUILHERME AIDAR BONDIOLI, *Breves comentários ao novo Código de Processo Civil*, p. 829.

apelação na situação em que, rechaçado o primeiro pedido, vier reconhecida a procedência do subsidiário.

Por fim, deve ser asseverado que, se porventura o pedido dito principal for procedente, o tribunal, em grau de apelação, ao prover o recurso do réu quanto à improcedência daquele, poderá, desde que tecnicamente possível, passar ao julgamento do pedido subsidiário!

> **Art. 327.** É lícita a cumulação, em um único processo, contra o mesmo réu, de vários pedidos, ainda que entre eles não haja conexão.
> **§ 1º** São requisitos de admissibilidade da cumulação que:
> **I** – os pedidos sejam compatíveis entre si;
> **II** – seja competente para conhecer deles o mesmo juízo;
> **III** – seja adequado para todos os pedidos o tipo de procedimento.
> **§ 2º** Quando, para cada pedido, corresponder tipo diverso de procedimento, será admitida a cumulação se o autor empregar o procedimento comum, sem prejuízo do emprego das técnicas processuais diferenciadas previstas nos procedimentos especiais a que se sujeitam um ou mais pedidos cumulados, que não forem incompatíveis com as disposições sobre o procedimento comum.
> **§ 3º** O inciso I do § 1º não se aplica às cumulações de pedidos de que trata o art. 326.
>
> *CPC de 1973 – art. 292*
> *Comparação jurídica – art. 401 da LEC espanhola; art. 555º do CPC português; § 260 do ZPO alemão*

51. Generalidades

Em busca de manifesta economia processual, visando a coactar a proliferação desnecessária de demandas, o autor está autorizado a cumular, numa única petição inicial, em face do mesmo demandado, mais de um pedido, autônomos e independentes entre si.

Citado, por exemplo, para responder aos termos de demanda na qual o autor pleiteia a declaração da paternidade, cumulando o pedido de alimentos, o réu reconhece a paternidade, mas contesta o pleito de alimentos. Como os pedidos são autônomos e independentes, julgado procedente aquele relativo à declaração de paternidade, o processo tem o seu curso normal em relação à pretensão aos alimentos.[149]

O art. 327 contempla, pois, a cumulação simples, na qual é admitido o acolhimento conjunto dos pedidos. Esta espécie de cumulação, também de-

---
149 TJSP, 9ª Câm. Dir. Priv., Ap 9103502-21.2008.8.26.0000, rel. Des. Viviani Nicolau, reg. 17/8/2009.

nominada própria, diferencia-se da cumulação imprópria, em que, por força de fatores peculiares ao direito material controvertido, a procedência de uma pretensão exclui a das demais (art. 326 do CPC).

Naquela primeira categoria, marcada pela simultaneidade ou multiplicidade de pretensões, incluem-se as espécies de cumulação simples e cumulação sucessiva (o demandante busca o atendimento, ao mesmo tempo, de mais de um pedido); enquanto na segunda, delimitada pela singularidade de pretensão, insere-se a tipologia de cumulação alternativa e cumulação subsidiária (o demandante deseja que o réu cumpra uma das prestações da alternativa; ou que a sentença acolha o pedido subsidiário caso não possa reconhecer a procedência do pedido antecedente).[150]

Infere-se do *caput* do art. 327 que, embora venha exigida conexão subjetiva ("*mesmo réu*"), a cumulação simples de pedidos não impõe, de forma expressa, que entre eles haja conexão objetiva. Evidencia-se, pois, que esta espécie de cumulação de pedidos abrange demandas absolutamente diferentes, "quanto à causa ou ao próprio pedido, desde que idênticas as partes".[151]

52. Pressupostos da cumulação de pedidos

Mantendo, em linhas gerais, os mesmos requisitos de admissibilidade previstos na anterior legislação (art. 292), o § 1º do novo art. 327 estabelece, como pressupostos da cumulação simples de pedidos: *a)* a compatibilidade entre eles; *b)* a competência do mesmo juízo para apreciá-los; e *c)* a adequação procedimental para todos eles.

52.1. Compatibilidade dos pedidos

Sem embargo da possibilidade de os pedidos cumulados serem autônomos e independentes, devem guardar eles compatibilidade recíproca, porque, por exemplo, impossível de acolhimento, pelo mesmo ato decisório, pedido declaratório de nulidade de um contrato e, simultaneamente, pedido condenatório, impondo ao réu o cumprimento da avença.

Neste caso, mais do que de cunho lógico, a conciliação intrínseca dos pedidos decorre de um imperativo jurídico, uma vez que, na cumulação simples, o autor pretende a procedência de todos eles. Impossível, portanto, o autor pedir o pagamento do preço e justapor a esse pleito o de devolução da coisa alienada.

---

150 V., em senso análogo, ARAKEN DE ASSIS, *Cumulação de ações*, p. 230; JOSÉ ALBERTO DOS REIS, *Comentário ao Código de Processo Civil*, v. 3, p. 144; MILTON PAULO DE CARVALHO, *Do pedido no processo civil*, p. 105 e segs.
151 ARAKEN DE ASSIS, *Cumulação de ações*, p. 238.

Ora, se o demandante pretender formular pedidos antagônicos, isto é, incompatíveis entre si, deverá fazê-lo por meio da cumulação subsidiária ou, ainda, da cumulação alternativa. Em ambas, como acima frisado, apenas um dos pedidos deduzidos pode ser acolhido. Daí a exceção prevista no § 3º do art. 327 do CPC, segundo a qual o requisito da compatibilidade de pedidos não é exigido na cumulação subsidiária.

Ressalte-se, contudo, que se houver, por equívoco, deduzido o autor, no âmbito da cumulação simples, pedidos inconciliáveis, nem por isso será extinto o processo, se, ultrapassada a fase instrutória, um deles despontar procedente.

Apreciando esta questão pontual, sob a égide do CPC revogado, a 3ª Turma do Superior Tribunal de Justiça, no julgamento do Recurso Especial n. 1.255.415-DF, da relatoria do Ministro Moura Ribeiro, averbou: "Para que seja possível a cumulação de pedidos num único processo (CPC, art. 292 [de 1973]), é essencial que eles sejam adequados para o mesmo tipo de procedimento. Caso se tenha por indevida a cumulação, não será o caso de se extinguir integralmente o feito, se viável for o julgamento de um deles".[152]

Não obstante, inocorrendo essa excepcionalidade, nada resta ao juiz senão o proferimento de sentença sem resolução do mérito. Foi, aliás, o que se verificou no julgamento do Recurso Especial n. 971.774-SC, pela mesma 3ª Turma, no acórdão relatado pelo Ministro Ricardo Villas Bôas Cueva, no qual a impugnação objetivava: "o restabelecimento da sentença de primeiro grau que julgou extinto o feito, sem resolução de mérito, diante da impossibilidade de se veicular, cumulativamente, em ação cautelar, pedidos de (i) sustação de deliberação social, (ii) protesto judicial, (iii) exibição de documentos e (iv) produção antecipada de prova (pericial). A cumulação de pedidos em uma mesma ação é, em regra, admitida no processo civil brasileiro. Exige-se, todavia, por expressa disposição legal (art. 292 do CPC [de 1973]), que os pedidos eventualmente cumulados sejam: (i) compatíveis entre si, (ii) dirigidos ao mesmo juízo competente; e (iii) sujeitos ao mesmo e adequado tipo de procedimento. Consoante a orientação jurisprudencial desta Corte, é inadmissível a cumulação de pedidos inerentes ao processo cautelar e de conhecimento dada a impossibilidade de adoção de procedimento único para o processamento de ações de naturezas distintas. No caso, os autores da demanda apresentaram, cumulativamente, três pedidos cautelares (sujeitos, cada um, a procedimentos específicos e completamente distintos) e um pedido inerente ao processo de conhecimento (sustação de efeitos decorrentes de deliberação da assembleia geral da TELESC, em 1998), o que evidencia a impossibilidade de regular processamento do feito, tanto pela orientação que se firmou no

---

152   V.u., *DJe* 18/2/2015.

âmbito da jurisprudência desta Corte Superior quanto pelo que estabelece o art. 292, III, do CPC [de 1973]...".[153]

52.2. Juízo competente para todos os pedidos

Quanto à competência, segundo requisito de admissibilidade da cumulação simples, é de ter-se presente apenas a absoluta, que é necessária em qualquer espécie de cumulação de pedidos. Assim, para a admissão do cúmulo ora examinado, é imprescindível que para todos os pedidos seja competente, em razão da matéria, da pessoa ou da hierarquia, e, em alguns casos, *ratione loci*, o juízo perante o qual aforada a demanda.

Diante da incompetência absoluta para um dos pedidos, inadmitida a prorrogação, não se faz possível a cumulação. O mesmo, é claro, não ocorre nos quadrantes da incompetência relativa, visto que o possível desmembramento do processo fica na dependência da arguição de incompetência pelo réu.

Elucida ARAKEN DE ASSIS que, se, por exemplo, decorrer a incompetência absoluta de um dos pedidos atinente à matéria ou a uma das pessoas demandadas, "que geralmente respeitam às competências das 'Justiças' especializadas, constitui equívoco manifesto", que implica proferimento de sentença sem resolução do mérito.[154]

Enfrentando esta questão, consistente julgado da 4ª Turma do Superior Tribunal de Justiça no Recurso Especial n. 1.120.169-RJ, relatado pelo Ministro LUIS FELIPE SALOMÃO, deixou consignado, na respectiva ementa, que: "1. A interpretação legal não pode conduzir ao estabelecimento de competência originária da Justiça Federal se isso constituir providência desarmônica com a Constituição Federal. 2. Portanto, pela só razão de haver, nas ações civis públicas, espécie de competência territorial absoluta – marcada pelo local e extensão do dano –, isso não altera, por si, a competência (*rectius*, jurisdição) da Justiça Federal por via de disposição infraconstitucional genérica (art. 2º da Lei 7.347/1985). É o próprio art. 93 do Código de Defesa do Consumidor que excepciona a competência da Justiça Federal. 3. O litisconsórcio facultativo comum traduz-se em verdadeiro cúmulo de demandas, que buscam vários provimentos somados em uma sentença formalmente única (Dinamarco, Cândido Rangel, *Litisconsórcio*, 8ª ed., São Paulo: Malheiros, 2009, p. 86). Sendo assim – e levando-se em conta que 'todo cúmulo subjetivo tem por substrato um cúmulo objetivo' (*idem, ibidem*), com causas de pedir e pedidos materialmente diversos (embora formalmente únicos) –, para a formação de litisconsórcio facultativo comum há de ser observada a limitação segundo a

---
153 V.u., *DJe* 19/12/2014.
154 *Cumulação de ações*, p. 241-242.

qual só é lícita a cumulação de pedidos se o juízo for igualmente competente para conhecer de todos eles (art. 292, § 1º, II, do CPC [de 1973]). 4. Portanto, como no litisconsórcio facultativo comum o cúmulo subjetivo ocasiona cumulação de pedidos, não sendo o juízo competente para conhecer de todos eles, ao fim e ao cabo fica inviabilizado o próprio litisconsórcio, notadamente nos casos em que a competência se define *ratione personae*, como é a jurisdição cível da Justiça Federal. 5. Ademais, a conexão (no caso inexistente) não determina a reunião de causas quando implicar alteração de competência absoluta e 'não determina a reunião dos processos, se um deles já foi julgado' (Súmula 235/STJ)".[155]

52.3. Adequação procedimental

Por fim, o art. 327, III, do CPC impõe a adequação de procedimentos para todos os pedidos. Se os procedimentos das respectivas demandas cumuladas forem heterogêneos, a cumulação será possível, desde que o autor opte pelas regras do procedimento comum (art. 327, § 2º).

Frise-se que, sobre essa temática, a doutrina contemporânea e a jurisprudência atual acabaram influenciando o legislador, visto que tem sido aceita, sem os rigores do passado, a flexibilização do procedimento. Esta orientação restou consagrada na regra do art. 190 do CPC, ao permitir, em demandas que admitem autocomposição, a convenção das partes estipulando modificações no procedimento para ajustá-lo às especificidades da causa.

No que se refere à cumulação simples, afigura-se ela praticamente inadequada quando, para uma das demandas, o procedimento especial que lhe é reservado pela lei ostentar peculiaridades próprias advindas do direito material litigioso, de sorte a torná-lo inconciliável com as regras do procedimento comum.

Assim, por exemplo, o pedido de pagamento formulado na ação monitória não engasta, em cumulação, com o pedido de cobrança subordinado à disciplina do procedimento comum. O mesmo ocorre, em regra, quando ambos os pedidos encontram-se atrelados a procedimentos especiais, como, v.g., a cumulação da ação de consignação em pagamento com a ação de exigir contas.

Todavia, ainda que isso ocorra, há um importante precedente – aliás, já antes invocado – que, norteado pelo princípio da instrumentalidade, procura, nestes casos, salvar o processo, admitindo ao menos um dos pedidos. Com efeito, a 3ª Turma do Superior Tribunal de Justiça, no julgamento do Recurso Especial n. 1.255.415-DF, sob a relatoria do Ministro MOURA RIBEIRO, fixou entendimento segundo o qual: "Para que seja possível a cumulação de

---

[155] V.u., *DJe* 15/10/2013.

pedidos num único processo (CPC, art. 292 [de 1973]), é essencial que eles sejam adequados para o mesmo tipo de procedimento. Caso se tenha por indevida a cumulação, não será o caso de se extinguir integralmente o feito, se viável for o julgamento de um deles".[156] Extrai-se do corpo do acórdão a seguinte fundamentação: "Não obstante o acórdão recorrido considerar que não houve cumulação indevida de pedidos submetidos a procedimentos diversos, o doutrinador José Miguel Garcia Medina, comentando o art. 292 do CPC [de 1973], leciona que, 'caso se considere inadmissível a cumulação, não será o caso de extinguir-se integralmente o processo, devendo o órgão jurisdicional aproveitar, sempre que possível o procedimento já iniciado, julgando a ação cujo julgamento se apresentar viável'. Trouxe ele até um exemplo: 'se o juízo for incompetente para uma das ações, deverá assim decidir em relação à mesma, e julgar aquela para a qual for competente' (*Código de Processo Civil comentado*, Ed. RT, 2ª ed., p. 317). O exemplo trazido pelo doutrinador se ajusta ao caso concreto. Tanto o juiz de primeiro grau (e-STJ, fl. 26) quanto o colegiado *a quo* (e-STJ, fl. 624), no que tange ao pedido de reserva de quinhão no inventário dos bens do indigitado avô, se deram por incompetentes para examiná-lo, pois o inventário tramitava em outro Estado, tendo eles se limitado a julgar o pedido de arrolamento dos bens do investigado. Dessa forma, ainda que fosse a hipótese de cumulação indevida de pedidos, só foi examinado o pedido de arrolamento dos bens do falecido".

É evidente que nem sempre esse desfecho, profícuo em todos os sentidos, será possível, uma vez que o controle judicial da admissibilidade da cumulação de pedidos deve ser feito *initio litis*, nos domínios da atividade saneadora do juiz, no quadro dos pressupostos processuais de desenvolvimento válido e regular do processo.

E isso porque, como os pedidos, em cúmulo simples, repelem-se mutuamente, visto que inseridos no mesmo grau de relevância, o tribunal não pode cindi-los e escolher um dentre eles. O processo, destarte, está fadado a fenecer no seu nascedouro.[157]

Embora o art. 330, IV, do CPC refira-se exclusivamente à incompatibilidade de pedidos como uma das causas de indeferimento da petição inicial, dúvida não há de que a ausência dos outros dois requisitos de admissibilidade da cumulação simples – competência para todos os pedidos e adequação procedimental – também configura hipóteses de rejeição liminar daquela.[158]

---

156 V.u., *DJe* 18/2/2015.
157 Cf., a propósito, ARAKEN DE ASSIS, *Cumulação de ações*, p. 254.
158 V., por todos, sobre o controle *ex officio* e por iniciativa da parte da cumulação de pedidos, a ampla, precisa e completa exposição de ARAKEN DE ASSIS, *Cumulação de ações*, p. 249 e segs.

53. Expressa preservação das técnicas de tutela diferenciada

Revelando elogiável acuidade, constitui considerável avanço em relação ao diploma processual revogado a norma do § 2º do art. 327 do CPC, que preserva as irrefutáveis vantagens das "técnicas processuais diferenciadas", reservadas a um dos procedimentos, ainda que aquele eleito para a tramitação conjunta, em cumulação simples, seja o comum. Exemplo típico – e até óbvio – decorre da reunião, num mesmo processo, do pedido de reintegração de posse e da pretensão ao ressarcimento de perdas e danos. O dispositivo em apreço prestigia a tutela de urgência, ainda que sob a regência do procedimento comum, deixando estreme de qualquer dúvida que nada impede o exame e, se for caso, o deferimento da liminar de reintegração.

Note-se, ademais, que dificilmente haverá incompatibilidade com o regime do procedimento comum o atendimento da tutela diferenciada relativa a um dos pedidos, que implique providência jurisdicional imediata, em prol da efetividade do processo.

> **Art. 328.** Na obrigação indivisível com pluralidade de credores, aquele que não participou do processo receberá sua parte, deduzidas as despesas na proporção de seu crédito.

CPC de 1973 – art. 291
Comparação jurídica – sem correspondência

54. Generalidades

Com redação análoga à do art. 291 do Código revogado, a regra sob exame refere-se ao recebimento da parcela do crédito pelo credor que, a despeito de ostentar legitimidade ativa para ajuizar ação condenatória, não o fez, preferindo, como terceiro juridicamente interessado, aguardar o desfecho do processo no qual teve iniciativa, como autor, outro colegitimado.

Julgado procedente o pedido, aplica-se o disposto no art. 261 do Código Civil: "Se um só dos credores receber a prestação por inteiro, a cada um dos outros assistirá o direito de exigir dele em dinheiro a parte que lhe caiba no total". É de se indagar: em que sede devem exigir aqueles credores beneficiados que não participaram do processo?

Como se trata de obrigação indivisível – entrega de um cavalo, por exemplo –, os credores deverão se habilitar no próprio processo, depois do trânsito em julgado da sentença, caso satisfeita voluntariamente a obrigação, exigindo do vencedor o valor da sua cota-parte em dinheiro, valendo-se inclusive, na hipótese de inadimplemento, do título judicial visando ao seu cumprimento contra o (agora) devedor comum.

Na verdade, nada há de especial neste dispositivo, que visa a assegurar ao cocredor que não participou do processo o benefício obtido pela sentença que julgou procedente o pedido.

Trata-se, como se observa, de situação na qual o litisconsórcio é facultativo unitário, e, exatamente por esse motivo, não reclama a presença de todos os legitimados no polo ativo da demanda.

No plano processual, é, aliás, o mesmo que ocorre no âmbito das obrigações solidárias, *ex vi* do disposto no art. 274 do Código Civil.

Saliente-se, outrossim, que o art. 328 encontra-se absolutamente afinado com a nova dimensão dos limites subjetivos da coisa julgada, concebida no CPC, que eliminou grave equívoco histórico contido no revogado art. 472.

Com efeito, dispõe o novo art. 506 que: "A sentença faz coisa julgada às partes entre as quais é dada, não prejudicando terceiros".

Torna-se, assim, relevante para a correta compreensão da *mens legis* uma breve digressão sobre a diferença entre quem é parte no processo e aquele que não participa do contraditório: o terceiro.

55. Conceito processual de parte e de terceiro

Tornou-se famosa a definição de CHIOVENDA, que é centrada no aspecto formal: parte é aquele que demanda, aquele em cujo nome se demanda e aquele em face de quem se demanda a atuação da vontade concreta da lei. Ressalte-se, porém, que tal proposição encontra-se imbricada, de forma até excessiva, à demanda pendente e ao objeto do processo, "pecando ainda pela falta de associação ao princípio do contraditório".[159]

A noção de "parte" admite variantes de conformidade com a perspectiva adotada, apresentando-se, pois, como um conceito polissêmico.

GARBAGNATI propõe um desdobramento do conceito de parte em três categorias. Partes são: *a)* os sujeitos dos atos processuais; *b)* os sujeitos destinatários dos efeitos jurídicos puramente processuais; e *c)* os titulares da relação jurídica litigiosa, sujeitos, portanto, dos efeitos da sentença.[160]

Mais recentemente, PROTO PISANI, baseando-se nas acepções utilizadas pelo legislador italiano, aceita essa tripartição e preleciona que partes são: *a)* os sujeitos dos atos processuais; *b)* os sujeitos dos efeitos do processo; e *c)* os sujeitos dos efeitos da sentença.[161]

---

159 *Principii di diritto processuale civile*, p. 579. A crítica é de DINAMARCO, *Intervenção de terceiros*, p. 17. Cf., também, em senso assemelhado, ATHOS GUSMÃO CARNEIRO, *Intervenção de terceiros*, p. 4.
160 *La sostituzione processuale nel nuovo Codice di Procedura Civile*, p. 245-247.
161 Parte (dir. proc. civ.), in *Enciclopedia del diritto*, 31, p. 921; *Lezioni di diritto processuale civile*, p. 331.

Note-se que o significado desse derradeiro campo semântico do conceito de parte – *titulares da relação jurídica deduzida em juízo, sujeitos dos efeitos da sentença* – engloba, *tout court*, sem qualquer distinção, todas aquelas pessoas que, embora ausentes do processo, sofrem a eficácia da sentença. Há, nesse enfoque, uma visível aproximação entre a concepção de partes, em sentido processual, e a dos denominados *legitimi contradictores*, vale dizer, das partes legítimas. Propicia ele, ainda, desnecessária confusão entre os conceitos de parte e de terceiro.

Ao destacar a *lide* como polo metodológico central de sua exposição, CARNELUTTI assevera: "exatamente porque o conflito de interesses relevante para o direito tem dois sujeitos, cada um destes recebe o nome de parte... A noção de parte, que é própria do conflito juridicamente relevante, é comum tanto ao direito processual quanto ao direito material e assim ingressa na teoria geral do direito: certamente fala-se de parte também em relação ao contrato".[162]

Mas é importante advertir, sobretudo para o contexto do presente comentário, que o conceito de parte não pode ser aferido nos domínios da relação jurídica de direito material.

De modo claro e preciso, LIEBMAN escreve que "as partes são os sujeitos contrapostos na dialética do processo instaurado perante o juiz". E, por lógica exclusão, arremata: "tutti coloro che non sono parti sono, rispetto a quel processo, terzi". A própria essência do contraditório – explica FAZZALARI – exige que do processo participem ao menos dois sujeitos, um interessado e um contrainteressado: em relação a um deles, o provimento final é destinado a produzir efeitos favoráveis, e, no tocante ao outro, efeitos prejudiciais.[163]

É de LIEBMAN a afirmação no sentido de que a imutabilidade produzida pela coisa julgada vale "apenas entre as partes".[164] Observo que, já na vigência do atual Código Civil italiano e, portanto, do respectivo art. 2.909, que alude a *partes* como destinatárias da coisa julgada ("L'accertamento contenuto nella sentenza passata in giudicato fa stato a ogni efetto tra *le parti*..."), LIEBMAN reitera o mesmo ponto de vista, ao destacar que os sujeitos que ficam adstritos à coisa julgada, são as "*parti* del processo", no qual a sentença foi proferida, e não da relação jurídica substancial.[165]

---

162 *Sistema di diritto processuale civile*, 1, p. 342-343. Cf., ainda, CARNELUTTI, *Diritto e processo*, p. 92: "... considerando que a posição passiva das partes relaciona-se com a lide, enquanto a posição ativa diz com o processo, vem formulada a distinção entre partes *em senso material ou substancial* e partes *em senso formal ou processual*".

163 LIEBMAN, *Manuale di diritto processuale civile*, 1, p. 85; FAZZALARI, *Istituzioni di diritto processuale*, p. 81.

164 *Efficacia ed autorità della sentenza*, p. 56 (= *Eficácia e autoridade da sentença*, p. 80).

165 Giudicato – diritto processuale civile, in *Enciclopedia giuridica treccani*, v. 15, 1989, p. 14. V., na versão inglesa, LIEBMAN, The Notion of *Res Judicata*, Italian Yearbook of Civil Procedure, p. 236.

Além do autor e do réu, também adquirem a "qualidade" de parte (*eadem condicio personarum* – D. 44.2.12) todos aqueles que forem citados, substituindo a parte originária (sucessor), ou que intervenham, defendendo direito próprio (opoente), ou em auxílio da parte, figurando como titular das diversas posições ativas ou passivas inseridas na dinâmica da relação jurídica processual (interveniente litisconsorcial), ou ainda por provocação de uma das partes originárias (denunciado, chamado ou nomeado). Também passa a ser parte aquele que sofre os efeitos da desconsideração incidental da personalidade jurídica.[166]

Como enfatiza DINAMARCO, o conceito estritamente processual de parte desponta como o único apto a explicar, nos quadrantes do sistema, "a contraposição parte-terceiro, sem as distorções próprias das inconvenientes ligações com fenômenos de direito substancial ou com o objeto do processo".[167]

Em suma: a identificação de parte em senso substancial, como sujeito da lide, é de todo espúria ao sistema de direito processual civil. A denominada parte em sentido substancial, quando não guarda coincidência com a parte que atua no processo, é apenas um *terceiro*.[168]

Ademais, por força de imperativos de natureza técnica e política, no que toca aos limites subjetivos, a sentença e a coisa julgada devem projetar eficácia apenas entre as partes.

Todo aquele que não atua no processo na condição de sujeito parcial (*parte*) é considerado *terceiro*. Não integrando o contraditório, não é titular dos poderes, faculdades, ônus, deveres e sujeição próprios das partes. Ora, por não terem participado dos atos que precedem e preparam o julgamento final, os terceiros não podem sofrer os efeitos da sentença de mérito e muito menos se vincular à coisa julgada material.

---

166 Cf. STJ, 3ª T., RMS 16.274-SP, v.u., rel. NANCY ANDRIGHI, *DJ* 2/8/2004: "O sócio alcançado pela desconsideração da personalidade jurídica da sociedade empresária torna-se parte no processo e assim está legitimado a interpor, perante o Juízo de origem, os recursos tidos por cabíveis, visando a defesa de seus direitos". Na verdade, na maioria das vezes, o sócio nestas condições, é litisconsorte passivo. V., a propósito, o documentado artigo de SIDNEI AGOSTINHO BENETI, Desconsideração da sociedade e legitimidade *ad causam*: esboço de sistematização, in *Aspectos polêmicos e atuais sobre os terceiros no processo civil e assuntos afins* (obra coletiva), p. 1005 e segs.
167 *Intervenção de terceiros*, p. 17.
168 Cf. LIEBMAN, *Manuale di diritto processuale civile*, 1, p. 86, que aduz: "A determinação do conceito de parte não tem qualquer imbricação com o problema da legitimação para agir; esse problema consiste na identificação das *partes justas*, ou *legítimos contraditores*, em relação a um determinado objeto; são, pelo contrário, partes no processo aqueles que de fato são os sujeitos, com todas as consequências que daí resultam, e independentemente da circunstância de que sejam ou não, no tocante à ação proposta, também as partes legítimas".

Ocorre que a interdependência das relações negociais e a complexidade do comércio jurídico acabam rompendo as fronteiras do denominado *princípio da relatividade da coisa julgada,* e, com isso, torna-se inexorável a projeção, ainda que por via reflexa, dos efeitos da decisão e, às vezes, em caráter excepcional, da própria expansão da autoridade da coisa julgada a terceiros.

Apesar de raro, nada há de inusitado nesse fenômeno, até porque o nosso atual CPC fornece reiterados indícios de sua ocorrência no plano da dinâmica processual. O texto codificado traz um capítulo sobre a oposição (arts. 682 a 686); disciplina a nomeação à autoria (art. 339), a denunciação da lide (arts. 125 a 129), o chamamento ao processo (arts. 130 a 132); atribui legitimidade ao terceiro juridicamente interessado para ajuizar ação rescisória (art. 967, II); reconhece ao terceiro prejudicado interesse para recorrer (art. 499); institui os embargos de terceiro para aquele que, "não sendo parte no processo, sofrer turbação ou esbulho na posse de seus bens" (art. 674). A legislação extravagante, no mesmo sentido, oferece outras tantas hipóteses de extensão *ultra partes* dos efeitos da sentença e da coisa julgada.

No último estudo que escreveu sobre esse tema, pondera LIEBMAN que a limitação da coisa julgada às partes foi considerada, ao longo dos tempos, ora mais, ora menos rigorosa, segundo a concepção que prevalecia, num determinado momento histórico, sobre os direitos individuais ou sobre a exigência de coerência lógica das decisões judiciais. Nos dias de hoje, contudo, é possível acreditar, por inúmeros motivos, que as normas jurídicas estejam mais sensíveis à solidariedade social, que torna cada um de nós responsável pelos seus próprios atos em relação aos outros membros da sociedade, ressalvando sempre que todos possam defender os seus próprios direitos, como garantido expressamente pelos textos constitucionais modernos.[169]

Realmente, nos quadrantes de uma ciência processual dominada por regramentos éticos e políticos, de tendência marcadamente democrática, repugna a ideia de que um sujeito de direitos, sem que se lhe seja assegurado "o contraditório e ampla defesa, com os meios e recursos a ela inerentes", para que possa, na condição de parte, apresentar as suas próprias razões, venha a ser privado de seus bens por força de decisão judicial transitada em julgado. Quando nada, haveria inarredável afronta à letra dos incisos LIV e LV do art. 5º da Constituição Federal.

No efetivo equilíbrio dos pressupostos e exigências que regram a delimitação subjetiva da eficácia da sentença e da extensão da coisa julgada parece-me que se encontra a chave para a solução da problemática que dela decorre, em perfeita sintonia com o ideário dos tempos atuais.

---

169 Giudicato – diritto processuale civile, in *Enciclopedia giuridica treccani*, v. 15, p. 14.

56. Terceiros beneficiados pela eficácia da sentença transitada em julgado

Como já tive oportunidade de escrever em outro estudo sobre o regime da coisa julgada no novo CPC, deve ser dito, em primeiro lugar, que é a eficácia da sentença transitada em julgado que não pode prejudicar terceiros.

Não se afasta a possibilidade da repercussão menos ou mais intensa da eficácia da sentença a um terceiro. Esse fenômeno, de todo excepcional, poderá acarretar prejuízo de fato a algumas pessoas (*terceiros titulares de um interesse de fato*). Assim, credores do réu derrotado na ação reivindicatória não poderão insurgir-se contra a sentença que reconheceu o domínio ao demandante, porque a decisão não lhes trouxe senão prejuízo prático ou meramente econômico. Não se descortina qualquer incompatibilidade entre o direito dos credores e o direito de propriedade declarado na sentença.[170]

Todavia, há outros sujeitos que sofrem prejuízo jurídico decorrente da eficácia da sentença *inter alios*, quando são titulares de um interesse incompatível com o objeto da decisão (*terceiros juridicamente interessados*), como, por exemplo, os verdadeiros proprietários de um imóvel, Antonio e Luiz, diante do trânsito em julgado da sentença que reconhece o domínio de João, sobre o mesmo bem, na ação que promoveu contra Pedro. Ou, ainda, para ficar no exemplo clássico, o sócio que tem interesse na validade de deliberação societária anulada por provimento judicial. Não há dúvida de que foi ele prejudicado pela eficácia da sentença que decretou a anulação do ato social.

Saliente-se, por outro lado, que alguém, estranho ao processo, pode ser beneficiado pelo resultado nele determinado. E aqui também há de fazer-se a distinção entre os *terceiros beneficiados de fato*, que, de forma indireta, acabam sendo favorecidos, e.g., os credores, pela vitória do devedor comum numa ação reivindicatória, e os *terceiros juridicamente beneficiados*, que se subordinam à autoridade da coisa julgada. Nessa derradeira situação, a extensão *ultra partes* geralmente ocorre porque o terceiro, no plano do direito material, situa-se na mesma posição jurídica de um dos demandantes ou então é titular de relação conexa com a *res de qua agitur*.

É mais do que suficiente, para esclarecer tal hipótese, o enunciado do art. 274 do Código Civil: "O julgamento contrário a um dos credores solidários não atinge os demais; o julgamento favorável aproveita-lhes...".

Conclui-se, assim, que, enquanto a eficácia da sentença pode trazer prejuízo ao terceiro, a imutabilidade da decisão vincula-o tão somente quando lhe propiciar benefício.

Esse fenômeno ocorre toda vez que a situação subjetiva do terceiro for favorecida pela sentença proferida em processo *inter alios*. A coisa julgada, em

---

170 Consulte-se, em senso análogo, MENCHINI, *Il giudicato civile*, p. 159-160.

tais casos, fulmina o potencial interesse de agir de alguém que, embora não tenha integrado o contraditório travado num determinado processo, acabou sendo privilegiado pelo respectivo desfecho.

É o que ocorre na hipótese legal aqui examinada, porque indivisível a obrigação.

Nessas condições, com o trânsito em julgado da sentença e a consequente imutabilidade do comando que dela emerge, não se vislumbra, em relação ao terceiro, qualquer violação, necessidade de modificação ou estado de incerteza atual, que possa lhe gerar interesse processual para agir contra a coisa julgada que o favorece. Em suma: não se configura aí a possibilidade de o terceiro pleitear em juízo o reconhecimento de direito algum.

O litisconsórcio facultativo, que se caracteriza pela reunião de duas ou mais pessoas no lado ativo e/ou no lado passivo da relação que se materializa no processo, tem a sua razão de ser na exigência de economia processual. A coexistência de sujeitos que aí se verifica é absolutamente voluntária e, em regra, concerne a relações jurídicas litigiosas que demandam tutela declaratória ou condenatória de natureza ressarcitória. Abstração feita de algumas raras exceções, nessa espécie de litisconsórcio a regra do art. 506 do CPC sempre prevalece. Aqueles que não figuraram como parte não são atingidos pela eficácia da sentença e muito menos pela imutabilidade do comando da decisão.

Verifica-se, também, que, nas demandas que têm por objeto obrigações solidárias, a coisa julgada, na hipótese de ser reconhecida a procedência do pedido, beneficia os credores que não foram parte no processo.

O tema, que parece simples, merece, no entanto, um exame mais aprofundado.

O nosso atual Código Civil, ao que tudo indica, inspirou-se na legislação peninsular, embora com redação muito imprecisa. Reza o art. 274: "O julgamento contrário a um dos credores solidários não atinge os demais; o julgamento favorável aproveita-lhes, a menos que se funde em exceção pessoal ao credor que o obteve".[171]

Repetindo a regra do art. 898 do estatuto revogado, o Código Civil de 2002 preceitua, no art. 267, que: "cada um dos credores solidários tem direito a exigir do devedor o cumprimento da prestação por inteiro".

No tocante à 1ª parte do art. 274 do Código Civil, caso a ação tenha sido ajuizada apenas por um ou alguns dos credores (litisconsórcio facultativo, *ex*

---

171 Nota-se que, dentre muitas outras, o CC contém aí típica norma de processo. V., a respeito, FREDIE DIDIER JÚNIOR, *Regras processuais no novo Código Civil*, p. 10 e segs.; BARBOSA MOREIRA, O novo Código Civil e o direito processual, *Revista Síntese de Direito Civil e Processual Civil*, 19, p. 111 e segs.

vi do art. 113, I, do CPC), tem-se que ela se afina com a regra geral estabelecida no citado art. 506, porque, se o resultado for desfavorável ao demandante, é ele ineficaz em relação aos demais credores que não participaram do processo. Estes poderão, em sucessiva demanda, buscar a condenação do devedor comum. O mesmo ocorrerá em caso de solidariedade passiva, vale dizer, a sentença proferida na ação aforada pelo devedor, visando à declaração de inexistência do débito, cujo pedido foi julgado improcedente, não influi na esfera de direito dos outros devedores, estranhos ao processo.

Anote-se, ainda, que a parte final do art. 274 do Código Civil, na hipótese de julgamento favorável ao credor demandante, prevê a extensão da coisa julgada aos credores estranhos ao processo.

TALAMINI posiciona-se em sentido contrário, imaginando que os terceiros contemplados na regra examinada são atingidos pela eficácia da sentença e não pela *auctoritas rei iudicatae*.[172] Bem examinada a questão, é a imutabilidade do conteúdo da sentença que acaba vinculando os credores estranhos, porque poderão opor, em futura demanda porventura ajuizada pelo devedor, exceção de coisa julgada. Ademais, o julgado forma título executivo também em favor dos credores que não participaram do processo!

Insustentável, outrossim, o ponto de vista que entende ser o devedor acionado substituto processual dos outros, subordinando-se todos eles ao vínculo da coisa julgada.[173]

Não há falar também aqui na denominada coisa julgada *secundum eventum litis*, como pareceu a BARBOSA MOREIRA, porque, reconhecida a procedência do pedido na demanda ajuizada por um ou alguns dos credores solidários, os demais serão beneficiados pelo sucesso, "a menos que se funde em exceção pessoal ao credor que o obteve" (art. 274, 2ª parte, do CC).

Com razão, nesse particular, TALAMINI, ao explicar que o escopo do regime contemplado pelo Código Civil é exatamente o de preservar a posição dos demais credores solidários, garantindo-lhes, em caso de derrota na ação ajuizada por um deles, que não estarão os demais impedidos de promover ação

---

[172] *Coisa julgada e sua revisão*, p. 106. Seria o caso de formular a seguinte indagação: se realmente fosse hipótese de sujeição à eficácia da sentença, o credor estranho poderia promover a respectiva execução provisória? Adianto-me a responder pela negativa.

[173] Cf. CASSIO SCARPINELLA BUENO, *Partes e terceiros no processo civil brasileiro*, p. 304: "... nos casos de solidariedade é que há regra de *legitimação extraordinária* e, por isto, mesmo que os devedores solidários não ajam ao lado do réu como *litisconsortes*, ficarão eles sujeitos à coisa julgada por imposição do sistema...". Cf., também, à luz do direito italiano, CARNELUTTI, Cosa giudicata e sostituzione processuale, *Rivista di Diritto Processuale*, 1942, p. 25; *Sistema di diritto processuale civile*, v. 1, p. 381.

em face do devedor, fundada em idênticos elementos objetivos (causa de pedir e pedido).[174]

De todo elogiável, diante do exposto, a redação do art. 506 do CPC, que representa um passo importante, prestando-se, a um só tempo, para resgatar a verdade histórica e atender à própria evolução da ciência processual!

57. Reconhecimento da improcedência do pedido em obrigação indivisível

Cumpre observar que o art. 328 do CPC limita-se a dispor que, abatidas as despesas adiantadas pelo autor, cada credor que não participou do processo receberá a sua parte, na proporção de seu respectivo crédito.

Pressupõe-se destarte julgamento de procedência do pedido.

Todavia, na hipótese de derrota, a coisa julgada não atingirá o direito daqueles credores que não participaram do processo, uma vez que, como acima frisado, por não terem participado do processo, não podem ser prejudicados pela *res iudicata*, inoponível pelo devedor, em eventual futura demanda ajuizada por outro credor que não foi parte na precedente demanda.

> **Art. 329.** O autor poderá:
> **I** – até a citação, aditar ou alterar o pedido ou a causa de pedir, independentemente de consentimento do réu;
> **II** – até o saneamento do processo, aditar ou alterar o pedido e a causa de pedir, com consentimento do réu, assegurado o contraditório mediante a possibilidade de manifestação deste no prazo mínimo de 15 (quinze) dias, facultado o requerimento de prova suplementar.
> **Parágrafo único.** Aplica-se o disposto neste artigo à reconvenção e à respectiva causa de pedir.
>
> *CPC de 1973 – arts. 264, 294 e 321*
> *Comparação jurídica – art. 183 do CPC italiano; art. 401 da LEC espanhola; §§ 263, 264 e 267 do ZPO alemão; arts. 227 e 230 do SZO suíço*

58. Introdução: tendências do moderno processo civil sobre a estabilização da demanda

A temática relativa à estabilização da demanda definitivamente não possui um regime unitário, variando, com acentuadas diferenças, de um a outro modelo processual.

Examinando em outro estudo o objeto litigioso, tive oportunidade de escrever que, no processo civil alemão permite-se, tradicionalmente, a apre-

---

174 *Coisa julgada e sua revisão*, p. 106.

sentação de novos fatos e novas alegações durante o *iter* procedimental, não se sujeitando à regra da substanciação. Dispõe, com efeito, o § 132 do ZPO que: "Os escritos preparatórios que contenham fatos ou quaisquer novas alegações deverão ser transmitidos à outra parte pelo menos com uma semana de antecedência do debate ou com três dias quando se referirem a uma questão incidental".

Assim, segundo ARTHUR NIKISCH, determinar quando se deve fundamentar a pretensão é o mesmo que determinar o momento preclusivo de admissão de novas deduções das partes. Como o ZPO não conhece a eventualidade (*die Eventualmaxime nicht kennt*), é evidente que até o término da última audiência oral é possível a apresentação de novos meios de ataque e de defesa.[175]

É bem provável que esse fator tenha contribuído para que, na prática, não se lograsse o êxito esperado com a "audiência única", idealizada pela reforma de 1924 do ZPO.

Todavia, inspirando-se na denominada regra da aceleração processual (*Beschleunigungsprinzip*), o legislador alemão de época mais recente procurou introduzir medidas tendentes a diminuir o lapso temporal entre o início do processo e a sentença definitiva, visando decididamente a conferir maior efetividade ao processo.

Regido assim pelos postulados da oralidade, concentração e eventualidade, esta nova perspectiva, consoante a pontual observação de GRUNSKY, apresenta-se como uma arma deveras eficaz contra os fatos tardiamente deduzidos. Vale lembrar que, pelo procedimento até então vigente, "a parte que tinha interesse em ganhar tempo encontrava a possibilidade de prolongar o processo enunciando os fatos segundo a técnica do estilicídio". Mas, se o autor é advertido de que não haverá uma segunda audiência, a sua omissão acerca de alguns fundamentos fáticos será fatal, uma vez que não poderão ser alegados em outra oportunidade.

Nota-se, destarte, que modernamente a concentração dos atos procedimentais implica a observância da regra da eventualidade, sendo certo que, ainda conforme noticia WOLFGANG GRUNSKY, são pouquíssimas as hipóteses em que novos fatos vêm deduzidos depois da fase postulatória.[176]

Tão profícuos foram os resultados iniciais desse procedimento que acabou sendo definitivamente introduzido no ZPO pela reforma de 1976/1977, com a modificação, em particular, dos §§ 271 e segs.

---

175 *Der Streitgegenstand im Zivilprozess*, p. 70. V., com mais pormenores, CRUZ E TUCCI, *A causa petendi no processo civil*, p. 100 e segs.
176 Il cosiddetto "Modello di Stoccarda" e l'accelerazione del processo civile tedesco, *Rivista di Diritto Processuale*, p. 366.

Atualmente, pois, sobrelevando a importância da colaboração das partes, afinado com o referido § 132, prescreve o § 282 do ZPO que cada litigante deve apresentar todas as suas alegações fáticas e jurídicas, de ataque e de defesa, em uma única oportunidade, visando, à evidência, a facilitar a tramitação do procedimento.[177]

E isto em qualquer uma das duas espécies de procedimento regulamentadas pelo § 272 do ZPO,[178] ensejando que o litígio venha resolvido, via de regra, em uma única audiência (*Hauptverhandlung*), escrupulosamente preparada, que culmina com os debates e, sendo possível, com a prolação da sentença.

E, como decorrência natural da regra da eventualidade, pode ser afirmado que os posicionamentos doutrinários lastreados nos postulados da denominada teoria da substanciação, que identificam o objeto litigioso na causa de pedir e no pedido, como, por exemplo, aquele de Habscheid, encontram-se mais próximos e harmônicos com o direito positivo alemão.

Desde 1994 passou a vigorar na Itália a Lei n.353, que introduziu profundas modificações no processo civil em geral e no processo de conhecimento em particular.

Tal reforma originou-se no remoto ano de 1977, por proposta elaborada pela "Comissão Liebman", que foi sendo, ao longo do tempo, endossada e aperfeiçoada por inúmeros outros projetos e sugestões, publicados nos periódicos especializados.

Mais recentemente, o *iter* de formação do aludido texto legal teve como base o projeto apresentado ao Senado italiano, em agosto de 1988, pelo Ministro da Justiça, Giuliano Vassali, que, após dois anos de tramitação legislativa, culminou aprovado em 26 de novembro de 1990.

A Lei n. 353 traz a epígrafe *Provvedimenti per il processo civile*, mostrando, por si só, quais os rumos que nortearam o legislador peninsular. Atenta às

---

177 V., a respeito, Peter Arens, *Zivilprozessrecht*, p. 126; Arthur Taylor von Mehren, Some Comparative Reflections on First Instance Civil procedure: Recent Reforms in German Civil Procedure and in the Federal Rules, *Notre Dame Law Review*, p. 617, aduzindo que: "the parties must cooperate in the effort to concentrate the first instance proceedings".

178 É o juiz, dependendo da complexidade da causa, que determina o procedimento: designa-se, de logo, a audiência principal (§ 275 ZPO), ou, então, opta-se por uma fase preliminar escrita (§ 276 ZPO). É certo que, em ambas as espécies de procedimento, a audiência deve ser cuidadosamente preparada para que não haja desperdício de tempo e energia: v., a propósito, Habscheid, Giurisdizione e processo civile nella Repubblica Federale Tedesca, *Rivista di Diritto Processuale*, p. 654 e segs. Consulte-se, ainda, Barbosa Moreira, Saneamento do processo e audiência preliminar, in *Temas de direito processual*, 4ª s., p. 123-124.

tendências contemporâneas no sentido de conferir maior celeridade procedimental com o escopo de diminuir a duração do processo, esta reforma procurou, de um lado, introduzir mecanismos que assegurassem a efetividade da tutela jurisdicional, e, de outro, contornar algumas atecnias existentes há muito tempo no sistema processual italiano.

Todavia, não se deu ouvidos às contribuições dos processualistas, que desejavam, praticamente à unanimidade, introduzir no processo comum a experiência exitosa do procedimento para cobrança de crédito trabalhista, reestruturado desde 1973.

Pelo fato de o legislador italiano ter apenas importado muito pouca coisa deste, TARUFFO pondera, em tom crítico, que, após a reforma, tem-se um modelo de processo do trabalho que mantém todos os inconvenientes, entre os quais a falta de uma fase preliminar, e um processo comum de primeiro grau que, especialmente no concernente à instrução, conserva a velha disciplina com todos os respectivos e bem conhecidos contrassensos.[179]

Seja como for, inspirada nas regras da oralidade e da eventualidade, pode-se afirmar que a referida lei procurou valorizar o procedimento de primeiro grau de jurisdição sobretudo com a introdução de fases preclusivas bem nítidas, a proibição de serem formulados novos pedidos em grau de apelação e a exequibilidade provisória da sentença definitiva.[180]

O CPC italiano exige que da petição inicial conste "a exposição dos fatos e dos elementos de direito que constituem a razão da demanda...".

Todavia, o art. 183 do *Codice*, desde 1950, permitia que as partes, na primeira audiência de debates, formulassem *novas alegações, novos pedidos* e novas exceções, tornando-a simplesmente inócua, na verdade "uma homenagem ao velho sistema anterior".[181]

Essa norma legal, além de contrariar o regramento da celeridade processual, revogava o postulado da imutabilidade da demanda.

Mantida a redação do aludido art. 163, com a modificação então introduzida pelos arts. 17 e 18 da Lei n. 353, conferindo nova orientação aos arts. 183 e 184 do citado diploma processual, na audiência de debates, que se inicia pelo interrogatório livre dos litigantes, faculta-se a estes, desde que *autorizados pelo órgão jurisdicional*, apenas a *emendatio libelli*, decorrente do pedido deduzido e da resposta apresentada. Introduziu-se, desse modo, a sutil

---

179 La struttura del procedimento di primo grado, in *La reforma del processo civile*: linee fondamentali (obra coletiva), p. 28.
180 Cf. CRUZ E TUCCI, Diretrizes do novo processo civil italiano, in *Devido processo legal e tutela jurisdicional*, p. 217 e segs.
181 SALVATORE SATTA, *Diritto processuale civile*, p. 304.

distinção entre "*precisazione libera*" e a alteração da demanda sujeita a autorização judicial.[182]

O objetivo do novo regime processual, nesse particular, foi o de fomentar a maior extensão possível do *thema disputandum*, mediante a introdução global, num único momento, dos fatos e fundamentos da causa, "sui quali giudice e controparte sono chiamati, in diversa posizione, ad interloquire".[183]

Esse conjunto de novidades, a exemplo do processo civil brasileiro, tem o condão de racionalizar a fase postulatória, instando o autor, à luz da regra da eventualidade, a deduzir todos os fatos e os pedidos que porventura tiver e o réu a apresentar toda a matéria de defesa num único momento processual.

Francesco Luiso, cotejando as características da regra da eventualidade com aquelas que informam o debate oral da causa, pondera, no entanto, que o processo italiano reformado continua a ser norteado pela "trattazione orale", agora concentrada na fase inicial do procedimento, mas sempre permitindo "tutte quelle modificazioni della linea difensiva precedentemente seguita, che potessero in qualche modo essere rese attuali dalle affermazioni della controparte e dai rilievi di ufficio del giudice".[184]

Como anota Fazzalari, é a petição inicial que tem o condão de fixar os lindes dos elementos objetivos da demanda, constituídos "pelo direito do qual se pede tutela e pela sua violação. Os fatos que o autor tem o ônus de alegar são, de um lado, aqueles que individuam o direito substancial (em seus componentes objetivos e subjetivos), e, de outro, aqueles que integram a lesão do mesmo".[185]

Considerando a nulidade decorrente do não atendimento aos requisitos previstos no referido art. 163, expressamente cominada no subsequente dispositivo (art. 164), enfatiza Ricci que devem ser indicadas no ato introdutório da demanda todas as circunstâncias de fato inerentes à controvérsia, a fim de que a defesa do réu não resulte prejudicada, e isto, por certo, independentemente da natureza da ação. Do ponto de vista teórico – aduz –, a ação para tutela dos direitos reais pode ser identificada mesmo sem qualquer referência ao fato constitutivo; já sob a ótica do direito positivo, o legislador atual estabeleceu a exigência no sentido de que tal fato venha exposto no âmbito da referida ação.[186]

---

182 Cf. Giuseppe Tarzia, *Lineamenti del nuovo processo di cognizione*, p. 89-90.
183 Bona Ciaccia Cavallari, *La contestazione nel processo civile*, p. 76.
184 Principio di eventualità e principio della trattazione orale, in *Scritti in onore di Elio Fazzalari*, v. 2, p. 224.
185 *Il processo ordinario di cognizione e la Novella del 1990*, p. 11.
186 L'allegazione dei fatti nel nuovo processo civile, *Rivista Trimestrale di Diritto e Procedura Civile,* p. 871-872 e 848.

Interpretando também a dimensão da reforma processual peninsular, escreve MONTESANO que os fatos constitutivos estranhos à demanda submetida à apreciação judicial, qualquer que seja o direito deduzido (inclusive no que se refere aos denominados direitos autodeterminados), ficam imunes à exceção de coisa julgada. Aos inconvenientes que daí eventualmente possam resultar, quanto à multiplicação de demandas, a parte interessada poderá valer-se, no momento oportuno, da ação declaratória incidental (positiva ou negativa).[187]

TARZIA, pelo contrário, adotando ponto de vista mais liberal, entende que a exigência de exposição dos fatos constitutivos, imposta pela apontada norma legal, deve ser mensurada com base na distinção entre *demandas autodeterminadas* (fundadas em direitos reais e absolutos) e *demandas heterodeterminadas* (lastreadas em direito de crédito): "somente para estas últimas, ou seja quando o fato constitutivo se presta para individuar a demanda, é que a sua omissão pode comportar a nulidade de citação".

Explica, ainda, que eventuais exceções à regra da imutabilidade da demanda a partir da audiência (*ex vi* dos §§ 4º e 5º do art. 183) encontram supedâneo na necessidade de ser respeitado o contraditório, na exigência de garantir a utilidade do interrogatório livre e, enfim, na discussão preliminar da causa, para uma precisa determinação do objeto litigioso.[188]

Procurando estabelecer a abrangência da Lei n. 353, CONSOLO, LUISO e SASSANI confessam secundar a doutrina mais moderna ao admitirem que, em muitas hipóteses, mesmo que se esteja diante de uma única situação substancial, o objeto do processo projeta-se sobre fatos jurídicos não explicitamente deduzidos pelo autor.[189]

Por fim, FAZZALARI lembra que escapam da preclusão, ditada pela atual redação do art. 183 do Código italiano, *fatos supervenientes* que tenham relevância para o deslinde da controvérsia.[190]

Sem questionar qual o sistema mais perfeito – o anterior, caracterizado pela possibilidade de amplo contraditório, ou o atual, marcado pela imutabilidade dos elementos objetivos da demanda –, os processualistas peninsulares, diante da excessiva duração do litígio, afirmam que o regime da legislação reformada corresponde ao esforço de restituir ao processo a sua vocação de realizar justiça tempestiva.[191]

---

[187] Diritto sostanziale e processo civile di cognizione nell'individuazione della domanda, *Rivista Trimestrale di Diritto e Procedura Civile*, p. 81.
[188] *Lineamenti del nuovo processo di cognizione*, p. 66-68.
[189] *La riforma del processo civile – commentario*, p. 96.
[190] *Il processo ordinario di cognizione e la Novella de 1990*, p. 20.
[191] V., e.g., EDOARDO RICCI, Il progetto Rognoni di riforma urgente del processo civile, *Rivista di Diritto Processuale*, p. 630.

Inspirada na vertente doutrinária que tem destacado a efetividade como escopo vital do processo, a revisão do Código português contempla expressamente o direito a um processo despido de inoportunas procrastinações.

Teresa Sapiro Anselmo Vaz, reportando-se precipuamente à experiência do moderno direito lusitano, afirma que se assiste, atualmente, a uma crescente importância social do processo civil, "tendo em consideração os princípios constitucionais estabelecidos no âmbito dos direitos fundamentais (sendo, alguns deles, relativamente recentes dada a promulgação de constituições políticas ou alterações profundas do quadro constitucional anterior, v.g., em Portugal e Espanha), o que conduz, necessariamente, a uma revisão dos modelos processuais mais antigos. Por outro lado, a crescente litigiosidade que se constata na generalidade dos países (provocando uma 'socialização do processo'), decorrente do alargamento do recurso aos tribunais por parte das grandes massas e de novas questões que os órgãos aplicadores do direito têm sido chamados a resolver (por exemplo, na área do direito do consumo e do ambiente), veio implicar, proporcionalmente, uma crescente lentidão na administração da justiça".[192]

Seguindo esta tendência, na atual experiência processual portuguesa, a estabilidade do objeto do processo, como regra, encontra-se prevista no art. 260º do novo CPC português, em vigor desde 1º de setembro de 2013: "Citado o réu, a instância deve manter-se a mesma quanto às pessoas, ao pedido e à causa de pedir, salvas as possibilidades de modificação consignadas em lei".

Com o chamamento do réu estabiliza-se a demanda quanto às pessoas, o pedido e a causa de pedir, apenas se admitindo as alterações que a própria lei preveja. Daí resulta que, antes da citação do réu, qualquer daqueles elementos é livremente modificável, nada impedindo que entre o momento da apresentação da petição e o ato de citação o autor altere a causa de pedir ou o pedido ou demande novos réus.

Verifica-se que, dentre as possíveis exceções a esta orientação, dispõe o art. 590º, sob a rubrica "gestão inicial do processo", que o juiz convide as partes a suprir as eventuais insuficiências ou imprecisões na exposição da matéria de fato alegada.

Ademais, segundo o art. 264 do CPC português, mediante consenso dos litigantes, quer o pedido quer a causa de pedir podem ser livremente modificados, "em 1ª ou 2ª instância, salvo se a alteração ou ampliação perturbar inconvenientemente a instrução, discussão e julgamento do pleito".

---

192 Novas tendências do processo civil no âmbito do processo declarativo comum (alguns aspectos), *Revista da Ordem dos Advogados*, p. 923.

Bem é de ver que, trilhando a linha que já prevalecia no estatuto revogado, o atual diploma português alargou sensivelmente a possibilidade, mesmo após a citação do demandado, de complementação da causa de pedir e do pedido no decorrer do procedimento.

Será sem dúvida interessante acompanhar a evolução do novo sistema na praxe do foro lusitano.

59. Generalidades

Já no que se refere ao novo diploma processual brasileiro, após o encerramento da fase postulatória, estabiliza-se normalmente o objeto litigioso, propiciando, em seguida, o proferimento de sentença ou de decisão de saneamento do processo, nos termos do art. 357 do CPC.

Por força da regra da eventualidade, determinante da substanciação da demanda (agora reafirmada nos arts. 319, III, e 336), torna-se praticamente impossível, pela inarredável preclusão, a alteração voluntária dos elementos subjetivo e objetivos da demanda, em particular dos fatos e fundamentos então deduzidos, depois do encerramento da fase saneadora.

Instada a examinar questão deveras original, a 3ª Turma do Superior Tribunal de Justiça lavrou acórdão no Recurso Especial n. 1.305.878-SP, com voto condutor da Ministra NANCY ANDRIGHI, consignando que: "De acordo com a jurisprudência deste Tribunal, a petição inicial não pode ser emendada depois de apresentada contestação, sob pena de malferir o princípio da estabilização da demanda".[193]

Todavia, em caráter excepcional, o novo art. 329, I, do CPC, a exemplo do que se permitia sob o regime processual anterior (arts. 264 e 294), flexibiliza a rigidez daquele princípio, autorizando o autor a aditar ou alterar o pedido ou a causa de pedir, mesmo sem a aquiescência do réu, até antes de ser aperfeiçoada a citação.

Importa registrar que a lei não mais alude à proibição de modificação subjetiva, o que leva à conclusão de que também se faz possível a inclusão ou exclusão de outros sujeitos, seguindo-se o mesmo critério, seja no polo ativo, seja no passivo.

Aduza-se, por outro lado, que a determinação do inciso II do mesmo art. 329 do CPC, inspirada, por certo, nos notórios escopos público e social do processo, faculta, com o consentimento do demandado, a emenda dos elementos objetivos da demanda até a decisão declaratória de saneamento (ou até antes da oferta de embargos do devedor na execução contra devedor solvente).

---

193 V.u., *DJe* 11/11/2013.

Nesse caso, como não poderia ser diferente, é garantido o contraditório, concedendo-se ao réu o prazo mínimo (o que significa que pode ser dilatado *ope iudicis*) de 15 dias, possibilitando-lhe não apenas a apresentação de prova documental como, ainda, protesto pela produção de outras adicionais.

Importante precedente da 3ª Turma do Superior Tribunal de Justiça, no julgamento do Recurso Especial n. 21.940-5-MG, relatado pelo Ministro Eduardo Ribeiro, entendeu que, se o autor requerer, após a citação do réu, a alteração da causa de pedir, a falta de manifestação deste, depois de devidamente intimado, configura aceitação tácita.[194]

Em sentido contrário posiciona-se atualmente a 2ª Turma do Superior Tribunal de Justiça, no julgamento do Recurso Especial n. 1.307.407-SC, com voto condutor do Ministro Mauro Campbell Marques, a qual, na hipótese de modificação do pedido, após o ato citatório, não se contenta nem com a concordância tácita do réu e tampouco com a sua mera intimação. Exigindo, pois, nova citação e consentimento expresso, decidiu que: "Tido por muitos como o único e verdadeiro princípio de direito processual contido na Constituição Federal de 1988 – art. 5º, LIV –, o princípio do *due process of law* abrange, como subprincípios ou corolários, a ampla defesa, contraditório, publicidade dos atos processuais, proibição da prova ilícita, entre outros. Como se vê, o devido processo legal é a garantia maior do cidadão em face do arbítrio, dando-se a ele o direito, antes de ser submetido à sanção estatal, de ser submetido a um processo judicial cercado de garantias e precauções. É incompatível, pois, a democracia com a inexistência de um processo judicial revestido de garantias individuais... E é a partir da concepção dos referidos princípios e do disposto nos arts. 128 e 264 do CPC [de 1973] que a presente demanda deve ser analisada, na medida em que, se ao magistrado é vedado conceder mais, menos ou além do que foi efetivamente pedido, esse deve ser certo e, sempre, submetido ao contraditório, oportunizando, ao réu, contraditar, com todas as suas armas, o que fora deduzido em juízo... É afirmação corrente e quase dogmática que no processo civil, em seu rito ordinário, que feita a citação é defeso ao autor modificar o pedido ou a causa de pedir, sem o consentimento do réu, mantendo-se as mesmas partes, salvo as substituições permitidas por lei. No processo civil, pois, há mecanismos aptos a estabilizar a demanda, que privilegiam a segurança jurídica e o encadeamento lógico--sistemático dos atos processuais. Um desses mecanismos é o previsto no art. 264, *caput*, do CPC [de 1973], que veda ao autor modificar o pedido ou a causa de pedir, sem o consentimento do réu, após a citação. Pode-se dizer, portanto, que se trata de efeito processual da citação, cuja regra consagra o

---

[194] V.u., *DJ* 8/3/1993.

chamado princípio da estabilização da demanda e tem como finalidade impedir que o demandado seja surpreendido, comprometendo, severamente, o pleno exercício do direito de defesa e do contraditório. Assim, promovida a nova citação, competirá ao demandado manifestar-se acerca do novo pedido formulado pelo autor. Todavia – e aqui se introduz questão mais relevante para o deslinde da controvérsia – em não havendo manifestação da parte, impõe-se, exclusivamente quanto à nova demanda (caso o réu tenha contestado a demanda inicial), o reconhecimento da revelia, com todos os seus efeitos... Tendo em vista que a lei determina a citação para os casos de ampliação objetiva da demanda, em havendo tão somente a intimação, o consentimento quanto ao novo pedido somente poderá atingir seu objetivo – com o vigor do princípio da instrumentalidade das formas – caso esse consentimento se dê de forma expressa, como decorrência lógica da análise sistêmica das normas do direito processual civil... Em não havendo a citação, mas simples intimação do Município, a regra contida no art. 264 do CPC [de 1973], segunda parte, teria sido observada apenas e tão somente se a municipalidade tivesse declarado expressa concordância quanto à ampliação da lide. Entendimento contrário implicaria aceitar que à parte ré recairia o ônus decorrente de seu silêncio, mesmo não havendo cumprimento de determinação legal expressa, qual seja, citação válida, o que, a toda evidência, não se coaduna com o ordenamento jurídico pátrio".[195]

Excetuando-se então as hipóteses previstas nos dois incisos do artigo sob análise, torna-se realmente impossível ao órgão jurisdicional considerar fatos outros, já ocorridos, que não os apontados na inicial como fundamento do pedido, e, muito menos, apreciar nova pretensão.

E tal vedação também é divisada em grau recursal, como resulta de julgado da 1ª Turma do Superior Tribunal de Justiça, lançado no Agravo Regimental no Agravo Regimental no Recurso em Mandado de Segurança 37.292-DF, textual: "Não é admissível, na etapa recursal, a alteração do pedido formulado na origem. 'Consoante a jurisprudência deste Superior Tribunal de Justiça, é vedada, no julgamento de recurso ordinário em mandado de segurança, a apreciação de matéria não abordada pelo Tribunal de origem, sob pena de supressão de instância' (6ª T., RMS 31.400-TO, rel. Min. Maria Thereza de Assis Moura, DJe 27.8.2012)".[196]

Mesmo sendo de todo redundante, o parágrafo único do art. 329 expressa que a regra do *caput* incide na esfera da reconvenção.

---

195 V.u., *DJe* 29/5/2012. V., em senso idêntico, 2ª T., AgRg no AREsp 229.985-SP, rel. Min. MAURO CAMPBELL MARQUES, v.u., *DJe* 5/12/2012.
196 M.v., *DJe* 22/5/2014.

60. Interpretação restritiva da regra legal

É certo que não implica aditamento ou alteração da causa de pedir a invocação de fatos secundários, como reforço de argumentação, sem que haja qualquer inovação no núcleo da fundamentação fático-jurídica original.

Focando esta hipótese, decidiu, com efeito, a 4ª Turma do Superior Tribunal de Justiça, no julgamento do Recurso Especial n. 1.005.495-PR, relatado pelo Ministro João Otávio de Noronha, que: "A jurisprudência desta Corte Superior admite a apreciação do fato ou direito que possa influir no julgamento da lide desde que não importe em alteração do pedido ou da causa de pedir".[197]

É verdade que esta questão, à qual a doutrina processual tem dedicado especial atenção, vem geralmente examinada a partir da análise abstrata dos elementos que individualizam a demanda (*personae, petitum* e *causa petendi*) e da eventual alteração de pelo menos um deles no curso do processo. Raramente se encara tal fenômeno à luz de situações concretas, por isso, aprioristicamente, torna-se difícil traçar os limites possíveis da alteração da demanda.

A jurisprudência do Superior Tribunal de Justiça, neste particular, desponta deveras rígida, desautorizando qualquer tentativa de modificação da causa de pedir ou do pedido, após a barreira legal.

No que toca à causa de pedir, infere-se, realmente, de acórdão da 3ª Turma, proferido no Agravo Regimental no Agravo em Recurso Especial n. 731.407, com voto condutor do Ministro Marco Aurélio Bellizze, não ser possível "emendar a inicial após o oferecimento da contestação quando a emenda implicar alteração da causa de pedir ou do pedido".[198]

Em direção análoga, com voto vencedor do Ministro Antonio Carlos Ferreira, a 4ª Turma teve oportunidade de assentar, no julgamento do Agravo Regimental no Agravo em Recurso Especial n. 255.008-DF, que: "Constatada a inépcia da petição inicial após o oferecimento da contestação, não se admite a emenda da inicial se isso acarretar alteração da causa de pedir ou do pedido".[199]

Já no que se refere mais especificamente à modificação do pedido, em suas diversas perspectivas, aponte-se, como exemplo, acórdão da 3ª Turma, relatado pelo Ministro Moura Ribeiro, no julgamento do Agravo Regimental nos Embargos de Declaração no Agravo em Recurso Especial n. 7758.213-SC: "É inadmissível o pedido sucessivo do agravante para que possa ser oportuni-

---

[197] V.u., *DJe* 12/9/2011.
[198] V.u., *DJe* 25/9/2015.
[199] V.u., *DJe* 4/3/2013.

zada a emenda à inicial, após a contestação, por cuidar a pretensão de modificação do pedido e da causa de pedir".[200]

Trilhando essa orientação, a 2ª Seção, ao julgar a Ação Rescisória n. 3.993-RJ, com voto condutor do Ministro LUIS FELIPE SALOMÃO, deixou patenteado, na respectiva ementa, que: "1. A ação rescisória foi ajuizada no Tribunal de origem. Todavia, foi o Superior Tribunal de Justiça que emitiu o último pronunciamento de mérito a respeito da controvérsia. A decisão do Tribunal *a quo* de remessa dos autos a esta Corte Superior não convalida o erro processual. 2. De fato, proposta equivocadamente a ação rescisória no Tribunal de origem, é incabível a remessa dos autos ao Superior Tribunal de Justiça, diante da impossibilidade de modificação do pedido do autor, que busca a rescisão do julgado apontado na inicial".[201]

Vê-se, pois, que a exegese pretoriana sobre tal temática descortina-se plausível, porquanto, nesse passo, não há como admitir-se posição mais liberal, implicativa de inarredável tumulto na marcha do processo.

61. Alteração involuntária da causa de pedir por força de fato superveniente

Se, por um lado, é defeso alterar os elementos da ação de forma voluntária, vale dizer, por ato deliberado do autor ou do réu-reconvinte, por outro, não se pode esquecer que o desenrolar do processo, em suas várias fases, é marcado pelo movimento, e, por isso, durante o seu curso natural, a realidade fática inicialmente submetida pelos litigantes à cognição judicial pode sofrer, *de modo involuntário*, profunda modificação, chegando até mesmo a influenciar o resultado da controvérsia.

Pontua, a propósito, MARCO ANTONIO DOS SANTOS RODRIGUES[202] que o novo desenho da demanda, em decorrência da ulterior alteração do estado de fato, consubstancia-se numa circunstância inexorável, na maioria das vezes inesperada, que acaba mitigando o princípio da inalterabilidade da estrutura da demanda, vale dizer, da estabilidade do objeto litigioso.

Daí a inteligência da regra do art. 493 do CPC, que repete, em linhas gerais, o velho art. 462, ao deixar claro que a sentença deve refletir o estado atual da controvérsia e não como configurada à época da propositura da demanda.[203] Observa-se, assim, que a dinâmica natural dos fatos é que irá ministrar ao juiz as balizas de seu julgamento. Exemplo clássico de alteração

---

200 V.u., *DJe* 6/11/2015.
201 V.u., *DJe* 3/3/2015.
202 *A modificação do pedido e da causa de pedir no processo civil*, p. 299.
203 V., por todos, RICARDO DE BARROS LEONEL, *Causa de pedir e pedido. O direito superveniente*, especialmente, p. 223 e segs.

substancial do resultado do processo é o pagamento da dívida exigida, efetuado no curso da demanda, que determina a extinção do processo por perda superveniente do interesse de agir.

É exatamente esse o entendimento que prevalece na jurisprudência do Superior Tribunal de Justiça, como se extrai, v.g., de acórdão da 3ª Turma, proferido nos Embargos de Declaração no Agravo Regimental nos Embargos de Declaração no Recurso Especial n. 621.179-SP, relatado pelo Ministro RICARDO VILLAS BÔAS CUEVA, que proveu recurso especial pendente de julgamento, diante da superveniência de coisa julgada material verificada em processo que tramitou perante a Justiça Federal, cuja decisão implicou a improcedência de demanda indenizatória que havia sido aforada na Justiça Estadual. Eis a ementa do julgado: "1. O julgamento deve refletir o estado de fato da lide no momento da entrega da prestação jurisdicional. 2. O fato superveniente (art. 462 do CPC [de 1973]) deve ser tomado em consideração no momento do julgamento a fim de evitar decisões contraditórias e prestigiar os princípios da economia processual e da segurança jurídica. 3. No caso dos autos, o fato superveniente – consubstanciado na coisa julgada produzida em lide (ação declaratória de nulidade de patente) – é tema relevante e deve guiar a solução do presente recurso especial, sob pena de ofensa à coisa julgada".[204]

O juiz, consoante dispõe o art. 493, no momento de proferir a sentença, deve considerar os fatos novos ou supervenientes que interfiram, de modo direto, no julgamento da causa, constituindo, modificando ou extinguindo o direito deduzido em juízo.

É de aduzir-se, outrossim, que o art. 342, I, do CPC também admite a arguição, em princípio, pelo réu, mas igualmente pelo autor, de *ius novorum*. Faz-se possível tanto ao autor quanto ao réu invocar os efeitos constitutivos, modificativos ou extintivos produzidos por uma norma jurídica superveniente, seja de direito material, seja de direito processual, que tenham incidência sobre o caso pendente de julgamento.

Assim, quando sobrevier direito atribuindo ao fato originariamente narrado efeito constitutivo ou modificativo diverso, ou ocorrer um fato, também posterior ao ajuizamento da demanda, que tenha o condão de constituir, modificar ou extinguir o fundamento jurídico do pedido (enfim, que coloque em crise a estabilidade do litígio), não poderá ele deixar de ser apreciado pelo órgão jurisdicional. É, aliás, o que rezam, respectivamente, os arts. 342, I, e 493 do CPC.

A experiência demonstra que o fato superveniente constitutivo faz nascer para o autor o interesse de agir, enquanto o fato extintivo o fulmina,

---

[204] V.u., *DJe* 5/2/2015.

impondo ao magistrado, a teor do art. 485, VI, julgamento sem resolução do mérito.

Por exemplo, na hipótese de alguém reivindicar o domínio de bem imóvel sem contudo ter ainda logrado o registro na matrícula do respectivo título, é justo que o ocupante apresente resistência. No curso do processo, entretanto, o autor consegue o registro e, com isso, a defesa do réu passa a ser injustificada. Ao proferir a decisão, não poderá o juiz ou tribunal deixar de levar em conta o fato superveniente, constitutivo do direito do autor (alterada, portanto, a causa de pedir). Julgar o pedido improcedente porque não era o demandante proprietário ao tempo em que a ação foi ajuizada seria um lamentável desperdício, uma vez que, em imediata sequência, outra demanda seria incoada, cujo pedido certamente seria tido como procedente.

Suponha-se que, aforada "ação de despejo para uso residencial de ascendente" (art. 47, III, da Lei n. 8.245/1991), a genitora do autor, beneficiária da retomada, venha a falecer durante a fase instrutória. É evidente, nesse caso, a falta de interesse superveniente no despejo pretendido!

Lembra RICARDO LEONEL que a desocupação voluntária de prédio locado pelo inquilino implica a perda do objeto da ação de despejo, diante da inarredável carência ulterior, ao menos quanto a esta pretensão, podendo subsistir a necessidade do prosseguimento do processo para o julgamento de outros pedidos, decorrentes do decreto de despejo que restou prejudicado.[205]

Aduza-se que a *causa superveniens* apenas será considerada na hipótese de guardar íntima relação com o "fato inicialmente apontado como representativo do fundamento jurídico do pedido que é a causa de pedir, seja constituindo-a, seja modificando-a, seja extinguindo-a. Pois, se não participar de nenhuma dessas formas será demanda diversa", incidindo, *in casu*, a proibição legal já referida.[206]

O novo CPC, seguindo, nesse particular, a mesma técnica do diploma revogado, não estabelece qualquer limite temporal para que o juiz considere, de ofício ou por provocação da parte, o fato superveniente capaz de interferir no julgamento do mérito. E, assim, nada impede que tal situação ocorra, em grau superior de jurisdição, antes do julgamento, por exemplo, da apelação ou do recurso especial.

Com efeito, a 1ª Turma do Superior Tribunal de Justiça, no julgamento do Recurso Especial n. 1.296.267-RS, relatado pelo Ministro NAPOLEÃO NUNES MAIA FILHO, assentou que: "Os arts. 687 e 690 da Instrução Normativa INSS/PRES 77, de 21 de janeiro de 2015, que repete as já consagradas prote-

---

205 *Causa de pedir e pedido*, p. 253.
206 Cf. MILTON PAULO DE CARVALHO, *Do pedido no processo civil*, p. 158.

ções ao segurado dispostas em Instruções Normativas anteriores, dispõe que, se o postulante de uma prestação previdenciária preenche os requisitos legais somente após o pedido, o ente autárquico reconhece esse fato superveniente para fins de concessão do benefício, fixando a DIB para o momento do adimplemento dos requisitos legais. Essa mesma medida deve ser adotada no âmbito do processo judicial, nos termos do art. 462 do CPC [de 1973], segundo o qual a constatação de fato superveniente que possa influir na solução do litígio deve ser considerada pelo Tribunal competente para o julgamento, sendo certo que a regra processual não se limita ao Juízo de primeiro grau, porquanto a tutela jurisdicional, em qualquer grau de jurisdição, deve solucionar a lide na forma como se apresenta no momento do julgamento".[207]

Em senso análogo, a 2ª Turma do mesmo Sodalício federal, no julgamento do Agravo Regimental no Agravo em Recurso Especial n. 775.018-BA, da relatoria do Ministro MAURO CAMPBELL MARQUES, decidiu que: "O fato superveniente de que trata o art. 462 do CPC [de 1973] deve ser tomado em consideração no momento do julgamento, ainda que em sede recursal, a fim de evitar decisões contraditórias e prestigiar os princípios da economia processual e da segurança jurídica (cf. Edcl no AgRg nos EDcl no REsp 621.179-SP, rel. Min. Ricardo Villas Bôas Cueva, 3ª Turma, DJe 05.02.2015; REsp 1.461.382-SP, rel. Ministro Og Fernandes, 2ª Turma, DJe 13.10.2014)".[208]

Seção III
Do Indeferimento da Petição Inicial

Art. 330. A petição inicial será indeferida quando:

I – for inepta;

II – a parte for manifestamente ilegítima;

III – o autor carecer de interesse processual;

IV – não atendidas as prescrições dos arts. 106 e 321.

§ 1º Considera-se inepta a petição inicial quando:

I – lhe faltar pedido ou causa de pedir;

II – o pedido for indeterminado, ressalvadas as hipóteses legais em que se permite o pedido genérico;

III – da narração dos fatos não decorrer logicamente a conclusão;

IV – contiver pedidos incompatíveis entre si.

§ 2º Nas ações que tenham por objeto a revisão de obrigação decorrente de empréstimo, de financiamento ou de alienação de bens, o autor terá de, sob pena de

---

207 V.u., *DJe* 11/12/2015.
208 V.u., *DJe* 6/11/2015.

inépcia, discriminar na petição inicial, dentre as obrigações contratuais, aquelas que pretende controverter, além de quantificar o valor incontroverso do débito.

§ 3º Na hipótese do § 2º, o valor incontroverso deverá continuar a ser pago no tempo e modo contratados.

CPC de 1973 – art. 295

Comparação jurídica – art. 122 do NCPC francês; art. 182 do CPC italiano; art. 558º do CPC português; art. 221 do SZO suíço

62. Generalidades

Quando o cidadão tiver o sentimento de que o seu direito subjetivo foi lesado, poderá conformar-se, tentar obter o que lhe cabe por meio suasório ou, ainda, "processar aquele que teria lhe causado um dano". Se pretender ir a juízo, deverá então procurar um advogado. Celebrado o contrato de prestação de serviço, a responsabilidade técnica recai exclusivamente na pessoa do profissional, a quem cabe eleger, no âmbito do contencioso, a estratégia processual adequada para o ajuizamento de uma demanda.

Escolhida esta, é necessário, para estimular a jurisdição, preparar a petição inicial, cujo modelo ideal encontra-se desenhado nos já examinados arts. 319 e 320 do CPC. Dependendo da natureza e complexidade da tutela jurisdicional a ser requerida, esse mister, em muitas ocasiões, não é tarefa nada fácil.

Por mais cuidado que o advogado tenha – e aqui me refiro aos profissionais zelosos e esforçados –, pode ocorrer que a petição inicial padeça de algum vício, que, numa escala hipotética, pode variar do mais simples – atribuição equivocada do valor da causa – até os mais graves, irremediáveis, que colocam em xeque a própria expertise do causídico, como, por exemplo, o reconhecimento *prima facie* da ilegitimidade ativa ou, ainda, a inépcia da petição inicial.

Para não pôr tudo a perder, inspirado nos escopos da moderna ciência processual, que robustecem, sempre que possível, a efetividade da tutela jurisdicional, por meio do respectivo julgamento do mérito, o legislador estabelece, no art. 321, já comentado, a possibilidade de correção de eventual defeito que contamine a inicial.

Ajuizada a demanda, antes mesmo de determinar a citação do réu, o sistema da nova matriz processual pressupõe o início da atividade saneadora do juiz com o exame formal da petição inicial. Esta, que constitui o primeiro ato postulatório do processo, deve ser construída à luz do modelo legal acima examinado. Caso contrário, ou seja, se a petição inicial não estiver em termos para ser admitida, seja do ponto de vista lógico, seja sob o aspecto técnico, deverá ser indeferida.

A rejeição da petição inicial é expressamente prevista nas hipóteses arroladas no art. 330, desde a inépcia, ilegitimidade de parte, ausência de interesse processual, até a incompatibilidade de pedidos. Verificada qualquer uma destas situações anormais, quando possível, o juiz determinará que o autor, no prazo de 15 dias, supra o defeito, sob pena de indeferimento (art. 321 e parágrafo único).

Descumprida a respectiva ordem judicial no lapso assinalado, não restará outro caminho ao juiz senão o de indeferir a inicial.

Como já frisado, não se deve baralhar a natureza da sentença terminativa aqui proferida com aquela que decorre da improcedência liminar do pedido, segundo a regra do art. 332 do CPC, implicativa da prolação de sentença de mérito.

63. Hipóteses de indeferimento da petição inicial
63.1. Inépcia

Inúmeros são os defeitos que inviabilizam o recebimento da petição inicial, sempre subordinada ao prévio controle judicial, antes até de ser determinada a citação do réu.

O art. 330 do CPC contém o rol das hipóteses que conduzem ao indeferimento da petição inicial, sendo a primeira delas a inépcia.

Todo discurso visa a atingir o entendimento de outrem. Ora, se a petição inicial não contiver uma narração lógica apta a traduzir, sob o ângulo jurídico, a pretensão do demandante, descortina-se ela inepta, vale dizer, insuficiente para atingir o seu objetivo. Daí a necessidade de o ato postulatório inaugural do processo encerrar uma narração lógica e coerente.

63.1.1. Falta de pedido ou de causa de pedir

Três são os elementos estruturais da demanda: partes, causa de pedir e pedido.

Ausente qualquer um deles, a inicial não terá a mínima condição de prosperar. Com efeito, apesar de o art. 330, § 1º, I, referir-se à falta de pedido ou de causa de pedir, a petição inicial que não especificar um réu determinado padece igualmente de vício grave, acarretando a sua inaptidão.

Já no que se refere aos elementos objetivos, a *causa petendi* encontra-se intimamente engastada, em lógica sequência, ao pedido, que nada mais é do que a consequência jurídica da narração dos fatos e fundamentos jurídicos.

Na verdade, a causa de pedir possui dupla finalidade emergente dos fatos que a integram, vale dizer, presta-se, em última análise, a individualizar a demanda e, assim, a identificar o pedido. Inexistente ou insuficiente a fundamentação, não se sustenta qualquer pleito de tutela jurisdicional.

O pedido, a seu turno, é a peça crucial e culminante da petição inicial. Quem vem a juízo almeja, por certo, uma resposta do Estado a um pleito específico. Não há demanda, pois, sem pretensão deduzida. Tanto a falta de pedido imediato quanto a de pedido mediato ensejam o reconhecimento da inépcia.

63.1.2. Indeterminação do pedido

Pedido determinado, como já frisado, é aquele que, a um só tempo, especifica, com clareza, a providência jurisdicional objetivada (pedido imediato) e individualiza um bem jurídico, não deixando qualquer margem de dúvida quanto à pretensão material do autor (pedido mediato).

A certeza e a determinação, portanto, são predicados que não se aglutinam. Faltando um deles, a petição inicial torna-se inconclusa e, assim, igualmente inapta para atingir o seu desiderato.

63.1.3. Perplexidade emergente da narração fático-jurídica

Diante da inescondível relevância processual da petição inicial – considerada até mesmo como "projeto de sentença" –, o seu texto deve primar pela clareza e precisão.

A narração a ser deduzida em toda petição inicial, do ponto de vista lógico, deve conter a fundamentação jurídica (*causa petendi remota* e *causa petendi proxima*) da qual se extrai a conclusão, isto é, o pedido de tutela jurisdicional.

Assim, ainda que formalmente venha especificado um pedido, se não for ele decorrência lógica da causa de pedir, surgirá inarredável perplexidade, visto que incongruente a petição inicial. Nesta hipótese, a inicial também merece ser rechaçada.

63.1.4. Incompatibilidade entre os pedidos

No âmbito da cumulação simples, a despeito da possibilidade de os pedidos cumulados serem autônomos e independentes, devem guardar eles mútua compatibilidade, porque, por exemplo, como acima já ressaltado, impossível de acolhimento, pelo mesmo ato decisório, pedido declaratório de nulidade de um contrato e, simultaneamente, pedido condenatório, impondo ao réu o pagamento das prestações vencidas.

Em tal situação, a conciliação intrínseca dos pedidos decorre de um imperativo jurídico, uma vez que, nesta espécie de cumulação objetiva, o autor pretende a procedência de todos eles. Impossível, portanto, o autor pedir o pagamento do preço e justapor a esse pleito o de devolução da coisa alienada.

E isso porque, como os pedidos, em cúmulo simples, excluem-se reciprocamente, visto que inseridos no mesmo grau de relevância, não é atribuição do tribunal separá-los e eleger um deles. Não restará ao juiz a determinação de qualquer outra providência, após o cumprimento da regra do art. 321, senão o indeferimento da petição inicial.

Apesar de o inciso IV do art. 330 aludir exclusivamente à incompatibilidade de pedidos como uma das causas de indeferimento da petição inicial, dúvida não há de que a ausência dos outros dois requisitos de admissibilidade da cumulação simples – competência para todos os pedidos e adequação procedimental – também configura hipóteses de rejeição liminar daquela.

63.2. Ilegitimidade de parte ou falta de interesse processual
63.2.1. Carência de ação aferida *prima facie*

Como tive oportunidade de acentuar em outro estudo sobre o novel diploma processual, demorou considerável tempo para que o legislador pátrio se adequasse à revisada posição de LIEBMAN, restringindo as denominadas condições da ação à legitimidade *ad causam* e ao interesse processual. A teoria do mestre italiano passa a ser adotada pelo novo CPC, ao inserir no rol das hipóteses que impedem o juiz de resolver o mérito da causa a ausência de qualquer uma das duas denominadas condições de admissibilidade da ação.

Embora o direito de ação seja incondicionado, uma vez que garantido de forma irrestrita no importante art. 5º, XXXV, da Constituição Federal, nada impede que o legislador, a exemplo das exigências impostas à forma processual, estabeleça condicionantes sobre a ação, tendentes a evitar atividades processuais que conspirem contra o princípio da duração razoável do processo. Nesta linha de raciocínio, explica, com clareza, BEDAQUE: "eventuais restrições impostas em sede infraconstitucional ao desenvolvimento do processo e à entrega da tutela jurisdicional não implicam limitação indevida à garantia constitucional. Assegura-se a todos, indistintamente, o poder de retirar o juiz da inércia e dar início ao devido processo legal. Mas é preciso observar as regras necessárias a que a via estatal de solução de conflitos possa atingir seus objetivos. Por isso, perfeitamente compatível com o sistema processual a existência de alguns óbices ao exame do mérito, como a ilegitimidade de parte e a falta de interesse processual. Não se retira do autor o devido processo legal. Apenas impede-se a solução da lide se o pedido não for deduzido por quem, segundo as circunstâncias da própria relação material controvertida, tenha direito de obtê-la".[209]

Antevendo o juiz, no exame de admissibilidade da petição inicial, que há intransponível divergência entre a causa de pedir e os sujeitos da relação de direito material ou, ainda, que o processo irrompe inútil ou tecnicamente

---

209 *Breves comentários ao novo Código de Processo Civil*, p. 1214.

inapropriado para que o autor alcance o seu objetivo, não se viabiliza a composição do litígio.

Desse modo, aferida pelo juiz, sempre no plano do direito material, a ilegitimidade ativa ou passiva de um dos litigantes, vale dizer, quando não houver pertinência subjetiva entre a relação jurídica deduzida em juízo e pelo menos um dos participantes do contraditório, deverá ele indeferir de plano a petição inicial, proferindo decisão sem resolver o mérito. Assim, se Antonio promover ação de despejo em face de Pedro, com fundamento num contrato de locação escrito, exibido, desde logo, com a petição inicial, no qual figura como locatário José Luiz, desponta manifesta *ilegitimatio ad causam* passiva. E, assim, neste caso, "a inadmissão da demanda não deve produzir-se por razões de fundo, mas, sim, por motivo de natureza processual, vale dizer, for falta de legitimação".[210]

O mesmo ocorrerá se for diagnosticada a ausência de interesse processual, ou seja, a desnecessidade objetiva do processo ou a sua inadequação para atingir o fim colimado pelo autor.

Deve ser frisado que o interesse de agir para alguém ir a juízo emerge da conjugação de dois relevantes pressupostos, quais sejam, a necessidade do provimento almejado e a adequação do meio processual eleito.

Desse modo, tanto carece de ação, por ausência de interesse processual, aquele que demanda por crédito ainda inexigível (falta de interesse necessidade) quanto o credor que ajuíza ação de execução aparelhando-a com documento que não constitui título executivo extrajudicial (falta de interesse adequação).[211]

Haverá, nestas duas situações, carência de ação (o novo CPC não utiliza tal expressão), implicativa de julgamento sem resolução do objeto da controvérsia.

Com efeito, aferida, *in status assertionis*, no início do processo, em sede de cognição sumária, a ilegitimidade de parte ou a falta de interesse, diante da assimetria verificada a partir do exame da *causa petendi*, impõe-se julgamento sem resolução do mérito (art. 485, VI, do CPC).

Seja como for, deixando de lado as inúmeras correntes teóricas, que ensejaram copiosa literatura sobre o tema, a verdade é que o julgamento de carência, nas duas mencionadas situações de ausência das condições da ação, impede a sua ulterior repropositura, com arrimo em idêntica *causa petendi*.

---

210 Juan Montero Aroca, *La legitimación en el proceso civil*, p. 89.
211 Cf. Calmon de Passos, *Comentários ao Código de Processo Civil*, p. 303. V., ainda, a clara exposição de Flávio Luiz Yarshell, *Curso de direito processual civil*, v. 1, p. 270 e segs.

63.2.2. Previsão expressa de emenda da petição inicial

Aduza-se que, sendo detectada a ilegitimidade ativa, não há realmente o que fazer, visto que impossível levar adiante processo no qual o próprio autor não ostenta pertinência subjetiva diante da situação de direito material por ele retratada na petição inicial.

Já no que se refere à ilegitimidade passiva, perfeitamente viável a alteração do elemento subjetivo da demanda, no prazo de 15 dias (art. 321 CPC), mesmo depois de citado o réu. Tenha-se presente que a emenda da petição inicial, nesta hipótese, encontra-se agora expressamente prevista no art. 338 do CPC, que tem a seguinte redação: "Alegando o réu, na contestação, ser parte ilegítima ou não ser o responsável pelo prejuízo invocado, o juiz facultará ao autor, em 15 (quinze) dias, a alteração da petição inicial para substituição do réu".

63.3. Falta de especificação de dados exigidos pela lei (art. 106)

Examinando os requisitos da petição inicial, foi observado que, na hipótese de estar procurando em causa própria, o autor tem o dever de declinar na petição inicial o seu respectivo endereço profissional, seu número de inscrição na OAB e, ainda, se for o caso, o nome da sociedade de advogados que integra, para recebimento de intimações (arts. 106 e 77, V, do CPC).

Desatendida esta determinação legal, o juiz concederá para o seu respectivo cumprimento o prazo de cinco dias, sob pena de indeferimento da petição inicial (art. 106, § 1º).

63.4. Descumprimento da emenda da inicial no prazo legal (art. 321)

Além da hipótese examinada no precedente item, a teor do disposto no art. 321 do CPC, detectando algum defeito na petição inicial, como acima assinalado, o juiz deverá determinar a sua emenda, no prazo de 15 dias, visando a sanar o vício que a contamina.

É de ter presente que o catálogo dos vícios que levam ao indeferimento, fixado no art. 330 do CPC, não é exaustivo. A rigor, qualquer omissão referente aos requisitos formais exigidos para a elaboração da petição inicial (art. 319), como, por exemplo, atribuição errônea do valor da causa, dispara a aplicação da regra fundamental corretiva (art. 321).

Caso o autor deixe de cumprir a providência que lhe cabe – não há antídoto –, deverá ser indeferida a petição inicial (art. 321, parágrafo único).

63.5. Omissão das obrigações impugnadas e do valor incontroverso

Já foi visto que também constitui requisito da petição inicial, imposto pelo art. 330, § 2º, do CPC, a especificação, pelo autor, sob pena de inépcia, das obrigações questionadas e inclusive da soma incontroversa do débito, nas ações que tenham por objeto "empréstimo de financiamento ou de alienação de bens", e ainda, por certo, de outros contratos a estes assemelhados.

Tal requisito já havia sido inserido, com redação parcialmente diferente, no art. 285-B do velho CPC.

A praxe forense mostra que, naquelas espécies de demanda, o litígio geralmente nasce da incontornável desavença entre os contratantes sobre índices de correção monetária para a atualização das parcelas vincendas.

Diante desse contexto, dispõe o subsequente § 3º, ainda do art. 330 do CPC, que o valor incontroverso das sucessivas prestações periódicas que se vencerem no curso do processo deverá ser adimplido no tempo e modo contratados. É esta, como se nota, uma regra de direito material que bem se encaixa na lógica da norma legal. Registre-se, no entanto, que não há previsão de qualquer sanção ao réu que deixar de cumpri-la.

> **Art. 331.** Indeferida a petição inicial, o autor poderá apelar, facultado ao juiz, no prazo de 5 (cinco) dias, retratar-se.
>
> **§ 1º** Se não houver retratação, o juiz mandará citar o réu para responder ao recurso.
>
> **§ 2º** Sendo a sentença reformada pelo tribunal, o prazo para a contestação começará a correr da intimação do retorno dos autos, observado o disposto no art. 334.
>
> **§ 3º** Não interposta a apelação, o réu será intimado do trânsito em julgado da sentença.

CPC de 1973 – arts. 296 e 285-B

Comparação jurídica – art. 559º do CPC português

64. Generalidades

Esclareça-se que na versão original do CPC de 1973 não existia a técnica inserida no novo art. 331. Foi a Lei n. 8.952/1994 que alterou a redação do revogado art. 296, instituindo uma exceção ao velho art. 463.

Este, agora, encontra-se reproduzido no art. 494 do CPC, do seguinte teor: "Publicada a sentença, o juiz só poderá alterá-la: I – para corrigir-lhe, de ofício ou a requerimento da parte, inexatidões materiais ou erros de cálculo; II – por meio de embargos de declaração".

Na verdade, além das duas hipóteses clássicas previstas nesse novo art. 494, há pelo menos três outras situações nas quais é possível a alteração da sentença, por meio de retratação do órgão jurisdicional que a prolatou, quais sejam: *a)* na hipótese sob análise, de indeferimento da petição inicial (art. 331); *b)* no caso de interposição de apelação contra decisão que não examina o mérito ou que julga liminarmente improcedente o pedido (arts. 485, § 7º, e 332, § 3º, do CPC); e *c*) no de interposição de apelação contra sentença proferida em causas regidas pelo Estatuto da Criança e do Adolescente (art. 198, VII, Lei n. 8.069/1990).

Pois bem, publicada a sentença, na situação aqui contemplada, poderá ser ela modificada pelo próprio juiz que a proferiu.

Como o indeferimento da petição implica a prolação de sentença, o recurso adequado para impugná-la é o de apelação (arts. 331 e 1.009 do CPC).

65. Apelação e possibilidade de retratação

Interposto o recurso de apelação, o próprio *caput* do art. 331, sem rodeios, permite ao magistrado, no prazo de cinco dias, exercer juízo de retratação. Veja-se bem: esta faculdade apenas é possível nesse momento. Mais tarde, depois de citado o réu, sendo caso de indeferimento da petição inicial, o juiz terá de proferir julgamento sem resolução de mérito, nos termos do art. 485 do CPC. Interposto recurso de apelação, não mais se afigura possível a *retractatio*.

Dúvida não há de que o art. 331 continua a merecer elogio, uma vez que afinada com os escopos do processo e, em particular, com o princípio da duração razoável. Sendo ela bem aplicada, desponta, de um lado, a humildade do juiz que prolatou a sentença e, de outro, manifesta economia de tempo e energia.

Diante desta técnica aprimorada, o preparo do recurso de apelação, exigido pelo art. 1.007 do CPC, que, em algumas ocasiões, representa significativo valor e acarreta sacrifício financeiro ao apelante, à luz de um critério de razoabilidade, poderia ser diferido para momento posterior, após o exercício do juízo de retratação. Havendo retratação pelo juiz, é cediço que a parte que recolheu o preparo dificilmente logra obter a respectiva devolução ou compensação.

66. Interposição de apelação e citação do réu

Mantidos, por outro lado, os termos da sentença, ainda que de forma implícita, de acordo com o § 1º do art. 331, o juiz determinará a citação do réu para o fim de apresentar contrarrazões à impugnação, tudo de conformidade com as exigências da garantia do devido processo legal.

A providência aí prevista é de suma relevância, porque, citado o réu, tem ele a faculdade de apresentar os argumentos que desejar, sobretudo aqueles de ordem pública, a evitar futura perda de tempo com a possibilidade de proferimento de nova sentença.

Aduza-se, por oportuno, que o silêncio do réu, deixando de apresentar resposta ao recurso, não produz qualquer efeito de ordem material ou processual. É evidente, no entanto, que a matéria fulcral da impugnação interposta pelo autor, depois de julgada pelo tribunal, restará preclusa, não mais podendo ser reexaminada em momento posterior. Desse modo, afastada pelo tribunal, por exemplo, a inépcia da petição inicial, torna-se ineficaz qualquer arguição posterior sobre tal questão.

67. Trânsito em julgado da sentença

Não manejado recurso de apelação contra o ato decisório de indeferimento da petição inicial, o juiz deve determinar a intimação *pessoal* do réu, mesmo na hipótese de o fundamento da sentença ter sido a ilegitimidade passiva, para cientificá-lo acerca da existência da demanda, da prolação da decisão e, em particular, do trânsito em julgado (art. 331, § 3º).

68. Provimento do recurso e início do prazo para contestação

De outra banda, segundo o disposto no art. 331, § 2º, processado o recurso de apelação, caso o tribunal o proveja, baixados os autos para o juízo de origem, o início do prazo, de 15 dias (art. 335), para oferta de contestação é computado a partir da intimação do retorno do processo, devendo, no entanto, ser considerada a regra do art. 335 (e não a do art. 334), visto que poderá ser designada audiência de conciliação ou de mediação.

Nesse caso, o prazo de contestação tem o seu *dies a quo* contado segundo o disposto no art. 335, a saber: *a*) da data da audiência de conciliação ou de mediação, quando restar ela frustrada; ou *b*) do protocolo do pedido de cancelamento da audiência de conciliação ou de mediação apresentado pelo réu.

Verifica-se que a redação do art. 331, assim como a de outros dispositivos do novo CPC, não se encontra afinada com o processo eletrônico, porque se refere a "retorno dos autos", o que, a rigor, não sucede nos domínios do sistema de transmissão digital.

CAPÍTULO III
DA IMPROCEDÊNCIA LIMINAR DO PEDIDO

69. Origem histórica e eficácia do precedente judicial na tradição luso-brasileira
69.1. Disciplina do direito subsidiário

O movimento de renovação cultural do direito em Portugal – que já não concebia a aplicação de outras fontes a título subsidiário que não aquelas estampadas nos textos originais (ou traduzidos) do *utrumque ius*, iluminados pelas autorizadas interpretações dos juristas bolonheses e que buscava estabelecer segurança e certeza na aplicação do direito – iria culminar com a Carta Régia de 18 de abril de 1426, que outorgou primazia absoluta à *Glosa* de Acúrsio e aos *Comentários* de Bártolo sobre as opiniões de quaisquer outros doutores: "Bem sabees o tralado que nos tomamos per que os feitos de nossos

Reignos fossem desembargados por huu termo sôo. O qual foy autorizado pella força das leix do código, declaradas e autorizadas pellas entenções finaaes das grossas de sua final entençom dacursio que sobrello escrepveo, ora fosse per hua grossa ou per duas ou per três ou mais segundo he escripto, nos livros. E esto quissemos que as conclusões de bartallo, que de sobellas leix do codigo ffez, que estas sejam autenticadas...".

Com essa ordenação de D. João I (1387-1433), sanavam-se, em parte, as inúmeras dúvidas acerca da autoridade do direito estrangeiro nas cortes do reino, mas importava, ainda, determinar o exato âmbito de aplicação do direito romano-canônico, bem como sua interação com as normas jurídicas pátrias.

Esse importante passo foi então dado, em 1446, com a vigência das Ordenações Afonsinas, que unificaram o direito da nação lusitana e delimitaram, na hipótese de lacuna nas leis ou nos costumes do reino e nos estilos da Corte, as fronteiras de incidência do direito comum. Nota-se, pois, que, já na primeira compilação lusitana, é possível observar, de logo, a preocupação do legislador com o problema das lacunas da lei, o que evidentemente revela o seu elevado descortino científico.

Em tais situações, dever-se-ia recorrer às fontes do direito. Lançava-se mão das "Leis Imperiais" e dos "Santos Cânones"; havendo discórdia entre os dois ordenamentos acerca do assunto examinado, o direito laico teria preferência, a não ser que a causa fosse de natureza espiritual ou se de sua aplicação resultasse pecado (Ord. Af. 2.9: "Quando a Ley contradiz aa Degratal qual dellas se deve guardar").

Quando o caso *sub iudice* mesmo assim não pudesse ser dirimido, recorrer-se-ia à *magna glosa* e, a seguir, à opinião de Bártolo, "não embargando que os outros doutores digam o contrário" (Ord. Af. 2.9.2).

Acrescente-se, outrossim, que, na ausência absoluta de fontes, ou se a matéria não envolvesse pecado e estivesse revestida de flagrante divergência entre os cânones e as glosas e comentários, submetia-se então uma consulta ao monarca, "cuja sentença valeria, de aí por diante, em todo os feitos idênticos" (Ord. Af. 2.9.2: "E acontecendo caso, ao qual per nenhuu dos ditos modos nom fosse previsto, mandamos que o notefiquem a Nos pera o determinarmos; porque nom tamsomente taaes determinações som desembargo daquele feito, que se trauta, mais som Ley pera desembargarem outro semelhante...").

Cumpre esclarecer, nesse particular, que as disposições afonsinas sobre o direito subsidiário passaram com diminutas modificações às Ordenações Manuelinas (2.5), e destas às Ordenações Filipinas (3.64). No tocante ao direito subsidiário, como já antes frisado, a única modificação de fundo introduzida pelo texto manuelino cingia-se a condicionar a utilização da *Glosa* de Acúrsio e dos *Comentários* de Bártolo à hipótese de não serem contestadas pelas *communes opiniones* dos demais doutores.

A sentença do rei continuava a ser considerada precedente judicial com eficácia vinculante para casos análogos.[212]

69.2. Interpretação autêntica das leis e assentos dos tribunais

Prevalecia, igualmente, no ordenamento jurídico português, já no início da monarquia, o princípio de que a interpretação autêntica das leis constituía prerrogativa exclusiva do monarca, que a exercia mediante a publicação de leis interpretativas ou "em Relação", ou seja, quando proferia julgamento presidindo as sessões da Casa da Suplicação ou, eventualmente, da Casa do Cível.

Ao que tudo indica, com as múltiplas atribuições administrativas com as quais se ocupavam, os reis portugueses foram declinando do exercício de tais privilégios.

Desse modo, para resolver a questão da interpretação autêntica, visto que o seu natural destinatário encontrava-se impedido de assumir tão importante tarefa, D. MANUEL (1495-1521) teve a iniciativa de outorgá-la ao próprio tribunal superior do reino, preservando o monarca, apenas, como da sua competência reservada, a interpretação daquelas dúvidas sobre as quais a Casa da Suplicação tinha entendimento hesitante e que o respectivo regedor, por isso mesmo, proclamava que deviam ser submetidas à apreciação régia.

Assim sendo, no início do século XVI, o problema da interpretação da lei com eficácia vinculante *ex post* veio disciplinado pelo Alvará de 10 de dezembro de 1518, mais tarde ampliado e recolhido nas Ordenações Manuelinas, que determinava o seguinte: "E assi Auemos por bem, que quando os Desembargadores que forem no despacho d'alguu feito, todos, ou alguu delles teverem algua duuida em algua Nossa Ordenaçam do entendimento della, vam com a dita duuida ao Regedor, o qual na Mesa grande com os Desembargadores que lhe bem parecer a determinará, e segundo o que hi for determinado se poerá a sentença. E se na dita Mesa forem isso mesmo em duuida, que ao Regedor pareça que he bem de No-lo fazer saber, para a Nós loguo determinarmos, No-lo fará saber, pera Nós nisso Provermos. E os que em outra maneira interpretarem Nossas Ordenações, ou derem sentenças em alguu feito, tendo alguu deles duuida no entendimento da dita ordenaçam, sem hirem ao Regedor como dito he, seram suspensos atee Nossa Mercê. E a determinaçam que sobre o entendimento da dita Ordenaçam se tomar, mandará o Regedor escreuer no liurinho pera despois nom viir em duuida" (Ord. Man. 5.58.1).

Ora, diante dessa original disposição, emergem claras quatro regras, quais sejam:

---

[212] Norteio-me basicamente, nos próximos itens, na pesquisa constante do meu livro *Precedente judicial como fonte do direito*, p. 128 e segs. V., ainda, partindo de diferente perspectiva, DANIEL MITIDIERO, *Precedentes: da persuasão à vinculação*, p. 79 e segs.

a) em caso de dúvida objetiva quanto à aplicação de determinada lei, a questão deveria ser levada ao regedor da Corte, que, por sua vez, deveria submetê-la a alguns desembargadores perante a "mesa grande";

b) se, porventura, a dúvida ainda subsistisse diante daquele órgão, o regedor deveria submeter o problema à interpretação e resolução do rei;

c) em ambas as hipóteses, a decisão era inserida em um "livrinho" para evitar futuras dúvidas; e, por fim,

d) se algum juiz procedesse em desobediência a tal determinação, decidindo em estado de dúvida, sem recorrer ao regedor, seria suspenso até quando fosse remido pela graça real.

Os julgamentos que então eram efetivados à luz dessa lei e devidamente registrados no "livrinho" passaram a ser denominados "assentos", e tinham um valor normativo em tudo idêntico ao das próprias leis interpretadas, portanto projetavam eficácia vinculante para casos futuros análogos, chegando mesmo a determinar a improcedência liminar das demandas que contrariassem a orientação pretoriana então assentada.

Era clara a intenção da lei de regular estes assentos, ou seja, com a uniformidade da jurisprudência pretendia-se satisfazer a segurança jurídica e garantir a unívoca aplicação do direito.

O "livrinho" passou a ser chamado de *Livro dos Assentos* ou *Livro Verde*, e, mais tarde, *Livro dos Assentos da Relação*.

As Ordenações Filipinas reiteraram os termos da supratranscrita lei, mantida a redação com insignificantes alterações, sob a rubrica *Dos Desembargadores da Casa da Suplicação* (Ord. Fil. 1.5.5: "E havemos por bem, que quando os Desembargadores, que forem no despacho de algum feito, todos ou algum delles tiverem alguma duvida em alguma nossa Ordenação do entendimento della, vão com a duvida ao Regedor; o qual na Mesa grande com os Desembargadores, que lhe bem parecer, a determinará, e segundo o que ahi for determinado, se porá a sentença. E a determinação, que sobre o entendimento da dita Ordenação se tomar, mandará o Regedor screver no livro da Relação, para depois não vir em duvida. E se na dita Mesa forem isso mesmo em duvida, que ao Regedor pareça, que he bem de nol-o fazer saber, para nos logo determinarmos, nol-o fará saber, para nisso provermos. E os que em outra maneira interpretarem nossas Ordenações, ou derem sentenças em algum feito, tendo algum delles duvida no entendimento da Ordenação, sem ir ao regedor, será suspenso até nossa mercê").

Observe-se que essa prática, de emitir *assentos normativos*, iria perdurar na experiência jurídica lusitana até 1993, ocasião em que o Tribunal Constitucional, exercendo controle concreto de constitucionalidade, declarou "inconstitucional a norma do art. 2º do Código Civil, na parte em que delega aos tribunais competência para fixar doutrina com força obrigatória geral, por violação do disposto no art. 115 da Constituição".[213]

69.3. Estilos da Casa da Suplicação

As Ordenações Afonsinas (2.9) e Manuelinas (2.5) arrolavam, entre as fontes do direito pátrio, os *estilos da Corte*. Embora os juristas medievais tivessem travado longa discussão acerca da diferença entre o costume e o *stylus Curiae*, o certo é que ambos não eram escritos e, à evidência, tinham reconhecida eficácia pelo uso reiterado.

O *estilo* era a prática introduzida pelos juízes nos tribunais. E, por essa razão, por estilo se entendia a jurisprudência constante e uniforme dos tribunais superiores, ou seja, da Casa da Suplicação, em particular, e da Casa do Cível, mais tarde das Relações.

A própria praxe forense estabeleceu três importantes requisitos para que determinada orientação pretoriana pudesse ser alçada à categoria de estilo, a saber:

a) posicionamento não contrário à lei;
b) suficientemente antigo: 10 anos ou mais (constância);
c) confirmado em pelo menos duas ou três decisões (uniformidade).

Aduza-se que, já sob a regência das Ordenações Filipinas, D. FILIPE II (1598-1621), de Portugal, aprovou, em 7 de junho de 1605, o Regimento da Casa da Suplicação, mediante uma Carta Régia dirigida a D. DIOGO DE CASTRO, então regedor.

Regulamentando a imperatividade dos antigos estilos, dispõe o Regimento: "VIII – E porque convém e importa muito, que os estilos antigos da Casa da Supplicação se guardem, sem se permittir introduzirem-se outros de novo, nem praticas particulares, assim no despacho dos feitos, como no fazer das audiências, encomendo e encarrego muito ao Regedor, e Chanceller della,

---

[213] O art. 2º do CC português, de 1966, ainda em vigor, tem, atualmente, a seguinte redação: "Nos casos declarados na lei, podem os tribunais fixar, por meio de assentos, doutrina com força obrigatória geral". V., a propósito da anterior redação e do julgamento de 7 de dezembro de 1993, CASTANHEIRA NEVES, *O problema da constitucionalidade dos assentos*, 1994. Hoje os *assentos* não são considerados fonte de direito, como se infere do disposto no art. 115, n. 5, da Constituição portuguesa, cuja regra representa um corolário do princípio da separação de poderes estabelecido no art. 114, e que, obviamente, inibe os tribunais de se imiscuírem no campo do poder legislativo, e vice-versa. Todavia, persistem ainda três hipóteses nas quais a jurisprudência do Tribunal Constitucional de Portugal tem eficácia *erga omnes ad futurum* (v., a respeito, a obra completa de CASTANHEIRA NEVES, *O instituto dos "assentos" e a função jurídica dos Supremos Tribunais*, 1983).

que procurem saber, e averiguar bem, quaes são os ditos estilos antigos, informando-se para isso dos Officiaes de mais pratica e experiência; e que os façam inviolavelmente guardar e conservar; e que movendo se sobre elles alguma duvida, ou alteração, ouvidos os Ministros antigos da dita Casa, e ainda os que servirem fora della, que delles tenham conhecimento, se tome na Mesa Grande, perante o Regedor, a resolução que parecer que mais convém à boa administração da justiça; e se faça disto assento no Livro da Relação, para d'ahi por diante se guardar assim, e se não tornar a dar na mesma duvida".

Observa-se, assim, que, na hipótese de dúvida ou alteração quanto a determinado *usus fori*, recorria-se ao tribunal pleno para a fixação, por meio de assento, do estilo antigo da Casa da Suplicação.

E, nessa hipótese, como ressaltado, o assento também ostentava força vinculante.

Podem ser citados, à guisa de exemplo, os seguintes estilos:

1. *O pagamento do dote pode provar-se por testemunhas, posto que o sogro o promettesse por escriptura*;
2. *Dada a sentença se assignão ao vencedor cinco dias para a tirar, e trez para a Chancellaria, aonde a parte a pode embargar; e passado este tempo, se dá vista nos autos originaes;*
3. *Inventário dos bens do Clérigo morto se faz no secular, e o mesmo de Prelados*;
4. *Alimentos ad litem, he interlocutoria; porém tem força de definitiva, e de appellação; porque em final não pode ter remédio, porquanto estes não se dão com fiança.*

69.4. Direito subsidiário na reforma pombalina

A introdução do ideário iluminista em Portugal é devida, em especial, à influência da doutrina de Luiz Antônio Verney, que, então, afinada à corrente de pensamento em voga anos antes em outras nações europeias, proclamava a necessidade de uma ampla reforma da legislação e do ensino jurídico.

Em apertada síntese, infere-se da obra intitulada *Verdadeiro método de estudar* que Verney se baseia nos conceitos de direito natural e das gentes; na concepção filosófica e racionalista do direito em si mesmo considerado; na hostilidade ao direito romano histórico, que deveria ser limitado pelos princípios e pelo *usus modernus pandectarum*; e no respeito ao direito nacional e à preservação de sua história.

Desse modo, na legislação de D. José (1750-1777), nota-se de forma muito nítida a influência daquele movimento, idealizado, sobretudo, pelo Ministro Sebastião José de Carvalho e Mello, Marquês de Pombal, a quem foi confiada a direção das reformas que estavam por vir.

Com efeito, a primeira intervenção legislativa eficaz, visando a limitar a subserviência ao direito subsidiário e, com isso, fortalecer o direito nacional, foi efetivada pela já referida lei de 18 de agosto de 1769, que ficou conhecida como a Lei da Boa Razão.

A intenção da reforma josefina era então a de afeiçoar a nova ideologia a um sistema de fontes subsidiárias do direito, especialmente na seara do direito privado, na qual se apresentavam extremamente deficientes e lacunosas as leis portuguesas.

A Lei da Boa Razão cuidou do problema do direito subsidiário, proibindo de modo terminante a remissão a quaisquer outras "Allegações e Decisões de Textos ou de authoridades de alguns Escriptores", inclusive da *Glosa* de Acúrsio e dos *Comentários* de Bártolo, enquanto, no ordenamento pátrio, houver ordenações, leis ou precedentes do reino (cf. § 9°).

Foram então expressamente refugadas "as Leis Romanas, que em Boa Razão não forem fundadas", precavendo-se, "com sabias providências, as interpretações abusivas, que ofendem a majestade das Leis, desautorizam a reputação dos Magistrados e tem perplexa a justiça dos litigantes, de sorte que no direito, e domínio dos bens dos vassalos não possa haver aquela provável certeza, que só pode conservar entre eles o público sossego"; procurando evitar-se por meio da ação uniformizadora e corretiva dos assentos as injustas demandas "a que muitas vezes são animadas por frívolos pretextos tirados das extravagantes sutilezas, com que aqueles, que as aconselham, e promovem, querem temerariamente entender as Leis mais claras, e menos suscetíveis de inteligências, que ordinariamente são opostas ao espírito delas, e que nelas se acha literalmente significado por palavras exclusivas de tão sediciosas, e prejudiciais cavilações".

Ademais, fixou-se como paradigma de interpretação da praxe de julgar subsidiária a *boa razão*. Nesse ponto, na verdade, centrava-se todo o caráter inovador e revolucionário da reforma pombalina, uma vez que, indo além do que as próprias leis anteriores ditavam, "vai o legislador permitir-se explicar o que as Ordenações não chegaram a explicar, ou seja, o que deve entender-se, para aquele efeito, pelo termo boa razão; e é então que aproveita o ensejo para, como soe dizer-se, 'encher de vinho novo os odres velhos', injetando nas encanecidas estruturas do direito português todo o pensamento nacionalista e iluminista da escola do direito natural e do usus modernus pandectarum. Aquela boa razão de que as Ordenações tinham acidentalmente falado no sentido corrente da expressão – como equivalente de razão natural ou justa razão – passa agora a ser, em toda a sua pujança e arrogância, a recta ratio dos jusnaturalistas, arvorada em supremo padrão da justiça e da felicidade dos povos".

Assim sendo, como antes ressaltado, pelas novas premissas, as eventuais lacunas da legislação nacional deveriam agora ser supridas pela *recta ratio*, devendo-se, pois, recorrer às fontes do direito romano que não a afrontassem, ao direito das gentes aceito pelas nações civilizadas e, outrossim, às "leis das nações cristãs iluminadas e polidas", quando a questão versasse sobre matéria política, econômica, mercantil ou marítima (cf. § 9°).[214]

69.5. Assentos e estilos na Lei da Boa Razão

No longo e mais importante texto normativo da reforma efetivada sob a coroa de D. José, vem expressamente reiterada a função da Casa da Suplicação de proceder à interpretação autêntica da lei e de proferir *assentos* na hipótese de dúvida dos desembargadores: "... pela authoridade de seu Regedor e pela maior experiencia dos seus doutos e provectos Ministros; não só mereceo a justa confiança, que della fizerão sempre os ditos Senhores Reys Meus Predecessores para a interpretação das Leis; mas também constitue ao mesmo tempo nos Assentos, que nella se tomão sobre esta importante matéria toda quanta certeza póde caber na providencia humana para tranquiliizar a Minha Real Consciencia e a justiça dos Litigantes sobre os seus legítimos direitos" (cf. § 8°).

Nesse mesmo sentido, vale dizer, procurando, a um só tempo, concentrar a interpretação das leis na Casa da Suplicação e valorizar a praxe dos tribunais do reino, a Lei da Boa Razão referenda uma lei de D. João III (1521-1557), de 10 de outubro de 1534, que instituíra o Regimento do Chanceler-mor, recolhida no "Código Sebastiânico" (1.2), compilado pelo licenciado Duarte Nunes do Lião e, mais tarde, inserta nas Ordenações Filipinas (1.4). Esse texto legal havia criado os *assentos por efeito de glosas do chanceler*.

Tais assentos eram editados na situação em que o Chanceler da Casa da Suplicação, no momento em que devia selar os julgamentos da corte, levantava dúvida acerca da legalidade intrínseca destes, "por lhe parecerem proferidos contra texto expresso das Ordenações ou do direito subsidiário". Aposta a *glosa* pelo chanceler, os autos eram levados aos desembargadores que haviam participado do julgamento, e, caso não fosse sanada a dúvida, o regedor deveria providenciar novo julgamento, a ser proferido por novos juízes.

O assento, nesse caso, abstraindo-se da hipótese concreta, era extraído da interpretação fixada na decisão ("inteligência geral e perpétua da lei") (Lei da Boa Razão, § 2°).

Vieram também instituídos pela reforma pombalina os assentos derivados da divergência entre os advogados dos litigantes a respeito da lei aplicável ao caso concreto (cf. § 6°).

---

214 Consulte-se, a propósito, Corrêa Telles, Comentário crítico à Lei da Boa Razão, *Auxiliar Jurídico*, apêndice às Ordenações Filipinas, v. 2, 1985.

Dispunha, a respeito, o § 6º: "Mando, que não só quando alguns dos Juízes da causa entrar em dúvida sobre a intelligencia das Leis, ou dos Estylos, a deva propor ao Regedor para se proceder a decisão della por Assento na forma das sobreditas Ordenações; mas que também se observe igualmente o mesmo quando entre os Advogados dos Litigantes se agitar a mesma dúvida; pretendendo o do Author, que a Lei se deva entender de hum modo; e pretendendo o do Réo, que se deva entender de outro modo. E nestes casos terá o Juiz Relator a obrigação de levar os autos à Relação, e de propor ao Regedor a sobredita controvérsia dos Advogados, para sobre ella se proceder na forma das Ordenações, a Assento, que firme a genuína intelligencia da Lei antes que se julgue o direito das partes".

No subsequente § 7º, aos advogados que, nesta situação, agissem com deslealdade ("raciocínios frívolos e sofismas"), visando a procrastinar o feito, previa-se severa sanção, inclusive, em caso de reincidência, degredo para Angola.

Assim como na anterior hipótese, o assento em que fixada a "genuína inteligência da lei" passava a gozar de eficácia normativa.

Já quanto aos estilos, a Lei da Boa Razão mantém a mesma diretiva restritiva, consagrando o seu respectivo valor legal somente quando estabelecidos e aprovados mediante "assentos da Casa da Suplicação". Os estilos da Corte perdiam, desse modo, toda a legitimidade autônoma que lhes havia sido conferida pelas Ordenações, visto que passavam a depender da sua conversão em assentos (cf. § 14).

69.6. Coibição da prática abusiva de editar assentos

A faculdade de expedir *assentos normativos* fora inicialmente concedida, em 1518, apenas à Casa da Suplicação, que era a mais elevada corte de justiça do reino.

Assim, até 1582, somente a Casa da Suplicação tinha o privilégio de tirar assentos.

Ocorre que, naquele referido ano, Filipe I (1581-1598) transfere para o Porto a Casa do Cível, mais tarde Relação do Porto, que passou a dispor de competência autônoma e ampla. Somente em causas cíveis mais relevantes é que cabia recurso de suas decisões para a Casa da Suplicação.

Desse modo, a prerrogativa de proferir assentos passou a ser também avocada pelo Tribunal da Relação do Porto e, em momento subsequente, pelas Relações ultramarinas, de Goa, da Bahia e do Rio de Janeiro. Entenderam os seus respectivos desembargadores que deviam também arrogar-se o direito de proferir assentos com força de lei, a exemplo da Casa da Suplicação, mesmo que nenhum diploma lhes tivesse outorgado tal função.

Com o intuito deliberado de obstar a que a interpretação autêntica das leis, assim ampla e insegura, corresse o risco de enfraquecer a aplicação uniforme do ordenamento jurídico, a reforma pombalina reiterou que apenas a Casa da Suplicação era competente para emitir assentos com força de lei.

Determinou, em complemento, que toda espécie de assento emitido pelas "Relações Subalternas" deveria ser remetida à aprovação da Casa da Suplicação, para, só então, serem eles considerados *assentos definitivos*. Esses assentos eram enviados, em cópia autêntica, aos respectivos chanceleres das referidas Relações, para serem lançados nos livros específicos e observados como leis gerais (cf. § 8°).

69.7. Classificação dos assentos

Os assentos da Casa da Suplicação, como visto, originavam-se de dúvidas suscitadas pelos desembargadores ou, em diferente situação, pelo chanceler-mor. Distinguiam-se em *assentos por efeito de dúvidas de interpretação levantadas pelos desembargadores* e *assentos por efeito de glosas do chanceler*.

Ao lado dessas duas espécies de assentos, foi criada outra modalidade pelo Regimento da Casa da Suplicação, datado de 7 de junho de 1605. Quando surgisse dúvida ou fosse modificada determinada praxe forense, recorria-se ao tribunal pleno para a fixação, por meio de assento, do estilo antigo da Casa da Suplicação, que passava a ter valor vinculante para situações análogas.

Ademais, como também já esclarecido, a Lei da Boa Razão instituiu os *assentos derivados da divergência de opiniões dos advogados das partes no tocante à lei aplicável no caso concreto*. Também aqui se disciplinava todo um procedimento para que a solução, a final, viesse assentada, com eficácia *ad futurum*.

Um assento de 16 de fevereiro de 1786 exemplifica uma derradeira espécie. Eram os *assentos por efeito de ordem régia, transmitida por aviso de um Secretário de Estado*. No caso concreto, "foi a Casa da Suplicação solicitada, em nome da Rainha, por um Aviso de 26 de janeiro, 'assinado pelo Visconde de Villa Nova de Cerveira, Secretário de Estado dos Negócios do Reino', a proferir *assento* sobre três questões suscitadas na interpretação do Alvará de Lei de 9 de novembro de 1754, acerca da transmissão da posse dos *bens alodiais*, dos *bens vinculados* e dos *bens emplazados* – ao que de contínuo procede, fixando doutrina sobre cada um desses pontos".

E é claro que, também nessa hipótese, o assento se revestia de força vinculante.

69.8. Assentos do Tribunal da Relação do Rio de Janeiro

A Casa ou Tribunal da Relação do Rio de Janeiro foi criada em 16 de fevereiro de 1751, estabelecendo-se, mais tarde, em seu Regimento Interno que a respectiva competência territorial abrangia a "parte Sul do Estado do Brazil".

Preceituava ainda, no item 7, que para o "expediente do despacho haverá na Relação as Ordenações do Reino, com seus Repertórios; e haverá também hum jogo de Textos de Leis com as Glossas de Acursio, e outro de Cânones; como também hum jogo de Bartholos da ultima edição".

Com o passar do tempo, como já esclarecido, os integrantes desse tribunal imaginaram que também possuíam a prerrogativa de tirar *assentos normativos*, a exemplo da Casa da Suplicação de Lisboa.

No entanto, a Lei da Boa Razão reafirmou o princípio no sentido de que somente esta é que estava investida daquela competência, sendo certo que os assentos emitidos pelos demais tribunais se subordinavam a ulterior aprovação da Casa da Suplicação.

69.9. Assentos da Casa da Suplicação do Brasil

Pois bem, com a transformação da Relação do Rio de Janeiro em Casa da Suplicação para o Brasil, por força do Alvará de 10 de maio de 1808, outorgou-se competência à nova corte de justiça para proferir *assentos interpretativos*, no âmbito de sua jurisdição, com a mesma eficácia daqueles emitidos pela Casa de Suplicação de Lisboa.

Com a vinda da corte portuguesa para o Brasil, dentre tantas medidas tomadas pelo Príncipe Regente, coroou a emancipação brasileira a criação da Casa da Suplicação do Brasil. Consoante o aludido Alvará de 10 de maio de 1808, "guindava-se à condição de supremo tribunal de justiça, 'para se findarem ali todos os pleitos em ultima instancia, por maior que seja o seu valor' (§ I). De feição que, excetuando o recurso de revista, das sentenças proferidas pela Casa da Suplicação do Brasil não cabia recurso algum. Em prol da segurança jurídica no Brasil, tais sentenças, *in terminis terminantibus*, transitavam em julgado. O proêmio da lei fundacional exibia esplêndida clareza, alicerçada numa sólida teia argumentativa. Muito convinha ao bem comum dos súditos brasileiros que a administração da justiça não experimentasse embaraços, retardando, quando não estorvando, a pronta tutela da segurança pessoal dos cidadãos e do sagrado direito de propriedade. Soava a uma inevitabilidade o aparecimento de um supremo tribunal brasileiro, uma vez que, encontrando-se interrompida a comunicação com Portugal, haviam-se tornado impraticáveis os agravos ordinários e as apelações que se interpunham para a Casa da Suplicação de Lisboa. Tanto assim era que, nos termos do § II do Alvará, os agravos ordinários e as apelações do Pará, Maranhão, Ilha dos Açores e Madeira, e da Relação da Bahia, passaram a ser interpostos para a Casa da Suplicação do Brasil. A incerteza na decisão dos pleitos afigurava-se intolerável. Mas o Alvará de 10 de maio de 1808 guardaria para o fim um retumbante argumento político. Erigir uma Casa da Suplicação no Brasil constituía, no fundo, um reflexo de o rei se achar a residir no Rio de Janeiro, cidade que se devia por isso considerar a verdadeira Corte e, por conseguinte, capital jurídica".

O novo mosaico judiciário brasileiro "recebeu ainda a incorporação de duas novas e preciosas instituições: a Relação de São Luiz do Maranhão, que conheceu a luz do dia em 1812 e a Relação de Pernambuco, legalmente erigida em 1821. Quanto à magistratura singular, pode asseverar-se, sem rebuço, que a legislação joanina fez proliferar, em muitos recantos do Brasil, os chamados juízes de fora. A disseminação dos magistrados de nomeação régia em detrimento dos juízes eleitos era denunciativo de um propósito confesso de aperfeiçoar a administração da justiça e de garantir um maior zelo na observância da lei pátria".[215]

Note-se que a supramencionada regra do § II do Alvará de 10 de maio de 1808 foi revogada pelo Alvará de 16 de maio de 1809, que voltou a submeter à Casa da Suplicação de Lisboa as apelações e os agravos ordinários provindos do Pará, Maranhão, Ilha dos Açores e Madeira.

A Casa da Suplicação do Brasil foi substituída pelo Supremo Tribunal de Justiça, instituído pela Constituição do Império, de 25 de março de 1824, organizado pela Lei de 18 de setembro de 1828 e instalado em 9 de janeiro de 1829.

> **Art. 332.** Nas causas que dispensem a fase instrutória, o juiz, independentemente da citação do réu, julgará liminarmente improcedente o pedido que contrariar:
>
> **I** – enunciado de súmula do Supremo Tribunal Federal ou do Superior Tribunal de Justiça;
>
> **II** – acórdão proferido pelo Supremo Tribunal Federal ou pelo Superior Tribunal de Justiça em julgamento de recursos repetitivos;
>
> **III** – entendimento firmado em incidente de resolução de demandas repetitivas ou de assunção de competência;
>
> **IV** – enunciado de súmula de tribunal de justiça sobre direito local.
>
> **§ 1º** O juiz também poderá julgar liminarmente improcedente o pedido se verificar, desde logo, a ocorrência de decadência ou de prescrição.
>
> **§ 2º** Não interposta a apelação, o réu será intimado do trânsito em julgado da sentença, nos termos do art. 241.
>
> **§ 3º** Interposta a apelação, o juiz poderá retratar-se em 5 (cinco) dias.
>
> **§ 4º** Se houver retratação, o juiz determinará o prosseguimento do processo, com a citação do réu, e, se não houver retratação, determinará a citação do réu para apresentar contrarrazões, no prazo de 15 (quinze) dias.

---

215 Rui Manuel de Figueiredo Marcos, *Rostos legislativos de D. João VI no Brasil*, p. 54-55.

CPC de 1973 – arts. 285-A e 295, IV
Comparação jurídica – sem correspondência

70. Generalidades

Inspirado no polêmico art. 285-A do CPC de 1973, o novo art. 332 oferece elementos para profunda reflexão.

Assinale-se, em primeiro lugar, que a técnica de julgamento de improcedência *prima facie* está perfeitamente adequada aos novos desígnios do processo civil moderno, no sentido de fazer prevalecer e valorizar, sobretudo numa experiência jurídica como a nossa, na qual prolifera a banalização das demandas judiciais, os precedentes dos tribunais superiores.

A despeito de se entrever incontornável inconstitucionalidade no método de decisão aqui regulamentado, a redação do art. 332 apresenta-se bem mais inteligente do que aquela do paradigma então revogado, que empregava, de forma inapropriada, as expressões "*matéria controvertida*", "*unicamente de direito*" e "*casos idênticos*". A linguagem técnica, especialmente a jurídica, como é curial, não admite a utilização de termos dúbios, imprecisos, que ensejam perplexidade e dificuldade de compreensão.

É certo que a locução agora referida pelo *caput* do art. 332 – "*nas causas que dispensam a fase instrutória*" – autoriza o juiz a reconhecer a improcedência liminar do pedido:

a) toda vez que o objeto litigioso, independentemente de sua natureza, não reclamar a produção de outras provas a formar a convicção judicial; e, cumulativamente,

b) o pedido deduzido antagonizar com os precedentes judiciais especificados nos incisos I a IV; ou, ainda, quando,

c) reconhecer a decadência ou a prescrição (§ 1º).

Importa também notar que o novo enunciado não mais se refere aos "precedentes do próprio juízo" para fundamentar o ato decisório de rejeição *prima facie* do pedido.

Ressalte-se, outrossim, que, pelos termos do *caput* do art. 332, não constitui faculdade, mas, sim, dever do juiz, proferir julgamento de improcedência liminar. Esta regra igualmente se aplica no processo da ação rescisória, por determinação expressa do art. 968, § 4º, do CPC.

Ademais, como acima asseverado, não há confundir a natureza da sentença terminativa de indeferimento da petição com esta, decorrente da improcedência liminar do pedido, que implica prolação de sentença de mérito.

Cumpre ainda enfatizar, porque deveras importante, que a norma em apreço imbrica-se, de forma muito próxima, com o preceito do novo art. 927.

Nota-se que o legislador, sem qualquer cerimônia, atribui de modo claro e inarredável um efeito – chamado de "vinculante" – a pronunciamentos jurisdicionais que, em nosso ordenamento legal, definitivamente jamais ostentaram tal força, determinativa, *ope legis* – e não *ope iudicis* –, da sorte do processo.

Entende-se, à evidência, a finalidade desta técnica de julgamento, agora aperfeiçoada, embora – repita-se – questionável a sua constitucionalidade.

71. Precedente judicial como fundamento do julgamento liminar de improcedência

71.1. Espécies de precedentes que não podem ser contrariados pelo pedido

Tomando, em princípio, por critério básico a hierarquia de nossos tribunais, o art. 332 (praticamente adotando a mesma concepção do art. 927), como acima adiantado, determina o julgamento liminar de improcedência quando a pretensão deduzida pelo autor atritar com: *a*) súmula, sem qualquer distinção, do Supremo Tribunal Federal ou do Superior Tribunal de Justiça; *b*) acórdão proferido pelo Supremo Tribunal Federal ou pelo Superior Tribunal de Justiça no âmbito de recursos repetitivos; *c*) tese assentada em incidente de resolução de demandas repetitivas ou de assunção de competência; e *d*) súmula de tribunal de justiça estadual, sobre "direito local" (municipal ou estadual).

Cabe aqui a advertência de que, em inúmeras ocasiões, em especial quando existir enunciado sumulado ou for sedimentada a posição pretoriana, constitui erro inescusável do advogado, representando o seu constituinte, formular pedido intrinsecamente contrário a tal entendimento. Ademais, quando o caso concreto não se enquadrar no precedente, é tarefa do advogado procurar esclarecer que, embora versando sobre matéria análoga, não existe similitude entre este e o *thema decidendum*.

71.2. Protagonismo dos tribunais superiores

Ninguém desconhece o crescente protagonismo dos tribunais superiores na sociedade brasileira contemporânea e a consequente importância de seus respectivos pronunciamentos judiciais. Partindo desta perspectiva realista, torna-se claro que o novo CPC procura valorizar a jurisprudência, embora sem critério científico algum, em particular nos arts. 926 a 928, no capítulo introdutório do Título I do Livro III, que disciplina a ordem dos processos nos tribunais.

Cumpre ressaltar que a redação destes novos dispositivos legais foi alterada na fase de conclusão do processo legislativo, sendo que, sob o ponto de vista técnico, a despeito das evidentes imprecisões de ordem dogmática, é muito superior à insustentável redação do art. 520, constante da proposta da Câmara dos Deputados, que, sob a rubrica *Do Precedente Judicial*, continha notória confusão, pondo à calva completo desconhecimento do significado técnico de jurisprudência, precedente judicial e súmula.

Vale observar, de início, que, além destas regras, outras inseridas no CPC, como a do art. 332, ora comentado, destacam, com clareza, a louvável preocupação do legislador com o aspecto pedagógico no trato da matéria, sobretudo no que respeita à função institucional que é atribuída aos tribunais, visando à uniformização da interpretação e aplicação do ordenamento jurídico.

71.3. Função e relevância dos pronunciamentos decisórios dos tribunais

Nos horizontes do direito brasileiro, não há dúvida de que, ao longo da história, como acima frisado, a atividade judicial sempre desempenhou importantíssimo papel, tanto no exercício da prática forense quanto no próprio aperfeiçoamento dogmático de inúmeros institutos jurídicos.

Nenhum operador do direito, de época contemporânea, pode negar a utilidade e eficiência dos pronunciamentos judiciais acerca das várias teses que deve sustentar na defesa de um caso ou para fundamentar uma decisão; qualquer acadêmico sabe a importância do conhecimento da jurisprudência como um dos mais poderosos instrumentos de persuasão.

Diante da desmedida pletora de recursos que pendem de julgamento em nossas cortes de justiça, a experiência tem demonstrado que os acórdãos, via de regra, são fundamentados na jurisprudência e, em particular, nos precedentes dos tribunais superiores, fator esse que aumenta em muito a previsibilidade do resultado do processo.

Na verdade, a exigência de interpretação e aplicação, tanto quanto possível, homogênea do *ius positum* tem efetivamente ocupado a atenção do legislador pátrio, inclusive, por certo, como meio de minimizar o afluxo exagerado de demandas.

Ocorre que, com o passar do tempo, a mudança dos paradigmas sociais implica saudável evolução das teses jurídicas e, consequentemente, do posicionamento dos tribunais. Isso significa que os precedentes judiciais do passado, sobre inúmeras questões, vão sendo superados e substituídos por novas orientações que decorrem da inexorável dinâmica do direito.

Seja como for, é certo que tais alterações normalmente não são abruptas, até porque a uniformidade da jurisprudência e a preservação da integridade dos precedentes garantem a certeza e a previsibilidade do direito. Os cidadãos de um modo geral, informados por seus advogados, baseiam as suas opções não apenas nos textos legais vigentes, mas, também, na tendência predominante do entendimento pretoriano, que proporciona àqueles, na medida do possível, o conhecimento de seus respectivos direitos. Na verdade, a harmonia das decisões integra o cálculo de natureza econômica, sendo a previsibilidade e a confiança que daquela decorrem pressuposto inafastável para o seguro desenvolvimento do tráfego jurídico-comercial: uma mudança repentina e não suficientemente justificada da posição dos tribunais solapa a estabilidade dos negócios.

Ademais – o que não é menos importante –, como antes enfatizado, a jurisprudência consolidada na forma de precedente judicial assegura a igualdade dos cidadãos perante a distribuição da justiça, porque casos análogos devem ser julgados do mesmo modo, sobretudo no Brasil, em que há grande número de tribunais. O tratamento desigual é forte indício de injustiça em pelo menos um dos casos encerrados.

Em suma, ao preservar a estabilidade, orientando-se pelas decisões judiciais em situações sucessivas assemelhadas, os tribunais contribuem, a um só tempo, para a certeza do direito e para a proteção da confiança na escolha do caminho trilhado pelos litigantes.

Em nosso país, na órbita da tutela jurisdicional, avulta, a respeito dessa relevante temática, a importância do Superior Tribunal de Justiça, como corte federal, cuja vocação precípua é a de uniformizar a interpretação e aplicação do direito nacional infraconstitucional. Sob a ótica constitucional, esta significativa missão é reservada ao Supremo Tribunal Federal.

E tal inequívoca função nomofilácica foi reiterada, em tom de exortação, pelo Ministro HUMBERTO GOMES DE BARROS, em conhecido voto proferido no Agravo Regimental no Recurso Especial n. 228.432-RS, julgado pela Corte Especial: "O Superior Tribunal de Justiça foi concebido para um escopo especial: orientar a aplicação da lei federal e unificar-lhe a interpretação, em todo o Brasil. Se assim ocorre, é necessário que sua jurisprudência seja observada, para se manter firme e coerente. Assim sempre ocorreu em relação ao Supremo Tribunal Federal, de quem o Superior Tribunal de Justiça é sucessor, nesse mister. Em verdade, o Poder Judiciário mantém sagrado compromisso com a justiça e a segurança. Se deixarmos que nossa jurisprudência varie ao sabor das convicções pessoais, estaremos prestando um desserviço a nossas instituições. Se nós – os integrantes da Corte – não observarmos as decisões que ajudamos a formar, estaremos dando sinal, para que os demais órgãos judiciários façam o mesmo. Estou certo de que, em acontecendo isso, perde sentido a existência de nossa Corte. Melhor será extingui-la".[216]

Todavia, a despeito dessa premissa notória, o exercício profissional revela que acerca de inúmeras questões importantes há flagrante e indesejada instabilidade na produção decisória dos tribunais superiores. Isso ocorre – o que é pior – num mesmo arco temporal e, em princípio, sem qualquer justificação plausível!

---

216 V.u., *DJ* 18/3/2002.

É indiscutível que o juiz não pode ser escravo do precedente judicial, em sentido amplo, porque certamente haveria aí uma abdicação da independência da persuasão racional, assegurada pelo art. 371 do CPC.

Contudo, se o tribunal resolver afastar a incidência de determinado precedente, cabe-lhe o ônus de apresentar argumentação contrária. Gino Gorla,[217] em um de seus últimos ensaios, pondera, acerca desse verdadeiro dever, que seria até temerário permitir, sem uma justificação consistente, que um posicionamento jurisprudencial sedimentado deixasse de ser aplicado em hipótese similar.

A tutela do cidadão, que confiou no Judiciário, não pode jamais ser relegada a pretexto de imaginário poder discricionário da magistratura!

Decorre daí a lógica da regra do art. 332, que visa a exaltar a função uniformizadora das cortes superiores.

71.4. Repercussão do precedente judicial nos futuros julgamentos

É interessante notar, já sob outro enfoque, que a dimensão da eficácia do precedente concerne à intensidade da influência que ele exerce sobre a decisão de um caso futuro. O ponto de referência normativo no âmbito do *common law* é exatamente o precedente judicial, enquanto, no tradicional sistema de fontes do direito que vigora nos países regidos pelo *civil law*, o precedente, geralmente dotado de força persuasiva, é considerado fonte secundária ou fonte de conhecimento do direito.[218]

O precedente judicial é, pois, um fenômeno extremamente difuso, presente e relevante nos modelos jurídicos de época contemporânea, cada vez mais reforçado pela precípua função, atribuída às Supremas Cortes, de interpretação e aplicação uniforme (nomofilácica) do direito.[219]

Existem, como se observa, "degraus" ou "parâmetros" de eficácia das decisões judiciais em relação a subsequentes julgamentos. A doutrina estrangeira, de fato, refere-se a "degrees of normative force".[220]

Taruffo e La Torre,[221] a seu turno, observam que, no sistema italiano, é a posição hierárquica do tribunal que determina o "grau de força persuasiva"

---

217 Precedente giudiziale, in *Enciclopedia giuridica treccani*, v. 23, p. 11-12.
218 Cf. Larenz, *Metodologia da ciência do direito*, p. 615.
219 Taruffo, Dimensioni del precedente giudiziario, in *Scintillae iuris – Studi in memoria di Gino Gorla*, t. I, p. 387; Francesco Galgano, Il precedente giudiziario in civil law, in *Atlante di diritto privato comparato*, p. 31.
220 V., por exemplo, Robert Alexy e Ralf Dreier, Precedent in the Federal Republic of Germany, in *Interpreting Precedents: A Comparative Study*, obra coletiva dir. Neil Maccormick e Robert Summers, p. 26.
221 Precedent in Italy, in *Interpreting Precedents*, p. 159.

dos precedentes. Desse modo, aqueles provenientes da Corte Constitucional, da Corte de Cassação e do Conselho de Estado (em matéria administrativa) detêm maior eficácia em relação àqueles proferidos pelos demais tribunais da Itália.

Com efeito, o valor intrínseco do precedente judicial, que constitui o ponto de referência normativo de toda a teoria do *stare decisis* (da expressão latina: *stare decisis et non quieta movere* = mantenha-se a decisão e não se moleste o que foi decidido*), projeta uma eficácia de altíssimo grau, dita vinculante, nos julgamentos sucessivos proferidos em causas análogas.

Anota SCHAUER que os tribunais do *common law* devem se curvar ao precedente da mesma forma que devem seguir a Constituição e ainda outros textos legais (*statutes*).[222]

O conceito de *ratio decidendi* (ou também *holding*), no qual se escuda a *doctrine of binding precedent*, mostra que é a tese jurídica suficiente a decidir o caso concreto (*rule of law*) – e não a parte dispositiva da decisão – que produz eficácia vinculante e que deve nortear a interpretação judicial em momento posterior.

Ressalte-se, por outro lado, que, nos sistemas jurídicos de *civil law*, o precedente judicial ostenta, em regra, apenas força persuasiva. Tal eficácia, dependendo de inúmeras variantes, pode ser maior ou menor.

Importa esclarecer, outrossim, que em determinados ordenamentos jurídicos de direito escrito, como, e.g., o da Espanha e o do Brasil, adota-se um modelo *misto*, vale dizer, de precedentes vinculantes (decisões no controle direto de constitucionalidade) e de precedentes persuasivos.

Em nosso sistema, as súmulas, que não se confundem com os precedentes judiciais, também podem ser vinculantes (apenas aquelas instituídas pelo STF) ou meramente persuasivas.

71.5. Tipologia da eficácia das decisões dos tribunais na experiência jurídica brasileira

Na atualidade, a despeito da promulgação do novo CPC, o direito brasileiro continua adotando um modelo *misto* quanto à eficácia das decisões dos tribunais, a saber: *a)* súmulas e precedentes com eficácia vinculante; *b)* súmulas e precedentes com relativa eficácia vinculante; e *c)* precedentes e jurisprudência, com eficácia meramente persuasiva.[223]

---

[222] *Thinking like a Lawyer*, p. 68-69.
[223] V., em senso análogo, PATRÍCIA PERRONE CAMPOS MELLO, *Precedentes*, p. 104-105.

71.5.1. Súmulas com eficácia vinculante

Hoje, no Brasil, possuem eficácia obrigatória *erga omnes*: *i*) as súmulas vinculantes do Supremo Tribunal Federal; e *ii*) as decisões proferidas pelo Supremo Tribunal Federal e pelos Tribunais de Justiça, no âmbito do controle concentrado de constitucionalidade.

A Emenda Constitucional n. 45/2004 inseriu no texto da Constituição Federal o art. 103-A, que outorga ao Supremo Tribunal Federal a atribuição de aprovar súmula com eficácia vinculante vertical. A superveniente Lei n. 11.417/2006 regulamentou o respectivo procedimento referente à súmula vinculante.

71.5.2. Súmulas e precedentes com relativa eficácia vinculante (*"force de facto"*)

Certo é que os precedentes sumulados do Superior Tribunal de Justiça gozam (apenas) de vigorosa força persuasiva (*"binding de facto"*), como, e.g., pode-se extrair de pronunciamento, exarado no Agravo Regimental em Agravo de Instrumento n. 428.452-MS, relatado pelo Ministro CASTRO FILHO, *in verbis*: "A exigência da certidão de publicação do acórdão recorrido é entendimento pacificado não apenas neste STJ, como também no Pretório Excelso... Ainda que as súmulas não sejam lei em sentido formal, traduzem elas o entendimento reiterado dos tribunais no que diz respeito à interpretação de determinada questão...".[224]

Proferindo o voto condutor no julgamento do Recurso Especial n. 14.945-MG, concluiu o Ministro SÁLVIO DE FIGUEIREDO TEIXEIRA que, realmente, "não se justifica que os órgãos julgadores se mantenham renitentes à jurisprudência sumulada, cujo escopo, dentro do sistema jurídico, é alcançar a exegese que dê certeza aos jurisdicionados em temas polêmicos, uma vez que ninguém ficará seguro de seu direito ante jurisprudência incerta".[225]

Ademais, no modelo brasileiro então vigente e agora confirmado pelo novel diploma processual, tão eficaz é a jurisprudência sumulada, ou até mesmo "dominante", que, consoante dispõe o art. 332: "Nas causas que dispensem a fase instrutória, o juiz, independentemente da citação do réu, julgará liminarmente improcedente o pedido que contrariar: I – enunciado de súmula do Supremo Tribunal Federal ou do Superior Tribunal de Justiça..."; e, outrossim, segundo preceitua o art. 932 do CPC: "Incumbe ao relator: ... IV – negar provimento a recurso que for contrário a: a) súmula do Supremo Tribunal Federal, do Superior Tribunal de Justiça ou do próprio tribunal...".

---

[224] 3ª T., v.u., *DJ* 5/8/2002.
[225] 4ª T., v.u., *DJ* 13/4/1992.

Incide, nesse caso, a denominada *súmula impeditiva de recurso*.[226]

Cite-se, como exemplo, o julgamento do Superior Tribunal de Justiça no Agravo Regimental no Recurso Especial n. 331.024-SP, relatado pelo Ministro Luiz Fux, no qual ficou assentado que: "Em consequência, o recorrente que pretende seja reavaliado o seu direito líquido e certo, esbarra na *súmula impeditiva* de número 07 do E. STJ e de seguinte teor: 'A pretensão de simples reexame de prova não enseja recurso especial' ...".[227]

Mas não é só. O inciso V do mesmo art. 932 dispõe que o relator também pode: "depois de facultada a apresentação de contrarrazões, dar provimento ao recurso se a decisão recorrida for contrária a: a) súmula do Supremo Tribunal Federal, do Superior Tribunal de Justiça ou do próprio tribunal".

Frise-se que, nessa derradeira hipótese, os efeitos ("quase") vinculantes do enunciado sumulado chegam até a autorizar que decisão monocrática substitua o tradicional julgamento colegiado de segundo grau!

A jurisprudência reiterada e convergente, consagrada em súmula, adquire, assim, a dignidade que flui do elevado órgão de que emana, embora "não a autoridade intrínseca de fonte do direito",[228] porque apenas revela o sentido da lei. A súmula "não cria, não inova, não elabora lei; cinge-se a aplicá-la, o que significa que é a própria voz do legislador".[229]

A teor do art. 124 do Regimento Interno do Superior Tribunal de Justiça, a jurisprudência sumulada dispensa o recorrente de invocar precedentes judiciais em abono de seu direito.

Cumpre esclarecer que, a despeito das inúmeras referências, constantes do CPC, os acórdãos proferidos pelo Supremo Tribunal Federal e pelo Superior Tribunal de Justiça nos incidentes de resolução de demandas repetitivas, de recursos repetitivos ou de assunção de competência não desfrutam, como acima já observado, de eficácia vinculante.

A tentativa do legislador de infundir ao intérprete a força obrigatória dos apontados precedentes resulta falaciosa e, outrossim, presta um enorme desserviço aos estudiosos e estudantes do direito processual civil.[230]

---

226 Cf. Roberto Rosas, *Direito sumular*, p. 12. V., criticando o sistema adotado, Lênio Luiz Streck, *Jurisdição constitucional e hermenêutica. Uma nova crítica do direito*, p. 403-405.
227 1ª Turma, j.u., *DJ* 19/12/2002.
228 Oliveira Ascensão, *O direito. Introdução e teoria geral – uma perspectiva luso-brasileira*, p. 317, nt. 476.
229 Cf. Buzaid, Uniformização da jurisprudência, *Ajuris*, p. 215.
230 V., para ter-se um panorama geral das razões que levaram o Tribunal Constitucional português, em 1993, a declarar parcialmente inconstitucional o art. 2º do CC,

71.5.3. Precedentes e jurisprudência com eficácia meramente persuasiva

A doutrina civilista pátria de época contemporânea, claramente dominada pelos influxos do condicionamento histórico, apresenta marcante tendência a admitir apenas eficácia persuasiva aos acórdãos proferidos pelos tribunais pátrios.

Entre aqueles que cuidaram do tema, Mário Guimarães, na obra (sempre atual) que escreveu sobre *O juiz e a função jurisdicional*,[231] foi incisivo em afirmar que a jurisprudência dos tribunais é fruto da sabedoria dos experientes; é "o conselho precavido dos mais velhos. Quem conhece a lei e ignora a jurisprudência, diz, com exagero embora, Dupliant, não conhece quase nada".

A monografia clássica de Rubens Limongi França traz um rol de "jurisprudencialistas" de ontem e de hoje, que enalteceram a posição da atividade judicial como forma de expressão do direito. Emitindo a sua própria opinião, Limongi França escreve que a regra básica, na esfera do *civil law*, é a de que os julgados anteriores não vinculam necessariamente o magistrado, ainda que provenham do mesmo tribunal ou de corte superior.[232]

Não obstante, em caráter excepcional – conclui –, a repetição constante, racional e pacífica dos precedentes judiciais, que, nesta hipótese, forma a jurisprudência, pode efetivamente adquirir valor de preceito geral: "é, a nosso ver, quando, pela força da reiteração e, sobretudo, da necessidade de bem regular, de modo estável, uma situação não prevista, ou não resolvida expressamente pela lei, ela assume os caracteres de verdadeiro *costume judiciário*".[233]

Realmente, entendo também que os precedentes judiciais, em sentido amplo, constituem valioso subsídio que auxilia a hermenêutica de casos concretos, embora careçam de força vinculante. É importante relevar, a tal propósito, a constante possibilidade de revisão da jurisprudência sedimentada não apenas por iniciativa dos órgãos jurisdicionais, mas, igualmente, por provocação das partes interessadas.

Os processualistas mais ortodoxos que escreveram há algumas décadas seguiram também essa corrente de pensamento que sempre preponderou nos países de direito codificado.

Alfredo Buzaid, à luz do sistema processual civil então vigente, asseverava que os precedentes judiciais (*exemplis*), por mais prestigiados que sejam,

---

que reconhecia a eficácia vinculante dos assentos dos tribunais, Antonio Castanheira Neves, *O problema da constitucionalidade dos assentos*, 1994.
231 P. 327.
232 *O direito, a lei e a jurisprudência*, p. 175.
233 Cf. Limongi França, *O direito, a lei e a jurisprudência*, p. 178-179; Jurisprudência, in *Enciclopédia Saraiva do Direito*, 47, p. 167.

não podem obrigar os juízes, que permanecem independentes, livres de qualquer subserviência hierárquica no exercício da atividade jurisdicional.[234]

Conclui-se, pois, que atualmente os precedentes horizontais e os autoprecedentes e, ainda, a jurisprudência produzem eficácia meramente persuasiva.

72. Impossibilidade de decisão proferida com base em "fundamento-surpresa"

Dispõe o § 1º do art. 927 do CPC que, na dinâmica da utilização das decisões arroladas nos respectivos incisos I a V, os juízes e tribunais deverão considerar as regras dos arts. 10 e 489, § 1º.

Isso significa que, ao ser invocada súmula, precedente judicial ou jurisprudência como fundamento da decisão, a tese nela sufragada não poderá surpreender as partes, caso não tenha sido por elas considerada.

Saliente-se que o enunciado do art. 10 do CPC constitui desdobramento do art. 9º, ao vedar, com todas as letras, o denominado "fundamento-surpresa", ainda que se trate de matéria cognoscível de ofício.

Fácil é verificar que estas regras convergem definitivamente para a moderna ótica da ciência processual, que não admite, em hipótese alguma, a surpresa aos litigantes, decorrente de decisão escudada em ponto jurídico fundamental por eles não debatido. O tribunal deve, portanto, dar conhecimento prévio ao autor sobre qual ponto ou direção o seu direito subjetivo encontra-se vulnerável, aproveitando apenas os fatos descritos na petição inicial e os respectivos fundamentos jurídicos. Dessa forma, na hipótese do art. 332, é evidente que o demandante terá oportunidade de defender o seu direito e, sobretudo, de influir na decisão judicial.

É certo que, em termos gerais, a liberdade outorgada ao tribunal, no que se refere à eleição da melhor interpretação pretoriana a ser aplicada, independentemente de ser ela invocada pelos litigantes, não dispensa a prévia manifestação das partes acerca da questão alvitrada pelo juiz, em inafastável observância ao princípio do contraditório.

É também evidente que o juiz não fica refém da dialeticidade travada entre as partes, mas é inegável que, sob a ótica técnica, a contribuição prestada pelos patronos enriquece a cognição sobre o *thema decidendum*, evitando-se, consequentemente, qualquer indesejada surpresa àquele que confia a sua querela à tutela estatal.[235] No entanto, no âmbito de questões exclusivamente de

---

234 *Uniformização da jurisprudência*, p. 211.
235 Em 2009, foi alterado o art. 101 do CPC italiano, com a introdução do item 2, que também impõe ao juiz, sob pena de nulidade, submeter ao contraditório qualquer questão cognoscível de ofício sobre a qual não tenha havido prévio debate. A denominada "terza via", na atual doutrina italiana, significa um caminho seguido pelo

direito, da requalificação jurídica da demanda e, ainda, da valoração da prova, não se exige a ativação do contraditório, até porque, em contrapartida, o convencimento judicial impera diante destas situações. Ademais, o "contraditório ineficaz" conspira contra a duração razoável do processo.[236]

Assim sendo, não se admitindo quaisquer outras exceções, a determinação legal acima referida certamente também incide no julgamento de improcedência liminar do pedido. Mesmo que não haja qualquer surpresa para o réu, até porque sequer foi ele citado, o autor não poderá, de forma alguma, ser cientificado da rejeição liminar de sua pretensão sem ter sido previamente ouvido.

Em suma, impõe-se aqui também, como corolário lógico do art. 9º ("Não se proferirá decisão contra uma das partes sem que ela seja previamente ouvida"), tributo à garantia da ampla defesa!

73. Reconhecimento da decadência ou da prescrição

O simples transcurso do tempo provoca inexorável consequência sobre as situações jurídicas, constituindo causa de aquisição ou extinção de direitos materiais ou processuais.

A decadência e a prescrição são fenômenos que se inspiram na exigência de segurança e de certeza do direito, cujo escopo é o de impedir que a possibilidade de judicialização da grande maioria dos litígios se eternize. São situações, pois, verificadas em momento pré-processual, que se configuram pelo decurso temporal.

Após a promulgação do Código Civil de 2002, não mais existe dúvida quanto à técnica escolhida, no que respeita às distinções entre decadência e prescrição. Com rigor dogmático, explica HUMBERTO THEODORO JÚNIOR que: "A falta de critério legal e a controvérsia doutrinária acerca da conceituação da prescrição tornavam tormentosa a diferenciação entre esta e a decadência. Para os que viam na prescrição a extinção apenas da ação, era mais fácil distingui-la da decadência, porque esta, ao contrário daquela, funcionava como causa de extinção do direito, que por sua própria natureza deveria ser exercido em certo prazo, sob pena de caducidade. Se, todavia, tanto a prescrição como a de-

---

juiz diferente daquele debatido pelas partes. Daí a imposição do contraditório, antes de ser proferida a sentença. V., a respeito, DINO BONCRISTIANI, Il nuovo art. 101, comma 2, c.p.c. sul contraddittorio e sui rapporti tra parti e giudice, *Rivista di Diritto Processuale*, p. 399 e segs.; FRANCESCO P. LUISO, Poteri di ufficio del giudice e contraddittorio, *Rivista Trimestrale di Diritto e Procedura Civile*, p. 65 e segs.; CHIARA GRAZIOSI, La terza via e il giudice programmato: spunti sistemici, in *Rivista Trimestrale di Diritto e Procedura Civile*, p. 511 e segs.

236 Cf. MARIA ACIERNO, La motivazione della sentenza tra esigenze di celerità e giusto processo, *Rivista Trimestrale di Diritto e Procedura Civile*, p. 437 e segs.

cadência se apresentam como causa de extinção de direito subjetivo, torna-se penosa e quase impossível uma distinção precisa entre as duas figuras extintivas. O atual Código Civil tomou posição no debate travado no direito comparado e optou por conceituar a prescrição como perda da *pretensão* (art. 189), ideia que se aproxima da posição romana (*actio*) e que é a atual no direito alemão e suíço. Com isso, facilitada restou a configuração dos casos de decadência (art. 207), aos quais se dedicou regulamentação separada (arts. 207 a 211)".[237]

A despeito da garantia constitucional de acesso à tutela jurisdicional, a lei impõe prazos para que alguém possa exercer a sua pretensão de direito material no plano processual.

Constata-se que, a exemplo do CPC revogado, a decadência é regida ao lado da prescrição, como tema próprio da resolução do mérito da causa.[238]

Assim, aferida de plano a decadência ou a prescrição, observando-se previamente o disposto no art. 10 da nova codificação, o juiz deverá *ex officio* proferir sentença de improcedência liminar do pedido (art. 332, § 1º).[239]

74. Apelação e possibilidade de retratação

Reconhecida a improcedência liminar do pedido, em qualquer das hipóteses supra aludidas, a sentença poderá ser impugnada por meio de apelação. Interposto o recurso, segundo previsão do § 3º do art. 332, o magistrado poderá, em juízo de retratação, acolher as razões de inconformismo. Nesse caso, a teor do § 4º, reformando o seu entendimento, o juiz deverá determinar o prosseguimento do processo, dentro da normalidade, com a citação do réu.

---

237 *Comentários ao novo Código Civil*, v. 3, t. 2, p. 150.
238 V., a respeito, Humberto Theodoro Júnior, A exceção de prescrição: aspectos substanciais e processuais, in *As novas reformas do Código de Processo Civil*, p. 41.
239 Segundo doutrina Humberto Theodoro Júnior (*Comentários ao novo Código Civil*, p. 374-375), ao examinar o art. 210 do CC ("Deve o juiz, de ofício, conhecer da decadência, quando estabelecida por lei"): "Quando se trata de fruto da autonomia negocial, não cabe ao juiz conhecer da decadência, senão quando arguida pela parte, porquanto tem esta disponibilidade a respeito do direito que nela se funda. É, por exemplo, o caso do prazo de arrependimento previsto em contrato e que foi ultrapassado pelo alienante. O adquirente não discute o arrependimento tardio, mas apenas pretende se indenizar dos prejuízos advindos. O juiz não pode manter o contrato e invalidar o arrependimento porque ocorrido após o prazo de decadência convencional. As partes têm disponibilidade desse tipo de decadência, que envolve apenas interesses individuais. Não cabe ao juiz sobrepor-se à vontade dos interessados em terreno dominado pela disponibilidade dos direitos. Se, todavia, a decadência provém da lei e visa impor uma tutela de interesse geral, o silêncio da parte não inibe o juiz de pronunciá-la, porque está em jogo o interesse público na certeza e na estabilidade das relações jurídicas. Esse tipo de decadência não comporta renúncia (art. 209 CC) e, por isso mesmo, deve ser conhecida, de ofício, pelo juiz (art. 210 CC)".

Cabe aqui a mesma observação feita nos comentários ao art. 331, quanto ao diferimento do preparo para momento posterior, após o exercício do juízo de retratação.

75. Interposição de apelação e citação do réu

Todavia, mantidos os termos da sentença, mesmo que de modo implícito, consoante ainda dispõe o § 4º do art. 332, o juiz determinará a citação do réu para o fim de apresentar contrarrazões à impugnação, no prazo de 15 dias, assegurando-se, como de mister, a observância do contraditório.

Da mesma forma que se verifica no caso de indeferimento da inicial, a providência aí prevista é muito importante, porque, citado o réu, tem ele a faculdade de arguir os argumentos que desejar, visando à manutenção da sentença e, sobretudo, aqueles de ordem pública, a evitar futura perda de tempo com a possibilidade de proferimento de sucessiva sentença.

Aduza-se, outrossim, como também já foi acima observado, que a inércia do réu, deixando de apresentar resposta ao recurso, não produz qualquer efeito de ordem material ou processual. É evidente, no entanto, que a matéria fulcral da impugnação interposta pelo autor, depois de julgada pelo tribunal, restará preclusa, não mais podendo ser reexaminada em momento posterior.

76. Trânsito em julgado da sentença

Não interposta apelação contra a sentença de improcedência liminar, o juiz deve determinar a intimação do réu, para lhe dar ciência da existência da demanda, da prolação da decisão e, em particular, do trânsito em julgado (art. 332, § 2º).

A intimação, na pessoa do demandado, será providenciada nos termos do art. 241 do CPC.

CAPÍTULO IV
DA CONVERSÃO DA AÇÃO INDIVIDUAL EM AÇÃO COLETIVA

Art. 333. (Vetado)

CAPÍTULO V
DA AUDIÊNCIA DE CONCILIAÇÃO OU DE MEDIAÇÃO

77. Introdução: meios suasórios de solução dos conflitos

Divisa-se, hoje em dia, generalizada tendência no âmbito da legislação de vários países a acolher e fomentar mecanismos alternativos de resolução das controvérsias. Na União Europeia foi baixada uma importante diretriz (n. 2008/52/EC), em 21 de maio de 2008, sobre a mediação civil e comercial, orientando os países membros a normatizarem a respectiva matéria até maio de 2011.[240]

Esse movimento determinado, certamente decorrente da angustiante demora da prestação jurisdicional, ganha expressão em quase todas as espécies de demanda, até mesmo na seara das ações coletivas de natureza indenizatória, para a tutela de direitos individuais homogêneos.

O Decreto-lei n. 28/2010, mais recentemente alterado pela Lei n. 98/2013, atinente à mediação e conciliação incidental nos litígios civis e societários, disciplina, no direito italiano, a solução consensual em tais ações coletivas, inclusive quando o objeto recair sobre relação de consumo.[241] Dispõe, com efeito, o art. 15 do mencionado texto legal, sob a rubrica *Mediazione nell'azione di classe*: "Quando è esercitata l'azione di classe prevista dall'articolo 140-bis del codice del consumo, di cui al decreto legislativo 6 settembre 2005, n. 206, e successive modificazioni, la conciliazione, intervenuta dopo la scadenza del termine per l'adesione, ha effetto anche nei confronti degli aderenti che vi abbiano espressamente consentito".

Na Alemanha, após ampla discussão parlamentar acerca da conveniência da instituição da denominada *gerichtsinterne Mediation* (mediação interna ao tribunal), acabou sendo ela aprovada, em 21 de julho de 2012, ao lado da disciplina de outros meios de resolução dos conflitos, que não se confundem com a conciliação, emoldurada no § 278, 2 e 3, do ZPO. Anote-se que a mediação – judicial e incidental –, na atual experiência alemã, depende da disposição de ambas as partes e é conduzida por um juiz estranho ao processo, no mesmo tribunal em que se encontra pendente. Esclarece VON BARGEN que esta modalidade de mediação não obsta a que as partes procurem solucionar a controvérsia diante de um mediador especializado, no terreno extrajudicial.[242]

Igualmente, na Rússia, a mediação, nestes últimos anos, conquistou especial relevância após a edição de lei federal, aprovada pela Duma em julho de 2010 e em vigor desde 1º de janeiro de 2011, "Sobre a resolução alternativa das controvérsias com a participação de um mediador".

VADIM ABOLONIN, membro da Academia Jurídica dos Urais (Ekaterinburg), explica que, após a queda da União Soviética, um dos desafios mais relevantes

---

240 Consulte-se, a propósito, ELENA ZUCCONI GALLI FONSECA, La nuova mediazione nella prospettiva europea: note a prima lettura, *Rivista Trimestrale di Diritto e Procedura Civile*, p. 653 e segs.
241 V., a respeito, ANDREA GIUSSANI, Azione di classe, conciliazione e mediazione, *Rivista Trimestrale di Diritto e Procedura Civile*, p. 159 e segs.
242 *Gerichtsinterne Mediation*, p. 24.

da Federação Russa foi o de criar um Poder Judiciário independente, atrelado a um sistema jurisdicional eficiente e moderno, que pudesse abranger técnicas de solução amigável dos conflitos, em especial de um programa de mediação judicial e extrajudicial.[243]

Enquanto isso, no hemisfério meridional, envidando todos os esforços para infundir a cultura da pacificação entre os protagonistas do processo, o nosso novo diploma processual, em inúmeros preceitos, sugere a autocomposição. Preceitua, com efeito, o § 2º do art. 3º que: "O Estado promoverá, sempre que possível, a solução consensual dos conflitos". Dada a evidente relevância social da administração da justiça, o Estado deve mesmo empenhar-se na organização de instituições capacitadas a mediar conflitos entre os cidadãos. No Brasil, o Ministério da Justiça preocupa-se em fornecer os meios necessários a várias Organizações Não Governamentais que têm como missão precípua a instalação e gestão de sistemas alternativos de administração de controvérsias.

A admissão e a implantação do sistema desenhado na Resolução CNJ n. 125/2010, protagonizado não exclusivamente por órgãos judiciais, mas também por outros setores, contribui, por certo, para a diminuição do número de demandas submetidas ao Poder Judiciário, "em direção a esses outros meios e modos preventivos ou resolutivos, que resultaria mais de uma externalidade positiva: *a)* a gradual percepção, pela comunidade, de que a Justiça estatal não é o receptáculo *natural* ou *necessário* de toda e qualquer controvérsia, mas uma instância a ser buscada quando frustradas outras possibilidades (nem por outro motivo a nota predominante no interesse de agir é a *necessidade* da busca pela Justiça estatal); *b)* a atenuação da sobrecarga processual dos juízes, os quais poderão utilizar o tempo assim poupado, no exame de casos complexos que reclamem cognição plena e exauriente; *c)* a preservação do tecido social, que, de outro modo, se esgarça ao atrito da crescente litigiosidade de massa".[244]

Aduza-se que o próprio CPC, comprometido com o sistema "multiportas" de solução dos litígios, de forma muito original, fomenta, no art. 174, a criação, pela União, Estados, Distrito Federal e Municípios, de câmaras de mediação e conciliação, com atribuições relacionadas à solução consensual de conflitos no âmbito administrativo.

Além destas importantes iniciativas, que seguem paradigma mundial, o § 3º do art. 3º do CPC recomenda de modo expresso a solução amigável

---

243 La mediazione in Russia: una nuova strada verso l'ignoto, *Rivista Trimestrale di Diritto e Procedura Civile*, p. 1107 e segs.
244 RODOLFO DE CAMARGO MANCUSO, *O direito à tutela jurisdicional: o novo enfoque do art. 5º, XXXV, da Constituição Federal*, p. 156.

(autocomposição), que deverá ser implementada, na medida do possível e inclusive no curso do processo, "por juízes, advogados, defensores públicos e membros do Ministério Público".

Tanto a mediação quanto a conciliação pressupõem a intervenção de uma terceira pessoa. Na mediação, esta tem a missão de esclarecer as partes para que alcancem a solução da pendência. Na conciliação, pelo contrário, o protagonista imparcial se incumbe, de forma mais proativa, não apenas de orientar as partes, mas, ainda, de sugerir-lhes o melhor desfecho do conflito.[245]

CARNELUTTI procurou demonstrar que, do ponto de vista de sua funcionalidade, a conciliação judicial se contrapõe à mediação. Nesta, o terceiro, que vem a ser o mediador, objetiva uma composição contratual qualquer, sem se preocupar com a justiça de seu conteúdo; enquanto, na atividade conciliatória, o juiz, desempenhando o papel de conciliador, tende, pelo contrário, a promover uma composição justa. É exatamente nesta contraposição, relacionada à finalidade de um e de outro dos institutos (mediação e conciliação), que reside o traço distintivo que os caracteriza. CARNELUTTI afirma, ainda, que, à luz de tais premissas, a conciliação insere-se entre a mediação e a decisão judicial, possuindo a forma da primeira e a substância da segunda.[246]

Nesta significativa perspectiva, muito mais enfático do que o anterior, o novo CPC prevê ainda a criação de centros judiciários de solução consensual de conflitos, responsáveis pelas audiências de conciliação e mediação (art. 165); estabelece os princípios que informam a conciliação e a mediação (art. 166); faculta ao autor da demanda revelar, já na petição inicial, a sua disposição para participar de audiência de conciliação ou mediação (art. 319, VII); estabelece o procedimento da audiência de conciliação ou de mediação (art. 334); e recomenda, nas controvérsias de família, a solução consensual, possibilitando inclusive a mediação extrajudicial (art. 694).

Não é preciso registrar que, à luz desse novo horizonte que se descortina sob a égide do CPC, a efetivação de negócios jurídicos processuais, no plano do direito material, ganha inegável relevo.

Assim, uma vez passível de composição suasória o direito questionado, as partes, transigindo, podem celebrar acordos acerca do objeto litigioso, circunstância implicativa do proferimento de sentença sem resolução do mérito, pela inarredável inutilidade superveniente do processo.

---

245 Consulte-se, a respeito, CARLO A. NICOLETTI, *La conciliazione nel processo civile*, p. 186. V., entre nós, a monografia já atualizada com as novas regras do CPC, FERNANDA TARTUCE, *Mediação nos conflitos civis*, p. 50-51.

246 *Sistema di diritto processuale civile*, 1, p. 174. V., ainda, a importante pesquisa de ALEXANDRE MÁRIO PESSOA VAZ, *Poderes e deveres do juiz na conciliação judicial*, p. 284.

Art. 334. Se a petição inicial preencher os requisitos essenciais e não for o caso de improcedência liminar do pedido, o juiz designará audiência de conciliação ou de mediação com antecedência mínima de 30 (trinta) dias, devendo ser citado o réu com pelo menos 20 (vinte) dias de antecedência.

§ 1º O conciliador ou mediador, onde houver, atuará necessariamente na audiência de conciliação ou de mediação, observando o disposto neste Código, bem como as disposições da lei de organização judiciária.

§ 2º Poderá haver mais de uma sessão destinada à conciliação e à mediação, não podendo exceder a 2 (dois) meses da data de realização da primeira sessão, desde que necessárias à composição das partes.

§ 3º A intimação do autor para a audiência será feita na pessoa de seu advogado.

§ 4º A audiência não será realizada:

I – se ambas as partes manifestarem, expressamente, desinteresse na composição consensual;

II – quando não se admitir a autocomposição.

§ 5º O autor deverá indicar, na petição inicial, seu desinteresse na autocomposição, e o réu deverá fazê-lo, por petição, apresentada com 10 (dez) dias de antecedência, contados da data da audiência.

§ 6º Havendo litisconsórcio, o desinteresse na realização da audiência deve ser manifestado por todos os litisconsortes.

§ 7º A audiência de conciliação ou de mediação pode realizar-se por meio eletrônico, nos termos da lei.

§ 8º O não comparecimento injustificado do autor ou do réu à audiência de conciliação é considerado ato atentatório à dignidade da justiça e será sancionado com multa de até dois por cento da vantagem econômica pretendida ou do valor da causa, revertida em favor da União ou do Estado.

§ 9º As partes devem estar acompanhadas por seus advogados ou defensores públicos.

§ 10. A parte poderá constituir representante, por meio de procuração específica, com poderes para negociar e transigir.

§ 11. A autocomposição obtida será reduzida a termo e homologada por sentença.

§ 12. A pauta das audiências de conciliação ou de mediação será organizada de modo a respeitar o intervalo mínimo de 20 (vinte) minutos entre o início de uma e o início da seguinte.

CPC de 1973 – art. 331

Comparação jurídica – arts. 127 e 131-1 do NCPC francês; arts. 185 e 199 do CPC italiano; arts. 414 e 415 da LEC espanhola; art. 273º do CPC português; § 279 do ZPO alemão; art. 213 do SZO suíço

78. Generalidades

Recebida a processamento a petição inicial, desde que o objeto do processo admita autocomposição, o juiz deverá designar audiência de conciliação ou de mediação, num interregno não inferior a 30 dias, providenciando-se a citação do réu ao menos com 20 dias de antecedência.

Optou o legislador pela conciliação ou mediação incidental, a ser realizada antes mesmo da oferta de resposta pelo réu.

A mediação constitui um mecanismo de solução de conflitos no qual uma terceira pessoa, neutra e imparcial, fomenta o diálogo entre as partes, para que elas próprias construam, com autonomia e solidariedade, a melhor solução para o problema. Geralmente, é ela recomendada para litígios mais complexos, que envolvam várias questões entre as partes.

A conciliação, por sua vez, é um meio empregado em conflitos mais singelos e menos abrangentes, nos quais o terceiro normalmente se porta de foram mais ativa, embora sempre neutra e imparcial. Normalmente é um procedimento consensual mais breve, que trabalha alvitrando efetiva harmonia entre os litigantes.

Tenha-se presente que estas duas técnicas de persuasão são pautadas pelos princípios da informalidade, celeridade, simplicidade, economia, oralidade e flexibilização procedimental.

Independentemente da predisposição do autor à realização de audiência de conciliação ou de mediação, previamente manifestada na petição inicial, caberá sempre ao juiz avaliar, diante dos horizontes do litígio, qual o melhor caminho a seguir em busca de um desfecho consensual: conciliação ou mediação.

Cumpre esclarecer, outrossim, que é muito amplo e abrangente o dispositivo legal em apreço, porque dificilmente a relação litigiosa não é passível de transação entre as partes. Admitir a autocomposição significa que mesmo no campo dos direitos irrenunciáveis e intransmissíveis – como os da personalidade, ou, ainda, aqueles das relações de família, como o direito aos alimentos, à guarda dos filhos menores – é possível chegar a uma composição amigável.

É exatamente por esta razão que o novo art. 694, encartado no capítulo dedicado às "ações de família", preceitua que: "Nas ações de família, todos os esforços serão empreendidos para a solução consensual da controvérsia, devendo o juiz dispor do auxílio de profissionais de outras áreas de conhecimento para a mediação e conciliação".

A consensualidade também não é estranha aos litígios – e são muitos – que envolvem os órgãos públicos. A despeito de estes estarem subordinados ao princípio da legalidade, tratando-se de interesses públicos secundários, não se entrevê qualquer óbice legal à celebração de acordos entre as partes quando uma delas for, por exemplo, a Fazenda Pública.

Na verdade, hoje em dia, com muita frequência, e.g., em matéria de meio ambiente e de consumidor, o Ministério Público dispõe de poderes e de meios para, na esfera de ações civis públicas, proceder a negociações, que culminam com a lavratura de termos de ajustamento de conduta, sempre salvaguardando o interesse coletivo, seja para protegê-lo preventivamente, seja para recompor danos já efetivados.

Contudo, em determinados casos, quando o legislador entende que é preciso intervir para vetar qualquer espécie de acordo, cuida de fazê-lo expressamente em texto legal, como, por exemplo, infere-se do art. 17, § 1º, da Lei n. 8.429/1992, no campo das ações de improbidade administrativa, que, antes de ser revogado pela Medida Provisória n. 703/2015, tinha a seguinte redação: "A ação principal, que terá o rito ordinário, será proposta pelo Ministério Público ou pela pessoa jurídica interessada, dentro de 30 (trinta) dias da efetivação da medida cautelar. § 1º É vedada a transação, acordo ou conciliação nas ações de que trata o *caput*".

Assim, em caráter excepcional, quando o objeto litigioso não comportar autocomposição, a teor do art. 334, II, ora comentado, não terá sentido algum designar audiência de conciliação ou de mediação.

79. Realização da audiência de conciliação ou de mediação

Viabilizando-se, pelo contrário, a realização de tal ato processual, será ele agendado com observância dos prazos legais estabelecidos no *caput* do art. 334, sendo dever do juiz zelar para que a pauta das respectivas audiências seja escalonada, de sorte a resguardar um intervalo mínimo de 20 minutos entre o início de uma e a abertura daquela subsequente.

O § 12 do art. 334 revela, à evidência, respeito às partes e aos seus procuradores, uma vez que, na praxe forense, várias audiências são marcadas para um mesmo horário, ficando, pois, comprometida a tarde toda dos mencionados protagonistas do processo, que permanecem nas dependências do fórum horas a fio, aguardando o pregão para o início da audiência que lhes interessa.[247]

---

[247] Esse mesmo desrespeito tem sido registrado, há muitos anos, perante os tribunais, visto que, embora a sessão de julgamento se inicie num horário previamente aprazado, cada turma julgadora tem o seu estilo próprio. Assim, se um advogado pretende sustentar oralmente em prol do recorrente ou do recorrido, se, antes, forem julgados os recursos com pedidos de "preferências simples" (i. e., sem sustentação oral), deve o causídico aguardar a sua vez, transcorrendo, em certas ocasiões uma ou duas horas. É um absurdo! Muito mais desejável seria que houvesse um regulamento uniforme, minimizando esta insuperável e frequente perda de tempo.

Note-se que a intimação do autor será efetivada na pessoa de seu advogado (§ 3º).

O conciliador ou o mediador, desde que a Comarca tenha profissionais credenciados para exercer estas importantes funções, deverá participar necessariamente da audiência, norteando-se sempre pelo seu mister e pelos limites legais que lhe são impostos (§ 1º). Os mediadores e conciliadores devem, pois, atuar em consonância com os princípios fundamentais, traçados pela Resolução n. 125/2010 do Conselho Nacional de Justiça, ou seja, pela confidencialidade, informação, competência, imparcialidade, independência, autonomia e respeito à ordem pública.

Nada impede que a audiência de conciliação ou de mediação possa se desenrolar por mais de uma sessão, necessárias para a composição das partes, mas desde que não ultrapassem dois meses da data de realização da primeira sessão (§ 2º).

As partes devem estar acompanhadas de seus respectivos advogados ou de defensores públicos (§ 9º).

Aos litigantes é assegurado, pelo § 10, a constituição de representante, por meio de procuração que lhe outorgue poderes específicos, para interagir na negociação e, inclusive, chegar à transação. Imagine-se, por exemplo, uma demanda entre um particular e uma corretora de valores mobiliários, que verse sobre compra e venda de ações no mercado de capitais. Muitas vezes, somente quem possui *expertise* acerca das peculiaridades e do costume nesse ramo de negócios é que disporá de melhores condições para discutir a matéria com os representantes da corretora ré.

Avançando para a modernidade, o novo CPC, no art. 334, § 7º, permite que a audiência seja realizada por meio eletrônico, por certo, quando for justificável e houver disponibilidade técnica no juízo.

80. Conclusão da audiência

Alcançando as partes mútuo consenso, cujos limites poderão ser mais amplos – subjetiva e objetivamente – do que o objeto litigioso originariamente desenhado na petição inicial, nenhuma outra providência será exigida.

Como já ocorria sob a égide do Código revogado (art. 475-N, III), o atual § 2º do art. 515 admite que a autocomposição judicial abranja terceiros e matéria não deduzida pelo autor. É evidente que, para atingir a finalidade pretendida pelos transatores, vale dizer, plena eficácia, o terceiro (por exemplo: fiador) deve participar do acordo, manifestando expressamente a sua vontade, até mesmo por meio de procurador.

Resultando, pois, frutífera a conciliação ou a mediação, o juiz deverá então proferir sentença com resolução do mérito, nos termos do art. 487, III, *b*, do CPC.

A autocomposição da lide, obtida por meio de conciliação ou de mediação, reclama, assim, segundo dispõe o art. 334, § 11, necessária homologação por sentença do respectivo termo de transação (que também pode ser materializada em petição conjunta). Tal ato decisório consubstancia-se em título executivo judicial (art. 515, II).

Realizada a audiência, mas não se verificando qualquer entendimento entre as partes, ainda que parcial, a audiência será encerrada.

A partir desta data, segundo a regra do art. 335, I, inicia-se o prazo de 15 dias para o réu oferecer contestação.

81. Não realização da audiência de conciliação ou de mediação

Além da hipótese anteriormente aludida, qual seja, a de que não se designa audiência de conciliação ou de mediação quando o objeto da causa não o permitir, também restará frustrada a realização desse ato quando:

a) ambas as partes manifestarem, de modo expresso, desinteresse pela sua realização (§ 4º, I); e

b) havendo litisconsórcio ativo e/ou passivo, o desinteresse venha anunciado, igualmente de forma expressa, por todos os litisconsortes (§ 6º).

Observe-se que o autor, desde logo, já na petição inicial, *ex vi* do disposto no art. 319, VII, c/c o art. 334, § 5º, do CPC, tem o ônus de manifestar o seu interesse ou desinteresse pela realização da audiência.

O requerido, a seu turno, deverá fazê-lo, por meio de petição, oferecida, no máximo, com 10 dias de antecedência da data designada para a audiência.

Aduza-se que, na Comarca de São Paulo, tendo em vista a real impossibilidade de ser designada esta audiência em todas as causas que a comportam, visto que se colocaria em xeque o princípio da duração razoável do processo, os juízes, de um modo geral, deixam de designá-la desde logo, cabendo às partes, em conjunto ou não, requererem a sua realização.

82. Ausência injustificada: ato atentatório à dignidade da justiça

Traduzindo a inegável importância que o novo CPC atribui aos meios consensuais de resolução dos conflitos, o não comparecimento da parte à audiência de conciliação ou de mediação constitui, a teor do § 8º do art. 334, "ato atentatório à dignidade da justiça". E isto ocorrerá, dentro do espírito da lei, mesmo que o seu respectivo advogado e representante compareçam, dispondo de poderes específicos para transigir.

Configurado, portanto, como desrespeito à jurisdição, será cominada multa ao ausente de até 2% da vantagem econômica visada pelo autor ou do valor da causa, a critério do juiz, cujo montante será revertido em benefício da União ou do Estado, dependendo da jurisdição em que tenha curso o processo.

Tão grave se apresenta a sanção nesta hipótese que seria de todo prudente advertir as partes, seja ao ensejo da intimação do autor, seja na citação do réu, no sentido de que a sua ausência desmotivada na audiência de conciliação ou de mediação lhe acarretará sérias consequências.

Seja como for, frustrada a audiência pelo não comparecimento justificado ou injustificado de uma das partes, o prazo para o réu apresentar contestação inicia-se no primeiro dia útil após a data desse ato processual, ainda que não realizado (art. 335, I).

CAPÍTULO VI
DA CONTESTAÇÃO

83. Introdução: plenitude da bilateralidade da audiência

Ressalte-se que o vocábulo *contestação*, sob o ponto de vista técnico, não se identifica com o instituto da *litis contestatio*, que aparece tanto nas Institutas de Gaio quanto em vários fragmentos do Digesto.

À época do direito romano clássico, o processo se desenrolava primeiramente pela fase *in iure*, perante o magistrado, iniciando-se com a indicação da *actio* pelo autor (*edictio actionis*) e encerrando-se, após a nomeação do *iudex* e da redação da fórmula, com a *litis contestatio*, que se consubstanciava num comportamento processual das partes, dirigido a um escopo comum, qual seja, o compromisso de participarem do juízo *apud iudiciem* e acatarem o respectivo julgamento.

A *litis contestatio* igualmente não pode ser considerada o antecedente histórico das convenções de natureza processual, recém-introduzidas, de forma generalizada, no sistema processual brasileiro (art. 190 CPC).

KELLER, em clássica monografia dedicada à *litis contestatio* do período formular, considerou-a apenas como um momento ideal (*der ideelle Endpunkt*), conclusivo do procedimento *in iure*, por ato exclusivo do magistrado, que, por meio de um decreto (*iudicium dare*), concedia a fórmula.[248]

Em sentido contrário, WLASSAK,[249] a seu turno, passando em revista a teoria de KELLER, concluiu que a *litis contestatio* formular tinha por sujeito os litigantes; por objeto a fórmula; e por conteúdo, o acordo das partes.

Mais recentemente, PUGLIESE, manifestando-se sobre o assunto, ressaltou que não havia necessidade de que as partes estivessem de acordo: este, na reali-

---

248 *Ueber Litis Contestation und Urtheil nach classischen Römischen Recht*, 1827 (reimpr., Leipzig, 1969).
249 Die Litiskontestation im Formularprozess, *Festschrift B. Windscheid*, 1889.

dade, era tão só eventual, pois, com o decreto pretoriano, as partes estariam sujeitas aos termos da fórmula. Afirmou, ainda, não ser possível identificar a *litis contestatio* a um contrato, visto que os romanos jamais a classificaram como tal.[250]

A tendência da doutrina romanística mais moderna converge no sentido de que a *litis contestatio* não se consubstanciava num meio de defesa do réu, mas redundava num consenso progressivo, ao final do procedimento *in iure*, verificado entre os litigantes quanto ao objeto da fórmula, e que culminava com o *decretum* do pretor.

O escopo primordial da *litis contestatio* seria, portanto, o de fixar o ponto ou pontos litigiosos da questão, definindo os lindes da sentença a ser proferida pelo *iudex* e obrigando os litigantes a respeitá-la. A *litis contestatio* produzia a preclusão da ação, vedando-se, pela regra *bis de eadem re ne sit actio*, a propositura de outra demanda fundada na mesma relação jurídica precedentemente deduzida em juízo.

De qualquer modo, o princípio constitucional do contraditório – e o seu desdobramento na garantia do direito de defesa[251] – corresponde a um postulado considerado "eterno" e, mais do que qualquer outro, "encarna no seio das mais diferentes culturas jurídicas, dois mil anos de história processual".[252]

Realmente, nenhuma restrição de direitos pode ser admitida sem quem se propicie à pessoa interessada a produção de *ampla defesa* (*nemo inauditus damnari potest*), e, consequentemente, esta só poderá efetivar-se em sua *plenitude* com o estabelecimento da *participação ativa e contraditória* dos sujeitos parciais em todos os atos e termos do processo.

É o que, aliás, ampliando, explicitamente, tradicional regra de nosso ordenamento jurídico,[253] a atual Constituição Federal reitera no inciso LV do art. 5°: "aos litigantes, em processo judicial ou administrativo, e aos acusados

---

250 La *litis contestatio* nel processo formulare, *Rivista di Diritto Processuale*, p. 37.
251 Como já tive oportunidade de frisar (*Limites subjetivos da eficácia da sentença e da coisa julgada civil*, p. 106), a doutrina processual mais recente traça distinção entre contraditório e ampla defesa. Enquanto o contraditório é considerado um fenômeno estrutural e objetivo do processo, que se materializa no procedimento, pela participação das partes na formação da decisão judicial, o direito de defesa exprime a necessidade de uma defesa técnica (v., a respeito, ANDOLINA e VIGNERA, *Il modello costituzionale del processo civile italiano*, p. 153-154; *I fondamenti costituzionali della giustizia civile*, p. 173-175; e, na literatura pátria, por último, BEDAQUE, *Efetividade do processo e técnica processual*, p. 478-479).
252 Cf. HABSCHEID, *Introduzione al diritto processuale civile comparato*, p. 151.
253 A garantia do contraditório foi elevada ao plano constitucional, no Brasil, pela Constituição de 1946 (art. 141, § 25), tendo sido conservada na Carta de 1967, com a redação que lhe deu a Emenda n. 1, de 1969 (art. 153, § 16). Cf., a respeito, TUCCI e CRUZ E TUCCI, *Constituição de 1988 e processo*, p. 60 e segs.

em geral são assegurados o contraditório e ampla defesa, com os meios e recursos a ela inerentes".

O processo judicial, como instituição eminentemente dialética, em qualquer de suas vertentes, encontra-se sob a égide do princípio do contraditório. Não se faz possível conceber um processo unilateral, no qual atue somente uma parte, visando à obtenção de vantagem em detrimento do adversário, sem que se lhe conceda oportunidade para apresentar as suas razões. Se não deduzi-las, a despeito de ter sido convocado, sofrerá os ônus da inatividade, situação que lhe poderá ser fatal, embora não obrigatoriamente, como resultado inevitável. O contraditório, ademais, deve igualmente ser observado no desenvolvimento do processo, para que ambos os protagonistas, em franca colaboração com o juiz, possam efetivamente participar e influir no provimento final.[254]

Acrescente-se, com TARZIA,[255] que, garantindo aos sujeitos parciais uma equivalência nas respectivas posições, por eles assumidas, o contraditório sedimenta-se na possibilidade de atuação, não em momentos episódicos, mas traduzindo-se numa série sucessiva de opções, estratégias e reações, que tornam efetiva a mútua e ampla defesa. Nesse exato sentido, mais recentemente, assinalou LIONEL MINIATO que a "noção do princípio do contraditório refere-se igualmente a outros e sucessivos diálogos, além da pura contestação, que permitem, de idêntico modo, a defesa das partes e a verdade do julgamento".[256]

É por essa razão que FAZZALARI adverte: quando se consegue a participação no *iter* de formação de um provimento decisório daqueles que serão os seus destinatários, obtém-se uma evidente vantagem em termos de liberdade e de tutela dos interesses.[257]

---

254 V., nesse sentido, a precisa exposição de CARLOS ALBERTO ALVARO DE OLIVEIRA, Garantia do contraditório, in *Garantias constitucionais do processo civil*, p. 132 e segs.; O juiz e o princípio do contraditório, *Revista do Advogado da AASP*, p. 37, com a observação, lastreada em moderna orientação doutrinária alemã e italiana, de que a liberdade outorgada ao órgão jurisdicional de eleger a norma a ser aplicada, até mesmo independentemente de sua invocação pelo interessado, não dispensa a colheita de prévia manifestação das partes sobre os novos rumos a serem imprimidos à solução do litígio, em homenagem à regra do contraditório. No mesmo sentido: BEDAQUE, *Os elementos objetivos da demanda examinados à luz do contraditório*, Causa de pedir e pedido no processo civil (obra coletiva), coord. CRUZ E TUCCI e BEDAQUE, p. 21-22.
255 L'art. 111 Cost. e le garanzie europee del processo civile, in *Rivista di Diritto Processuale*, p. 11. V., expondo opinião análoga, VITTORIO COLESANTI, Principio del contraddittorio e procedimenti speciali, *Rivista di Diritto Processuale*, p. 583; SERGIO CHIARLONI, Il nuovo art. 111 Cost. e il processo civile, *Rivista di Diritto Processuale*, p. 1020-1021.
256 *Le principe du contradictoire en droit processuel*, p. 4.
257 La sentenza in rapporto alla struttura e all'oggetto del processo, *La sentenza in Europa* (obra coletiva), p. 316.

Revelando-se, enfim, no *direito de audiência*, a regra do contraditório faz-se ínsita à administração de uma justiça bem organizada, e exaltada, com razão, como a mais destacada dentre as garantias processuais, porque é aquela que permite a manifestação das duas partes (*Grundsatz des beiderseitingem Gehörs*): "Absolutamente inseparável da administração da justiça organizada, encontra igualmente expressão no preceito romano *audiatur et altera pars* e no provérbio alemão de época medieval: '*Eines mannes red ist keine red, der richter soll die deel verhoeren beed*' ('a alegação de um só homem não é alegação, o juiz deve ouvir ambas as partes')".[258]

O traço distintivo que realmente conota o processo judicial é o contraditório, cujo pressuposto básico é que ele se desenvolva num plano de absoluta paridade entre as partes. Paridade tem o significado de que todas as partes que atuam no processo devem dispor de oportunidades processuais preordenadas e simétricas. Segundo escreveu VINCENZO CAIANIELLO, presidente emérito da Corte Constitucional italiana, "na teoria do processo judicial, a isonomia das partes constitui precondição do contraditório, que, por sua vez, é a essência do processo".[259]

E esse raciocínio é válido, inclusive e obviamente, para as situações que comportam decisões *inaudita altera parte*, uma vez que, como explica GIUSEPPE MARTINETTO, elas ostentam o caráter de provisoriedade, abrindo-se ao outro sujeito parcial do processo, antes que se tornem definitivas, a possibilidade de pronta defesa. Na verdade, como já tive oportunidade de esclarecer, em tais hipóteses, de "contraddittorio posticipato" ou "diferito", a garantia da audiência bilateral não se delineia violada, mas, por certo, tão só adiada para um momento imediatamente sucessivo à formação do provimento judicial liminar, restaurando-se, com a eventual reação do destinatário da decisão, a garantia da defesa.[260]

A tal propósito, nota-se, de logo, que o novo CPC não descurou da moderna linha principiológica que advém do texto constitucional. Pelo contrário, destacam-se em sua redação inúmeras regras que, a todo momento, procuram assegurar o devido processo legal. Até porque os fundamentos de um diploma processual devem se nortear, em primeiro lugar, nas diretrizes traçadas pela Constituição Federal.[261]

---

258 Cf. ROBERT WYNESS MILLAR, The Formative Principles of Civil Procedure, in *A History of Continental Civil Procedure*, p. 6. V., nesse sentido, TUCCI e CRUZ E TUCCI, *Constituição de 1988 e processo*, p. 67-68.
259 Riflessioni sull'art. 111 della Costituzione, in *Rivista di Diritto Processuale*, p. 48.
260 Contraddittorio (principio del), *Novissimo Digesto Italiano*, 4, p. 459. Cf. CRUZ E TUCCI, *Ação monitória*, p. 58.
261 V., nesse sentido, LUIZ GUILHERME MARINONI e DANIEL MITIDIERO, *O Projeto do CPC: críticas e propostas*, p. 15.

E, assim, nesse contexto particular, devo dizer que a legislação processual projetada merece os maiores encômios.

No que concerne ao contraditório, o objetivo precípuo da Comissão de Juristas encarregada da redação do anteprojeto do CPC já é revelado na própria exposição de motivos, ao ser enfatizado, com todas as letras, que: "A necessidade de que fique evidente a harmonia da lei ordinária em relação à Constituição Federal da República fez com que se incluíssem no Código, expressamente, princípios constitucionais, na sua versão processual. Por outro lado, muitas regras foram concebidas, dando concreção a princípios constitucionais, como, por exemplo, as que preveem um procedimento, com contraditório e produção de provas, prévio à decisão que desconsidera da pessoa jurídica, em sua versão tradicional, ou às 'avessas'. Está expressamente formulada a regra no sentido de que o fato de o juiz estar diante de matéria de ordem pública não dispensa a obediência ao princípio do contraditório...".

Verifica-se, pois, que a garantia do contraditório vem expressamente contemplada, ou, ainda, de algum modo relacionada com os seguintes dispositivos do CPC: arts. 7º, 9º, 10, 99, 115, 148, 329, 350, 364, § 2º, 372, 432, 437, 457, § 3º, 493, parágrafo único, 503, 526, 722, 853, 869 e § 4º, 874 e 920, I.

Cumpre observar que a nova codificação abandonou a expressão "resposta do réu", preferindo simplesmente intitular "Da Contestação" o capítulo que inaugura a atividade defensiva do demandado, que, paradoxalmente, inclui a reconvenção.

A contestação que o réu tem o ônus de apresentar, em prol de sua defesa, constitui a expressão máxima do princípio do contraditório, assegurado a todo cidadão no art. 5º, LV, da Constituição Federal.

Como bem assevera CALMON DE PASSOS, "a audiência do réu não é algo que se lhe tenha deferido por generosidade ou liberalidade. Ela é uma exigência do interesse público na efetiva aplicação do direito legislado. Apresenta-se, portanto, a audiência do réu como interesse do próprio Estado enquanto legislador e enquanto juiz, no desempenho da função de tornar efetivo o comando por ele criado, quando desatendido pelos seus destinatários".[262]

84. Síntese da atuação defensiva

A nota marcante do CPC é a simplicidade, visando a eliminar situações que, sob a égide do diploma revogado, propiciavam a instauração de inúmeros incidentes.

Assim é que a resposta do réu, disciplinada nos arts. 335 a 343, concentra, na própria contestação, além das preliminares processuais e das defesas de

---

[262] *Comentários ao Código de Processo Civil*, p. 325.

mérito, a exceção de incompetência relativa, a reconvenção, a impugnação ao valor da causa, a impugnação à gratuidade da justiça e, ainda, se for o caso, a provocação de intervenção de terceiros.[263]

Esclarece, a propósito, MARIA LÚCIA LINS CONCEIÇÃO[264] que, "enquanto a incompetência absoluta pode ser conhecida de ofício pelo juiz e alegada a qualquer tempo pela parte, a incompetência relativa, e também a convenção de arbitragem – que é outra preliminar – são defesas sujeitas à preclusão, ou seja, se não forem alegadas pela parte em contestação, nem o juiz poderá delas conhecer *ex officio* nem os litigantes poderão vir a suscitá-las posteriormente (art. 337, §§ 5º e 6º)".

Com efeito, o mesmo art. 337 estabelece, de forma pontual, o rol das preliminares que podem ser arguidas na contestação, dispondo, outrossim, no § 5º, que: "Excetuadas a convenção de arbitragem e a incompetência relativa, o juiz conhecerá de ofício das matérias enumeradas neste artigo".

Quando suscitada a incompetência absoluta ou relativa, a teor do art. 340, a contestação poderá ser protocolizada no foro do domicílio do réu, circunstância "que será imediatamente comunicada ao juiz da causa".

Diante de absoluta impossibilidade material, parece-me evidente que esse expediente não se aplica ao processo eletrônico.

Seja como for, alegada a incompetência, absoluta ou relativa, preceitua o § 3º do art. 340, caso já designada, será suspensa a realização da audiência de conciliação ou de mediação. Vale aqui invocar o experiente ponto de vista de HEITOR SICA, no sentido de que essa regra poupa o réu de comparecer a uma audiência antes de ver apreciada a arguição de incompetência.[265]

Tenha-se presente, por outro lado, que os arts. 338 e 339 do CPC, quando arguida a ilegitimidade de parte passiva, autorizam o autor, no prazo de 15 dias, a substituir o réu, alterando-se a petição inicial.

Entendo que essa regra, claramente inspirada no princípio da instrumentalidade, tem enorme utilidade a evitar indesejada prolação de sentença sem resolução do mérito, com fundamento na carência fundada na ilegitimidade de parte.

Ademais, o art. 341 inspira-se no velho aforismo *da mihi factum dabo tibi ius*, impondo ao réu o ônus da impugnação específica dos fatos, sob pena de presumirem-se verdadeiros os argumentos não enfrentados na contestação.

O novel CPC eliminou a ação declaratória incidental com a finalidade de ampliar o âmbito da coisa julgada material. Preceitua, com efeito, o art. 503, § 1º, que a coisa julgada abrange a solução da questão prejudicial inciden-

---

263 V., a respeito, CLITO FORNACIARI JÚNIOR, A imensidão da contestação, *Tribuna do Direito*, set. 2015, p. 14.
264 A resposta do réu no CPC/2015, *Ideias e Opiniões*, Wambier Advocacia, p. 12.
265 *Breves comentários ao novo Código de Processo Civil*, p. 915.

tal, expressamente decidida na sentença. É um exemplo típico de que o dispositivo dessa decisão não estará, do ponto de vista formal, na parte final da sentença. Localizar-se-á, em regra, entremeado na motivação do ato decisório.

A coisa julgada material, em tal hipótese, irá se estender não apenas ao dispositivo atinente à questão principal, mas, igualmente, àquele que resolveu, expressa e incidentalmente, a questão prejudicial.

A opção legislativa adotada autoriza, portanto, que se decida também com força de coisa julgada determinada questão jurídica logicamente subordinante daquela que constitui a questão principal, como, por exemplo, o reconhecimento de união estável numa demanda em que se visa a partilha de bens comuns.

Anote-se, já sob outro enfoque, que, a exemplo do que ocorria no regime do velho CPC de 1939, a reconvenção deve ser deduzida no bojo da própria peça de contestação (art. 343, § 6º).

Não obstante, continua sendo preservada a autonomia da reconvenção em relação à demanda pendente, como se infere do § 2º do art. 343: "A desistência da ação ou a ocorrência de causa extintiva que impeça o exame de seu mérito não obsta ao prosseguimento do processo quanto à reconvenção".

Embora totalmente desnecessário, os subsequentes §§ 3º e 4º admitem a ampliação subjetiva (ativa e passiva) da demanda reconvencional, podendo ser ela ajuizada pelo réu e um terceiro em face do autor e, inclusive, de um terceiro.

É necessário, outrossim, ter muito cuidado com o início do prazo de 15 dias para a oferta de contestação, tanto no procedimento comum quanto nos procedimentos especiais. Nesse particular, o novo CPC é bem mais complexo.

Art. 335. O réu poderá oferecer contestação, por petição, no prazo de 15 (quinze) dias, cujo termo inicial será a data:

I – da audiência de conciliação ou de mediação, ou da última sessão de conciliação, quando qualquer parte não comparecer ou, comparecendo, não houver autocomposição;

II – do protocolo do pedido de cancelamento da audiência de conciliação ou de mediação apresentado pelo réu, quando ocorrer a hipótese do art. 334, § 4º, inciso I;

III – prevista no art. 231, de acordo com o modo como foi feita a citação, nos demais casos.

§ 1º No caso de litisconsórcio passivo, ocorrendo a hipótese do art. 334, § 6º, o termo inicial previsto no inciso II será, para cada um dos réus, a data de apresentação de seu respectivo pedido de cancelamento da audiência.

§ 2º Quando ocorrer a hipótese do art. 334, § 4º, inciso II, havendo litisconsórcio passivo e o autor desistir da ação em relação a réu ainda não citado, o prazo para resposta correrá da data de intimação da decisão que homologar a desistência.

CPC de 1973 – arts. 297 e 298

Comparação jurídica – art. 71 do NCPC francês; art. 167 do CPC italiano; art. 405 da LEC espanhola; art. 569º do CPC português; § 277 do ZPO alemão; art. 222 do SZO suíço

85. Início do prazo de contestação

Salta aos olhos que o cômputo do *dies a quo* do prazo para a oferta de contestação no regime do velho Código (art. 297) era bem mais simplificado. Agora, como o CPC valorizou, em muito, a audiência de conciliação ou de mediação, o início do prazo de contestação, sujeito a inúmeras variantes, merece toda a atenção do réu.

Cinco são as diferentes situações que demarcam a data de início do prazo de contestação, a saber:

a) da audiência de conciliação ou de mediação, desde que não se componham os litigantes, ou quando o ato não se realizar pela ausência de uma ou de ambas as partes;

b) do protocolo do pedido de cancelamento da audiência de conciliação ou de mediação oferecido pelo réu, pressupondo que as partes manifestem desinteresse pela realização de tal ato processual (art. 334, § 4º, I).

Nesse caso, o autor, já na petição inicial, deve declinar a sua disposição ou não pela designação da audiência; o réu, a seu turno, no prazo de 10 dias que antecedem a data marcada para a realização do ato (art. 334, § 5º);

c) havendo litisconsortes passivos, o prazo de contestação, de cada um deles, inicia-se na data de apresentação do respectivo pedido de cancelamento (art. 334, § 6º).

Todavia, mesmo em tal situação, o prazo será em dobro, desde que diferentes os procuradores dos litisconsortes, de escritórios de advocacia distintos (art. 229), salvo se o processo for eletrônico, no qual não se aplica a regra do prazo duplicado (art. 229, § 2º);

d) quando o objeto do processo não admitir autocomposição (art. 334, § 4º, II) e havendo litisconsórcio passivo, se o autor desistir da ação em relação a um réu ainda não citado, o prazo de contestação terá o seu início a partir da data de intimação da decisão homologatória da desistência; e

e) nas hipóteses de citação previstas no art. 231 do CPC, vale dizer: *i)* da data de juntada aos autos físicos ou digitais do aviso de recebimento, quando a citação se fizer por via postal; *ii)* da data de juntada aos autos do mandado devidamente cumprido, quando a citação for realizada por oficial de justiça; *iii)* da data da citação, quando for ela efetivada por ato do escrivão ou do chefe de secretaria; *iv*) do dia útil seguinte ao término da dilação fixada pelo juiz, quando a citação se der por edital; *v*) do dia útil seguinte ao acesso à ordem de citação, quando realizada por via eletrônica; e, por fim, *vi*) da data de juntada aos autos físicos ou digitais da carta precatória, rogatória ou de ordem (art. 232), desde que a citação tenha sido devidamente cumprida.

86. Prazo de contestação na hipótese de citação por via eletrônica

É certo que a citação por via eletrônica, prevista no art. 232, V, do CPC, que pode causar alguma perplexidade e insegurança, deverá ainda ser regulamentada, para atingir os seus objetivos de forma satisfatória. Lembro, nesse particular, que, à época em que foi alterado o art. 241 do CPC de 1973, conferindo preponderância à citação postal, houve muita celeuma entre os operadores do direito. Depois, colocada em prática, revelou-se um meio seguro, não se registrando hoje qualquer resistência à sua adoção. Tudo, pois, a seu tempo!

> **Art. 336.** Incumbe ao réu alegar, na contestação, toda a matéria de defesa, expondo as razões de fato e de direito com que impugna o pedido do autor e especificando as provas que pretende produzir.

CPC de 1973 – art. 300

Comparação jurídica – art. 167 do CPC italiano, art. 409 da LEC espanhola, art. 573º do CPC português, § 277 do ZPO alemão, art. 222 do SZO suíço

87. Generalidades

Estruturada de forma muito mais concentrada, a atividade defensiva do réu, por meio de contestação, no novo estatuto processual, abrange inclusive o pedido reconvencional.

Importa frisar, neste particular, que a fonte de inspiração de nosso legislador encontra-se seguramente no art. 573º do novo CPC português, o qual também determina: "Toda a defesa deve ser deduzida na contestação", inclusive a reconvenção (art. 583º).

Referindo-se a "toda matéria de defesa", o art. 336 reforça a ideia de que a defesa do réu se orienta pela denominada regra da concentração, significando que, assim como se impõe ao autor (art. 329), o réu tem o ônus de deduzir, de uma única vez, todos os seus argumentos visando a infirmar os fundamentos de fato e de direito deduzidos na petição inicial.

A peculiaridade primordial da contestação é, assim, a de opor à argumentação do adversário questões *in facto* e *in iure* sobre as quais se procura submeter à cognição do juiz da causa um contraste: contraste relativo à existência de determinados fatos e aos seus respectivos efeitos jurídicos, revelado mediante a contribuição prestada tanto pelo réu quanto pelo autor.[266]

Cumpre ter presente que, diferentemente de outras legislações processuais, em especial a alemã e a italiana, nas quais sempre predominou a liberdade das partes na apresentação de suas respectivas alegações, é da tradição do processo brasileiro a adoção da regra da eventualidade, impondo aos litigantes o dever de propor, em um mesmo momento, todos os meios de ataque e de defesa.

Como anota ENRICO TULLIO LIEBMAN, o nosso processo civil, fiel às suas origens, manteve dois postulados herdados do processo comum medieval: "o de uma ordem legal necessária das atividades processuais, como uma sucessão de estádios ou fases diversas, nitidamente separadas entre si; e o princípio da eventualidade, que obriga as partes a propor ao mesmo tempo todos os meios de ataque ou de defesa ainda que contraditórios entre si".[267]

Constitui esta técnica uma das mais importantes novidades do novo CPC, ao determinar que todo os argumentos de ataque e de defesa devem ser oferecidos de uma só vez, respectivamente, com a inicial e com a contestação, ainda que, sob a perspectiva lógica, possa haver certa perplexidade entre eles, *in eventum* que alguns sejam rejeitados, circunstância implicativa de que serão apreciados os demais. Precisamente sobre este ponto, destaca HEITOR SICA que, ao fixar uma única oportunidade para a arguição dos meios de toda a matéria de defesa, o nosso sistema continua obrigado a admitir a possível contradição entre um e outro determinado argumento, suscitados em caráter eventual, não se podendo cogitar de preclusão lógica entre eles.[268]

Verifica-se, pois, que o atual CPC recolheu, com extremo rigor, a regra da eventualidade. No que toca ao demandante, o art. 329, já examinado, traça as balizas do âmbito angusto no qual excepcionalmente vem admitida emenda da petição inicial. Tratando do tema em monografia específica, escreve HEITOR SICA: "Ao autor, a aplicação do princípio da eventualidade impõe que, ao deduzir a demanda, na petição inicial, fique ele adstrito aos termos lá propostos... o autor está impedido de pleitear depois o que não pediu na inicial".[269]

Igualmente para o réu ocorrerá preclusão consumativa, caso não exponha ele, na contestação, *toda a defesa* que tiver contra o processo e contra a pretensão que lhe foi dirigida.

---

266 Cf. BONA CIACCIA CAVALLARI, *La contestazione nel processo civile*, p. XV.
267 *Notas às Instituições de direito processual civil* de CHIOVENDA, p. 158, nt. 1.
268 *Breves comentários ao novo Código de Processo Civil*, p. 893.
269 *Preclusão processual civil*, p. 166. V., em senso análogo, MANOEL CAETANO FERREIRA FILHO, *A preclusão no direito processual civil*, p. 76; MILTON PAULO DE CARVALHO, Pedido novo e aditamento do pedido. O art. 194 do Código de Processo Civil na sua nova redação, in *Processo civil – evolução – 20 anos de vigência*, coord. CRUZ E TUCCI, p. 172.

Tudo isso significa que a regra da eventualidade, impondo um sistema rígido de preclusões, constitui pressuposto da teoria da substanciação, ao exigir para ambas as partes o exaurimento de suas razões, respectivamente, na petição inicial e na contestação.

Compreende-se, destarte, o determinismo imanente pelo qual, historicamente, os ordenamentos caracterizados por tal sistema preclusivo sempre adotaram um modelo processual no qual, estabilizado o objeto litigioso, não mais se afigura possível a sua alteração, a menos que ocorra algum fato superveniente, que possa influir no julgamento.

O réu, pois, não terá chance de fazê-lo posteriormente diante do dogma da estabilização da demanda, que se completa com a oferta da contestação e com a réplica do autor. Na verdade, segundo o disposto no art. 342 (que repetiu o art. 303 do CPC de 1973), depois da apresentação da defesa, o réu somente poderá invocar matéria nova em casos excepcionais.

88. Requisitos formais da contestação

Como antes frisado, a petição inicial é o instrumento técnico pelo qual o autor propõe a demanda e deduz o seu pedido de tutela jurisdicional. Deve ser redigida de forma clara, objetiva e precisa. De modo absolutamente simétrico com a investida do autor, é pela contestação que o réu apresenta a sua defesa em juízo. Exige-se, assim, que a peça de contrariedade seja elaborada atendendo aos seus respectivos requisitos.

Princípios elementares de deontologia forense sempre aconselham que o advogado do réu também utilize linguagem técnica e objetiva, sem o emprego de adjetivos desnecessários dirigidos ao demandante ou (jamais) ao seu procurador.

Em primeiro lugar, a contestação deve conter o endereçamento, sendo dirigida ao juízo no qual tramita o processo ou, na hipótese de arguição de incompetência relativa ou absoluta, poderá ela ser apresentada "no foro do domicílio do réu" (art. 340 CPC).

O nome das partes igualmente é relevante, quando nada para bem identificar a ação, sendo dispensável a sua respectiva qualificação.

Em seguida, deverá o réu cuidar de provocar, se for o caso, a intervenção de terceiros (denunciação da lide – art. 126 c/c o art. 131 – e chamamento ao processo – art. 131), e de arguir toda a matéria de natureza processual enumerada no art. 337 do CPC.

Já no que se refere à defesa propriamente dita, exigência lógica impõe ao réu observar estratégia temática na construção da sua argumentação, isto é, da *causa excipiendi*: devem ser arguidas, em preliminar, eventuais questões de natureza processual, para, em seguida, enfrentar-se a matéria referente ao mérito.

Note-se que as "razões de fato e de direito", a serem deduzidas pelo réu para impugnar o "pedido do autor", constituem requisito expressamente previsto no art. 336, que se destinam a justificar a resistência oferecida.

Por fim, como consequência inarredável da contrariedade defensiva, o réu formulará, na parte final da contestação, dependendo da linha de argumentação desenvolvida, o pedido de julgamento sem resolução do mérito e/ou de improcedência do pedido.

89. Natureza e classificação da matéria de defesa: "razões de fato e de direito"

Como o processo encerra dois planos com diferentes conteúdos – objeto formal e objeto material –, sob o aspecto jurídico, a contestação deverá ser elaborada numa sequência lógica, sendo que a matéria processual deve preceder a defesa atinente ao mérito.

Assim, num esquema hipotético, dependendo sempre da ação que lhe foi promovida, o réu pode deduzir:

a) defesa indireta processual;

b) defesa indireta de mérito; e

c) defesa direta de mérito.

89.1. Defesa indireta processual e prevalência da decisão de mérito

A argumentação direcionada contra o processo, de conteúdo meramente processual, é denominada "defesa indireta". É ela considerada indireta, porque tem por escopo impedir que o juiz conceda a tutela jurisdicional objetivada pelo autor, "mediante a inutilização do processo, ou seja, do meio, do instrumento de que ele se valeu, sem que se ofereça oportunidade para composição da lide, isto é, apreciação do mérito pelo juiz".[270]

Assinala, a esse respeito, HEITOR SICA[271] que os objetivos do réu, ao deduzir defesa de natureza processual, tendem a: *i)* evitar que o processo tramite de modo viciado (por exemplo: incompetência absoluta); *ii)* afastar (ou ao menos postergar) o exame do *meritum causae* (por exemplo: incapacidade processual ou postulatória); ou *iii)* apontar omissão ou irregularidade de algum ato processual a ser praticado pelo autor (por exemplo: prestar caução).

Esta defesa indireta, em forma de arguição preliminar, concerne, na maioria das hipóteses, ao juízo de admissibilidade da tutela jurisdicional, como se extrai do subsequente art. 337 do CPC, visando a tisnar os pressupostos

---

270 Cf. CALMON DE PASSOS, *Comentários ao Código de Processo Civil*, p. 327.
271 *O direito de defesa no processo civil brasileiro*, p. 72.

processuais de constituição e desenvolvimento válido do processo, ou, ainda, a arguir vício de forma de determinado ato processual. Deve ser ela suscitada no bojo da própria contestação.

Na verdade, procurando preservar a formação e a tramitação escorreita do processo, a lei processual estabelece determinadas exigências de natureza estritamente formal, que são, sob o ponto de vista técnico, denominadas pressupostos processuais.

Vale observar, com FREDIE DIDIER JÚNIOR, que a expressão consagrada – pressupostos processuais – merece algum reparo, "na medida em que *pressuposto* é aquilo que antecede o ato e se insere como elemento indispensável à sua existência jurídica, enquanto *requisito* é o que integra a estrutura do ato e concerne à sua validade intrínseca. No entanto, a dicção pressupostos processuais *lato sensu* considerada, engloba tanto os requisitos de validade como os pressupostos processuais *stricto sensu* (somente aqueles concernentes à existência do processo)".[272]

Há, portanto, duas ordens de pressupostos processuais – os de existência e os de validade do processo –, sendo certo que os primeiros devem coexistir para que este validamente se constitua e, destarte, exista; os demais, imprescindíveis se tornam para que, não obstante bem formado, possa o processo desenvolver-se regularmente até o momento da entrega da prestação jurisdicional pelo órgão competente.[273]

Com efeito, a coexistência destes pressupostos e de outras exigências marginais (impedimentos), mas também relevantes (por exemplo: qualificação das partes, atribuição correta do valor da causa, prestação de caução, recolhimento de custas inicias), evidencia que o processo se encontra formalmente em ordem para propiciar o resultado que dele se espera, isto é, a prolação de sentença de mérito.

Não há interesse algum, inclusive sob o ponto de vista sociológico, que o instrumento predisposto à asseguração da tutela jurisdicional do cidadão – o processo – esteja contaminado por alguma irregularidade – de maior ou menor gravidade –, que tenha a potencialidade de nulificar tudo quanto foi alcançado, em inúmeras ocasiões, muito tempo depois de a demanda ter-se iniciado.

Todavia, há situações nas quais a falta de um pressuposto processual ou qualquer outro defeito formal não prejudica a parte, porque esta, mesmo que inexistisse o vício, não poderia obter uma tutela jurisdicional mais favorável.

---

272 *Pressupostos processuais e condições da ação*, p. 105-106.
273 Cf. LAURIA TUCCI, *Do julgamento conforme o estado do processo*, p. 91.

O atual art. 282, § 2º, reproduzindo o art. 249, § 2º, do CPC de 1973, preceitua que não deve ser pronunciada a invalidade se o juiz vislumbrar que proferirá sentença de mérito em favor da parte que se beneficiaria do decreto de nulidade.

É isso que sucede sempre que faltar um pressuposto que protege o interesse do autor, mas o pedido puder ser julgado procedente, e, assim também, sempre que não se encontre preenchido um pressuposto favorável ao réu, mas o juiz possa julgar o pedido improcedente. Em qualquer destas situações, "o tribunal pode conhecer do mérito apesar da falta do pressuposto processual. Por exemplo: se falta capacidade ao autor, o tribunal pode proferir uma decisão de procedência, porque, mesmo que essa incapacidade fosse sanada, o autor não poderia obter uma tutela mais favorável; ainda que falte o interesse processual e ainda que, portanto, a ação seja inútil, o tribunal pode proferir uma decisão de improcedência, porque essa decisão sobre o mérito é a que melhor protege os interesses do réu demandado. A situação é, no entanto, diferente quando falta um dos pressupostos destinados a acautelar os interesses da parte e o tribunal não pode proferir uma decisão que lhe seja favorável. Admita-se, por exemplo, que o tribunal verifica que o réu é incapaz e que os elementos do processo permitem proferir uma decisão de procedência favorável ao autor; nesta situação, o tribunal não deve julgar o pedido procedente, porque não se encontra preenchido um pressuposto cuja finalidade específica é a proteção dos interesses do réu...".[274]

Qualquer óbice à resolução do mérito constitui circunstância de todo criticável, sobretudo quando o seu exame é relegado para uma fase adiantada do procedimento, pondo a perder atos processuais já aperfeiçoados, mas intrinsecamente viciados. E isso porque o acolhimento da defesa indireta, quando tardio, excetuando a hipótese de ausência de uma das condições da ação, determina a prolação de sentença terminativa.

Sobre esse tema, não se pode olvidar a existência de dois postulados que, em princípio, são opostos: o da segurança jurídica, exigindo um lapso temporal razoável para a tramitação do processo ("tempo fisiológico"), e o da efetividade deste, reclamando que o momento da decisão de mérito não se procrastine mais do que o tolerável ("tempo patológico"). Obtendo-se um equilíbrio desses dois regramentos – segurança/celeridade –, emergirão as melhores condições para garantir a justiça no caso concreto, sem que, assim, haja diminuição no grau de efetividade da tutela jurisdicional.

---

274 FERNANDO PEREIRA RODRIGUES, *O novo processo civil. Os princípios estruturantes*, p. 216-217.

89.2. Defesa indireta de mérito

Cumpre observar que, após a defesa de natureza processual – sempre num quadro hipotético –, o réu deve passar a enfrentar o objeto material do processo, deduzindo defesa indireta de mérito. Admitindo os fatos articulados na petição inicial e a sua consequência jurídica, opõe-lhe outros, impeditivos, modificativos ou extintivos do direito deduzido pelo autor. Este, por exemplo, ajuíza uma demanda cobrando uma determinada indenização e o réu, na contestação, entende que o respectivo débito realmente existe (confessa, portanto, a procedência da dívida), mas afirma que já foi ela totalmente quitada. Ora, como o pagamento constitui um dos modos de extinção das obrigações, o réu, embora admita a alegação que fundamenta a pretensão do autor, opõe contra ela um fato que a extingue.

Nesse caso, como sempre ocorre na argumentação defensiva indireta, o réu deixa incólumes os fatos narrados pelo autor, mas aduz outros, relevantes, que geram eficácia impeditiva ou extintiva do direito do demandante. Constitui ela defesa "indireta", visto que não se dirige aos fatos e fundamentos jurídicos declinados pelo autor, mas se baseia em outros fatos com eficácia extintiva ou impeditiva de sua pretensão; e, ainda, "de mérito", uma vez que, diferentemente da defesa indireta de natureza processual, ela vem deduzida contra a relação de direito material na qual se funda o direito do autor, portanto contra o objeto material do processo.[275]

Destaque-se que estes fatos extintivos ou impeditivos de natureza substancial são, em regra, caracterizados como exceções ou objeções.

Após esclarecer a imprecisão do significado técnico de "exceção", considerando os esquemas defensivos do réu, CHIOVENDA expõe, de forma didática, as três acepções daquela:

a) em sentido amplo, exceção significa qualquer meio de que o demandado se utiliza para justificar o pedido de rejeição da demanda: a simples negação da regularidade do processo e, ainda, do fundamento da causa;

b) em sentido menos amplo, exceção engloba toda a defesa de mérito que não diga respeito à simples negação do fato constitutivo afirmado pelo autor, mas à adição de um fato impeditivo ou extintivo que exclua os efeitos jurídicos do fato constitutivo deduzido pelo demandante (exemplo: exceção de simulação, de novação); e, por fim,

c) em sentido estrito, exceção em sentido próprio ou substancial compreende somente a contraposição ao fato constitutivo do direito do

---

275 Cf., ainda, em parte, CALMON DE PASSOS, *Comentários ao Código de Processo Civil*, p. 330.

autor, de fatos impeditivos ou extintivos que, de per si, não infirmam a ação, não podem ser conhecidos de ofício, a despeito de conferirem ao demandado o poder jurídico de anular a ação (por exemplo: exceção de incapacidade, de dolo, de erro).[276]

Sob tal ótica, pois, a exceção substancial deve ser considerada um contradireito perante a ação, e, por isso, um direito potestativo visando à anulação da ação; ou, mais precisamente, corresponde a um contradireito, no sentido de constituir um poder de anulação contraposto a outro direito, almejando simplesmente a rejeição da demanda neste fundada.

Todavia – adverte CHIOVENDA –, enquanto o réu não opõe a exceção, a ação existe e produz todos os seus efeitos. A necessidade de iniciativa do réu caracteriza a exceção em sentido próprio (*exceptio iuris, Einrede*), e, assim, a exigência de um ato dispositivo a fim de que o juiz possa dela conhecer: "quando uma exceção se funda num fato do qual nasce uma ação, não resta dúvida de que esta tem natureza substancial, e, portanto, um contradireito, que, como tal, não pode ser conhecido a não ser mediante atuação de seu titular".[277]

Abeberando-se na mesma doutrina, em conhecida e incensurável lição – ainda atualíssima –, CALMON DE PASSOS procura estabelecer o perfil conceitual e distintivo das aludidas formas de defesa, explicando que, enquanto as exceções não podem ser sobrelevadas pelo juiz, as objeções devem ser apreciadas *ex officio*. Assim, "exige-se para a exceção a oponibilidade do réu; dispensa a objeção a provocação das partes. Por força disso, a exceção é um verdadeiro contradireito do réu, que ele exercita com vistas a elidir as consequências jurídicas pretendidas pelo autor; a objeção é um fato que obsta, de modo absoluto, a concessão da tutela pretendida pelo autor e prescinde, para que isso ocorra, de qualquer manifestação de vontade do obrigado".[278]

Existem, na verdade, "fatos extintivos ou impeditivos que, embora provados nos autos, não impedem que o juiz prolate uma sentença favorável ao autor, podendo ele, portanto deixar de levá-los em consideração, por motivo de não terem sido alegados pelo réu. E assim agindo, o julgador não profere uma sentença injusta, no sentido de sentença que inova contra o direito. Outros fatos extintivos ou impeditivos existem, contudo, que, uma vez provados nos autos, reclamam a consideração do magistrado, sob pena de, desconhecendo-os, proferir um sentença injusta, por inovar contra o direito. No primeiro

---

276 *Principii di diritto processuale civile*, p. 272; *Instituições de direito processual civil*, v. 1, p. 334-335.
277 Cf. CHIOVENDA, *Principii di diritto processuale civile*, p. 273.
278 *Comentários ao Código de Processo Civil*, p. 341.

caso, diz-se que o fato extintivo ou impeditivo é uma exceção; e porque não determinando sua existência, necessariamente, obstáculo à prolação de uma sentença justa, reclama-se a iniciativa do interessado para que ele seja devidamente considerado pelo juiz, sob pena de estar violando o princípio dispositivo, que lhe impede tomar a iniciativa de tutela do interesse das partes. No segundo caso, cuida-se de uma objeção, porquanto sua existência impede a prolação de uma sentença favorável, que será sempre injusta (contrária ao direito), se não forem aqueles fatos levados em consideração pelo juiz, tenha ou não havido provocação do interessado".[279]

Desta prestigiosa doutrina ainda é extraída como exemplo, a título de defesa indireta de mérito, com natureza de exceção substancial, a compensação (modificação quantitativa do pedido), a qual, se não arguida pelo réu, nenhuma injustiça emerge da sentença; enquanto o pagamento (fato extintivo), que deve ser considerado de ofício pelo juiz, independentemente de ter ou não sido invocado pelo réu, ostenta a natureza de objeção de direito substancial. Nesta hipótese, se o juiz impuser condenação ao réu, "estará sentenciando injustamente, por atribuir ao autor um direito que não mais lhe assiste".

89.3. Defesa direta de mérito

Acrescente-se, por outro lado, que é considerada direta a defesa quando o réu impugna a própria existência do fato constitutivo ou das consequências extraídas pelo autor com fundamento neste fato. A defesa, em tal situação, é encetada, como se observa, contra a própria pretensão do autor e visa a desmontar os alicerces dos fundamentos de fato ou de direito fixados na petição inicial. Desse modo, na defesa direta o réu ou nega a existência do fato descrito pelo autor, empresta-lhe outra tipificação ou, ainda, infirma a procedência da consequência jurídica alvitrada na inicial.

Assim, pretendendo o autor a restituição do imóvel com base em contrato de comodato, o réu alega – e terá, por certo, que provar – que a sua posse lastreia-se em relação jurídica *ex locato*; ou, então, em outra situação, embora reconheça o fundamento deduzido na petição inicial, atribui-lhe diversa interpretação: o contrato de fato existe, mas a cláusula questionada desponta abusiva, vale dizer, não tem o alcance, a consequência jurídica, que o autor imagina.

90. Protesto pela produção de provas

O art. 336 exige ainda que o réu finalize a contestação especificando as provas que pretende ver produzidas para roborar os fatos que deduziu em prol

---

[279] Cf., ainda, CALMON DE PASSOS, *Comentários ao Código de Processo Civil*, p. 342-343.

de sua defesa, ou, ainda, de modo excepcional, para comprovar fato alegado pelo adversário, se outra for a distribuição do ônus da prova prevista em lei (art. 373, § 1º, do CPC).

Como já adiantamos ao escrever sobre este mesmo requisito reservado à petição inicial, é cediço que apenas depois de estabilizada a demanda é que as partes disporão de melhores condições para aquilatar quais fatos são realmente controvertidos e que, portanto, impõem a respectiva certificação por meio de um ou mais de um meio de prova.

Observa-se assim que, uma vez mais, esta determinação dirigida ao réu não tem sentido prático algum, até porque a especificação das provas, com a devida justificação para a sua produção, irrompe mais profícua apenas em momento processual ulterior, qual seja, aquele reservado ao saneamento do processo. Ademais, a teor do art. 370 do CPC, o juiz poderá determinar a produção das provas que entender pertinentes "ao julgamento do mérito".

91. Arguição de suspeição e de impedimento

Cumpre deixar claro que as antigas exceções instrumentais de suspeição e de impedimento não devem ser suscitadas na contestação. A teor do art. 146 do CPC, se o réu desejar arguir a parcialidade do juiz, por suspeição ou impedimento, deverá fazê-lo por meio de requerimento específico, a ser autuado em apartado, caso o magistrado não acolha de logo a respectiva alegação (art. 146, § 1º). Em situação alguma será determinada a suspensão do processo.

Não posso deixar de consignar, sobre este tema, o avanço do novo CPC, que finalmente inseriu (art. 145, I) entre as hipóteses de suspeição a amizade íntima ou a inimizade do juiz em relação a qualquer uma das partes ou de seus *advogados*.[280]

---

[280] Tive oportunidade de examinar esta importante e delicada questão em longo artigo sob o título "Do relacionamento juiz-advogado como motivo de suspeição", publicado há quase duas décadas (*RT*, 756/1998), no qual já defendia ser de todo conveniente a inserção, dentre as causas de suspeição arroladas no art. 135 do Código revogado, da amizade íntima ou da inimizade capital entre o juiz e um dos advogados. Observei então que o advogado e o juiz, que são homens como quaisquer outros, têm sentimentos profundos. A experiência realmente demonstra que a formação moral e cultural dos protagonistas da justiça culmina interferindo no exercício da profissão. Realmente, não são raras as ocorrências, em época contemporânea, que revelam as dificuldades que emergem do relacionamento entre o juiz e o advogado de uma das partes. É indiscutível que a amizade pessoal entre o causídico e o julgador não é, em muitas ocasiões, uma circunstância que possa ser útil ao cliente, "pois se o juiz é escrupuloso e possuidor de sólido caráter, tem tanto medo que a amizade possa inconscientemente induzi-lo a ser parcial em prol do cliente do amigo, que é naturalmente levado, por reação, a ser injusto contra ele". Para um

Art. 337. Incumbe ao réu, antes de discutir o mérito, alegar:

I – inexistência ou nulidade da citação;

II – incompetência absoluta e relativa;

III – incorreção do valor da causa;

IV – inépcia da petição inicial;

V – perempção;

VI – litispendência;

VII – coisa julgada;

VIII – conexão;

IX – incapacidade da parte, defeito de representação ou falta de autorização;

X – convenção de arbitragem;

XI – ausência de legitimidade ou de interesse processual;

XII – falta de caução ou de outra prestação que a lei exige como preliminar;

XIII – indevida concessão do benefício de gratuidade de justiça.

§ 1º Verifica-se a litispendência ou a coisa julgada quando se reproduz ação anteriormente ajuizada.

§ 2º Uma ação é idêntica a outra quando possui as mesmas partes, a mesma causa de pedir e o mesmo pedido.

§ 3º Há litispendência quando se repete ação que está em curso.

§ 4º Há coisa julgada quando se repete ação que já foi decidida por decisão transitada em julgado.

§ 5º Excetuadas a convenção de arbitragem e a incompetência relativa, o juiz conhecerá de ofício das matérias enumeradas neste artigo.

§ 6º A ausência de alegação da existência de convenção de arbitragem, na forma prevista neste Capítulo, implica aceitação da jurisdição estatal e renúncia ao juízo arbitral.

CPC de 1973 – art. 301

Comparação jurídica – art. 74 do NCPC francês; art. 167 do CPC italiano; art. 405 da LEC espanhola; art. 574º do CPC português; § 277 do ZPO alemão; art. 222 do SZO suíço

92. Generalidades

A defesa indireta, de natureza processual, que deve ser arguida na contestação como matéria preliminar, como já dispunha o art. 301 do diploma

---

juiz honesto – afirma CALAMANDREI –, "que tenha de decidir uma causa entre um amigo e um indiferente, é preciso maior força para dar razão ao amigo do que para lhe negá-la; é preciso maior coragem para ser justo, arriscando-se a parecer injusto, do que para ser injusto, ainda que fiquem salvas as aparências da justiça" (*Elogio dei giudici scritto da un avvocato*, p. 196-197).

revogado, vem agora enumerada, de forma exemplificativa, no art. 337 do CPC.

Na verdade, procurando preservar a formação e o desenvolvimento escorreito do processo, a lei processual estabelece determinadas exigências de natureza estritamente formal, que são, sob o ponto de vista técnico, denominadas pressupostos processuais.

A doutrina processual, com algumas diferenças conceituais de menor relevância, classifica os pressupostos processuais da seguinte forma: *a)* pressupostos processuais subjetivos: a.1) juiz (órgão dotado de jurisdição, competente e imparcial); e a.2) partes (com capacidade processual e com capacidade de postular em juízo); *b)* pressupostos processuais objetivos intrínsecos: b.1) petição inicial apta; b.2) propositura da ação; b.3) instrumento de mandato; e b.4) citação válida; e, ainda, *c)* pressupostos processuais objetivos extrínsecos, ditos negativos, que concernem à inexistência de circunstâncias impeditivas da formação do processo: c.1) ausência de perempção; c.2) ausência de litispendência; c.3) ausência de coisa julgada material; c.4) ausência de arguição de convenção arbitral; e c.5) ausência de comprovação do pagamento de custas e honorários pelo autor quando anteriormente condenado (art. 92 CPC).

Com exceção da convenção de arbitragem e da incompetência relativa, a falta destes pressupostos, que pode ser conhecida *ex officio* pelo juiz (arts. 337, § 5º, e 485, § 3º), implica, à luz do disposto no art. 485 do CPC, julgamento sem resolução do mérito.

Recorde-se que toda esta matéria pode ser apreciada, posteriormente, em qualquer tempo e grau de jurisdição (art. 485, § 3º).

Por fim, verificam-se algumas exigências que, se descumpridas, embora não comprometam a viabilidade da demanda, deverão ser implementadas para evitar incidentes no curso do processo, atrasando a sua marcha normal. A falta da prestação de caução ou a indevida concessão do benefício da gratuidade de justiça constituem defeitos de menor relevância.

93. Inexistência ou nulidade de citação (inciso I)

Como ato formal de comunicação ao réu do ajuizamento de ação judicial que lhe foi promovida, a citação – a velha e sempre necessária *in ius vocatio* da Lei das XII Tábuas – consubstancia-se num ato processual solene, revestido de formalidades próprias, qualquer que seja a modalidade legal empregada para a sua efetivação.

Os arts. 238 e segs. do CPC estabelecem, de forma minuciosa, as normas que regem o procedimento da citação, cuja higidez constitui pressuposto de validade do processo (art. 239). Ao dispor sobre a validade da citação, continua sendo adotada uma postura formalista, a fim de que sejam observadas as prescrições previstas em lei para validar o ato citatório, sob pena de nulidade (art. 280). Preteridas solenidades essenciais, a mácula nesse terreno é fulminante.

Tão grave é o vício de citação que os tribunais pátrios, ainda hoje, prestigiam memorável voto proferido há mais de 30 anos pelo Ministro MOREIRA ALVES, em julgado do Supremo Tribunal Federal, sustentando como única hipótese de cabimento da *querela nullitatis insanabilis*, em nosso ordenamento jurídico, exatamente a de citação inexistente ou nula, cujo ajuizamento não se subordina a qualquer prazo.[281]

Esta orientação, inclusive com supedâneo naquele referido aresto, veio recentemente sufragada no julgamento do Recurso Especial n. 1.358.931-PR, proferido pela 2ª Turma do Superior Tribunal de Justiça, da relatoria do Ministro MAURO CAMPBELL MARQUES, com a seguinte ementa: "1. A inexistência ou nulidade da citação correspondem a vícios insanáveis que, no entender da doutrina e da jurisprudência deste Tribunal Superior e do Supremo Tribunal Federal, podem ser apreciados a qualquer tempo, não se submetendo a prazo prescricional ou decadencial. Precedentes: REsp 1.449.208-RJ, rel. Min. Moura Ribeiro, rel. p/ acórdão Min. Ricardo Villas Bôas Cueva, 3ª T., DJe 27.11.2014; AR 569-PE, rel. Min. Mauro Campbell Marques, 1ª S., DJe 18.2.2011; REsp 1.015.133-MT, rel. Min. Eliana Calmon, rel. p/ acórdão Min. Castro Meira, 2ª T., DJe 23.4.2010; HC 92.569, rel. Min. Ricardo Lewandowski, 1ª T., DJe 25.4.2008; RE 96.374, rel. Min. Moreira Alves, 2ª T., DJ 11.11.1983. Desse modo, tanto a citação inexistente como a citação inválida (inquinada de nulidade absoluta) autorizam a propositura de ação anulatória com viés de *querela nullitatis*, a qual não se encontra sujeita a prazo de prescrição ou decadência".[282]

É reputado juridicamente inexistente o ato citatório quando lhe faltar requisito intrínseco, como, por exemplo, recair sobre pessoa diversa daquela que está sendo demandada, ou, ainda, quando a carta de citação tiver como destinatário pessoa certa, mas endereço equivocado. Considera-se, pois, despida de qualquer eficácia a citação na hipótese de ser dirigida contra réu já falecido. Nesse sentido, a 2ª Turma do Superior Tribunal de Justiça, no julgamento do Agravo Regimental no Recurso Especial n. 987.201-RJ, relatado pelo Ministro HUMBERTO MARTINS, decidiu que: "A relação jurídica processual só se constitui e validamente se desenvolve com a citação. Por conseguinte, a pessoa indicada como ré somente será parte no processo depois de regularmente citada. Se o executado faleceu antes do despacho de citação, mesmo

---

[281] STF, Pleno, RE 97.589-SC, v.u., *DJ*, 3/6/1983. V., a respeito, EDUARDO ARRUDA ALVIM, *Direito processual civil*, p. 280.
[282] M.v., *DJe* 1º/7/2015.

que venham a ser realizados os movimentos citatórios, nos termos do comando judicial, não há como se configurar perfeição do ato citatório na medida em que uma pessoa somente poderá ser citada se viva estiver. Trata-se de fato inadmissível juridicamente; portanto, a hipótese é de citação inexistente, pois nem sequer há falar em citação dos sucessores universais, uma vez que dessa hipótese o acórdão recorrido não trata".[283]

Seja como for, ainda que o chamamento do réu esteja visceralmente contaminado, processo sempre existe. Não há confundir, assim, a inexistência (*rectius*: invalidade) da citação com a pendência do processo. É verdade que, reconhecida a falha de citação, todos os atos processuais praticados a partir do momento em que o réu deveria intervir deverão ser reputados ineficazes, inclusive a sentença de mérito transitada em julgado. Assim, por exemplo, a citação nula poderá ser arguida na fase de cumprimento de sentença, por meio de impugnação, como, aliás, preveem expressamente os arts. 525, § 1º, I, e 535, I, do CPC.

Esclareça-se, outrossim, que a prática da advocacia contenciosa, mais do que casos reputados como de inexistência, depara-se, com maior frequência, com vício intrínseco de citação, que acarreta sua ineficácia. A convocação atípica do réu, que viola as formalidades prescritas no modelo legal, inquina o ato de nulidade.

É o que sucede, por exemplo, com a citação por edital prematuramente requerida e deferida, ao arrepio da letra do art. 256 do CPC.

Esclarece, a respeito, EGAS DIRCEU MONIZ DE ARAGÃO que geralmente a citação é pessoal, sendo exceção aquela, *ficta*, efetivada por meio de edital: "A regra geral, imperativa e multimilenar, é fazer-se a citação à própria pessoa do citando; apenas por exceção, tolera a lei que seja feita por editais, através dos quais supõe que a notícia chegue ao seu conhecimento".[284]

Nesse mesmo sentido, CÂNDIDO RANGEL DINAMARCO, em sua fundamental obra *Instituições de direito processual civil*, complementa, asseverando que: "A validade da citação depende de observância da modalidade citatória adequada, segundo o que a lei dispõe (via postal, mandado, hora-certa, edital, carta precatória, rogatória ou de ordem), bem como do modo como a citação adequada se processa e dos requisitos de lugar e tempo em que realizada. Depende também, para certos efeitos, da validade da própria petição inicial, que ela tem a missão de levar ao conhecimento do citando (especialmente para a constituição em mora e interrupção da prescrição)...".[285]

---

283 V.u., *DJe* 17/4/2008.
284 *Comentários ao Código de Processo Civil*, p. 278.
285 2, p. 54.

A jurisprudência tem se mostrado sensível a esse problema, lidando bem com a citação mal realizada. O Superior Tribunal de Justiça segue à risca a orientação acima referenciada, como se constata no julgamento proferido pela 2ª Turma, no Recurso Especial n. 657.739-MS, de relatoria do Ministro CASTRO MEIRA: "A citação editalícia, na execução fiscal, deve ocorrer quando frustradas as diligências citatórias realizadas por carta ou por mandado a ser cumprido por oficial de justiça. É nula a citação por edital, quando não foram envidados esforços e promovidas as diligências necessárias para a localização do devedor".[286]

Em alguns casos, verifica-se, outrossim, que a ausência de citação de todos os legitimados que deveriam integrar o processo (litisconsórcio necessário) acaba impondo o reconhecimento do defeito do ato, decretando-se a nulidade do processo *ab initio*.[287]

Não atingindo o seu objetivo, segundo preceitua o § 1º do art. 239 do CPC, o réu pode comparecer espontaneamente no processo, mesmo quando já superado o momento para oferecer contestação, tão somente para arguir vício de citação, sendo certo que a reabertura do prazo para apresentar defesa passará a fluir desta data. A mesma situação é replicada no âmbito do processo de execução.

Embora esta técnica seja mais simplificada do que aquela prevista no art. 214, §§ 1º e 2º, do CPC de 1973, continua sendo mais segura para o réu a

---

[286] V.u., *DJ* 21/11/2005.
[287] Contundente voto da Min. NANCY ANDRIGHI, da 3ª Turma do STJ, no julgamento do REsp 1.303.284-PR, v.u., *DJe* 13/5/2013, reconheceu a nulidade da citação em situação a esta análoga, textual: "Todavia, apesar da composição societária à época da propositura da demanda de dissolução, a ação foi direcionada pela recorrente contra o réu, como se sócio fosse, sem qualquer menção à empresa recorrida (fato que não é objeto de controvérsia nos autos da presente ação declaratória). Desse modo, o antigo sócio participou efetivamente por meio de oferecimento de contestação e dilação probatória; quedando-se inerte quanto à sua condição de ex-sócio. Nesse contexto, a ausência de citação da empresa recorrida, na qualidade de sócia da recorrente, confronta com os princípios constitucionais informadores da essência do sistema processual brasileiro: contraditório e ampla defesa, que na visão contemporânea do direito transcendem o mero conhecimento da ação. Desse modo, a ausência de participação, que acarreta a impossibilidade de consulta e de influência do recorrido na formação do livre convencimento do juízo por meio inclusive da produção de provas e contraprovas, inviabiliza de forma absoluta a manutenção da sentença de dissolução. Finalmente, como consignado no acórdão recorrido, os argumentos da recorrida de que a dissolução da empresa atingirá diretamente duas empresas por ela controladas, já que a empresa dissolvida detém 99% do capital social daquelas, possuem, em tese, força bastante para alterar a conclusão acerca do cumprimento do objeto social, ainda que diante da ausência de resultado financeiro momentâneo. Em suma, portanto, houve nulidade do processo de dissolução de sociedade, por ausência de citação e concreta violação ao devido processo legal".

estratégia de suscitar a nulidade da citação como matéria preliminar e, caso não lhe acarrete qualquer prejuízo, oferecer desde logo a contestação. Geralmente, nesta hipótese, a arguição do vício tem a exclusiva finalidade de justificar a tempestividade da defesa.

94. Incompetência relativa ou absoluta (inciso II)

Alterando, em boa hora, o tradicional regime biforme de arguição da incompetência, a nova codificação determina que tanto uma quanto outra, vale dizer, a incompetência absoluta ou a incompetência relativa pode ser arguida, por força do disposto no art. 64 do CPC, como "questão preliminar", na própria contestação, sem provocar, em qualquer uma das hipóteses, a suspensão do processo.

Reserva-se, contudo, à incompetência absoluta a prerrogativa de ser suscitável em qualquer tempo e grau de jurisdição, devendo ser conhecida de ofício pelo órgão jurisdicional (art. 64, § 1º).

A incompetência relativa, pelo contrário, caso não arguida pelo réu, é prorrogada (art. 65), ou seja, sedimenta-se o curso da demanda perante o juízo no qual aforada a ação.

Ampliando a regra revogada do parágrafo único do art. 305, o CPC prescreve, no art. 340, que, ao alegar a incompetência, absoluta ou relativa, o réu poderá apresentar a contestação no foro de seu domicílio. Neste caso, cabe ainda ao demandado informar "imediatamente", de preferência, por meio eletrônico, a prática do respectivo ato processual, ao juízo no qual pendente o processo.

Arguida a incompetência, absoluta ou relativa, preceitua o § 3º do art. 340, caso já designada, será suspensa a realização da audiência de conciliação ou de mediação.

94.1. Incompetência absoluta para julgamento da ação rescisória

Em nosso sistema processual, mesmo após a vigência do novo CPC, a despeito da inexistência de regra específica, a ação rescisória de acórdão, como demanda autônoma de impugnação, é de competência originária do tribunal que proferiu o julgado rescindendo.

BARBOSA MOREIRA, com muita acuidade, escrevendo sob a égide do diploma revogado, afirmava que: "do texto de vários dispositivos do capítulo *Do processo nos tribunais*, do CPC, dessume-se que o legislador concebeu como competente para ação rescisória, sempre, um *tribunal*, entendida aqui esta palavra no sentido de órgão colegiado, a que normalmente cabe o exercício da função jurisdicional em grau superior".[288]

---

[288] *Comentários ao Código de Processo Civil*, p. 201.

Tal compreensão a respeito desta questão decorre inclusive de posicionamento jurisprudencial convergente, já sedimentado no Superior Tribunal de Justiça.

Todavia, verifica-se certa imprecisão na prática, visto que, em algumas circunstâncias, o diagnóstico do conteúdo do julgado não é feito com a necessária atenção, implicando o ajuizamento equivocado da ação rescisória, perante tribunal incompetente.

Isso tem ocorrido, geralmente, quando o acórdão de mérito foi proferido pelo tribunal de origem e o litigante derrotado interpõe recurso especial dirigido ao Superior Tribunal de Justiça. Inadmitido este, maneja agravo regimental contra a respectiva decisão monocrática, que é julgado por órgão colegiado, produzindo um acórdão naquela instância superior. Desavisada, a parte interessada, cometendo flagrante atecnia, afora a ação rescisória perante o Superior Tribunal de Justiça, o qual não julgou mérito algum.

O mesmo se observa em sentido contrário, ou seja, a rescisória é ajuizada no tribunal de origem quando, na verdade, deveria atacar o acórdão do Superior Tribunal de Justiça, que examinou o mérito da causa, sendo, portanto, competente para julgar a rescisória.

Com efeito, extrai-se de entendimento manifestado pela 2ª Sessão do Superior Tribunal de Justiça, no julgamento da Ação Rescisória n. 2.821-SP, de relatoria do Ministro ANTONIO CARLOS FERREIRA, textual: "A ação rescisória não merece prosperar. O pedido formulado pelo autor diz respeito a julgado do (extinto) 2º Tribunal de Alçada Civil de São Paulo. No entanto, por ocasião do julgamento do Agravo Regimental no Recurso Especial n. 162.209-SP, a 3ª Turma do Superior Tribunal de Justiça, em acórdão de relatoria do Ministro Antônio de Pádua Ribeiro, não obstante ter mantido o entendimento do acórdão estadual, apreciou o mérito da controvérsia, reconhecendo a incidência da prescrição. Assim, a questão de mérito a ser impugnada por meio de ação rescisória encontra-se na decisão proferida por esta Corte e não no acórdão estadual. Na verdade, a presente ação não deveria ter sido ajuizada na Corte de origem, mas sim perante o Superior Tribunal de Justiça, por ter sido o último Tribunal a emitir pronunciamento de mérito a respeito da controvérsia...".[289]

Igualmente, em situação em tudo análoga, a 2ª Seção, no julgamento do Recurso Especial n. 718.502-PR, figurando como relator para o acórdão o Ministro JOÃO OTÁVIO DE NORONHA, decidiu que: "Proposta a ação rescisória perante o Tribunal de 2º grau na hipótese em que a competência originária para apreciação da respectiva ação é deste Superior Tribunal de Justiça, não é lícito à Corte local determinar a remessa do feito ao Superior Tribunal de

---

[289] V.u., *DJe* 16/10/2012.

Justiça; ao contrário, deve extingui-lo sem apreciação do mérito, com base no art. 267, IV, do CPC [de 1973]".[290]

Secundando esse mesmo raciocínio, *a contrario sensu*, acórdão da 3ª Seção, da lavra da Ministra MARIA THEREZA DE ASSIS MOURA, no julgamento da Ação Rescisória n. 3.851-MG, deixou assentado na respectiva ementa que: "1. Se a matéria tratada na ação rescisória não foi objeto de exame pela decisão rescindenda, da lavra de Ministro desta Corte, mas apenas pelo Tribunal Regional Federal da 1ª Região, incide no caso o disposto na Súmula 515 do Supremo Tribunal Federal, segundo a qual 'a competência para a ação rescisória não é do Supremo Tribunal Federal, quando a questão federal, apreciada no recurso extraordinário ou no agravo de instrumento, seja diversa da que foi suscitada no pedido rescisório'. 2. Inviável a remessa dos autos à Corte Regional, na medida em que houve erro no ajuizamento em razão da matéria, pois a inicial se insurge contra julgado equivocado, hipótese distinta daquela em que há mero erro na indicação do juízo competente. 3. Processo extinto sem resolução de mérito".[291]

Definitivamente, dúvida não pode haver de que, se o Superior Tribunal de Justiça, de um modo ou de outro, enfrenta o mérito da controvérsia no julgamento de agravo ou, em particular, de recurso especial, é de sua exclusiva competência funcional, portanto, absoluta, o conhecimento e o julgamento de ação rescisória visando à desconstituição do aresto que proferiu em tais situações.

Assim, omisso, nesse particular, o CPC revogado, se houver erro no direcionamento da ação rescisória, a orientação pretoriana que prevalece, como acima frisado, posiciona-se no sentido de indeferir, de ofício ou acolhendo arguição de incompetência absoluta suscitada pelo réu, o processamento da ação rescisória, fato que, em muitas circunstâncias, é fatal, porque já ultrapassado o biênio decadencial para o seu reajuizamento perante o tribunal competente.

Caracterizado por ser um diploma que deu significativa ênfase à prevalência do julgamento do mérito, o novo CPC interveio expressamente para conferir a esta importante questão tratamento mais técnico, racional e justo.

Realmente, dispõe o § 5º do art. 968 que: "Reconhecida a incompetência do tribunal para julgar a ação rescisória, o autor será intimado para emendar a petição inicial, a fim de adequar o objeto da ação rescisória, quando a decisão apontada como rescindenda: I – não tiver apreciado o mérito e não se enquadrar no § 2º do art. 966; II – tiver sido substituída por decisão posterior".

---

290 M.v., *DJ* 16/6/2006.
291 V.u., *DJe* 22/10/2010.

Embora não haja previsão expressa, o prazo a ser concedido para emenda da inicial deverá ser de 15 dias, por aplicação analógica do art. 321 do CPC.

Neste caso, depois de adaptada a petição inicial, em especial com a alteração do pedido de rescisão do ato decisório correto, abre-se vista ao réu para que este possa exercer o contraditório, aditando, se for o caso, a sua defesa (art. 968, § 6º, do CPC).

Em seguida, os autos serão remetidos ao tribunal que proferiu o julgado rescindendo, então competente para processar e julgar a ação rescisória (art. 968, § 6º).

Solução inteligente: preserva e sobrepõe o direito do jurisdicionado ao formalismo que gera indesejado prejuízo!

95. Atribuição incorreta do valor da causa (inciso III)

A toda causa deve ser conferido um valor certo, ainda que a demanda não tenha conteúdo econômico prontamente estimável (art. 291 CPC).

Desconsiderados os inúmeros critérios determinantes da fixação do valor da causa (art. 292), haverá incorreção deste requisito da petição inicial.

Segundo o disposto no § 3º art. 292, o juiz poderá corrigir "de ofício e por arbitramento" o valor atribuído à causa, "quando verificar que não corresponde ao conteúdo patrimonial em discussão ou ao proveito econômico perseguido pelo autor".

O réu, contudo, pode impugnar o valor da causa indicado na petição inicial, devendo fazê-lo na própria contestação, "sob pena de preclusão" (art. 293).

96. Inépcia da petição inicial (inciso IV)

Como procurei esclarecer nos comentários ao anterior art. 330 do CPC, múltiplos são os defeitos que inviabilizam o recebimento da petição inicial, sempre subordinada ao prévio controle judicial, antes mesmo de ser determinada a citação do réu.

Passando, todavia, ao largo do juiz da causa este grave defeito, é ônus do réu arguir a inépcia da inicial. O apontado art. 330 enumera as hipóteses que implicam o indeferimento da petição inicial, sendo a primeira delas a inépcia.

Configura-se a inaptidão da petição inicial para atingir a sua finalidade quando: *a)* não contiver causa de pedir ou pedido; *b)* o pedido for indeterminado; *c)* for incongruente a narração expendida pelo autor; ou *d)* houver incompatibilidade lógica entre a fundamentação e o pedido.

Acolhendo a arguição de inépcia formulada na contestação, o juiz, quando for possível, deverá determinar, em consonância com a regra do art. 321

do CPC, a emenda da petição inicial, respeitando-se as barreiras impostas pelo o art. 329, II, a menos que o réu manifeste expressa concordância com a adição mais ampla, implicativa de verdadeira modificação dos elementos objetivos da demanda.

Procede, nesse particular, a crítica lançada por HEITOR SICA a posicionamento pretoriano, corrente, aliás, que tem afastado a arguição de inépcia se o réu, de algum modo, consegue articular sua defesa. E isso porque nenhum demandado corre o risco de se limitar a apresentar contestação alegando exclusivamente o vício de inépcia da inicial.[292] Sempre haverá uma defesa, embora intrinsecamente insuficiente diante da falha argumentativa que exorna a petição inicial.

97. Perempção, litispendência ou coisa julgada (incisos V, VI e VII)

Inserida entre os pressupostos processuais objetivos intrínsecos, a constatação de perempção, litispendência ou coisa julgada material determina, de modo incontornável, julgamento sem resolução do mérito.

97.1. Perempção

Caso algum demandante abandone o processo por três vezes, nos termos do art. 485, III, do CPC, estará impedido de intentar nova ação, fundada em idênticos elementos objetivos (causa de pedir e pedido), em face do mesmo réu. A ação do autor é atingida pela perempção, impedindo-o de tomar a iniciativa da demanda.

O Poder Judiciário não pode se sujeitar a um estado tal de instabilidade gerada pelo autor que, por três vezes, provoca a jurisdição e deixa de conduzir o processo de um modo eficaz.

Ao arguir a perempção, o réu tem o ônus de comprovar as precedentes investidas do autor, baseadas na mesma argumentação fático-jurídica e da mesma pretensão.

97.2. Litispendência

O fenômeno da litispendência, a seu turno, consoante a imprecisa redação do art. 337, § 1º, do CPC, é certificado quando há reprodução de ação anteriormente ajuizada.

Inconcebível, pois, sob a perspectiva lógico-jurídica, a existência simultânea de dois processos entre as mesmas partes e que tenham o mesmo objeto. O art. 337, VI, confere ao réu a exceção de litispendência para o fim de evitar,

---

292 *Breves comentários ao novo Código de Processo Civil*, p. 900.

a um só tempo, a sobreposição de esforços dos integrantes do processo e, sobretudo, a contradição de decisões.

A operação lógica a ser desenvolvida pelo juiz, nestas situações, deve ter como ponto de partida o cotejo dos elementos da demanda anterior, ainda pendente, com os daquela sucessiva. Constatada a identidade dos *tria eadem*, partes, *causa petendi* e *petitum*, o processo da segunda ação não poderá prosseguir, impondo-se julgamento sem resolução do mérito.

Interessam à compreensão dessa temática os termos de julgado da 1ª Turma do Superior Tribunal de Justiça, proferido no Agravo Regimental no Agravo de Instrumento n. 1.423.063-DF, relatado pelo Ministro BENEDITO GONÇALVES,[293] no qual foi reconhecida a litispendência em virtude de ter sido detectada a identidade da pretensão deduzida pelo contribuinte por meio de dois diferentes meios processuais. Concluiu então a Turma julgadora que: "Há litispendência quando a pretensão consistir na repetição de indébito de tributo idêntico, mas por modos de pagamentos distintos, ou seja, em uma se pede a restituição via precatório e na outra, via compensação. Isso porque, nos termos do art. 66 da Lei 8.383/1991, havendo sentença que condena a Fazenda Pública a devolver um tributo pago indevidamente, o contribuinte pode, em vez do precatório, preferir a compensação".

Enfatiza, destarte, a 1ª Seção do Superior Tribunal de Justiça, no julgamento do Mandado de Segurança n. 3.569-DF, relatado pelo Ministro MILTON LUIZ PEREIRA, que: "Anotada a repetição, com igual finalidade, da causa de pedir e, identificadas as mesmas partes, ocorrente a litispendência, o processo deve ser extinto".[294]

Constatada a duplicação da demanda, e, assim, presentes em ambas os *tria eadem*, impõe-se ato decisório sem resolução do mérito do processo posterior, de ofício (§ 5º do art. 337 CPC) ou por provocação do réu, mediante arguição de litispendência.

97.3. Coisa julgada material

Análoga solução vem predeterminada pela lei, quando reconhecida coisa julgada material, formada em precedente processo idêntico, a impedir que sobrevenha nova decisão de mérito acerca de controvérsia já encerrada.

O demandado tem, assim, o ônus de produzir prova documental comprobatória da existência de idêntica ação precedentemente ajuizada, já extinta por sentença transitada em julgado.

---

293 V.u., *DJe* 29/6/2012.
294 V.u., *DJ* 5/12/1994.

Anote-se que, na esfera de direitos individuais homogêneos, reconhecida a improcedência do pedido, mesmo que por insuficiência de provas, numa precedente demanda, resulta vetado o ajuizamento de sucessiva ação lastreada no mesmo objeto (causa de pedir e pedido), por qualquer outra entidade legitimada, uma vez que haverá, nesse caso, identidade de parte ativa, a ensejar a prolação de sentença sem resolução do mérito com fundamento na existência de coisa julgada.

Como acima enfatizado, surge sério problema, que coloca em crise a segurança jurídica, quando se desconhece a anterior coisa julgada e outra sentença vem, em seguida, proferida em sentido oposto. Nesta indesejada situação, o art. 966, IV, do CPC prevê o cabimento de ação rescisória por ofensa à coisa julgada.

Rescinde-se, com efeito, a segunda coisa julgada, como entendeu a 3ª Seção do Superior Tribunal de Justiça, no julgamento da Ação Rescisória n. 4.297-CE, relatado pelo Ministro REYNALDO SOARES DA FONSECA: "Diante da inequívoca identidade entre as partes, bem como da mesma postulação e causa de pedir, configurada está a violação da coisa julgada material, no que toca à matéria posteriormente examinada no REsp 944.666-CE, razão pela qual o aresto exarado neste recurso especial deve ser rescindido".[295]

E isso, de fato, porque: "O Superior Tribunal de Justiça entende que, havendo conflito entre duas coisas julgadas, prevalecerá a que se formou por último, enquanto não desconstituída mediante ação rescisória".[296]

98. Conexão (inciso VIII)

O inciso VIII do art. 337 insere a conexão (e não a continência) no rol das matérias passíveis de serem arguidas como defesa preliminar na contestação.

A conexão de causas, contemplada pelo CPC (art. 55), determina a modificação da competência relativa (art. 54), com a finalidade de reunir duas ou mais demandas perante um único juízo para julgamento conjunto, excetuando-se o caso em que uma delas já tenha o seu pedido julgado (art. 55, § 1º), ou, ainda, naquele em que o respectivo procedimento esteja em fase já bem mais avançada em relação ao da outra, impossibilitando instrução conjunta.

Note-se que o art. 55 do CPC, análogo ao revogado art. 103, manteve o mesmo conceito estrito de conexão, e, por esta razão, certamente os tribunais continuarão a determinar a reunião de processos, ainda que não possuam o mesmo pedido nem a mesma causa de pedir.

---

295 V.u., *DJe* 29/9/2015.
296 2ª T., REsp 1.524.123-SC, rel. Min. HERMAN BENJAMIN, v.u., *DJe* 30/6/2015.

O art. 55, a despeito de ter mantido a velha definição, dilata, no respectivo § 3º, as situações nas quais se faz possível a modificação de competência, permitindo a reunião de processos para as hipóteses em que houver potencial risco de atos decisórios conflitantes ou contraditórios, "caso decididos separadamente, mesmo sem conexão entre eles".

Se a ação conexa estiver pendente perante outro juízo, a justaposição de processos somente se viabiliza quando o juiz que a determinar for competente *ratione materiae* para ambas as demandas, uma vez que apenas as competências em razão do valor e do território admitem prorrogação pela conexão.

Conquanto o juiz possa determinar, de ofício, a reunião de processos, em prol da economia e da preservação da harmonia de julgamentos, o réu também poderá requerê-la, por força de conexão, até mesmo em fase mais adiantada do processo, cuidando de comprovar a parcial identidade entre as demandas ou, até mesmo, a identidade da relação jurídica substancial.

Havia significativa celeuma, na vigência do CPC revogado, quanto à dúvida acerca da prevenção do juízo, dada a contradição então existente entre o enunciado dos arts. 106 e 209. Quem despachou primeiro? Em qual juízo foi realizada a citação com precedência?

Todavia, sob a égide do novo diploma processual, este problema foi sanado, porque entre os efeitos da citação válida não mais se arrola aquele de tornar prevento o juízo (art. 240). A conjugação dos arts. 58 e 59 do CPC, definitivamente, não deixa margem a qualquer discussão, ao preceituarem, respectivamente, que: "A reunião das ações propostas em separado far-se-á no juízo prevento, onde serão decididas simultaneamente"; e "O registro ou a distribuição da petição inicial torna prevento o juízo".

Desse modo, "se o processo em que a prevenção ocorreu é o que tem curso em outro juízo, no mesmo ou em outro foro, para ele são remetidos os autos, acolhida que seja a arguição. Se, por outro lado, a prevenção se consumou em favor do juízo em que tem curso o processo no qual a contestação se operou, oficia-se ao outro juízo, avocando-se o processo conexo".[297]

99. Incapacidade de parte, defeito de representação ou falta de autorização (inciso IX)

Para a existência e o desenvolvimento escorreito do processo, a lei impõe determinadas exigências de natureza estritamente formal, que são, sob o ponto de vista técnico, denominadas pressupostos processuais.

---

297 Cf. CALMON DE PASSOS, *Comentários ao Código de Processo Civil*, p. 363.

Há, portanto, duas ordens de pressupostos processuais — os de existência e os de validade do processo —, sendo certo que os primeiros devem coexistir para que este higidamente se constitua e, destarte, exista; e, os demais, imprescindíveis se tornam para que, não obstante bem formado, possa o processo desenvolver-se regularmente até o momento da entrega da prestação jurisdicional pelo órgão competente.[298]

Com efeito, a coexistência destes pressupostos evidencia que o processo se encontra formalmente em ordem para propiciar o resultado que dele se espera, isto é, a prolação de sentença de mérito.

O inciso VIII do art. 337, ora sob análise, cuida exatamente da ausência de pressupostos processuais subjetivos quando o réu verificar que há incapacidade da parte, defeito de representação ou falta de autorização.

A capacidade processual é a aptidão de toda pessoa ser parte (autor ou réu) e estar em juízo, vale dizer, encontrar-se em pleno gozo do exercício de seus próprios direitos perante o Poder Judiciário.

É plena a capacidade processual quando o seu titular puder exercer livremente os seus direitos (art. 70 CPC). Não obstante, há determinadas pessoas com capacidade processual restrita, situação na qual deverão ser representadas ou assistidas (art. 71).

Os entes públicos, as autarquias, as fundações, a massa falida, a herança jacente, o espólio e as pessoas jurídicas deverão ser representadas na forma do disposto no novo art. 75. Haverá vício de representação caso não observado esse preceito legal.

Assim sendo, se, por exemplo, o autor for absolutamente incapaz, porque menor de 16 anos, não se fazendo representar de forma adequada, o réu tem o ônus de arguir, na contestação, como matéria preliminar, a ausência de capacidade processual do demandante; ocorre o mesmo em relação à falta de capacidade postulatória ou de autorização para demandar.

Sendo detectada a incapacidade processual ou defeito na representação da parte, deverá ser determinada a suspensão do processo e concedido prazo razoável para que o vício possa ser sanado, inclusive no procedimento recursal pendente perante os tribunais superiores (art. 76 CPC).

A capacidade postulatória, a seu turno, refere-se à exigência de o autor estar representado por um advogado. Apenas este profissional é que está apto a procurar em juízo. Reza o art. 103 do CPC: "A parte será representada em juízo por advogado regularmente inscrito na Ordem dos Advogados do Brasil".

Com efeito, segundo o art. 1º, I, da Lei n. 8.906/1994 (Estatuto da Advocacia), a postulação perante qualquer órgão do Poder Judiciário, salvo raras

---

298 Cf. LAURIA TUCCI, *Do julgamento conforme o estado do processo*, p. 91.

exceções legais, constitui exclusiva prerrogativa do advogado, profissional, aliás, considerado essencial à administração da justiça (arts. 133 da CF e 2º do Estatuto).

O art. 4º do Estatuto da Advocacia preceitua, outrossim, que a ausência de capacidade postulatória enseja a nulidade do ato, quando este for privativo de advogado.

A despeito das inúmeras alterações importantes que têm ocorrido no âmbito das relações jurídicas familiares, nas demandas que versam sobre direitos reais imobiliários, o CPC, no art. 73, afinado com a regra do art. 1.647 do Código Civil, continua exigindo do litigante casado sob o regime da comunhão total ou parcial de bens consentimento uxório ou marital para litigar isoladamente, o qual inclusive é suprível por meio de sentença judicial (arts. 1.648 do CC e 74 e 501 do CPC), a ser obtido em processo de jurisdição voluntária (arts. 719 a 725 do CPC).

O outro exemplo clássico, igualmente invocado por HEITOR SICA[299] é o da exigência de prévia deliberação, tomada em assembleia geral (art. 159 da Lei n. 6.404/1976), para que a companhia possa ajuizar ação de responsabilidade civil em face de seus administradores.

100. Convenção de arbitragem (inciso X)

A convenção de arbitragem – que tem como espécies a cláusula compromissória e o compromisso arbitral – constitui óbice a que o tribunal estatal julgue o mérito da controvérsia. Eleita a arbitragem pelas partes, como meio adequado de solução de eventual conflito que possa surgir entre elas, irrompe o denominado efeito impeditivo ou negativo da respectiva convenção, que afasta o juízo estatal, derrogando a sua jurisdição, vale dizer, impede que este examine e proceda ao julgamento do *meritum causae.*

Coerente com a regra do novel art. 337, X, que impõe ao réu o ônus de arguir a existência de convenção arbitral, o § 5º do mesmo art. 337 e o inciso VII do art. 485 do CPC condicionam expressamente o acolhimento desse pressuposto processual negativo à existência de requerimento expresso do demandado. A omissão do réu, na contestação, quanto à existência de convenção de arbitragem implica aquiescência implícita da jurisdição estatal (art. 337, § 6º).

Com isso, o novo CPC eliminou de uma vez por todas a celeuma então existente quanto à viabilidade ou não de o juiz togado, havendo convenção arbitral, declinar a sua jurisdição de ofício (art. 485, § 3º).

Em suma, o reconhecimento da convenção arbitral e o consequente julgamento sem resolução do mérito será possível tão somente quando houver

---

[299] *Breves comentários sobre o novo Código de Processo Civil*, p. 903.

arguição pelo réu. Silente o réu em sua contestação, ocorrerá preclusão lógica e temporal, não podendo mais ser acolhida a *exceptio fori* que eventualmente venha ele alegar em momento posterior.

101. Falta de legitimidade ou de interesse processual (inciso XI)

Como já antes ressaltado, embora o direito de ação seja incondicionado, uma vez que garantido de forma irrestrita no art. 5º, XXXV, da Constituição Federal, nada impede que o legislador, a exemplo das exigências impostas à forma processual, estabeleça condicionantes sobre a ação, tendentes a evitar atividades processuais que conspirem contra o princípio da duração razoável do processo.

O novo CPC abandonou o emprego da expressão "condições da ação" e acompanhou a orientação doutrinária mais moderna, no sentido de reduzi-las a apenas duas: legitimidade *ad causam* e interesse processual.

Desse modo, aferida pelo juiz, sempre no plano do direito material, a ilegitimidade ativa ou passiva de um dos litigantes, vale dizer, quando não houver pertinência subjetiva entre a relação jurídica deduzida em juízo e pelo menos um dos participantes do contraditório, deverá ele, respeitada a regra do art. 10 do CPC, proferir sentença sem resolver o mérito.

O mesmo ocorrerá se for diagnosticada a ausência de interesse processual, ou seja, a desnecessidade objetiva do processo ou mesmo a sua inadequação para atingir o fim colimado pelo autor.

Na verdade, esse interesse qualificado revela-se: "quando, configurado o litígio, a providência jurisdicional invocada é cabível à situação concreta da lide, de modo que o pedido apresentado ao juiz traduza formulação adequada à satisfação do interesse contrariado, não atendido, ou tornado incerto".[300]

Embora podendo ser conhecida *ex officio*, já no limiar do processo, implicando o indeferimento da petição inicial, a falta de legitimidade ativa e/ou passiva pode ser arguida pelo réu em contestação. Caso reconhecida a ilegitimidade de uma das partes, não há nada que se possa fazer para contornar o óbice, ou seja, torna-se praticamente impossível alterar as partes depois de efetivada a citação. Note-se que a complementação posterior dos legitimados, em caso de litisconsórcio necessário, que pode ser determinada pelo juiz, não se confunde com a extromissão da parte do processo, para dar lugar a outro litigante.[301]

Todavia, se o demandado afirmar que é parte ilegítima, poderá valer-se da novidade agora inserida nos subsequentes arts. 338 e 339 do CPC, tendo o

---

300 José Frederico Marques, *Manual de direito processual civil*, p. 182.
301 Os arts. 261º e 318º do novo CPC português (Lei n. 41/2013) permitem a integração do litisconsórcio necessário até o encerramento da fase postulatória ("fase dos articulados").

ônus de indicar quem, em seu entender, deverá figurar no polo passivo da demanda.

Se o juiz não cuidou de examinar a ausência de interesse processual, cabe também ao réu argumentar, como matéria preliminar de defesa, que o autor não necessita vir a juízo para conseguir o que pretende pela via judicial,[302] ou então que o meio processual por ele escolhido não se delineia adequado.[303]

Tenha-se presente, por outro lado, que poderá, de fato, existir, no momento do ajuizamento da demanda, ilegitimidade de parte ou falta de interesse processual. Contudo, por força do art. 493 do CPC, podem ser implementadas, no curso do processo, tanto a *legitimatio* quanto, em particular, o interesse de agir, ou seja, se ausentes quando da propositura da demanda, mas preenchidas no curso do processo, sana-se qualquer vício em relação às denominadas condições de admissibilidade da ação.

Se, por exemplo, o autor ajuizar a ação de forma precipitada, não se dando conta de que a dívida não é ainda exigível, carece ele de interesse de agir, dada a manifesta ausência de necessidade. No entanto, se, mais tarde, mesmo que arguida na contestação a falta de interesse, quando o juiz for proferir a decisão de saneamento, a obrigação de pagar tiver chegado a termo, implementa-se tal condição da ação, passando a ter utilidade concreta a tutela jurisdicional almejada pelo demandante.

Trata-se, como facilmente se observa, de fato superveniente decisivo, que reclama consideração judicial, nos termos do suprarreferido art. 493.

102. Falta de caução ou de outra prestação imposta pela lei (inciso XII)

O inciso XII do art. 337 refere-se aos denominados impedimentos processuais, que nada mais são do que exigências marginais, atinentes a peculiaridades de certas situações verificadas no processo.

Tem-se, como exemplo clássico, aquela imposta pelo art. 83 do CPC: quando o autor da demanda, nacional ou estrangeiro, "residir fora do Brasil

---

302 Cf. STJ, 3ª T., AgRg no AREsp 368.360-RJ, rel. Min. João Otávio de Noronha, v.u., *DJe* 14/8/2015: "É manifesta a ausência de interesse de agir quando a pretensão da parte à proteção de sua posse foi acolhida nos termos do acórdão proferido pelo Tribunal *a quo*".

303 Cf. STJ, 4ª T., AgRg na MC 23.924-SP, rel. Min. Marco Buzzi, v.u., *DJe* 28/8/2015: "Examinando-se as razões da medida cautelar, patente é a ausência de interesse de agir dos agravantes porquanto pleiteiam a concessão de medida cautelar a fim de conferir efeito suspensivo a agravo em recurso especial interposto pela parte *ex adversa*, qual seja, o Banco Bradesco S/A, no sentido de suspender leilão previsto para ocorrer em fevereiro de 2015. Nesse contexto, diz o art. 3º, do CPC [de 1973], que, para 'propor ou contestar ação é necessário ter interesse e legitimidade', circunstância, *data venia*, inexistente na hipótese em comento".

ou deixar de residir, no país, ao longo da tramitação de processo", terá de prestar caução para, na eventualidade de ser derrotado, garantir o pagamento das verbas de sucumbência, caso não seja proprietário de bens imóveis suficientes para responder a tal obrigação.

Cabe, pois, ao réu arguir em sede de contestação o descumprimento pelo autor desta aludida determinação legal.

O mesmo ocorrerá na hipótese do art. 486, § 2º, do CPC, se o demandante, ao repropor ação idêntica, deixar de pagar as custas e honorários advocatícios relativos à ação anteriormente ajuizada, ultimada com sentença sem resolução do mérito (art. 486, § 2º).

Em todas estas situações, o autor deverá ser intimado na pessoa de seu advogado para suprir a falta. Inobservado o comando judicial, impõe o julgamento do processo sem resolução do mérito (art. 485, IV).

103. Indevida concessão do benefício da gratuidade de justiça (inciso XIII)

Os arts. 98 e 99 do CPC traçam, de forma criteriosa, as hipóteses e o procedimento para a concessão da gratuidade da justiça. Deferido o benefício, o réu poderá, como matéria preliminar de contestação, alegar que o respectivo deferimento em prol do autor é indevido.

Constata-se, de logo, que a novel legislação revogou o procedimento ditado pela antiga Lei n. 1.060/1950, que previa um verdadeiro incidente, em autos apartados, para a impugnação do direito à assistência judiciária.

Sendo agora objeto de contestação (art. 100), o autor terá oportunidade de se manifestar na réplica (art. 351) sobre esta questão, sendo certo que, na hipótese de acolhimento das razões do réu, isto é, da impugnação, o juiz deverá determinar que o autor recolha as custas iniciais devidas. Não acatada a ordem judicial, incide o comando do art. 485, IV, do CPC (julgamento sem resolução do mérito), podendo o réu, comprovada a sua má-fé, ser multado em valor equivalente ao décuplo das despesas processuais, que será revertido aos cofres da Fazenda Pública estadual ou federal (art. 100, parágrafo único).

> **Art. 338.** Alegando o réu, na contestação, ser parte ilegítima ou não ser o responsável pelo prejuízo invocado, o juiz facultará ao autor, em 15 (quinze) dias, a alteração da petição inicial para substituição do réu.
> **Parágrafo único.** Realizada a substituição, o autor reembolsará as despesas e pagará os honorários ao procurador do réu excluído, que serão fixados entre três e cinco por cento do valor da causa ou, sendo este irrisório, nos termos do art. 85, § 8º.
>
> *CPC de 1973 – sem dispositivo correspondente*
> *Comparação jurídica – sem correspondência*

104. Generalidades: correção do legitimado passivo

Inova o CPC no que se refere à arguição preliminar de ilegitimidade passiva deduzida pelo réu. Lembre-se que, sob o domínio do anterior regime processual, reconhecida a impertinência subjetiva no polo passivo da ação, *in status assertionis*, impunha-se a prolação de sentença terminativa, para evitar que o processo prosseguisse sem a mínima perspectiva de composição do litígio.

O novo art. 338 altera substancialmente esta improfícua solução. Com efeito, arguindo o réu, na contestação, a sua ilegitimidade ou a sua irresponsabilidade pelo prejuízo descrito na petição inicial – o que, diga-se de passagem, é a mesma coisa –, o juiz deverá possibilitar ao autor a *mutatio libelli*, isto é, a modificação subjetiva da demanda, para providenciar a substituição do demandado. Reconhecida a incorreção e aceita, pelo autor, no prazo de 15 dias, a indicação feita pelo réu, será ele extrometido do processo, diante do manifesto reconhecimento explícito de sua ilegitimidade passiva.

Sem embargo da possibilidade de haver, antes da citação, alteração do polo passivo por determinação judicial, descortina-se, na verdade, deveras pragmática esta solução legislativa, que, sem dúvida, traz notável efetividade e economia processual.

Observe-se, contudo, que o "novo réu" será citado e, assim, passará a integrar o processo após a oportunidade de realização da audiência de conciliação e mediação. Visando a que seja cumprido um dos princípios gerais do CPC, que é exatamente o de robustecer a solução consensual dos litígios (art. 3º, §§ 2º e 3º), Heitor Sica sugere, com acerto, ser razoável que o juiz consulte as partes acerca da disposição para a realização de uma "nova" audiência de conciliação ou de mediação.[304]

105. Responsabilidade do autor pela sucumbência

Tendo-se equivocado por ocasião do ajuizamento da ação, visto que imaginara ser outro o sujeito obrigado no plano do direito material, o autor naturalmente deverá responder, nos termos dos arts. 85 e 338, parágrafo único, do CPC, pelo reembolso das custas e dos honorários advocatícios.

O parágrafo único do art. 338, procurando evitar distorções, já se adianta para estabelecer a verba honorária do advogado do réu trocado, no percentual entre 3% e 5% do valor da causa. Sendo essa soma considerada aviltante, deverá ser fixada de forma equitativa (art. 85, § 8º).

Entendo, contudo, que a mesma regra, *a contrario sensu*, é de ser aplicada quando o patamar legal recair sobre valor de causa que tenha expressão patrimonial incomum, situação em que mesmo o percentual mínimo de 3% pode

---

304 *Breves comentários ao novo Código de Processo Civil*, p. 913.

muito bem atingir quantia exagerada (às vezes, milhões de reais), mostrando-se incondizente, sob todos os critérios previstos no art. 85, § 2º, do CPC, com o trabalho profissional realizado pelo advogado do réu extrometido do processo.

> **Art. 339.** Quando alegar sua ilegitimidade, incumbe ao réu indicar o sujeito passivo da relação jurídica discutida sempre que tiver conhecimento, sob pena de arcar com as despesas processuais e de indenizar o autor pelos prejuízos decorrentes da falta de indicação.
> **§ 1º** O autor, ao aceitar a indicação, procederá, no prazo de 15 (quinze) dias, à alteração da petição inicial para a substituição do réu, observando-se, ainda, o parágrafo único do art. 338.
> **§ 2º** No prazo de 15 (quinze) dias, o autor pode optar por alterar a petição inicial para incluir, como litisconsorte passivo, o sujeito indicado pelo réu.

CPC de 1973 – sem dispositivo correspondente
Comparação jurídica – sem correspondência

106. Generalidades

O art. 339, de forma um tanto redundante, encontra-se absolutamente engastado com o precedente art. 338, cuja exegese deve ser feita de modo conjugado.

Assim, em complementação, arguida a ilegitimidade passiva na defesa que apresentar, o réu tem o ônus do indicar quem, em seu entender, é que deve ocupar a posição de legitimado no seu lugar, porque "sujeito passivo da relação jurídica discutida".

É certo que, em algumas situações, digamos, juridicamente mais complexas, tal nomeação não constitui tarefa fácil, uma vez que pode muito bem ser imprecisa, como, aliás, equivocara-se o próprio autor.

Por esta razão é que tudo aqui se passa sob o efetivo controle judicial. É ao juiz, na verdade, que cabe a última palavra.

Cumpre observar que o réu, ao proceder de conformidade com o *caput* do art. 339, somente terá o ônus de indicar o sujeito passivo obrigado "sempre que tiver conhecimento, sob pena de arcar com as despesas processuais e de indenizar o autor pelos prejuízos decorrentes da falta de indicação", o que significa que, embora arguindo a sua própria ilegitimidade, se não souber quem deva figurar no polo passivo, não será responsabilizado a indenizar qualquer dano porventura experimentado pelo demandante.

107. Opções oferecidas ao autor

Diante de tal contexto, considerando-se, outrossim, as regras dos §§ 1º e 2º do art. 339, o autor, no prazo de 15 dias, pode escolher uma entre quatro distintas situações, a saber:

a) recusa a indicação feita pelo réu, ficando mantido o demandado no polo passivo, por sua conta e risco;

b) aceita a indicação do réu, providenciando, no prazo suplementar de 15 dias, a emenda da petição inicial para substituir o demandado. Arcará, ainda, com a sucumbência, nos termos do parágrafo único do art. 338;

c) aceita a argumentação de *ilegitimatio ad causam* suscitada pelo réu, mas despreza o sujeito por ele indicado. Nesta hipótese, o autor cuida de emendar a inicial, substituindo o réu originário por outra pessoa, que, em seu entender, depois dos fatos revelados na contestação, deve responder à demanda. Aqui também o demandante deverá ser responsabilizado pela sucumbência em prol do réu originário (custas) e de seu respectivo advogado (honorários), a teor do parágrafo único do art. 338; ou, por fim,

d) aceita parcialmente a indicação do demandado, providenciando, no prazo suplementar de 15 dias, a emenda da petição para incluir, como litisconsorte passivo do réu, a pessoa por ele indicada.

> **Art. 340.** Havendo alegação de incompetência relativa ou absoluta, a contestação poderá ser protocolada no foro de domicílio do réu, fato que será imediatamente comunicado ao juiz da causa, preferencialmente por meio eletrônico.
>
> **§ 1º** A contestação será submetida a livre distribuição ou, se o réu houver sido citado por meio de carta precatória, juntada aos autos dessa carta, seguindo-se a sua imediata remessa para o juízo da causa.
>
> **§ 2º** Reconhecida a competência do foro indicado pelo réu, o juízo para o qual for distribuída a contestação ou a carta precatória será considerado prevento.
>
> **§ 3º** Alegada a incompetência nos termos do *caput*, será suspensa a realização da audiência de conciliação ou de mediação, se tiver sido designada.
>
> **§ 4º** Definida a competência, o juízo competente designará nova data para a audiência de conciliação ou de mediação.

CPC de 1973 – art. 305
Comparação jurídica – sem correspondência

108. Generalidades

Foi destacado, em anterior comentário, que a nova codificação passou a admitir a arguição de incompetência absoluta e de incompetência relativa como "questão preliminar", na própria contestação, sem provocar, em qualquer uma das hipóteses, a suspensão do processo (art. 64 CPC).

Mais ampla do que a disposição do parágrafo único do art. 305 do CPC de 1973, a regra em apreço autoriza o réu, ao alegar a incompetência, absoluta ou relativa, a apresentar a contestação no foro de seu domicílio. Neste caso, compete ainda ao demandado informar, sem delongas, de preferência, por meio eletrônico, a prática do respectivo ato processual, ao juízo no qual pendente o processo.

Antes mesmo que o atual diploma processual entrasse em vigor, a doutrina, de um modo geral, já tecia críticas à redação, deveras genérica, do § 1º do art. 340, uma vez que não elucida, com suficiente clareza, o destino da contestação, na hipótese de arguição de incompetência absoluta *ratione personae*, ou seja, quando a demanda, embora ajuizada perante a justiça estadual, é da competência da justiça federal. É verdade que esta situação dificilmente ocorrerá na praxe forense.

Ademais, protocolizada em outro foro, a contestação será livremente distribuída. Caso o réu tenha sido citado por meio de carta precatória, determina o § 1º do art. 340 a juntada da contestação aos autos desta, que deverão ser remetidos ao juízo perante o qual foi ajuizada a demanda para que possa ser examinada a respectiva arguição. Nesta hipótese, a contestação é distribuída por dependência ao juízo que determinou o cumprimento da carta precatória.

Acolhida a arguição de incompetência, torna-se prevento o juízo em que distribuída a contestação ou a carta precatória.

Observe-se, ainda, que todo o procedimento descrito no *caput* e no § 1º do art. 340 aplica-se apenas aos processos físicos. Na realidade, revela-se aquele absolutamente inútil no âmbito do processo eletrônico, uma vez que a contestação será apresentada por meio digital, sem a necessidade, como é evidente, de sua remessa de um a outro juízo.

109. Suspensão e redesignação da audiência de conciliação ou de mediação

Arguida a incompetência, absoluta ou relativa, preceitua o § 3º do art. 340, caso já designada, será suspensa a realização da audiência de conciliação ou de mediação.

Evita-se, pois, que o ato se realize perante juízo incompetente.

Firmada a competência, seja no juízo originário, seja no novo juízo, se o objeto do processo admitir autocomposição, caberá a designação de nova data para a audiência de conciliação ou de mediação.

> **Art. 341.** Incumbe também ao réu manifestar-se precisamente sobre as alegações de fato constantes da petição inicial, presumindo-se verdadeiras as não impugnadas, salvo se:
> **I** – não for admissível, a seu respeito, a confissão;
> **II** – a petição inicial não estiver acompanhada de instrumento que a lei considerar da substância do ato;

III – estiverem em contradição com a defesa, considerada em seu conjunto.

Parágrafo único. O ônus da impugnação especificada dos fatos não se aplica ao defensor público, ao advogado dativo e ao curador especial.

CPC de 1973 – art. 302

Comparação jurídica – art. 574º do CPC português

110. Generalidades: ônus da impugnação especificada dos fatos

O autor, ao elaborar a petição inicial, para justificar o pedido, deduz geralmente, além do fundamento jurídico, inúmeros fatos constitutivos de seu direito. São estes os fatos que cabe ao réu impugnar. Assim como se extraía do parágrafo único do revogado art. 302, nota-se que o próprio novo texto legal – art. 341, parágrafo único – atribui ao réu o ônus da impugnação especificada dos fatos.[305]

Constituindo o ajuizamento da demanda fonte de expectativa para os litigantes, uma vez que ambos têm, realmente, direito à obtenção de pronunciamento judicial, favorável ou não, segundo a posição processual de cada um, ao réu é assegurado um "contradireito", consistente no *ius excipiendi*. Enquanto o réu não opõe exceção – aduz CHIOVENDA –, a ação existe e produz todos os seus efeitos. Esta se encontra "in un stato analogo a quello di ogni diritto soggetto ad una impugnativa, cioè in uno stato di pendenza; il quale si risolve a favore dell'azione quando l'eccezione non è fatta valere; si risolve contro l'azione caso contrario".[306]

Na verdade, o fundamento da contrariedade oposta pelo demandado tem sua *causa proxima* ou fundamento jurídico gerado pelo amplo direito de defesa que a ordem jurídica garante a todos aqueles que sofrem ataque ou ameaça aos seus interesses pela ação do demandante, e que decorre dos regramentos da isonomia e do contraditório; a *causa remota* do *ius excipiendi*, a seu turno, consubstancia-se no fato desconstitutivo do direito do autor, ou no fato ou estado de fato contrário ao direito, ou resultante de evento da natureza, pelo réu afirmado na defesa. Desse modo, "enquanto a *causa petendi* é o elemento em que se funda a ação do autor, a *causa excipiendi* é o elemento em que se embasa a defesa do réu, eis que esta se coloca no contexto do processo como o *contraposto negativo* do direito e dos fatos afirmados pelo autor".[307]

---

305 Ônus não se confunde com obrigação. O réu não tem o dever ou a obrigação de impugnar os fatos deduzidos pela outra parte, mas sim o ônus de fazê-lo. Trata-se de uma faculdade que o demandado tem, e, caso não seja implementada, poderá acarretar-lhe prejuízo.

306 *Principii di diritto processuale civile*, p. 272.

307 CARLOS SILVEIRA NORONHA, *A causa de pedir na execução*, p. 28.

A lei impõe ao demandado o ônus da impugnação especificada dos fatos narrados na petição inicial. Confere-se aí oportunidade (única, a teor do art. 342) ao réu para rebater a *causa petendi*. Na ausência de contestação explícita acerca de algum fato, salvo as hipóteses arroladas nos incisos I a III e parágrafo único do art. 341, será ele presumido verdadeiro.

Esta tarefa do demandado, quando da elaboração de sua contestação, deve ser cumprida à risca, como consequência do velho adágio: *da mihi factum dabo tibi ius*. O desatendimento de tal ônus pode ser fatal, uma vez que, ao formar a sua convicção, o juiz presumirá verdadeiros os fatos não impugnados, porque se tornaram incontroversos, observadas as exceções previstas no próprio art. 341 do CPC.

Note-se que a presunção de veracidade descortina-se *iuris tantum*, exatamente como se verifica no âmbito da revelia, podendo ser elidida se "a petição inicial não estiver acompanhada de instrumento que a lei considere indispensável à prova do ato" (art. 345, III), ou se "as alegações de fato formuladas pelo autor forem inverossímeis ou estiverem em contradição com prova constante dos autos" (art. 345, IV).

Impugnar especificamente significa que o réu deve enfrentar, de modo particularizado, cada fato que se prestou a individualizar a *causa petendi*. Se o fato constitutivo posto pelo autor não foi infirmado, de forma expressa, presume-se tenha sido ele admitido pelo réu. E, nesse particular, a regra do art. 341 encontra-se em perfeita simetria com o art. 374, II e III, do CPC, ao dispor que não dependem de prova os fatos "afirmados por uma parte e confessados pela parte contrária"; e, ainda, aqueles "admitidos no processo como incontroversos".[308]

O art. 574º, 1, do novo CPC português, que entrou em vigor em 1º de setembro de 2013, contempla igualmente o "ônus da impugnação", determinando que: "Ao contestar, deve o réu tomar posição definida perante os factos que constituem a causa de pedir invocada pelo autor".

Não se pode cogitar, portanto, em situações normais, de contestação por negação geral, que será ineficaz, diante do enunciado claro do *caput* do art. 341, não se prestando, como é evidente, a afastar a presunção de veracidade.

Aduzem, a propósito, NELSON NERY JÚNIOR e ROSA NERY[309] que, nos domínios do processo civil contencioso, é vedada a contestação genérica, isto é, por negação geral. Atendo-se ao princípio do ônus da impugnação especi-

---

308 Cf., nesse sentido, HEITOR SICA, *Breves comentários ao novo Código de Processo Civil*, p. 916.
309 *Comentários ao Código de Processo Civil*, p. 942; *Código de Processo Civil comentado e legislação extravagante*, p. 688.

ficada, cabe ao réu impugnar um a um os fatos articulados pelo autor na petição inicial. Inadimplindo o ônus, deixando de impugnar um fato, será revel quanto a ele, incidindo os efeitos da revelia.

Saliente-se, por outro lado, que, havendo litisconsórcio passivo, se um dos réus enfrentar o conjunto fático no qual se baseia a pretensão do autor, ou seja, adimplir o ônus da impugnação, já será suficiente para que o juiz não presuma incontroversos os fatos articulados na inicial. Anote-se, pois, que também não se produzem os efeitos da revelia se, havendo pluralidade de réus, algum deles oferecer contestação (art. 345, I).

Adverte, no entanto, CALMON DE PASSOS que tal ocorre apenas se o litisconsórcio for unitário. Se, pelo contrário, a relação de direito material litigiosa não impuser sentença igual para todos os réus, "cada litisconsorte suportará, isoladamente, o ônus da impugnação e sofrerá as consequências que derivem de seu silêncio, sem que elas se estendam obrigatoriamente aos outros litisconsortes. Esta conclusão harmoniza-se com o que sucede com a revelia. Se um dos litisconsortes contesta, não há revelia. Isso não significa a impossibilidade de ocorrer confissão ficta, por força do silêncio da parte, em relação a fato cuja impugnação lhe cabia".[310]

Prestigiando a clássica doutrina, a 4ª Turma do Superior Tribunal de Justiça, no julgamento dos Embargos de Declaração no Agravo em Recurso Especial n. 156.417-SP, relatado pelo Ministro LUIS FELIPE SALOMÃO, assentou que: "Cuidando-se de ação de declaração de nulidade de negócio jurídico, o litisconsórcio formado no polo passivo é necessário e unitário, razão pela qual, nos termos do art. 320, I, do CPC [de 1973], a contestação ofertada por um dos consortes obsta os efeitos da revelia em relação aos demais".[311]

111. Ônus da impugnação especificada imposto ao autor

Por um princípio de justiça, garantido na Constituição Federal, ambas as partes devem ter as mesmas chances. Não teria sentido se apenas ao réu fosse imposto o ônus, com todas as consequências daí advindas, de contrariar os fatos informados pelo autor.

---

310 *Comentários ao Código de Processo Civil*, p. 378. V., na hipótese de litisconsórcio simples, STJ, 4ª T., AgRg no REsp 557.418-MG, rel. Min. ANTONIO CARLOS FERREIRA, v.u., DJe 16/4/2013: "O simples fato de um dos litisconsortes ter apresentado contestação não é suficiente para afastar os efeitos da revelia ao litisconsorte revel. É imprescindível que o contestante impugne fato comum a ambos. No caso, a despeito de um dos corréus ter apresentado peça contestatória, o Juízo de primeiro grau deixou claro em sua sentença que 'nenhum dos réus negou a alegação da autora de que os títulos eram sem causa'...".

311 V.u., *DJe* 13/5/2015.

É exatamente por esta razão que, em respeito ao contraditório, o art. 350 do CPC abre a oportunidade para que o demandante possa se manifestar, igualmente de forma pontual e objetiva, no prazo de 15 dias, sobre os subsídios fáticos, de natureza impeditiva, modificativa ou extintiva, deduzidos na contestação. É para esta finalidade que, assegurando-lhe a paridade de armas, presta-se a réplica do autor. Se o autor deixar de impugná-los, sofrerá também as consequências de sua omissão.

Na verdade, a experiência profissional revela que, em determinadas ocasiões, por uma questão de estratégia, o autor não declina, na petição inicial, todos os detalhes fáticos que conotam o seu respectivo direito. Aguarda, de forma deliberada, o momento da réplica para complementar o cenário dos fatos constitutivos em abono da fundamentação jurídica então deduzida.

Por aí se vê o papel fundamental que, na maioria dos litígios, é reservado à articulação dos fatos, desde que, como é curial, restem devidamente comprovados. Invoque-se, porque pertinente, a clássica lição de Jeremias Benthan, no sentido de que "a arte do processo não é senão a arte de bem administrar as provas".

Acrescente-se, a propósito, que, sob aspecto, o dom de argumentar com clareza delineia-se deveras crucial para infundir no espírito do juiz a linha de raciocínio que deverá ser considerada na construção da sentença.

112. Exceções à regra da presunção de veracidade

Se o fato expendido pelo autor não é pontualmente impugnado, é fato presumido verdadeiro, não exigindo prova de sua existência. Esta determinação radical do *caput* do art. 341, embora coerente com o princípio da bilateralidade da audiência, sofre algumas atenuações.

Com efeito, os três incisos do art. 341 excepcionam a regra. A presunção de veracidade dos argumentos de fato não impugnados pelo réu é afastada quando: *a*) pela sua natureza, for inadmissível a confissão; *b*) a petição inicial não estiver acompanhada de documento reputado, pela lei, da substância do ato; e *c*) estiverem em contradição com a defesa, globalmente considerada.

112.1. Quando, pela sua natureza, for inadmissível a confissão

Em relação à primeira exceção, o art. 341, I, repetindo, em parte, o velho art. 351, reza que não tem valor algum – portanto, é ineficaz – a confissão judicial sobre fatos atinentes a direitos indisponíveis. Assim, tratando-se de direito do qual o réu não pode abrir mão (e. g.: o direito à vida, à liberdade, à saúde e à dignidade), ainda que deixe de adimplir o ônus da impugnação específica, não milita, contra a sua omissão, a presunção de veracidade.

É absolutamente o mesmo que se verifica em relação à revelia (art. 345, II, do CPC).

CALMON DE PASSOS fornece como exemplo a Fazenda Pública, uma vez que, enquanto demandada, não se sujeitaria à determinação legal ora comentada.[312] Contrariando esse entendimento, a doutrina mais moderna sustenta que os órgãos públicos "submetem-se ao ônus da impugnação especificada (neste sentido, STJ, 2ª T., REsp 635.996-SP, rel. Min. CASTRO MEIRA, *DJ* de 17.12.2007). Não há razão para dispensar os advogados públicos deste ônus, até mesmo por uma questão ética: ao advogado particular cabe a tarefa de manifestar-se precisamente sobre o que afirma a parte adversária; o advogado público, qualificado após a aprovação em concursos públicos concorridíssimos, poderia, simplesmente, não manifestar-se sobre as afirmações da parte adversária, sem qualquer consequência... O papel do advogado na construção da decisão judicial justa não pode ser desprezado; a incidência da regra aos advogados de entes públicos seria verdadeira *capitis deminutio* desses profissionais. Veja-se o exemplo da ação civil pública em que um ente público é réu: nessa situação, o interesse público está, preponderantemente, do lado ativo, não se admitindo a negação geral, conduta que se pode reputar temerária, quando provinda de ente público".[313]

112.2. Ausência de documento substancial

O art. 341, II, a seu turno, também excepciona a regra do *caput*, quando a petição inicial não estiver aparelhada com documento que a lei considera da substância do ato, como, por exemplo, o registro do casamento religioso (art. 1.515 CC), a fiança (art. 819 CC: "A fiança dar-se-á por escrito..."). Se o autor promover demanda em face do fiador sem apresentar o instrumento respectivo, não incide, em caso de omissão do réu, o ônus da impugnação especificada quanto à mencionada garantia.

O documento exigido, em tais situações, não visa propriamente à prova do fato deduzido, mas é da substância do próprio ato ou negócio. Não exibido com a petição inicial, mesmo que insatisfatória a defesa, não incidirá a presunção de veracidade dos fatos narrados pelo autor.

---

312 *Comentários ao Código de Processo Civil*, p. 380.
313 Cf. FREDIE DIDIER JÚNIOR, *Curso de direito processual civil*, 1, p. 654. V., em sentido antagônico, STJ, 2ª T., AgRg no REsp 1.187.684-SP, rel. Min. HUMBERTO MARTINS, v.u., *DJe* 29/5/2012: "Cabe ao réu, nos termos do art. 302 do CPC [de 1973], manifestar-se precisamente sobre os fatos narrados na petição inicial, sob pena de recair sobre eles a presunção de veracidade. Tal presunção, todavia, não se opera se não for admissível, a respeito dos fatos não impugnados, a confissão. O direito tutelado pela Fazenda Pública é indisponível e, como tal, não é admissível, quanto aos fatos que lhe dizem respeito, a confissão. Por esta razão, a condição peculiar que ocupa a Fazenda Pública impede que a não impugnação específica dos fatos gere a incontrovérsia destes".

112.3. Contradição com a defesa considerada em seu conjunto

Como derradeira exceção, o inciso III do art. 341 preceitua que a presunção em tela deve igualmente ser afastada nas situações em que, embora o réu tenha descumprido o ônus da impugnação especificada, as alegações deduzidas na petição inicial colidem, sob a perspectiva lógica, com a defesa globalmente interpretada.

Suponha-se que o réu conteste a consequência jurídica extraída pelo autor da *causa petendi* declinada na petição inicial. Nenhuma linha sobre o fato constitutivo vem mencionada na defesa. Por razões de pura lógica, não incide a presunção de veracidade porque, considerado o conjunto dos argumentos da contestação, o réu, ao negar a consequência jurídica, acabou oferecendo defesa direta de mérito, incompatível com os fatos deduzidos pelo autor.

112.4. Não incidência a defensores públicos, advogados dativos e curadores especiais

O parágrafo único do art. 341 encerra uma derradeira exceção à regra do *caput*, visto que a presunção de veracidade igualmente não tem incidência quando o réu estiver representado por defensor público, advogado dativo ou curador especial.

Em boa hora o novo CPC excluiu o Ministério Público desse rol, porque, atuando como parte em nome da sociedade, o *Parquet* posiciona-se em diferente situação daquela ocupada pelos profissionais acima mencionados. Ademais, raramente o Ministério Público é legitimado passivo, isto é, figura na posição de réu.

Diferentemente do que ocorre nas relações normais entre cliente e advogado, o defensor público, o advogado dativo ou o curador especial, em regra, não têm qualquer contato com o representado. Falta, portanto, aquilo que de mais importante deve existir na relação entre patrono e constituinte: diálogo pormenorizado sobre os fatos da causa.

A inafastável interlocução com o cliente é destacada por CALAMANDREI – inclusive pelo senso ético exigido no exercício da profissão de advogado – na seguinte passagem de sua notável obra: "Não é verdade, como ouvi dizerem alguns causídicos inescrupulosos, que a questão jurídica é de competência do advogado e a questão moral de competência do cliente. Creio, ao contrário, que é uma nobre tarefa do advogado precisamente levar o cliente a considerar as questões de moralidade antes das questões de direito, e fazê-lo entender que os artigos dos códigos não são cômodos para-ventos fabricados para esconder tramoias".[314]

---

314 *Elogio dei giudici scritto da un avvocato*, p. 142.

Daí por que, sobre esta questão, Calmon de Passos reporta-se a precisa lição de José Alberto dos Reis, que vale aqui ser também transcrita: "O que o advogado diz ou escreve *em matéria de fato* considera-se inspirado ou transmitido pelo seu constituinte. Ao advogado incumbe, especialmente, o aspecto *de direito*; o aspecto *de fato* do pleito incumbe sobretudo à parte; esta é que há de fornecer ao advogado os materiais e elementos de fato com que ele tem de trabalhar".[315]

Dentre outros importantes motivos, é igualmente por esta razão que, de acordo com o art. 7º, III, do Estatuto da Advocacia, constitui direito inafastável do advogado o de: "comunicar-se com seus clientes, pessoal e reservadamente, mesmo sem procuração, quando estes se acharem presos, detidos ou recolhidos em estabelecimentos civis ou militares, ainda que considerados incomunicáveis".

Exatamente porque tanto o defensor público quanto o advogado dativo e o curador especial não dispõem, geralmente, de informações mínimas para deduzir defesa consistente – e, assim, desincumbir-se do ônus da impugnação especificada dos fatos – é que, em relação à respectiva atuação deles, a lei trata, em caráter excepcional, de afastar a presunção de veracidade.

A jurisprudência, por sua vez, endossando esta justificativa, tem decidido que: "Na falta de elementos, é permitido ao curador especial contestar o pedido inicial de modo genérico, não se lhe aplicando o ônus da impugnação especificada (art. 302, parágrafo único, do CPC [de 1973])".[316]

Esta diretriz pretoriana continua prevalecendo atualmente, como se infere de julgamento da 2ª Turma do Superior Tribunal de Justiça no Agravo Regimental no Recurso Especial n. 1.450.683-PB, de relatoria do Ministro Herman Benjamin: "Na hipótese dos autos, o entendimento do Tribunal *a quo* está em consonância com a orientação do Superior Tribunal de Justiça de que, quando o revel é citado por edital ou com hora certa, modalidades de citação ficta, o CPC exige que àquele seja dado curador especial (art. 9º, II [de 1973]), a quem não se aplica o ônus da impugnação específica (art. 302, parágrafo único, do mesmo diploma processual)".[317]

Consoante o disposto no parágrafo único do art. 72 do CPC, a curatela especial, exigida quando o réu for incapaz (inciso I) ou revel, citado fictamente

---

315 *Comentários ao Código de Processo Civil*, p. 385.
316 STJ, 4ª T., REsp 101.336-DF, Min. Barros Monteiro, v.u., *DJ* 28/6/1999.
317 V.u., *DJe* 10/10/2014. Cf., também, STJ, 4ª T., AgReg no REsp 1.089.338-SP, rel. Min. Marco Buzzi, v.u., *DJe* 4/2/2014: "Quando o revel é citado por edital ou com hora certa, modalidades de citação ficta, o CPC [de 1973] exige que àquele seja dado curador especial (art. 9º, II), a quem não se aplica o ônus da impugnação específica (art. 302, parágrafo único)". Tenha-se também presente o enunciado da Súmula n. 196 do STJ: "Ao executado que, citado por edital ou por hora certa, permanecer revel, será nomeado curador especial, com legitimidade para apresentação de embargos".

(inciso II), enquanto não constituir advogado, será exercida pela Defensoria Pública.

O advogado dativo, a seu turno, não integra, como é sabido, os quadros da Defensoria Pública, mas desempenha a função de defensor público, auxiliando, por designação judicial, o cidadão, geralmente, despido de recursos. É ele, na verdade, por inúmeras razões, um "herói do cotidiano". O pagamento de seus honorários, por força de convênios celebrados entre a Ordem dos Advogados do Brasil e o Estado, não gera qualquer vínculo empregatício e não assegura ao advogado nomeado direitos atribuídos ao servidor público.

> **Art. 342.** Depois da contestação, só é lícito ao réu deduzir novas alegações quando:
> **I** – relativas a direito ou a fato superveniente;
> **II** – competir ao juiz conhecer delas de ofício;
> **III** – por expressa autorização legal, puderem ser formuladas em qualquer tempo e grau de jurisdição.
>
> *CPC de 1973 – art. 303*
> *Comparação jurídica – arts. 573º e 588º do CPC português, art. 229 do SZO suíço*

113. Generalidades

Concluída a fase postulatória, com a réplica oferecida pelo autor, consolida-se normalmente o objeto litigioso, propiciando, em seguida, o proferimento de sentença ou de decisão de saneamento do processo, nos termos do art. 357 do CPC.

Por força da regra da eventualidade, determinante da substanciação da demanda (agora reafirmada nos arts. 319, III, e 336), excetuando-se a hipótese prevista no art. 329 do CPC, torna-se praticamente impossível, pela inarredável preclusão, a alteração voluntária dos elementos subjetivo e objetivos da demanda, em particular dos fatos e fundamentos então deduzidos, depois do encerramento da fase saneadora.

A 3ª Turma do Superior Tribunal de Justiça, examinando interessante questão, ao julgar o Recurso Especial n. 1.305.878-SP, com voto condutor da Ministra NANCY ANDRIGHI, consignou que: "De acordo com a jurisprudência deste Tribunal, a petição inicial não pode ser emendada depois de apresentada contestação, sob pena de malferir o princípio da estabilização da demanda. Ainda que essa perspectiva possa ser flexibilizada em situações excepcionais, o art. 264, parágrafo único, do CPC [atual art. 329] veda a alteração da causa de pedir após o saneamento do processo".[318]

---

[318] V.u., *DJe* 11/11/2013.

Impera, igualmente para o réu, o óbice à modificação objetiva da defesa, visto que, à luz do art. 342, após a apresentação da contestação, novas alegações poderão ser deduzidas apenas em situações excepcionais.

Não se pode olvidar, contudo, como acima já frisado, que o desenrolar do respectivo procedimento, em suas sucessivas fases, é caracterizado por constante movimento, e, por isso, durante o seu curso natural, a realidade fática do modo como inicialmente submetida pelos litigantes à cognição judicial pode sofrer, de forma involuntária, profunda alteração, chegando até mesmo a influenciar o resultado da controvérsia.

Justificam-se, assim, as exceções previstas no art. 342, que autorizam o réu a aportar aos autos do processo novos argumentos, em três diversificadas situações, a saber: *a*) atinentes a direito ou fato superveniente; *b*) quando a matéria for cognoscível de ofício; e *c*) passível de ser suscitada em qualquer tempo e grau de jurisdição.

114. Fato novo e fato superveniente (inciso I)

Distinção relevante para a compreensão desse fenômeno de natureza temporal é aquela entre fato novo e fato superveniente. A intenção do legislador, segundo tudo indica, foi a de referir-se a "fato superveniente" como sinônimo de "fato novo", até porque ambos acarretam, para a hipótese legal, a mesma consequência, vale dizer, apresentam-se como exceção ao dogma da estabilização da demanda.

Não há se confundir, entretanto, fato novo – que é aquele preexistente, mas que não foi ou não pode ser alegado nos autos no momento da fase postulatória – com fato superveniente – aquele que ocorreu posteriormente.

Como a produção da prova documental se faz possível durante todo o procedimento, em princípio, até o encerramento da fase instrutória, é admitida a alegação de fato novo, ou seja, daquele cuja prova se torna necessária para comprovar fatos ocorridos em momento posterior à fase postulatória (fato superveniente), ou ainda para fazer prova contrária aos fatos alegados pelo outro litigante (fato novo propriamente dito).

Não se verifica, pois, preclusão quanto à alegação posterior de fatos supervenientes (ocorridos após a apresentação da petição inicial ou da contestação) ou mesmo de fatos novos (que se tornaram conhecidos, acessíveis ou disponíveis após esses atos).

No tocante a estes – fatos novos –, impõe-se ao réu o ônus de não apenas justificar como também comprovar o obstáculo que o impediu de apontá-los no momento processual oportuno.

115. Superveniência de norma jurídica (inciso I)

É de aduzir-se, outrossim, que o art. 342, I, do CPC também admite a arguição, em princípio, pelo réu, mas igualmente pelo autor, de *ius novorum*. Faz-se possível tanto ao autor quanto ao réu invocar, respectivamente, os efeitos constitutivos, modificativos ou extintivos produzidos por uma norma jurídica superveniente, seja de direito material, seja de direito processual, que tenham incidência sobre o caso pendente de julgamento.

Assim, quando sobrevier direito atribuindo ao fato originariamente narrado efeito constitutivo ou modificativo diverso, ou ocorrer um fato, também posterior ao ajuizamento da demanda, que tenha o condão de constituir, modificar ou extinguir o fundamento jurídico do pedido (enfim, que coloque em crise a estabilidade do litígio), não poderá ele deixar de ser apreciado pelo órgão jurisdicional. É, aliás, o que rezam, respectivamente, os arts. 342, I, e 493 do CPC.

116. Autorização legal para conhecer de ofício (inciso II)

Toda vez que o juiz, de ofício, transportar para as fronteiras do processo matéria cuja alegação está subordinada à hegemonia das partes, estranha à relação jurídica deduzida em juízo, haverá nítida deturpação do princípio dispositivo, visto que transforma o juiz em protagonista, não simplesmente da direção do processo, mas, sim, da própria sorte do objeto litigioso, ferindo de morte a legalidade que deve nortear a realização de todos os atos processuais.

Todavia, pela relevância que têm certas questões, de natureza processual e material, que extrapolam o interesse exclusivo das partes, a própria lei permite que o juiz delas conheça *ex officio*, para evitar que a tutela jurisdicional pleiteada pelo autor seja concedida no âmbito de um processo viciado ou, pior, que conceda proteção a um direito não mais exercitável ou que já não existe.

Enumerando as hipóteses de julgamento sem resolução do mérito, o § 3º do art. 485 do CPC autoriza o juiz a conhecer de ofício, "em qualquer tempo e grau de jurisdição", enquanto não ocorrer o trânsito em julgado, as seguintes matérias: *a*) ausência de pressupostos processuais (inciso IV); *b*) existência de peremção, de litispendência ou de coisa julgada (inciso V); *c*) ausência de legitimidade de parte ou de interesse processual (inciso VI); e *d*) intransmissibilidade da pretensão deduzida em juízo (inciso IX).

O art. 210 do Código Civil preceitua que: "Deve o juiz, de ofício, conhecer da decadência, quando estabelecida por lei". Constatada de plano a decadência ou a prescrição, o juiz deverá proferir sentença de improcedência liminar do pedido (art. 332, § 1º, do CPC).

Enfim, ainda que já apresentada a contestação, o réu poderá suscitar todas estas matérias em posterior manifestação.

117. Incidência em qualquer tempo e grau de jurisdição (inciso III)

Nota-se, de logo, que a redação do mencionado art. 342, III, complementada pelo § 3º do art. 485 do CPC, para eliminar qualquer discussão quanto ao momento-limite para a cognição *ex officio* destas matérias, fixou aquele imediatamente anterior ao trânsito em julgado.

Como são consideradas de ordem pública, seria mesmo de todo paradoxal que o legislador, pela incidência de preclusão temporal, circunscrevesse de forma restritiva, para serem arguidas pela parte, ou, mais ainda, o poder-dever de o juiz proceder de tal forma, não lhe sendo possível conhecer daquelas matérias.

Nada impede, destarte, que a atuação judicial de ofício ocorra, em grau superior de jurisdição, antes do julgamento, por exemplo, da apelação ou do recurso especial.

A respeito desta importante temática, no âmbito do Superior Tribunal de Justiça, devem ser destacadas duas diferentes situações:

i) a questão de direito que a parte pretende submeter à apreciação da Corte superior deve encontrar-se devidamente prequestionada, ou, se o fundamento do recurso especial for outro, aquela somente será conhecida se a impugnação for admitida, em decorrência do denominado efeito translativo do recurso especial, sendo suficiente que este ultrapasse o juízo de admissibilidade. É a orientação que se infere de julgamento da 1ª Seção, nos Embargos de Declaração no Recurso Especial n. 1.149.424-BA, de relatoria da Ministra ELIANA CALMON, ao deixar patente que: "Ainda que tivesse a Corte *a quo* examinado diretamente a questão, não estaria impedido o Superior Tribunal de Justiça de proceder à sua análise, porque admitido o recurso especial quanto à matéria de fundo. Conforme jurisprudência assente desta Corte, o prequestionamento se faz imprescindível até mesmo para arguir as nulidades absolutas, porque não pode o Superior Tribunal de Justiça conhecê-las de ofício. Entretanto, a rigidez da observância veio a ser flexibilizada por alguns acórdãos que entendem possível ao Superior Tribunal de Justiça conhecer das matérias de ordem pública de ofício se, após ser o especial conhecido, com o prequestionamento de tese jurídica pertinente, depararem-se os julgadores com uma nulidade absoluta ou com matéria de ordem pública e que pode levar à nulidade do julgamento ou a sua rescindibilidade...";[319] ou

---

[319] V.u., *DJe* 14/9/2010.

ii) se fato ou texto legal superveniente, que possa influenciar no julgamento, verificar-se depois da interposição do recurso especial, o Superior Tribunal de Justiça dele deve conhecer de ofício ou mediante provocação da parte interessada.

Nesse sentido, a Corte Especial do Superior Tribunal de Justiça, em acórdão proferido nos Embargos de Declaração no Agravo Regimental no Recurso Extraordinário nos Embargos de Declaração no Agravo Regimental no Recurso Especial n. 1.392.773-MG, relatado pela Ministra LAURITA VAZ, assentou que: "É cabível a concessão de efeitos infringentes aos embargos de declaração ante a presença de fato superveniente, que seja hábil para alterar o resultado do julgamento. Essa possibilidade encontra amparo normativo no que dispõe o art. 462 do CPC [de 1973]".[320]

Secundando este posicionamento, a 3ª Turma daquele mesmo Tribunal federal, no julgamento dos Embargos de Declaração no Agravo Regimental no Recurso Especial n. 1.145.754-ES, da relatoria do Ministro JOÃO OTÁVIO DE NORONHA, decidiu que: "O art. 462 do CPC [de 1973] não possui aplicação restrita às instâncias ordinárias, devendo o Superior Tribunal de Justiça conhecer de fato superveniente que, surgido após a interposição do recurso especial, é suficiente para alterar o resultado do julgado".[321] A 4ª Turma, por sua vez, ao ensejo do julgamento – já antes citado – do Agravo Regimental nos Embargos de Declaração no Recurso Especial n. 1.288.636-SP, relatado pelo Ministro ANTONIO CARLOS FERREIRA, em abono do entendimento consolidado, reafirmou que: "As disposições do art. 462 do CPC [de 1973] não se restringem às instâncias ordinárias, sendo possível também ao Superior Tribunal de Justiça conhecer de fato superveniente, cujo surgimento seja posterior à interposição do recurso especial".[322]

Todavia – é sempre bom lembrar –, o tribunal somente poderá fazê-lo com prévia observância do disposto no art. 10 do CPC, já que vedada qualquer decisão baseada em "fundamento-surpresa": "O juiz não pode decidir, em grau algum de jurisdição, com base em fundamento a respeito do qual não se tenha dado às partes oportunidade de se manifestar, ainda que se trate de matéria sobre a qual deva decidir de ofício".

Tal limitação também é prevista no processo civil italiano, por obséquio ao princípio constitucional do contraditório (art. 111, 2°, da Const. ital.), traduzindo-se na fundamental exigência de que o juiz informe às partes as

---

[320] V.u., *DJe* 10/9/2015.
[321] V.u., *DJe* 19/8/2014.
[322] V.u., *DJe* 28/10/2015.

questões cognoscíveis de ofício que pretende ver debatidas (art. 183, 3º, do CPC ital.), não podendo de modo algum considerá-las sem ter ensejado aos litigantes a possibilidade de manifestação, em condições de absoluta paridade.[323]

No âmbito do processo civil da Bélgica, o art. 774, al. 2, do *Code Judiciaire* (*Gerechtelijk Wetboek*), que vigora desde 1º de novembro de 1970, dispõe que, no caso de matéria suscitada de ofício ou havendo alteração na qualificação jurídica, as partes não podem ser surpreendidas. E isto porque o debate judiciário entre as partes pressupõe uma obrigação de lealdade.[324]

CAPÍTULO VII
DA RECONVENÇÃO

Art. 343. Na contestação, é lícito ao réu propor reconvenção para manifestar pretensão própria, conexa com a ação principal ou com o fundamento da defesa.

§ 1º Proposta a reconvenção, o autor será intimado, na pessoa de seu advogado, para apresentar resposta no prazo de 15 (quinze) dias.

§ 2º A desistência da ação ou a ocorrência de causa extintiva que impeça o exame de seu mérito não obsta ao prosseguimento do processo quanto à reconvenção.

§ 3º A reconvenção pode ser proposta contra o autor e terceiro.

§ 4º A reconvenção pode ser proposta pelo réu em litisconsórcio com terceiro.

§ 5º Se o autor for substituto processual, o reconvinte deverá afirmar ser titular de direito em face do substituído, e a reconvenção deverá ser proposta em face do autor, também na qualidade de substituto processual.

§ 6º O réu pode propor reconvenção independentemente de oferecer contestação.

CPC de 1973 – arts. 315, 316 e 317

Comparação jurídica – art. 64 do NCPC francês; art. 167 do CPC italiano; art. 406 da LEC espanhola; art. 583º do CPC português; § 347 do ZPO alemão; art. 224 do SZO suíço

118. Generalidades

Além da defesa propriamente considerada, em suas diversificadas modalidades, o art. 343 também admite que o réu, na própria contestação, formule uma contraofensiva, manifestada sob a forma de reconvenção.

Trata-se de ação proposta pelo réu em face do autor, no mesmo processo e juízo em que é demandado.

---

[323] V., nesse sentido, ADRIANA NERI, Eccezioni rilevabili d'ufficio e preclusioni nel processo ordinario di cognizione, *Studi in onore di Carmini Punzi*, 1, p. 695.
[324] ALBERT FETTWEIS, *Manuel de procédure civile*, p. 13.

Veja-se que, por força de seu ajuizamento, o processo não restará adstrito aos lindes da demanda originária; alarga-se o *thema decidendum* diante do novo objeto litigioso, jungido ao primeiro de forma substancial, pela exigência de conexão com aquele ou com o fundamento da defesa, e, ainda, processual, porque em *simultaneus processus* perante o mesmo juízo. Tem-se, portanto, a formação de um processo cumulativo objetivo.

Ressuscitada a velha técnica do Código de 1939, o art. 343, ora examinado, ao disciplinar o instituto da reconvenção, praticamente manteve o mesmo modelo procedimental do diploma revogado.

As características da reconvenção podem ser sintetizadas pelas seguintes premissas: *a)* encerra pretensão que poderia ser deduzida por via autônoma; *b)* enseja a cumulação sucessiva de demandas; *c)* amplia o âmbito de cognição judicial diante de novos fatos e fundamentos jurídicos; *d)* alarga, consequentemente, os limites do objeto litigioso, que passa a ser mais complexo; *e)* pode ou não ampliar subjetivamente o processo; e *f)* produz, se houver julgamento de mérito, coisa julgada material.[325]

Embora o novo CPC não tenha reproduzido o disposto no art. 318 do estatuto revogado, considerando-se a precípua finalidade do instituto aqui analisado, a ação e a reconvenção tramitam em *simultaneus processus*, devendo, em regra, ser apreciadas e julgadas pela mesma sentença.

119. Requisitos extrínsecos específicos

Tendo a natureza de ação, para a existência e validade da demanda reconvencional, são exigidos, no que for logicamente compatível, os mesmos pressupostos para o ajuizamento de qualquer ação.

Ademais, a despeito da omissão do texto legal, extrai-se do sistema processual que a reconvenção reclama, além daqueles gerais, requisitos específicos decorrentes de sua peculiar estrutura, quais sejam: *a)* pendência de processo; *b)* compatibilidade formal; *c)* competência; e *d)* conexão.[326] É importante ressaltar que todos esses requisitos devem ser examinados pelo juiz tão logo aforada a reconvenção, a fim de que seja determinada eventual emenda, sempre nos termos do art. 321 do CPC, que aqui se aplica por analogia.

---

325 Cf., em senso parcialmente análogo, Enzo Vullo, *La domanda riconvenzionale nel processo ordinario di cognizione*, p. 230; e, na nossa literatura, Heitor Sica, *O direito de defesa no processo civil brasileiro*, p. 171-172.

326 V., a respeito, amplamente, Clito Fornaciari Júnior, *Da reconvenção no direito processual civil brasileiro*, p. 121 e segs.; Luis Guilherme Aidar Bondioli, *Reconvenção no processo civil*, p. 82 e segs.

119.1. Litispendência

No tocante ao primeiro deles, é imprescindível encontrar-se pendente, em primeiro grau de jurisdição – ou superior grau, quando se tratar de reconvenção em ação rescisória –, o processo em que deduzida a ação originária, sendo, outrossim, necessária a inocorrência de preclusão do prazo para o oferecimento de contestação.

Não é, aliás, por outra razão que se justifica a técnica de admissão de ação do réu, no mesmo processo, em busca de economia processual, eficiência jurisdicional e, sobretudo, de harmonia de julgamentos, como, de resto, sempre sucede nas hipóteses de cumulação objetiva de demandas.

119.2. Compatibilidade formal

Abstração feita de sua gênese histórica, de conotação nitidamente política, a reconvenção, em época moderna, visa a otimizar a técnica processual. Não tem ela por escopo, como é evidente, atravancar a marcha do processo da demanda já pendente.

Desse modo, precisamente como se verifica na hipótese de cumulação simples de pedidos (art. 327, III), para ser viável a reconvenção, é necessário que haja compatibilidade formal entre os respectivos procedimentos.

É natural, pois, que, para o réu se valer do processo já em curso para deduzir a sua própria pretensão, deve ela guardar convergência com a natureza daquele e, ainda, com o seu respectivo procedimento.

É notório que, sob a égide do estatuto processual revogado, havia incessante celeuma atinente ao cabimento da reconvenção, veiculando pretensão desenhada para o procedimento comum sumário, quando o processo da precedente ação se desenrolava pelo ordinário (e vice-versa).

Como o novo CPC, acabando com esta dicotomia, prevê apenas, em caráter residual, o procedimento comum, a questão encontra-se hoje superada. Apenas no âmbito dos procedimentos especiais é que poderá ainda haver alguma dificuldade circunstancial. No entanto, é certo que a reconvenção não tem lugar se o procedimento de uma das duas demandas for irredutivelmente diferenciado, tornando intolerável a convivência de ambos num único processo.

A exigência da referida limitação objetiva, conquanto também não explicitada no art. 343, decorre do processamento conjunto, regido pelo art. 327, § 2º, do CPC. Daí por que nada impede que o reconvinte renuncie ao procedimento especial reservado ao seu pedido, submetendo-o ao procedimento comum, que disciplina o processo da ação originária, desde que haja tal possibilidade. O Superior Tribunal de Justiça chega até a admitir reconvenção no processo da ação monitória, quando convertido o procedimento dos embargos ao mandado.[327]

A compatibilidade da reconvenção deve ser diagnosticada à luz do processo e do procedimento em tramitação. Em relação ao primeiro, uma vez pendente o processo de execução, não se viabiliza, por exemplo, o pedido reconvencional do executado visando à produção antecipada de determinada prova. Já no que se refere à identidade procedimental, ainda que o da ação e o da reconvenção sejam discrepantes, se o grau de especificidade não for empecilho intransponível, torna-se possível inserir a reconvenção no processo pendente.

Em suma, inexistindo incompatibilidade de tal monta, entre os procedimentos próprios para as demandas formuladas, o juiz e as partes, em autêntica cooperação (art. 190), poderão perfeitamente flexibilizar o procedimento em curso, a fim de que passe ele a comportar tanto a demanda do autor quanto a do réu-reconvinte.[328]

119.3. Competência

Inúmeros textos legais, a partir da Constituição Federal, por motivos políticos e práticos, atribuem a órgãos jurisdicionais diversos a competência para conhecer e julgar os litígios segundo vários critérios.

A respeito do tema vertente, o juízo perante o qual se encontra em curso a demanda do autor deve ser também competente para proferir julgamento na reconvenção, de conformidade com o enunciado do art. 109 do CPC de 1973. Embora esta regra não tenha sido repetida no novo diploma, a teor do art. 327, § 1º, que dispõe sobre a cumulação simples de pedidos, a reconvenção, à luz da nova legislação, igualmente, somente será admitida se o mesmo juízo tiver competência em razão da matéria e da pessoa para julgar ambas as demandas.

Se houver assimetria entre as normas de competência que regem a ação já aforada e aquelas que disciplinam a reconvenção, não se viabiliza o ajuizamento desta. Assim, tratando-se de incompetência absoluta, não será admitida a reconvenção se, por exemplo, a Justiça Estadual for competente para julgar a ação (denominada) principal e a Justiça Federal for competente para conhecer do pedido reconvencional. E isso porque as normas que dispõem sobre competência absoluta descortinam-se cogentes, não podendo ser derrogadas

---

327 Cf., em tal sentido, STJ, 4ª T., REsp 401.575-RJ, rel. Min. Sálvio de Figueiredo Teixeira, v.u., DJ 2/9/2002: "É admissível a reconvenção no procedimento monitório, desde que ocorra a conversão do procedimento para ordinário, com a oposição dos embargos previstos no art. 1.102c, CPC [de 1973]".

328 Cf. Luis Guilherme Aidar Bondioli, *Reconvenção no processo civil*, p. 149 e, em parte, p. 152.

visando à deslocação da causa para outro juízo, nem mesmo por disposição das partes.

As regras de competência em razão da matéria e da função são inflexíveis e não admitem ser afastadas para possibilitar o ajuizamento da reconvenção. Se, contudo, for aforada reconvenção perante juízo absolutamente incompetente, deverá ter o seu processamento indeferido, não cabendo, porque materialmente engastada à contestação, a sua remessa ao juízo competente.[329]

Explica, em senso convergente, FREDIE DIDIER JÚNIOR,[330] que a "consequência da incompetência absoluta, neste caso, não pode ser a remessa dos autos ao juízo competente nem a extinção do processo. Somente é possível cogitar de reconvenção se houver ação; assim, a reconvenção não poderia ser enviada a outro juízo distinto daquele onde tramita a demanda principal. Porque demanda incidente, o seu não conhecimento não implica a extinção do processo, que prossegue para o exame da demanda principal".

Importa ressaltar, por outro lado, que a incompetência relativa não empece o recebimento da reconvenção. Ademais, o réu-reconvinte, na mesma contestação, tem a faculdade de suscitar a incompetência relativa e ajuizar a reconvenção. Acolhida a arguição de incompetência, os autos deverão ser remetidos para o juízo reputado competente para o julgamento da precedente demanda, que também passa a ser competente para apreciar a reconvenção.[331]

119.4. Conexão

É requisito explícito do *caput* do art. 343 do CPC a conexão da reconvenção com a ação principal ou com o fundamento da defesa. Encontram-se aí as denominadas "demandas conexas por contrariedade".[332]

No tocante a esta exigência material, já se afirmou, aliás, com muita razão, que o elo de ligação entre a ação e a reconvenção constitui uma das mais intrincadas questões de técnica legislativa: "... es el punto neurálgico de toda la política reconvencional".[333]

Realmente, sob a perspectiva histórica, desde a sua criação, no âmbito do direito canônico medieval,[334] o instituto da reconvenção vem admitido, com

---

329 V., em senso contrário, admitindo a extração de cópia e remessa "ao juízo encarregado do seu processamento", LUIS GUILHERME BONDIOLI, *Reconvenção no processo civil*, p. 174.
330 *Curso de direito processual civil*, 1, p. 661.
331 V., nesse sentido, BONDIOLI, *Reconvenção no processo civil*, p. 177.
332 Cf. BRUNO SILVEIRA DE OLIVEIRA, *Conexidade e efetividade processual*, p. 246.
333 NORBERTO RICARDO PALACIO, *La reconvención en el proceso civil y comercial*, p. 19.
334 Por dois decretos, incluídos nas Decretais de GREGÓRIO IX (2.4.1 e 2.4.2 – *de mutuis petitionibus*), o direito canônico sistematizou o procedimento reconvencional. O

maior ou menor amplitude, dependendo de circunstâncias e conveniências que caracterizam diferentes experiência jurídicas.

Nota-se que a nossa novel legislação processual, longe de imprimir coerência com o sistema idealizado a partir da teoria das três identidades, ao reproduzir a regra do art. 103 do Código revogado, manteve o conceito mais amplo de conexão. Preceitua, com efeito, o art. 55 que se reputam conexas duas ou mais ações, "quando lhes for comum o pedido ou a causa de pedir".

Salta aos olhos que tal definição, apenas parcial, não engloba outras hipóteses de conexidade, e, por isso, sob a vigência do velho CPC, os tribunais determinavam a reunião de processos que, a rigor, não possuíam o mesmo pedido nem a mesma *causa petendi*.

A jurisprudência, de um modo geral, vinha admitindo, com patente flexibilidade – apenas a título de ilustração –, reconvenção de consignação em pagamento em ação de despejo por falta de pagamento de aluguéis e acessórios, dada a conexão desta com o fundamento da defesa daquela; reconvenção, pleiteando o reconhecimento da propriedade, com base na usucapião, em ação de despejo, exigindo apenas que naquela também fosse observado o procedimento ordinário.

Assim, como pareceu a BARBOSA MOREIRA, persistia-se "em falar de uma conexão em 'sentido largo', que abrangeria uma série de casos estranhos ao âmbito do art. 103 [CPC de 1973]; ou em reconhecer-se que na doutrina acolhida pelo Código 'não se acha toda a teoria da conexão', impondo-se admitir a existência de 'outras hipóteses', conquanto não suficientemente sistematizadas".[335]

---

primeiro deles, do Papa ALEXANDRE III, do ano de 1180, preceituava que, se o réu reconviesse ao autor, o juiz deveria ouvir cada uma das partes, simultaneamente, e extinguir o processo mediante única sentença. Interessante salientar que não se faz qualquer alusão à necessidade de apresentar-se reconvenção *ex eadem causa* ou em *causa dispari*, isto é, em causas conexas ou não conexas. Por uma questão de estratégia de índole estritamente política, a prorrogação da competência produzida pela reconvenção tinha por efeito, no âmbito do direito canônico, submeter as demandas cíveis e as pessoas laicas à jurisdição eclesiástica, uma vez que o direito canônico considerava o tribunal da Igreja investido de "competência universal". Desse modo, se alguém fosse demandado por uma causa espiritual, poderia acionar (reconvir) o autor fundado em motivos que, *a priori*, eram completamente estranhos ao ordenamento jurídico canônico. O outro decreto, do Papa CELESTINO III (1191-1198), de 1195, dispunha que o autor reconvindo deveria, assim como o réu, referentemente à ação principal, contestar o pedido reconvencional ("... *eodem modo reconvenien ti debeat in sua iustitia respondere*") (cf. TUCCI e AZEVEDO, *Lições de processo civil canônico*, p. 60-61).

335 *A conexão de causas como pressuposto da reconvenção*, p. 125.

Valendo-se da clássica lição de Pescatore, Moniz de Aragão prefere afirmar que, para se caracterizar a conexão, é indiferente que os elementos "comuns", exigidos pela lei, sejam, ou não, idênticos. Tanto poderá "ocorrer identidade entre um, ou dois, deles, como poderá dar-se de serem 'comuns', isto é, semelhantes. A comunhão, ou semelhança, pode levar à identidade parcial. Assim é que são 'comuns' as 'ações' se em uma delas a *causa petendi* mediata for a mesma, embora seja diversa a *causa petendi* imediata".[336]

Luís Antonio de Andrade,[337] pioneiro em enfrentar as balizas do CPC revogado, mesmo antes de qualquer pronunciamento dos pretórios brasileiros, afirmava que a conexão preconizada para a ação reconvencional deveria ter sentido mais largo do que o conceito encerrado no próprio ordenamento processual.

Ainda no início da vigência do Código de 1973, Moacyr Amaral Santos, chamando a atenção para o acanhamento da admissibilidade da pretensão reconvencional segundo a definição legal, salientava que para solucionar o problema seria necessário atribuir-se à conexão exigida para a reconvenção o critério de compatibilidade. Com esse ponto de vista mais amplo e prático, a reconvenção deveria ser, então, possível toda vez que não fosse incompatível com a ação originária ou com o fundamento no caso de cumulação de ações ou de pedidos.[338]

Pouco tempo depois, Barbosa Moreira, em conferência proferida no IV Curso de Especialização em Direito Processual Civil, na Pontifícia Universidade Católica de São Paulo, partilhando da mesma opinião, assinalava que o velho Código, nesse passo, cometera mais uma infidelidade às suas próprias conceituações, e entendia que o vocábulo "conexa" (art. 315 do CPC de 1973) devesse ser concebido de modo mais amplo, bastando tão só ser necessária *alguma vinculação*, ou seja, algum nexo jurídico entre as duas ações.[339]

A noção de identidade da relação jurídica, a partir do apontado nexo, parece estar latente no posicionamento do ilustre jurista, o qual, partindo de feliz intuição, logrou demonstrar, de forma irretorquível, que a reconvenção e a ação primitiva não necessitam ser conexas no sentido do enunciado do art. 103 do CPC de 1973, agora repetido, como acima salientado, no art. 55 do CPC.

Ao enfatizar que, no plano dogmático, há de fato uma tendência a reputar-se elástico o requisito substancial de admissibilidade da ação reconvencional,

---

336 *Conexão e tríplice identidade*, p. 55.
337 *Aspectos e inovações do Código de Processo Civil*, p. 149
338 *As fases lógicas do procedimento ordinário*, p. 25.
339 *A resposta do réu no sistema do Código de Processo Civil*, p. 258.

aduz, ainda, outro relevante motivo. Tomando como ponto de referência o denominado *ângulo da valoração dos interesses em jogo*, BARBOSA MOREIRA ressalta que há hipóteses nas quais, havendo identidade parcial entre os fundamentos da ação e da reconvenção, ou quando a atividade probatória for comum, ou, até mesmo quando existir uma inter-relação lógica entre os julgamentos, será lícito ao réu apresentar reconvenção, a fim de que se atenda ao *interesse merecedor de tutela jurisdicional*.[340]

Prestigiando esta orientação doutrinária mais antiga, a moderna literatura sobre tal importante questão desvela-se de certo modo mais liberal para aceitar a reconvenção a partir de um nexo substancial menos intenso entre os objetos ou fundamentos da defesa das duas demandas.

É de DINAMARCO a precisa afirmação no sentido de que a conexão com a inicial, segundo a letra da lei, poderá se dar em razão do pedido ou da causa de pedir, embora nem uma nem outra deva ser levada a extremos de exigência, para não ser inviabilizada a própria lógica do instituto da reconvenção.[341]

Assim, diante de situações excepcionais, que revelam a insuficiência da teoria dos *tria eadem*, ganha relevo a identificação das demandas a partir do exame das relações jurídicas existentes entre os litigantes.

Tolera-se, de fato, uma extensão do processo pendente a outras questões que vinculam as partes, favorecendo um exame mais amplo e fecundo das possíveis relações jurídicas afins entre elas existentes, com algum grau de conexidade, mas "fecham-se as portas" para novas demandas desvinculadas da controvérsia primitiva, evitando-se tumulto e indevida procrastinação do processo. Assim, o exame da conexão para o recebimento da reconvenção deve sobrelevar a conveniência de sua inserção no processo em curso, de modo particular, as vantagens concretas que podem ser extraídas da cumulação das demandas.[342]

---

340 *A conexão de causas como pressuposto da reconvenção*, p. 139 e 164. BARBOSA MOREIRA, para comprovar que a reconvenção pode ser admitida mesmo que não exista identidade de causa de pedir e tampouco conexão com o fundamento da contestação, apresenta o seguinte exemplo: Tício, comprador de certa máquina de Caio, propõe ação redibitória, afirmando a existência de vício oculto ensejador da diminuição do valor. Caio apresenta contestação alegando que o vício era conhecido e, por isso, até mesmo considerado quando se fixou o preço do negócio e, ainda, deduz reconvenção, para obter perdas e danos, pelos prejuízos causados por Tício, em decorrência do uso incorreto da máquina.

341 *Instituições de direito processual civil*, 3, p. 519.

342 V., nesse sentido, BONDIOLI, *Reconvenção no processo civil*, p. 184. Daí por que a 2ª T. do STJ, no julgamento do REsp 72.065-RS, rel. Min. CASTRO MEIRA, v.u., *DJ* 6/9/2004, entendeu descabido o ajuizamento de reconvenção pleiteando dano moral no âmbito de ação popular: "O instituto da reconvenção exige, como pres-

Ainda sob a vigência do CPC de 1973, trilhando esta linha dogmática, a 3ª Turma do Superior Tribunal de Justiça, no julgamento que proveu o Recurso Especial n. 953.192-SC, com voto condutor do Ministro Sidnei Beneti, tirou a seguinte conclusão: "O Tribunal de origem afirmou que não se poderia admitir a reconvenção porque não havia conexão... Sem embargo desses argumentos, é de se admitir no presente caso, a interposição da reconvenção cujo objetivo é de cobrar a dívida. É que, ambas as ações estão fundadas, em última análise, no mesmo negócio jurídico de compra e venda mercantil. Barbosa Moreira, com a perspicácia, adverte que: '... o conceito de conexão, no art. 315, é mais amplo que o do art. 103, conforme evidencia a circunstância de usar a lei, naquele dispositivo, a palavra 'conexa' para indicar não somente a relação entre duas ações, mas também entre ação (a reconvenção) e o 'fundamento da defesa' (*O novo processo civil brasileiro*, 28ª ed., Forense, Rio de Janeiro, 2010, p. 45)'. Com efeito, a origem comum das relações obrigacionais e cambiais postas em causa recomenda fortemente a admissão da reconvenção. Como visto, a conexão necessária à admissão da reconvenção deve ser entendida de forma mais ampla do que o conceito estreito oferecido pelo art. 103 do CPC. Essa orientação, a toda evidência, acautela as partes contra decisões conflitantes e ainda se prestigia os princípios do amplo acesso à Justiça, da duração razoável dos processos e da instrumentalidade das formas".[343]

120. Requisitos intrínsecos

Diante da opção obstinada pela concentração da defesa em petição única, ditada pelos arts. 336 e 343, o CPC afastou-se da antiga orientação que impunha ao réu a apresentação simultânea, *em peças autônomas*, da contestação e da reconvenção (art. 299 do CPC de 1973).

Assim, sob o aspecto formal, a reconvenção deve ser escrita e ajuizada, no mesmo prazo da contestação (portanto, simultânea), em tópico destacado

---

suposto de cabimento, a conexão entre a causa deduzida em juízo e a pretensão contraposta pelo réu. A conexão de causas, por sua vez, dá-se por coincidência de objeto ou causa de pedir. Na hipótese, existe clara diversidade entre a ação popular e a reconvenção. Enquanto a primeira objetiva a anulação de ato administrativo e tem como causa de pedir a suposta lesividade ao patrimônio público, a segunda visa à indenização por danos morais e tem como fundamento o exercício abusivo do direito à ação popular. O pedido reconvencional pressupõe que as partes estejam litigando sobre situações jurídicas que lhes são próprias. Na ação popular, o autor não ostenta posição jurídica própria, nem titulariza o direito discutido na ação, que é de natureza indisponível. Defende-se, em verdade, interesses pertencentes a toda sociedade. É de se aplicar, assim, o parágrafo único do art. 315 do CPC [de 1973], que não permite ao réu, 'em seu próprio nome, reconvir ao autor, quando este demandar em nome de outrem'...".

343 V.u., *DJe* 17/12/2010.

desta.³⁴⁴ Se o réu-reconvinte descumprir esta determinação legal, não poderá oferecer reconvenção em momento posterior, diante da inexorável preclusão consumativa.

Em simetria com o que dispõe o art. 329, III e IV, do CPC, em relação à petição inicial, compete igualmente ao réu-reconvinte, ao deduzir a reconvenção – lembre-se, na própria peça de contestação –, expender os fatos e os fundamentos jurídicos da demanda reconvencional e formular, afinal, o pedido, que deve ser certo e determinado (arts. 322 e 324, § 2º).

Como na reconvenção o réu se faz autor, são inúmeros os requisitos da inicial que norteiam, sob o aspecto formal, a sua respectiva elaboração, à qual inclusive deve ser atribuído valor, com o recolhimento de custas iniciais.

Incide igualmente na reconvenção, por força de regra expressa (art. 329, parágrafo único), a possibilidade de aditamento, naqueles dois momentos processuais específicos, ou seja: *i*) até a intimação do autor-reconvindo, independentemente de aquiescência, ou *ii*) até o saneamento do processo, com o consentimento daquele.

121. Falta de interesse processual: "ações dúplices"

A experiência tem revelado que, na esfera da reconvenção, surgem situações, com alguma frequência, que denotam a carência de interesse processual do réu-reconvinte, sobretudo naquelas em que o efeito prático alvitrado na demanda reconvencional pode ser plenamente atingido com a contestação.

Assim, não há se cogitar de reconvenção nas denominadas ações dúplices, como, v.g., nas possessórias,³⁴⁵ na de exigir contas, porque, diante da natureza do direito material questionado, a pretensão do réu pode ser inserida na própria argumentação defensiva; ou, ainda, quando, pela natureza da matéria de defesa, já se alcança aquilo que se almeja, com o acolhimento, pela sentença, da exceção de retomada na ação renovatória de aluguel, ou da exceção de compensação.

Quanto a esta última, o pedido reconvencional somente é viável quando se pretende obter o reconhecimento da parte do crédito do reconvinte

---

344 O art. 190 do CPC de 1939 determinava que a contestação e a reconvenção fossem apresentadas na mesma peça. Quando obtive o grau de bacharel em direito, em 1978, já se encontrava em vigor o Código Buzaid, cujo art. 299 havia alterado tal regra. Recordo-me que alguns advogados mais antigos ainda ajuizavam reconvenção no corpo da própria contestação. Certamente que, agora, com a nova alteração legislativa, não será surpresa se a reconvenção for oferecida em peça autônoma!

345 STJ, 4ª T., REsp 147.944-SP, rel. Min. CESAR ASFOR ROCHA, v.u., *DJ* 16/3/1998: "O pedido de perdas e danos reclamados pelo réu de ação possessória dispensa reconvenção, conforme o disposto no art. 922 do CPC [de 1973]".

que excede aquele pretendido pelo demandante. Não se verificando esta hipótese, o réu deve defender-se por meio de exceção, para tornar efetiva a compensação.[346]

Nas espécies de demanda acima referidas, o réu já pode ser aquinhoado com tutela jurisdicional exatamente simétrica àquela perseguida pelo autor, "faltando-lhe interesse processual para reconvir, dado que sua contestação traria em si uma 'reconvenção implícita', o que sinaliza proximidade entre esses institutos".[347]

A propósito desta questão pontual, antecipando-se à entrada em vigor do CPC, a 3ª Turma do Superior Tribunal de Justiça, no julgamento do Recurso Especial n. 1.524.730-MG, assentou, na respectiva ementa: "1. Cuida-se, na origem, de ação de despejo cumulada com cobrança de aluguéis na qual o réu alega a ocorrência de compensação de dívidas. 2. A compensação é meio extintivo da obrigação, caracterizando-se como exceção substancial ou de contradireito do réu, que pode ser alegada em contestação como matéria de defesa, independentemente da propositura de em obediência aos princípios da celeridade e da economia processual. 3. Hipótese em que o réu defende o não pagamento da dívida cobrada pelo autor com base em compensação de dívidas, sem, contudo, formular pedido de cobrança de eventual diferença de valores compensados. O acórdão recorrido entendeu que a alegação de compensação se deu na via inadequada, pois somente poderia ser feita em ação reconvencional. 4. Não é razoável exigir o ajuizamento de ação reconvencional para a análise de eventual compensação de créditos, devendo-se prestigiar a utilidade, a celeridade e economia processuais, bem como obstar enriquecimento sem causa. 5. O novo CPC no seu art. 343, atento aos princípios da economia e da celeridade processual, adotou a concentração das respostas do réu, facultando a propositura da reconvenção na própria contestação. 6. Recurso especial provido para que o tribunal local proceda a novo julgamento da apelação, analisando o tema da compensação como entender de direito".[348]

Igualmente, é uníssona a orientação do Superior Tribunal de Justiça quanto à ausência de interesse processual do réu, no ajuizamento de reconvenção

---

346 Consulte-se, a propósito, ANTÓNIO COLAÇO CANÁRIO, *A reconvenção e a compensação em processo civil*, p. 66-67.

347 HEITOR SICA, *O direito de defesa no processo civil brasileiro*, p. 177-178. BRUNO SASSANI (*Note sul concetto di interesse ad agire*, p. 30-32), passando em revista as teorias sobre "interesse processual", distingue, com acuidade, "utilidade processual" da "utilidade substancial", afirmando que a ausência de interesse processual significa que o processo não trará ao autor "utilidade substancial", ainda que o pedido seja julgado procedente ("utilidade processual").

348 Rel. Min. RICARDO VILLAS BÔAS CUEVA, v.u., *DJe* 25/8/2015.

postulando cobrança em dobro por dívida já paga, visto que tal pretensão pode ser também suscitada na própria contestação.[349]

122. "Intimação" do autor-reconvindo e "resposta" à reconvenção

Recebida a processamento a reconvenção, segundo dispõe o § 1º do art. 343 do CPC, o autor deverá ser intimado, na pessoa de seu advogado, para apresentar resposta no prazo de 15 dias.

Vê-se, de logo, que o novo CPC utiliza aí o vocábulo "resposta", sem se dar conta de que o autor-reconvindo tem apenas o ônus de apresentar contestação e não o de oferecer resposta, atividade mais ampla, que englobava, à luz da codificação revogada, a apresentação de exceção, contestação e reconvenção. Mas não é só. A redação do mesmo § 1º do art. 343 alude a intimação do autor na pessoa de seu advogado, cometendo a mesma falha técnica que continha o art. 316 do CPC de 1973. Excetuando o seu próprio sistema, denomina intimação o que, "ainda com forma diferente, citação é".[350] A censura ao apontado texto legal, nesta derradeira hipótese, não é simplesmente de cunho semântico, mas, sim, de natureza substancial, uma vez que a intimação, como ato de comunicação processual, não produz, a rigor, os importantíssimos efeitos, especificados no art. 240 do CPC, gerados pela citação válida.

Mais exata teria sido a adoção da mesma técnica empregada no art. 677, § 3º, do CPC, relativa aos embargos de terceiro, determinante da citação do embargado, devendo esta ser pessoal, caso não tenha ele procurador constituído nos autos da ação na qual efetivado o ato de constrição sobre o patrimônio do embargante.

Seja como for, deve ser enfatizado que não há se questionar, nesse particular, se o advogado do autor-reconvindo detém ou não poderes específicos para receber a aludida intimação. A investidura para o aperfeiçoamento do ato de intimação (*rectius*: citação) na pessoa do advogado não decorre da vontade da parte, mas sim da própria lei.[351]

---

349 V., e.g., STJ, 2ª T., REsp 759.929-MG, rel. Min. Eliana Calmon, v.u., *DJ* 29/6/2007: "A aplicação da pena de que trata o art. 1.533 do CC/1916 pode-se dar em qualquer via processual, independentemente de reconvenção".
350 Cf. a crítica procedente que Pontes de Miranda lançara sobre a redação do art. 316 do CPC revogado (*Comentários ao Código de Processo Civil*, t. 4, p. 171).
351 V., embora sob a vigência do CPC de 1973, no sentido do texto, validando a citação do embargado na pessoa de seu advogado, STJ, 3ª T., REsp 1.422.977-RS, rel. Min. Nancy Andrighi, v.u., *DJe* 4/6/2014: "Conquanto não se negue que, regra geral, a citação far-se-á na pessoa do réu, o próprio art. 215 do CPC [de 1973] admite que essa comunicação se dê na pessoa do 'procurador legalmente autorizado'. A propósito, versa o art. 1.050, § 3º, do CPC [de 1973], regra semelhante à contida nos arts. 57 e 317 do CPC [de 1973], que preveem outras hipóteses em que a citação da

Desse modo, sendo, pois, válido e regular o ato citatório do autor-reconvindo na pessoa de seu advogado, o que ocorrerá, normalmente, por meio de publicação na imprensa oficial, o seu constituinte "se transforma" em réu, passando a ter, na medida do *caput* do art. 341 do CPC, o ônus da impugnação especificada dos fatos expendidos como fundamento da reconvenção, com todas as consequências advindas de seu eventual inadimplemento.

Ademais, não há na novel legislação qualquer referência direta à possibilidade de *reconventio reconventionis*, ou seja, de reconvenção aforada pelo autor que já figura, no processo, como reconvindo. Não obstante, a interpretação do art. 702, § 6º, atinente ao procedimento especial da ação monitória leva à conclusão de que, embora expressamente aqui vetada a reconvenção de reconvenção, não haveria óbice ao seu cabimento na esfera do procedimento comum e de outros procedimentos especiais.

E não há mesmo, até porque, apesar de rara incidência, além do aforismo *ubi lex non distinguit nec nos distinguere debemus*, a doutrina sempre o referendou, sob a vigência do diploma revogado, desde que atendidos os pressupostos legais, como bem adverte DINAMARCO: "É admissível formular *reconvenção contra a reconvenção* quando o autor-reconvindo tiver, por sua vez, uma pretensão conexa à reconvencional do réu ou aos fundamentos da defesa posta a esta, mas desde que a nova demanda a propor não seja portadora de uma pretensão que ele poderia ter cumulado na inicial e não cumulou".[352] A jurisprudência abona esse entendimento, admitindo o ajuizamento de reconvenção pelo demandante-reconvindo.[353]

123. Autonomia da reconvenção

A despeito de ter sido afirmado, de forma reiterada, que a reconvenção deve ser deduzida no bojo da própria peça de contestação (art. 343, *caput*), continua sendo preservada a sua autonomia em relação à demanda pendente, como se infere claramente do § 2º do art. 343 do CPC: "A desistência da ação ou a ocorrência de causa extintiva que impeça o exame de seu mérito não obsta ao prosseguimento do processo quanto à reconvenção".

Daí por que, ocorrendo qualquer causa que se apresente como obstáculo ao prosseguimento da ação (por exemplo: desistência), o processo continua a

---

parte se dá na pessoa de seu advogado – oposição e reconvenção. Trata-se, pois, de situações excepcionais, nas quais a própria lei conferiu ao causídico poder especial para a prática do referido ato processual, tornando-o verdadeiro 'procurador legalmente autorizado' para tanto".

352 *Instituições de direito processual civil*, 3, p. 526.
353 Confira-se, a propósito, e.g., TJSP, 10ª Câm. Dir. Priv., AgInstr 2058842-85.2013.8.26.0000, rel. Des. ARALDO TELLES, j. 19/8/2014.

tramitar apenas com a reconvenção. O mesmo ocorrerá se o réu-reconvinte, com anuência do autor-reconvindo, desistir da demanda reconvencional, ou, ainda, por hipótese, praticar algum outro ato de disposição, como a renúncia ao direito sobre o qual se funda a reconvenção: nem por isso deixa de ter regular seguimento a ação primitiva.

Note-se assim que a pretensão deduzida por meio de reconvenção é absolutamente autônoma. Nada impede, à evidência, que o ajuizamento da demanda do réu se verifique em momento posterior, por via processual independente, possuindo ele a faculdade de requerer a reunião das respectivas demandas com fundamento na conexão (arts. 55 e 58 CPC).

124. Reconvenção sem contestação

Coerente com a concepção bem nítida de que a reconvenção ostenta "vida própria" é que o legislador preceitua, no § 6º do art. 343, que: "O réu pode propor reconvenção independentemente de oferecer contestação". É interessante ressaltar que, nesta rara situação, a reconvenção, a rigor, acaba sendo apresentada em "peça única e autônoma"!

Deixando de contestar a demanda ajuizada pelo autor, descortinam-se duas diferentes vertentes legais: *a)* incidem os efeitos da revelia, sendo reputadas verdadeiras as alegações de fato constantes da petição inicial (art. 344); ou *b)* pela fundamentação expendida na reconvenção, baseada em fato modificativo ou extintivo do direito do autor, tornam-se controvertidos, sob o aspecto lógico-jurídico, os fatos constitutivos deduzidos pelo autor, não podendo, portanto, diante de uma "defesa oblíqua", incidir o efeito material da revelia (art. 344, IV, *a contrario sensu*).

Instada a examinar esta difícil questão, a 3ª Turma do Superior Tribunal de Justiça, no julgamento do Recurso Especial n. 1.335.994-SP, relatado pelo Ministro RICARDO VILLAS BÔAS CUEVA, averbou que: "A decretação da revelia com a imposição da presunção relativa de veracidade dos fatos narrados na petição inicial não impede que o réu exerça o direito de produção de provas, desde que intervenha no processo antes de encerrada a fase instrutória. No caso, a apresentação de reconvenção, ainda que sem o oferecimento de contestação em peça autônoma, aliada ao pedido de produção de provas formulado em tempo e modo oportunos impedia o julgamento antecipado da lide".[354]

É bem possível que numa ação de divórcio, por exemplo, o cônjuge varão nada tenha a opor à alegação da mulher de haver voluntariamente abandonado o lar (art. 1.573, IV, do CC), embora pretenda, pela reconvenção, a anulação do casamento por ser a virago portadora de doença mental grave anterior

---

354 V.u., *DJe* 18/8/2014.

ao matrimônio (art. 1.557, IV, do CC). O objeto do pedido, em ambas as demandas, praticamente é o mesmo: a dissolução da sociedade conjugal, não obstante de conotação mais ampla a pretensão do reconvinte, buscando lograr a invalidação do próprio vínculo matrimonial.

Comungando também desse ponto de vista, CLITO FORNACIARI JÚNIOR[355] assinala que o réu poderá oferecer reconvenção independentemente da efetivação de qualquer defesa proativa, e, até mesmo, confessar expressamente os fatos ou reconhecer a procedência do pedido. Na verdade, no momento em que o réu escolhe apenas a via reconvencional, não exerce o ônus de apresentar defesa, visto que abandona eventual resistência que porventura poderia apresentar à pretensão do autor, sujeitando-se aos efeitos desfavoráveis de sua inatuação. Seja como for, a reconvenção em nada fica comprometida.

Tenha-se outrossim presente que não se aplica na hipótese vertente a regra do art. 346 do CPC (fluência de prazo contra o revel), porque o réu-reconvinte que não contestou o pedido já se encontra representado nos autos pelo advogado que subscreveu a reconvenção.

125. Ampliação e redução subjetiva da reconvenção

Embora os §§ 3º e 4º do art. 343 autorizem a ampliação subjetiva, respectivamente, quer no polo passivo quer no polo ativo da reconvenção, nada impede que haja redução do número de litigantes.

Havendo vários autores (litisconsórcio ativo), o réu poderá ajuizar a reconvenção, dirigindo-a a todos, não havendo qualquer óbice a que a ofereça somente a um ou a alguns deles.

Até mesmo quando se tratar de litisconsórcio unitário-necessário no polo ativo da ação, o pedido reconvencional nem sempre deverá ser direcionado a todos os litisconsorciados. Imagine-se que uma pluralidade de compradores promova, em litisconsórcio unitário e necessário – arts. 114 e 116 do CPC –, ação redibitória em face do vendedor, que reconvém a um só dos autores, para recebimento de parte do preço (art. 275 CC). A rigor, por não se confundirem as relações jurídicas contrapostas, não há cogitar-se, neste caso, de cindibilidade daquela originária.

Pode ocorrer, ainda, que, pela natureza da reconvenção, o réu tenha de trazer ao litígio alguém a ele estranho (suponha-se, por exemplo, a hipótese em que Tício e Caio venderam a Lúcio um veículo. Tício, credor solidário, promove individualmente a cobrança de seu crédito, por não tê-lo recebido. Lúcio contesta e deduz reconvenção, alegando vício oculto da coisa (ação redibitória), pretendendo, por isso, a anulação do negócio. Em decorrência da

---

355 *Da reconvenção no direito processual civil brasileiro*, p. 13.

natureza da relação jurídica – art. 114 do CPC –, Caio deve ser trazido ao processo pela reconvenção, ação primitiva para ele, sob pena de a sentença, na hipótese de procedência do pedido, ser considerada *inutiliter data*.[356]

Observa-se, destarte, que, além da modificação objetiva do *thema decidendum*, ocasionada pela propositura da demanda reconvencional, na primeira possibilidade acima alvitrada há restrição subjetiva da relação processual e, na derradeira, ampliação subjetiva.

Saliente-se, ainda, que o autor-reconvindo pode denunciar da lide a terceiro, e, para este, denunciado, a reconvenção deverá ser considerada ação originária.[357]

126. Reconvenção e substituição processual

O instituto da substituição processual, de todo singular, previsto no art. 18 do CPC, é normalmente conceituado como o exercício, autorizado por lei, de atividades processuais em nome próprio, em prol de uma situação subjetiva alheia. Trata-se, assim, de legitimação processual extraordinária, na qual a parte em juízo não corresponde ao titular do direito material que constitui o objeto do processo.

É, pois, por esta precípua razão que o § 5º do art. 343 do CPC, na hipótese de a ação ter sido ajuizada pelo substituto processual, determina – a despeito da confusa redação – que a reconvenção somente poderá ser admitida se a pretensão do réu-reconvinte voltar-se ao autor na qualidade de substituto processual. Em outras palavras, a relação jurídica litigiosa, objeto da reconvenção, deve obrigatoriamente ter como sujeitos o réu-reconvinte e o substituído na ação principal.

No terreno dos direitos transindividuais, se o réu reconvier, deduzindo demanda coletiva passiva, para a qual o autor originário possua legitimação coletiva passiva, e essa ação for conexa com a ação principal (art. 343, *caput*, do CPC), não se vislumbra qualquer óbice à admissibilidade da reconvenção, visto que por ela se afirma direito em face do substituído – o grupo.[358]

CAPÍTULO VIII
DA REVELIA

Art. 344. Se o réu não contestar a ação, será considerado revel e presumir-se-ão verdadeiras as alegações de fato formuladas pelo autor.

---

356 V., a propósito, Guilherme Estelita, *Do litisconsórcio no direito brasileiro*, p. 209 e segs.
357 Cf. Cruz e Tucci, *Da reconvenção*, p. 59-60.
358 Fredie Didier Júnior e Hermes Zaneti Júnior, O CPC-2015 e a reconvenção em processo coletivo, in *Processo coletivo* (coletânea), p. 513.

CPC de 1973 – art. 319

Comparação jurídica – art. 472 do NCPC francês; art. 171 do CPC italiano; art. 496 da LEC espanhola; art. 566º do CPC português; § 330 do ZPO alemão; art. 223 do SZO suíço

127. Generalidades

A moderna concepção liberal e democrática do fenômeno processual garante, a cada um dos litigantes, a possibilidade de participação concreta em todas as fases do processo. O ideal, assim, é que os litigantes, em absoluta igualdade de condições e de meios, possam debater os pontos essenciais da causa, produzir as suas provas, colaborar com o juiz e, sobretudo, influir, de modo determinante, no desfecho da causa, materializado na sentença.

Daí por que, ajuizada a demanda, segue-se a consecução de um dos atos mais importantes e solenes do processo: a citação do réu, que, para ser considerada regular e válida, deve obrigatoriamente revestir-se das formalidades exigidas pelos arts. 238 e segs. do CPC.

Diante das sérias consequências que geralmente decorrem de uma pendência judicial, o réu, em regra, é estimulado – até mesmo pela necessária advertência constante de todo instrumento de citação (carta, mandado, edital ou meio eletrônico – arts. 246 e 250) – a tomar uma atitude ativa, defendendo-se. O réu, portanto, tem o ônus de reagir, oferecendo contestação (ou opondo embargos à execução – art. 250, II), visando a contrapor argumentos próprios à pretensão deduzida pelo demandante.

Responder à inicial – observa DINAMARCO – é, assim, "o comportamento normal esperado do réu, para quem o processo constitui, tanto quanto para o autor, o prosseguimento civilizado e racional do conflito que os envolve".[359]

No entanto, o réu pode muito bem deixar de apresentar qualquer manifestação defensiva ou, ainda, apresentá-la em juízo depois de transcorrido o prazo legal, ocorrendo destarte preclusão temporal para a prática do mencionado ato processual de exclusivo interesse do demandado.

Em ambas as situações, na dicção do art. 344, o réu "será considerado revel". A revelia ou contumácia se configura então pela inércia, isto é, pela completa ausência de resposta ao pedido do autor. É, por assim dizer, o não comparecimento oportuno do réu ao juízo que determinou o seu chamamento.

Como bem se conclui, a revelia é caracterizada pela falta de cooperação processual do réu, que não se apresenta em juízo, por meio de contestação ou até mesmo de qualquer outra manifestação, no prazo que lhe foi concedido.[360]

---

359 *Instituições de direito processual civil*, 3, p. 554.
360 Cf. ARTURO RISPOLI, *Il processo civile contumaciale*, p. 256; LAURA SALVANESCHI, Dove-

São dois, portanto, os pressupostos para o reconhecimento da revelia: *a)* citação válida; e *b)* ausência de defesa no prazo legal.

A aferição da revelia decorre, assim, de um exame objetivo: "la falta de personación del demandado en el plazo oportuno".[361]

Sob a perspectiva histórica, a contumácia do demandando, pela crise processual e pelos efeitos que produz, quase sempre recebeu um tratamento particularizado, sendo que, por exemplo, nas fontes do direito lusitano, apresentava-se disciplinada de forma deveras aperfeiçoada. Nota-se, com efeito, que nas Ordenações Filipinas, de 1603, a revelia do réu se configurava pela sua ausência ou de seu procurador na audiência inicial, e por mais três dias, quando citado por meio de carta para comparecer perante os tribunais; ou, ainda, na hipótese em que comparecia e, depois, abandonava o processo sem deixar procurador. O feito seguia à sua revelia, mas não se permitia a imediata imissão na posse de seus bens (3.15.pr.). Intervindo no processo, antes de a sentença passar pela chancelaria ou ser entregue ao autor, "tomará o feito no ponto em que o achar". Contudo, depois do referido momento processual, somente por meio de "embargos à sentença que se executa" é que o revel poderia intervir (3.15.1). A possibilidade de ulterior participação do revel não se verificava nas demandas fundadas em escritura pública ou em confissão de dívida (3.15.2), que "devem brevemente ser acabadas", dada a celeridade que conotava o respectivo procedimento (3.25). *Revel presente* era considerado aquele que, embora tivesse comparecido à audiência, recusava-se a responder as perguntas que lhe eram formuladas pelo juiz (3.32.pr.). A figura do "escusador" também vinha contemplada nas Ordenações Filipinas, que comparecia perante o juiz para apresentar justificativa da ausência do réu e de seu procurador, com a finalidade de afastar o decreto de revelia (3.20.3).[362]

128. Efeitos produzidos pela revelia

A inatividade ou silêncio deliberado do réu deflagra consequências de distinta natureza.

Em primeiro lugar, caracterizada a revelia, desde que coexistentes os pressupostos que viabilizam a apreciação do mérito, verifica-se o chamado efeito material, que implica a presunção de veracidade dos fatos alegados pelo autor, como se extrai da redação do art. 344.

---

re di collaborazione e contumacia, *Rivista di Diritto Processuale*, p. 586-587. V., com moderna e profunda abordagem sobre a revelia, o verbete de BONA CIACCIA CAVALLARI, Contumacia, in *Digesto delle discipline privatistiche – sezione civile*, 4, p. 320 e segs.
361 LORENA BACHMAIER WINTER, *La rebeldía en el proceso civil norteamericano y español*, p. 174-175.
362 CRUZ E TUCCI e AZEVEDO, *Lições de história do processo civil lusitano*, p. 129.

Devendo o juiz reconhecer como verdadeiros os fatos narrados pelo demandante, na petição inicial, à falta de contrariedade àqueles, não haverá necessidade da produção de quaisquer provas, sempre que, verossímeis, estiverem adequada e juridicamente qualificados pelo autor. Tal circunstância só não ocorrerá se os fatos deduzidos pelo autor da demanda exsurgirem inverídicos ou contraditórios entre si.

Não se afastando, nesse particular, do velho CPC, o novo diploma continuou dispondo que os fatos alegados na petição inicial pelo autor e não contestados pelo réu se tornam, em princípio, incontroversos e, como tal, dispensam qualquer comprovação.[363] Esta drástica consequência é incontornável, porque simplesmente não haverá possibilidade da produção de prova contrária pelo revel. Mais ainda, ao autor não se impõe o adimplemento do ônus da prova dos fatos constitutivos de seu direito, como exigido pelo art. 373, I, do CPC.

A doutrina mais moderna, no entanto, teceu ponderada crítica ao rigor do tratamento dispensado à revelia no CPC de 1973, agora reiterado, *ipsis verbis*, no art. 344.

Dentre outros autores que enfrentaram esta questão, DINAMARCO associa a revelia do réu, pelo não oferecimento de contestação, com a oferta de contestação, sem atender ao ônus da impugnação especificada dos fatos (art. 341), para afirmar que as omissões do réu norteiam o juiz a acatar os fatos deduzidos pelo autor, não significando que tenha ele necessariamente que proferir sentença de procedência do pedido. E isso porque, "ao interpretar o direito, o juiz fará ordinariamente o controle de todos os pressupostos de admissibilidade do julgamento do mérito, extinguindo o processo *ex officio* quando faltar algum, apesar de o réu estar omisso e, obviamente, nada haver suscitado a respeito; também interpretando o direito, o juiz julgará improcedente a demanda inicial sempre que os fatos constitutivos, ainda que tomados por existentes, não produzam perante o direito material a consequência afirmada pelo autor. *Nenhuma presunção incide sobre o direito*".[364]

Isto quer dizer, em outras palavras, que a revelia do réu, por si só, não determina a vitória do autor, embora redunde em efetivo domínio de posição de inegável vantagem, visto que ele – autor – está dispensado de qualquer esforço para provar os fatos afirmados.

---

363 V., nesse sentido, sob a égide dos Códigos de 1939 e 1973, respectivamente, CALMON DE PASSOS, *Da revelia do demandado*, p. 82 e segs.; ROGÉRIO LAURIA TUCCI, *Da contumácia no processo civil brasileiro*, p. 73-74; *Do julgamento conforme o estado do processo*, p. 260-261.

364 *Instituições de direito processual civil*, 3, p. 562. V., nesse sentido, STJ, 4ª T., AgRg no Agravo em REsp 204.908-RJ, rel. RAUL ARAÚJO, v.u., *DJe* 3/12/2014: "Os efeitos da revelia não abrangem as questões de direito, tampouco implicam renúncia a direito ou a automática procedência do pedido da parte adversa. Acarretam simplesmente a presunção relativa de veracidade dos fatos alegados pelo autor".

Não obstante, é *relativa* a presunção emoldurada no art. 344, porque não fica o juiz de mãos atadas, "à aceitação de fatos inverossímeis, notoriamente inverídicos ou incompatíveis com os próprios elementos ministrados pela inicial, só porque ocorra a revelia".[365]

A jurisprudência sobre esta questão abona a melhor doutrina. A 2ª Turma do Superior Tribunal de Justiça, no julgamento do Agravo Regimental no Recurso Especial n. 1.194.527-MS, relatado pelo Ministro OG FERNANDES, assentou que: "A caracterização de revelia não induz a uma presunção absoluta de veracidade dos fatos narrados pelo autor, permitindo ao juiz a análise das alegações formuladas pelas partes em confronto com todas as provas carreadas aos autos para formar o seu convencimento".[366]

Em senso análogo, a 3ª Turma, por ocasião do julgamento do Agravo Regimental no Agravo em Recurso Especial n. 537.630-SP, da relatoria do Ministro RICARDO VILLAS BÔAS CUEVA, deixou patente que: "É firme a jurisprudência do Superior Tribunal de Justiça no sentido de que a presunção de veracidade dos fatos alegados pelo autor em razão da ocorrência da revelia é relativa, sendo que para o pedido ser julgado procedente o juiz deve analisar as alegações do autor e as provas produzidas".[367]

Além do efeito material, a revelia provoca ainda importante reflexo no *iter* normal do processo, que desencadeia a precipitação temporal do encerramento da causa.

Dispõe, a propósito, o art. 355, II, do CPC que: "O juiz julgará antecipadamente o pedido, proferindo sentença com resolução do mérito, quando: ... II – o réu for revel, ocorrer o efeito previsto no art. 344 e não houver requerimento de prova, na forma do art. 349".

Atribui-se, assim, ao juiz, de forma aparentemente cogente, a incumbência de conhecer desde logo do pedido. É sempre oportuno lembrar que, a despeito da cognição sumária que se verifica nesta situação, a sentença, por ser de mérito, reveste-se excepcionalmente de coisa julgada material.

Importa observar que o provimento judicial, em tal hipótese, é decorrência direta da contumácia do demandado, exceto quando ocorrer qualquer uma das situações expressamente ressalvadas na própria lei (art. 345).

De qualquer forma, o julgamento antecipado a favor do autor nunca será "automático", uma vez que este somente tem lugar se o juiz estiver absolutamente convencido da veracidade dos fatos articulados na petição inicial, justificando a sua convicção, em particular, na prova documental já constante dos

---

365 Cf. BARBOSA MOREIRA, *O novo processo civil brasileiro*, p. 97.
366 V.u., *DJe* 4/9/2015.
367 V. u., *DJe* 4.8.2015.

autos, "ou se a investigação dos fatos for totalmente irrelevante para o julgamento do pedido (v.g., se for caso patente de improcedência, pois daqueles fatos narrados – ocorridos ou não – não se pode extrair a consequência jurídica pretendida pelo autor)";[368] ou ainda, na dicção do art. 355, I, "se não houver necessidade de produção de outras provas".

Ademais, se a contestação for extemporânea, deverá ser determinado o seu desentranhamento dos autos; mas apenas da peça de defesa e não de eventuais documentos, inclusive da procuração, que a acompanham. Os suportes de prova exibidos serão considerados pelo juiz antes de proferir a sentença.

Ainda que revel, o demandado poderá impedir o julgamento antecipado, desde que ingresse no processo a tempo de requerer a produção de provas (art. 349).[369]

Embora o novo CPC não tenha introduzido novidade de destaque no âmbito desta relevante matéria, vê-se claramente que tem ela sofrido sensível evolução, na doutrina e na interpretação que lhe têm dispensado os tribunais, tornando bem mais brandas as consequências prejudiciais da revelia, para assegurar ao demandado garantias processuais mínimas que, afinadas com os modernos rumos da dogmática, desprezam uma "verdade meramente formal".

> **Art. 345.** A revelia não produz o efeito mencionado no art. 344 se:
>
> **I** – havendo pluralidade de réus, algum deles contestar a ação;
>
> **II** – o litígio versar sobre direitos indisponíveis;
>
> **III** – a petição inicial não estiver acompanhada de instrumento que a lei considere indispensável à prova do ato;
>
> **IV** – as alegações de fato formuladas pelo autor forem inverossímeis ou estiverem em contradição com prova constante dos autos.
>
> *CPC de 1973 – art. 320*
>
> *Comparação jurídica – art. 474 do NCPC francês; art. 496 da LEC espanhola; art. 568º do CPC português*

---

368 Umberto Bara Bresolin, *Revelia e seus efeitos*, p. 156. V., na atual jurisprudência, STJ, 4ª T., EDcl no Agravo em REsp 156.417-SP, rel. Min. Luis Felipe Salomão, v.u., *DJe* 13/5/2015: "A revelia, que decorre do não oferecimento de contestação, enseja presunção relativa de veracidade dos fatos narrados na petição inicial, podendo ser infirmada pelos demais elementos dos autos, motivo pelo qual não acarreta a procedência automática dos pedidos iniciais (3ª T., REsp 1.335.994-SP, rel. Min. Ricardo Villas Bôas Cueva, *DJe* 18/8/2014)".

369 Como bem pontuou, a 4ª T. do STJ, no julgamento do AgRg no REsp 1.326.85-RS, rel. Min. Luis Felipe Salomão, v. u., *DJe* 20/10/2015: "A caracterização da revelia não induz a uma presunção absoluta de veracidade dos fatos narrados pelo autor, permitindo ao juiz a análise das alegações formuladas pelas partes em confronto com todas as provas carreadas aos autos para formar o seu convencimento".

129. Generalidades

Diante de vicissitudes que decorrem do próprio sistema jurídico ou até mesmo da lógica formal, assim como sucede quanto ao desencargo excepcional do ônus da impugnação especificada dos fatos (art. 341, 2ª parte, do CPC), o legislador se incumbe de estabelecer as situações nas quais não se produzem os efeitos da revelia, havendo ainda outras moldadas pelos nossos tribunais.

130. Exceções legais
130.1. Pluralidade de réus

A primeira exceção arrolada pelo art. 345 refere-se à pluralidade de réus, sem qualquer distinção entre as espécies de litisconsórcio, de há muito bem definidas pela doutrina.

Havendo litisconsórcio passivo, se um ou alguns dos demandados apresentarem contestação, não se produzem os efeitos da revelia. Isso significa que, mesmo se um dos litigantes ficar inerte, não se defendendo, a contestação oferecida pelo seu litisconsorte obsta a que incida a presunção delineada no art. 344 do CPC, acima examinado.

Ressalte-se, neste particular, que o novel legislador poderia ter aperfeiçoado esta disposição legal, que repete a redação do revogado art. 320, I. E isso porque cabe ao intérprete aplicá-la fazendo antes a distinção entre as modalidades de litisconsórcio.

Caso o litisconsórcio passivo seja facultativo ou necessário simples, no âmbito de uma relação jurídica cindível, a atuação defensiva de um deles, se for comum ao núcleo do objeto litigioso, como, por exemplo, na ação de usucapião, em que um dos réus argui a descontinuidade da posse do autor, a sua defesa, isolada, aproveita aos demais demandados, porque, se acolhida, beneficiará a todos.

Neste caso, torna-se absolutamente impossível reputar incontroverso o fato consistente na alegação de posse longeva em relação ao revel e, ao mesmo tempo, não comprovado pelo autor da ação de usucapião diante dos réus que contestaram o pedido. Tal fato, sob a perspectiva lógica, é comum a todos os litisconsortes passivos.

É evidente, por outro lado, que, se aquele que apresentou defesa fundamentou-a apenas em exceção pessoal, operam-se normalmente os efeitos da revelia para o réu que deixou de oferecer contestação. Tem-se, como exemplo expresso desta situação, o disposto no art. 281 do Código Civil, que diz respeito à solidariedade passiva: "O devedor demandado pode opor exceções que lhe forem pessoais e comuns; não lhe aproveitando as exceções pessoais a outro codevedor".

O simples fato de um dos litisconsortes ter apresentado contestação não é suficiente para afastar os efeitos da revelia ao litisconsorte revel. É imprescindível que o contestante impugne o fato comum a ambos.[370]

Daí por que o inciso I do art. 345 concerne exclusivamente ao litisconsórcio unitário (facultativo ou necessário), caracterizado, como se sabe, pela natureza incindível da relação jurídica, que reclama solução uniforme do litígio para todos os requeridos, estejam ou não presentes (art. 116 CPC).

Preceitua o art. 117 do CPC que: "Os litisconsortes serão considerados, em suas relações com a parte adversa, como litigantes distintos, exceto no litisconsórcio unitário, caso em que os atos e as omissões de um não prejudicarão os outros, mas os poderão beneficiar".

Excepciona-se, pois, a regra da autonomia dos colitigantes desde que se trate de litisconsórcio unitário. À guisa de ilustração, no processo de ação objetivando a anulação de um ato assemblear, ajuizada em face da companhia e daquele que foi eleito administrador, se apenas este contestar o pedido, não se verificam os efeitos da revelia, porque a sentença de procedência ou de improcedência é a mesma para ambos os correquerentes, reunidos no polo passivo em litisconsórcio unitário.

Este é também o entendimento da 4ª Turma do Superior Tribunal de Justiça, no julgamento dos Embargos de Declaração no Agravo em Recurso Especial n. 156.417-SP, com voto condutor do Ministro LUIS FELIPE SALOMÃO, textual: "Cuidando-se de ação de declaração de nulidade de negócio jurídico, o litisconsórcio formado no polo passivo é necessário e unitário, razão pela qual, nos termos do art. 320, I, do CPC [de 1973], a contestação ofertada por um dos consortes obsta os efeitos da revelia em relação aos demais".[371]

130.2. Direitos indisponíveis

Igualmente, não se verificam os efeitos da revelia quando o litígio versar sobre direitos indisponíveis.

Como espelho do art. 345, o art. 341 do CPC, já comentado, dentre as exceções da presunção de veracidade que decorrem do inadimplemento do ônus da impugnação especificada dos fatos, enumera a hipótese de inadmissibilidade da confissão.

---

370 STJ, 4ª T., AgReg no REsp 557.418-MG, rel. Min. ANTONIO CARLOS FERREIRA, v.u., *DJe* 16/4/2013: "No caso, a despeito de um dos corréus ter apresentado peça contestatória, o Juízo de primeiro grau deixou claro em sua sentença que 'nenhum dos réus negou a alegação da autora de que os títulos eram sem causa'...".
371 V.u., *DJe* 13/5/2015.

Recorde-se que a exceção do art. 341, I, do CPC repetiu, parcialmente, a redação do revogado art. 351, que dispunha ser ineficaz a confissão judicial sobre fatos atinentes a direitos indisponíveis.

Assim sendo, tratando-se de direito do qual o réu não tem qualquer poder de disposição (e.g.: o direito à vida, à liberdade, à saúde e à dignidade), ainda que se deixe ficar revel, não incidem os efeitos da revelia, dada a inaplicabilidade da regra do art. 344 do CPC.

Como escreve, a propósito, MOACYR AMARAL SANTOS,[372] a presunção de veracidade dos fatos, em decorrência da ausência de contestação, consubstancia-se num efeito em tudo equiparado ao da confissão, não podendo aquela ser verificada se o litígio tiver por objeto direito indisponível.[373]

Vale a referência, acerca desta questão, a interessante julgamento do Superior Tribunal de Justiça.[374] Recentemente, foi improvido recurso especial interposto nos autos de ação civil pública ajuizada pelo Ibama em face da Companhia Alcoolquímica Nacional, na qual a autarquia federal objetivava a condenação da recorrente a realizar novo licenciamento ambiental e a recuperar supostos danos ambientais ocorridos no exercício de suas atividades. A contestação foi considerada intempestiva e decretada a revelia da aludida ré, ressalvando-se que os respectivos efeitos foram abrandados ante a apresentação de tempestiva contestação por outra corré, a Agência Estadual de Meio Ambiente e Recursos Hídricos – CPRH. Constou do julgado que: "Os efeitos materiais da revelia – presunção de veracidade dos fatos narrados pelo autor – são afastados quando tais fatos referem-se a direitos indisponíveis intrinsecamente ligados ao próprio réu, pois as disposições do art. 320, II, do CPC [de 1973] mitigam a revelia contida no art. 319, normativo que faz expressa referência à inércia do réu".

Não obstante, versando a ação civil pública sobre questão atinente à proteção do meio ambiente, não significa, em absoluto, disposição de direitos indisponíveis do réu, pois o cumprimento das normas ambientais por parte da recorrente não lhe consubstancia um direito, mas um dever, uma obrigação,

---

372 *Primeiras linhas de direito processual civil*, v. 2, p. 277. V., no mesmo sentido, JOEL DIAS FIGUEIRA JÚNIOR, *Comentários ao Código de Processo Civil*, p. 381.
373 STJ, 2ª T., REsp 1.364.444-RS, rel. Min. HERMAN BENJAMIN, v.u., *DJe* 18/6/2014: "A questão de direito material (extinção do crédito tributário por pagamento) debatida nestes autos é outra, sendo importante destacar que, nos casos relacionados a direitos indisponíveis da Fazenda Pública, a sua ausência de manifestação não autoriza concluir automaticamente que são verdadeiros os fatos alegados pela parte contrária, podendo a autoridade judicial, com base no livre convencimento, exigir a respectiva comprovação".
374 2ª T., REsp 1.544.541-PE, rel. Min. HUMBERTO MARTINS, v.u., *DJe* 24/11/2015.

de inafastável observância. Na verdade, no caso apreciado, a indisponibilidade do direito é do Estado (autarquia federal) e não do recorrente. Assim, aplicando o princípio da ponderação, concluiu o Superior Tribunal de Justiça que, diante de tal contexto, "suplantar a intempestividade da contestação e, sob a singela alegação de tratar-se de direito indisponível, afastar os efeitos da revelia seria inverter a própria lógica da referida ação para reconhecer à mencionada recorrente o direito de degradar o meio ambiente".

130.3. Fatos inverossímeis ou contraditórios constantes da petição inicial

O mesmo poderá ocorrer na hipótese de o juiz detectar, *prima facie*, que a petição inicial enseja perplexidade, isto é, narra fatos improváveis, inusitados, de credibilidade discutível, ou que, pela vertente lógica, contrastam entre si ou afrontam a prova documental exibida com a própria petição inicial.

Todo argumento é a exteriorização do raciocínio. Para um argumento ser considerado lógico terá que obedecer ao princípio da não contradição. Assim, sob a perspectiva da lógica formal, o uso do silogismo evidencia o raciocínio válido: se todos os Y são X e se todos os K são Y, então todos os K são X. Ora, a petição inicial, que é o ponto de partida de um método a ser desenvolvido em várias etapas, deve externar um raciocínio inteligível, para que todos os demais atos processuais subsequentes tenham um referencial lógico.

É evidente que o Judiciário não pode prover o pedido do demandante quando decorre ele de um cenário impreciso e insustentável, que compromete a compreensão da postulação formulada.

Desse modo, jamais pode ser presumida como verdadeira uma versão fática tecnicamente inepta.

Se não for indeferida a petição inicial, com base no art. 330, I, do CPC, a presunção relativa ditada pelo art. 344 deve igualmente ser afastada nesta situação, a despeito de o réu não ter oferecido contestação.

Emendada a inicial, o réu deverá ser novamente citado, para que, respeitando-se a possibilidade de contraditório efetivo, reavalie o seu precedente comportamento.

131. Outras exceções à regra

Nem sempre a lei enumera, de forma exauriente, as hipóteses arroladas sobre determinadas questões, possibilitando que a *praxis* estabeleça ainda outras, provindo geralmente dos tribunais. A interpretação do art. 345 conduz exatamente a esta conclusão.

Inegável celeiro de teses originais, o Superior Tribunal de Justiça, acerca do tema da revelia, sufraga duas importantes posições não contempladas na lei.

É sedimentada a orientação no sentido de que, no processo da ação rescisória, não se produzem os efeitos da revelia, porquanto o *iudicium rescindens* desponta indisponível, "não se podendo presumir verdadeiras as alegações que conduziram à rescisão". Diante desta situação, deve o processo ser normalmente instruído "para se chegar a uma resolução judicial do que proposto na rescisória".[375]

Abordando outra questão, o Superior Tribunal de Justiça tem, reiteradamente, entendido que, no processo da ação de desapropriação: "A revelia do expropriado não justifica o acolhimento automático e obrigatório da oferta inicial feita pelo ente expropriante, fazendo necessária a avaliação judicial, a teor da Súmula 118 do extinto TFR".[376]

> **Art. 346.** Os prazos contra o revel que não tenha patrono nos autos fluirão da data de publicação do ato decisório no órgão oficial.
> **Parágrafo único.** O revel poderá intervir no processo em qualquer fase, recebendo-o no estado em que se encontrar.

CPC de 1973 – art. 322

Comparação jurídica – art. 171 do CPC italiano; art. 497 da LEC espanhola; art. 567º do CPC português

132. Generalidades

Determinava o art. 322 do CPC de 1973 que, contra o revel, fluíam os prazos independentemente de intimação.

Com redação bem mais coerente e aperfeiçoada, o dispositivo ora examinado traça uma importante distinção entre o revel que se mantém ausente e o revel que constitui advogado nos autos. De qualquer modo, numa ou noutra situação, o revel deverá ser sempre intimado, pela imprensa oficial.

E deverá ser cientificado não apenas dos atos decisórios, mas de qualquer determinação judicial, mesmo que de natureza ordinatória, desde que de seu interesse. Sobrepaira aqui, sem dúvida, a garantia constitucional do devido processo legal. O revel, embora não esteja participando do processo, é parte em todos os sentidos, supostamente citado de forma regular e válida.[377]

---

375 STJ, 3ª T., REsp 1.260.772-MG, rel. João Otávio de Noronha, v.u., DJe 16/3/2015. V., em senso idêntico, STJ, 2ª S., AgRg na AR 3.867-PE, rel. Min. Marco Buzzi, v.u., DJe 19/11/2014: "Os efeitos da revelia, previstos no art. 319 do CPC [de 1973], não incidem no âmbito da ação rescisória, por força do princípio da preservação da coisa julgada".

376 2ª T., REsp 1.466.747-PE, rel. Humberto Martins, v.u., DJe 3/3/2015.

377 Como já tive oportunidade escrever, além do autor e do réu, também adquirem a "qualidade" de parte (*eadem condicio personarum* – D. 44.2.12) todos aqueles que

Merece, pois, expressivo elogio a alteração legislativa contida no *caput* do art. 346, visto que agora, quando, por exemplo, for publicada a sentença em audiência, o prazo para a interposição de apelação para o revel somente fluirá a partir de sua intimação pela imprensa oficial.[378] Contorna-se, com este importante expediente, o rigor que o velho CPC dispensava ao réu revel, alijando-o de qualquer chance ulterior de participar do contraditório.

Coerente com o sistema bem mais técnico implantado pelo novo CPC, o art. 1.003, § 1º, preceitua que serão considerados intimados de qualquer decisão proferida em audiência apenas aqueles que estiverem presentes (advogados, defensor público e representante do MP). Isso significa que, se o revel não estiver representado por advogado na audiência, deverá ser cientificado pela imprensa oficial de ato decisório naquela prolatado.

É importante ressaltar que este tratamento inclui também o réu revel, pessoalmente citado, sem procurador constituído nos autos, em demanda que tenha por objeto direito indisponível. Mesmo que nesta não se verifiquem os efeitos da revelia (art. 345, II), o *dies a quo* dos prazos de interesse do revel é o do primeiro dia útil após a data da publicação de sua intimação no diário oficial. Desta premissa, contudo, extrai-se questão de difícil solução, uma vez que nas causas que tramitam sob o signo da publicidade restrita (dito "segredo de justiça"), geralmente aquelas de família, o nome das partes é inserido nas respectivas intimações apenas com as suas iniciais. Na prática, equivale a ausência de intimação, que contraria, sem qualquer dúvida, o *mens legis*, bem enfatizada na parte final do *caput* do art. 346.

Assim, ao menos no que se refere à intimação da sentença desfavorável ao revel, não seria absurdo sustentar que o juiz, apoiando-se na regra do art. 7º do CPC ("zelar pelo efetivo contraditório"), determine que aquela, desde que possível, seja realizada na pessoa do revel.

---

forem citados, substituindo a parte originária (sucessor), ou que intervenham, defendendo direito próprio (opoente), ou em auxílio da parte, figurando como titular das diversas posições ativas ou passivas inseridas na dinâmica da relação jurídica processual (interveniente litisconsorcial), ou ainda por provocação de uma das partes originárias (denunciado, chamado ou nomeado). Também passa a ser parte aquele que sofre os efeitos da desconsideração incidental da personalidade jurídica (*Limites subjetivos da eficácia da sentença e da coisa julgada*, p. 33-34).

378 Os tribunais entendiam, à luz do revogado art. 506, que, se a sentença fosse proferida em audiência, a partir de tal data passava a fluir o prazo de recurso para as partes, inclusive para o revel. Assim decidiu a 4ª T. do STJ, no AgRg no Agravo em REsp 344.016-RJ, com voto condutor da lavra do Ministro Marco Buzzi: "A jurisprudência desta Corte é no sentido de que a intimação do réu revel se opera mediante a publicação da sentença em cartório, independentemente da realização do ato por meio da imprensa oficial" (v.u., *DJe* 17/11/2014).

Saliente-se, por outro lado, que a disposição inserta no art. 346 somente é observada se o réu for citado pessoalmente (citação real), ou seja, os prazos em relação a ele passarão a correr a partir da respectiva publicação na imprensa oficial, simplesmente porque não se encontra participando do contraditório.

Caso o revel tenha sido citado por hora certa ou por edital (citação ficta), será nomeado curador especial para atuar em sua defesa (art. 72, II, do CPC), devendo este ser regularmente intimado de todos os atos do processo. Não incidem, pois, nesta hipótese, as graves sanções dos arts. 344 e 346 do CPC.

Se o revel constituir advogado, passará a ser intimado na pessoa do patrono.[379]

133. Comparecimento tardio

Como a presunção do art. 344 do CPC desponta relativa, nem sempre ocorrerá a consequência prevista no art. 355, II, do CPC, deixando o juiz de conhecer diretamente do pedido, e, assim, possibilitando que o réu intervenha no processo, ainda pendente em primeiro grau, para, por exemplo, arguir a nulidade da citação ou requerer a produção de determinada prova.

Não se deve esquecer que, mesmo tendo sido decretada a revelia, o juiz tem o poder-dever de determinar, de ofício, a produção de provas que repute indispensáveis para a formação de sua convicção. E isso, ainda que o objeto da demanda verse sobre direitos disponíveis.[380]

Ademais, não se entrevê qualquer óbice a que o réu que deixou de apresentar contestação, portanto, considerado revel passe a participar do processo,

---

[379] Cf., nesse sentido, STJ, 2ª T., REsp 1.330.058-PR, rel. Min. Mauro Campbell Marques, v.u., DJe 28/6/2013: "A interpretação sistemática dos alegadamente violados arts. 319 a 322 do CPC [de 1973] leva à conclusão de que a revelia é um ato-fato processual – decorrente da falta de apresentação de defesa pelo requerido a respeito dos fatos aduzidos na petição inicial –, do qual exsurge os seguintes efeitos: (a) via de regra, presunção de veracidade das circunstâncias firmadas pelo autor (efeito material); e, (b) prosseguimento do processo sem a intimação do réu-revel (efeito processual). A esses, acrescenta a doutrina, ainda os seguintes: (c) preclusão em desfavor do réu do poder de alegar algumas matérias de defesa; e, (d) possibilidade de julgamento antecipado da lide, acaso se produza o efeito substancial da revelia (art. 330, II, CPC [de 1973]). Assim, a presunção de veracidade dos fatos é apenas um dos efeitos possíveis da revelia, sendo certo que, outro igualmente importante, é a falta de intimação da parte revel a respeito dos atos processuais. Note-se que, de acordo com a nova redação do art. 322 do CPC [de 1973] – nos termos da Lei n. 11.280/06 –, ainda que tenha havido a ocorrência da revelia, conforme art. 236, § 1º, do CPC [de 1973], há a necessidade de que o advogado constituído nos autos seja devidamente intimado dos atos processuais, sendo esta providência desnecessária tão somente àquele revel que não tem patrono constituído nos autos".

[380] Bedaque, Poderes instrutórios do juiz, p. 117-118; Umberto Bara Bresolin, Revelia e seus efeitos, p. 144. V., ainda, Joan Vergé Grau, La rebeldía en el proceso civil, p. 105-106.

intervindo, por meio de procurador constituído, para atuar ativamente, em todos os sentidos, em particular na produção da prova, visando a infirmar os fundamentos fáticos deduzidos pelo autor.

O parágrafo único do art. 346 do CPC, de fato, é muito claro ao resguardar o direito de o réu ingressar em qualquer fase do processo de conhecimento, não podendo, no entanto, diante da inexorável preclusão, pleitear o refazimento de qualquer ato processual já aperfeiçoado, embora possa provocar o reexame de matéria cognoscível de ofício.

Ressalte-se, nesse sentido, que, reagindo tardiamente, com a constituição de advogado nos autos, o réu deixa de ser considerado revel (mesmo que incidente o efeito material da revelia) e, por esta razão, será normalmente intimado de todos os atos e termos processuais subsequentes ao seu comparecimento.[381]

Dependendo do momento em que ingressar no processo, poderá o demandado, nestas circunstâncias, exibir documentos, requerer a produção de outras provas e, ainda, *ex vi* do art. 342 do CPC, suscitar novos argumentos relativos: *a*) a direito ou fato superveniente; e *b*) a matéria cognoscível de ofício, em qualquer tempo e grau de jurisdição. Em suma: como se faz evidente, o (ex-)revel, para superar a notória posição de desvantagem em que se encontra no processo, deverá envidar todo o esforço para influir no julgamento da demanda.

CAPÍTULO IX
DAS PROVIDÊNCIAS PRELIMINARES E DO SANEAMENTO

Art. 347. Findo o prazo para a contestação, o juiz tomará, conforme o caso, as providências preliminares constantes das seções deste Capítulo.

CPC de 1973 – art. 323
Comparação jurídica – sem correspondência

134. Generalidades

Como órgão responsável pela direção do processo, a atividade saneadora do juiz desenvolve-se de forma constante, desde o ajuizamento da ação, visando a escoimar quaisquer vícios que possam eventualmente contaminar os sucessivos atos procedimentais. Assim, ultimado o prazo para oferecimento de contestação, o juiz deverá determinar, caso entenda necessário, o implemento de alguma providência, para que possa proferir julgamento conforme o estado do processo.

---

381 Cf. Umberto Bresolin, *Revelia e seus efeitos*, p. 160.

É recomendável, sob o ponto de vista técnico, que, antes de dar prosseguimento à realização dos atos posteriores, o juiz examine, neste momento, qual o rumo que deve ser imprimido ao processo, preparando-o para alcançar a fase subsequente.

As denominadas *providências preliminares* possuem, na verdade, diferentes vertentes, dependendo da situação concreta que se apresenta ao magistrado, sempre objetivando sanear e, ainda, se for o caso, complementar a fase postulatória.

135. Hipóteses que impõem providências preliminares

O próprio CPC estabelece, nos arts. 348 a 352, as variantes que devem ser atendidas pelo juiz. Se o objeto do processo encerrar matéria exclusivamente de direito, pode incidir o disposto no art. 352, ou seja, detectando a existência de vícios ou irregularidades sanáveis, o juiz deve determinar, antes de mais nada, a sua respectiva correção, em prazo não superior a 30 dias, tornando-se desnecessária qualquer outra medida judicial.

Tratando-se, por outro lado, de questão que reclama instrução probatória, além da observância da regra do art. 352, as respectivas providências serão as seguintes:

a) se o réu não apresentar contestação e não incidirem os efeitos da revelia (art. 344), o autor deverá ser intimado a especificar as provas que pretende produzir, no prazo de cinco dias (art. 218, § 3º), caso tenha se omitido na petição inicial (art. 348);

b) o réu revel pode igualmente requerer a produção de provas, no prazo de cinco dias, desde que ingresse no processo, por meio de procurador constituído, a tempo de pleiteá-la (art. 349);

c) se o réu arguir matéria preliminar, de natureza processual (art. 337), será aberta vista ao autor, para que se manifeste, em réplica, no prazo de 15 dias, estando autorizado a produzir prova (art. 351); e, ainda,

d) caso o réu deduza, em sua defesa, fato impeditivo, modificativo ou extintivo do direito do autor, este será intimado para oferecer réplica, no prazo de 15 dias, podendo inclusive produzir prova (art. 350).

Nas duas últimas hipóteses, apresentados novos documentos, impõe-se o contraditório, facultando-se a manifestação da parte contrária, no prazo de 15 dias, nos termos do art. 437, § 1º, do CPC.

Observado este leque de possibilidades, que representa, como visto, o conjunto das eventuais providências preliminares a serem ordenadas, ou, então, sendo elas reputadas desnecessárias, os autos serão conclusos ao juiz, a fim de que, em imediata sequência, possa proferir julgamento conforme o estado do processo, vale dizer, abrangente, na dicção legal: *i*) da extinção do processo (art. 354); *ii*) do julgamento antecipado do mérito (art. 355); ou *iii*) do julgamento antecipado parcial do mérito (art. 356).

Não se descortinando possível qualquer uma das duas primeiras alternativas, o juiz deverá proferir "decisão de saneamento e de organização do processo" (art. 357).

Note-se que o julgamento antecipado parcial do mérito pode perfeitamente coexistir com o ato decisório de saneamento. Prolatado ato decisório parcial de mérito acerca de um ou mais dos pedidos formulados pelo demandante, nada obsta a que o juiz, no mesmo ou em sucessivo pronunciamento, profira decisão declaratória de saneamento relativa aos demais pedidos que demandam produção de provas.

Cumpre ainda asseverar que, se o réu deduzir defesa direta de mérito, fundada na impugnação dos fatos e fundamentos jurídicos do pedido, expendidos na petição inicial, deixando de arguir matéria preliminar, enumerada no art. 337 do CPC, e também não opondo fato impeditivo, modificativo ou extintivo do direito do autor, será despicienda qualquer providência preliminar, ressalvada a hipótese na qual o réu exibe documentos com a contestação (art. 434),[382] devendo então o autor ser ouvido no prazo de 15 dias (art. 437, § 1º).

Seção I
Da Não Incidência dos Efeitos da Revelia

Art. 348. Se o réu não contestar a ação, o juiz, verificando a inocorrência do efeito da revelia previsto no art. 344, ordenará que o autor especifique as provas que pretenda produzir, se ainda não as tiver indicado.

CPC de 1973 – art. 324
Comparação jurídica – sem correspondência

136. Generalidades

Não contestada a ação, o réu passa a ser considerado revel, militando contra ele, por expressa disposição do art. 344 do CPC, a presunção de que verdadeiros são os argumentos fáticos afirmados pelo autor.

Diante desta situação, antecipa-se no tempo o julgamento da causa, desde que o réu não intervenha nos autos em momento adequado, para participar do contraditório, requerendo e justificando a produção de provas (art. 349).

---

[382] Cf., em senso análogo, JOEL DIAS FIGUEIRA JÚNIOR, *Comentários ao Código de Processo Civil*, p. 398.

No entanto, os drásticos efeitos provocados pela revelia não são admitidos em determinadas situações, todas elas justificáveis e que se encontram contempladas no art. 345 do CPC. Por ser relativa aquela presunção, ela é afastada quando: *a)* houver litisconsórcio passivo, um dos réus contestar a ação (inciso I); *b)* o litígio versar sobre direitos indisponíveis (inciso II); *c)* a petição inicial não estiver aparelhada com documento indispensável à prova do ato (inciso III); e *d)* existirem alegações inverossímeis ou contraditórias deduzidas pelo autor (inciso IV).

Como anteriormente frisado nos comentários ao art. 345, a jurisprudência estabelece outras exceções à incidência das consequências geradas pela ausência de contestação, e.g., no processo da ação rescisória e da ação de desapropriação.

Contudo, mesmo que inocorrentes tais efeitos, se o *thema decidendum* for exclusivamente de direito ou não exigir a produção de outras provas, o juiz proferirá julgamento antecipado do pedido (art. 355, I, do CPC).

Caso contrário, o juiz tem a tarefa de avaliar, diante da situação concreta e contando com a cooperação das partes, ou, pelo menos, com a do litigante presente, quais são as provas pertinentes.

137. Especificação de provas

Entre os requisitos da petição inicial, como também já esclarecido, o art. 319, VI, do CPC impõe ao autor aquele de formular o protesto genérico pela produção de provas, com o objetivo de demonstrar a veracidade do fato constitutivo de seu direito.

O art. 348 vem confirmar a minha crítica quando comentei tal inútil previsão, uma vez que somente após à apresentação da contestação é que o demandante terá efetivamente condições de tomar conhecimento dos fatos que, controvertidos, exigem a respectiva comprovação.

Constata-se, pois, que a aludida regra do art. 319, VI, é de todo desnecessária, uma vez que a especificação das provas, com a devida justificação para a sua produção, somente é oportuna após a conclusão da fase postulatória.

E é exatamente este o sentido do art. 348, ora sob análise. Nada há a fazer: se o réu deixar de contestar, não verificados os efeitos da revelia, o autor tem o ônus de provar os fatos deduzidos na petição inicial. E, por esta razão, mesmo que da inicial conste protesto genérico por provas, deverá o demandante ser intimado para especificar, ou seja, para justificar qual é ou quais são os meios adequados de prova, à luz da natureza dos fatos probandos, que pretende ver produzidos.

Se o autor, contando com a provável vitória, porque desassistido o revel no processo, desprezar a ordem judicial, jamais será defeso ao juiz determinar de ofício a produção de determinada prova. Saliente-se, neste particular, que, na correta visão de CALAMANDREI, inspirada na doutrina de CHIOVENDA, a ampliação dos poderes instrutórios do juiz, qualquer que seja a natureza do direito controvertido, não enfraquece o princípio dispositivo, uma vez que permanecem salvaguardadas a proibição de julgamento *ultra petita* e o dever de decidir *secundum allegata*.[383]

Oportuno é observar que esta lição se amolda perfeitamente à moderna dogmática processual, no sentido de que a "ampliação dos poderes do juiz", ou seja, a concepção de um juiz proativo, não implica, *tout court*, a instituição de um processo necessariamente autoritário. Com efeito, hoje, a dilatação dos poderes judiciais de direção e de instrução deve ser sempre equacionada com as garantias constitucionais do processo ("autoridade da lei"), a permitir que as partes possam participar – cooperando com o juiz, em constante contraditório – de todos os rumos que o procedimento venha a trilhar, por força de decisão judicial, incluindo-se aí, por óbvio, toda a atividade relacionada à produção da prova.

Acrescente-se, por outro lado, que, se a matéria controvertida se enquadrar na moldura do art. 355, I, do CPC, vale dizer, se não houver necessidade da produção de outros elementos de convicção, totalmente inoportuna a especificação das provas, nesta altura do processo, cabendo apenas ao autor sustentar que se trata de hipótese que comporta julgamento antecipado do mérito.

> **Art. 349.** Ao réu revel será lícita a produção de provas, contrapostas às alegações do autor, desde que se faça representar nos autos a tempo de praticar os atos processuais indispensáveis a essa produção.
>
> *CPC de 1973 – sem dispositivo correspondente*
> *Comparação jurídica – sem correspondência*

138. Generalidades

A revelia precipita no tempo o encerramento da demanda, porque autoriza o julgamento antecipado do pedido, quando forem verificados os efeitos inerentes ao não oferecimento de contestação.

Todavia, esta importante técnica de abreviação do processo vem afastada, pelo art. 355, II, do CPC, se o revel intervier nos autos, por meio de advogado constituído, em momento ainda oportuno para requerer e, ainda, para providenciar expedientes que tornem possível a produção de provas.

Em minha experiência profissional, já presenciei, em mais de uma ocasião, situação na qual, imediatamente após o dia fatal para oferta de contestação,

---

383 V., a respeito, as importantes considerações de MICHELE TARUFFO, *Calamandrei e le riforme del processo civile*, PIERO CALAMANDREI, Ventidue saggi su un grande maestro, in *Per la storia del pensiero giuridico moderno*, p. 160-161.

não apresentada, o réu, revel, portanto, ingressa nos autos juntando documentos e pleiteando a produção de outras provas. Haveria mesmo excessivo rigor se o estado de revel fosse permanente, obstando a que a parte pudesse, desde que em tempo hábil, participar do processo.

Trata-se, como facilmente se observa, de norma inspirada na garantia do devido processo legal, a permitir que se reestabeleça a plenitude do contraditório. Intervindo nestas condições o réu, deixando de ser revel, passará a ter um tratamento processual isonômico, como se jamais tivesse sido revel. Todavia, sob o ponto de vista material, há uma inversão do ônus da prova, uma vez que – não se pode esquecer –, mesmo intervindo no processo, tem o réu contra si a presunção de veracidade dos fatos deduzidos pelo autor. Deverá, pois, envidar todo o esforço para provar que a versão fática deduzida na petição inicial não corresponde à verdade.

139. Oportunidade de ingresso nos autos pelo revel

É evidente que a entrada do réu revel no processo, visando a se defender e, com este objetivo, a produzir provas, deve necessariamente ser postulada *opportuno tempore*, ou seja, a tempo de justificar a adequação da prova requerida e preparar a sua produção. Por exemplo: tratando-se de prova pericial, o demandado terá o ônus de indicar assistente técnico e elaborar os respectivos quesitos; de prova testemunhal, apresentar o rol das testemunhas, com o recolhimento das custas para a expedição das cartas de intimação daquelas.

Se o réu intervier depois, tudo será bem mais difícil, porque, encerrada a instrução, poucas chances terá para apresentar prova documental consistente, a única ainda teoricamente possível, mesmo assim, em caráter excepcional.

Acerca desta questão, é convergente a jurisprudência do Superior Tribunal de Justiça, como se infere de julgamento unânime da 3ª Turma, que proveu o Recurso Especial n. 677.720-RJ, com voto condutor da Ministra NANCY ANDRIGHI, sintetizado na seguinte ementa: "Admite-se que o réu revel produza contraprovas aos fatos narrados pelo autor, na tentativa de elidir a presunção relativa de veracidade, desde que intervenha no processo antes de encerrada a fase instrutória".[384]

Em época posterior, aquele mesmo órgão fracionário, examinando questão análoga no Agravo Regimental nos Embargos de Declaração nos Embargos de Declaração no Agravo de Instrumento n. 1.245.380-RS, da relatoria do Ministro PAULO DE TARSO SANSEVERINO, voltou a decidir que: "Conquanto possa o revel intervir no processo em qualquer fase, recebendo-o no estado em que se encontre, o requerimento para produção de provas somente pode

---

384 *DJ* 12/12/2005.

ocorrer, como destacado pelo Tribunal de origem, desde que não encerrada a instrução. Na hipótese dos autos, apesar de ter sido requerida produção de provas na contestação, a peça foi apresentada intempestivamente e, como salientado no julgado impugnado, não houve irresignação válida da decisão que decretou a revelia, tampouco petição requerendo a produção de provas".[385]

Seção II
Do Fato Impeditivo, Modificativo ou Extintivo do Direito do Autor

Art. 350. Se o réu alegar fato impeditivo, modificativo ou extintivo do direito do autor, este será ouvido no prazo de 15 (quinze) dias, permitindo-lhe o juiz a produção de prova.

CPC de 1973 – art. 326
Comparação jurídica – art. 584º do CPC português

140. Generalidades

No âmbito da estratégia de defesa esquematizada pelo réu, após deduzir eventuais preliminares (defesa indireta de natureza processual), o réu passa a enfrentar o objeto material do processo, opondo defesa indireta de mérito. Admitindo os fatos articulados na petição inicial e a sua consequência jurídica, opõe-lhe outros, impeditivos, modificativos ou extintivos do direito deduzido pelo autor.

Fatos impeditivos são aqueles que paralisam o direito do demandante, como, por exemplo, a exceção do contrato não cumprido, a exceção de usucapião. Modificativos são os que, de um modo geral, reduzem a extensão da pretensão do autor, como, por exemplo, o pagamento parcial da dívida exigida, a compensação parcial. E, por fim, como o próprio nome também indica, os fatos extintivos, aqueles que fulminam o direito alegado pelo demandante, como, v.g., pagamento, transação, confusão. Bem anota MARCELO NAVARRO RIBEIRO DANTAS que o réu poderá deduzi-los de forma cumulativa, justapondo um fato modificativo a um fato extintivo.[386]

Com a ampliação do objeto de cognição do juiz, decorrente da *causa excipiendi* formulada pelo réu, por imposição da bilateralidade da audiência, torna-se imprescindível ouvir o autor. Esta manifestação do demandante denomina-se *réplica*[387] e pode ser apresentada no prazo de 15 dias. Cumpre

---

385 V.u., *DJe* 14/9/2011.
386 *Breves comentários ao novo Código de Processo Civil*, p. 947.
387 Refém do inevitável condicionamento histórico de nossa tradição jurídica, esta manifestação do autor recebe o mesmo nome e o mesmo formato técnico do direito romano de época clássica. O jurista GAIO, ao discorrer sobre o procedimento das *postulatio-*

esclarecer que o autor deve cingir-se aos fatos expostos pelo réu, sendo-lhe vedado suscitar novos fundamentos fáticos, a menos que o réu aquiesça ao aditamento da *causa petendi*, a teor do inciso II do art. 329 do CPC.

É de todo recomendável que o autor apresente a sua réplica, porquanto o seu silêncio, não exercendo tal faculdade, torna incontroversos os fatos alegados pelo réu na contestação, ficando este, em princípio, desincumbido do ônus de prová-los.

141. Autorização para produzir quaisquer provas

Nota-se que o novo texto legal, aqui examinado, introduzindo alterações na redação do revogado art. 326, ampliou a possibilidade de o autor produzir contraprova, deixando de fazer alusão exclusivamente à "prova documental".

Na verdade, não se justificava de forma alguma a restrição constante do velho CPC.

Assim sendo, dúvida não há de que, além da prova documental, que poderá ser exibida desde logo pelo autor na réplica, estará ele autorizado a requerer, no momento processual oportuno, a produção das provas que entender adequadas para infirmar os fatos deduzidos pelo réu.

Seção III
Das Alegações do Réu

Art. 351. Se o réu alegar qualquer das matérias enumeradas no art. 337, o juiz determinará a oitiva do autor no prazo de 15 (quinze) dias, permitindo-lhe a produção de prova.

CPC de 1973 – art. 327

Comparação jurídica – art. 584º do CPC português

142. Generalidades

No quadro geral das providências preliminares, se o réu arguir matéria preliminar, de natureza processual (art. 337), será facultada vista ao autor, para

---

nes das partes, procurou explicar que a complexidade da vida negocial é que teria determinado a introdução das partes acidentais da fórmula (*I.*, 4., 126-129), entre elas, a réplica do autor. A eficácia da *exceptio*, deduzida pelo réu, poderia ser afastada pelo autor, por meio de uma *replicatio*, que tinha função análoga àquela. GAIO, realmente, afirmava que, às vezes, uma exceção, que à primeira vista parece justa, acaba sendo iníqua ao demandante, a quem então se permite replicar logo após *exceptio*. Assim também e sucessivamente, admitia-se uma *duplicatio* para o réu e uma *triplicatio* para o autor (cf. CRUZ E TUCCI e AZEVEDO, *Lições de história do processo civil romano*, p. 80).

que se manifeste, em réplica, no prazo de 15 dias, estando autorizado a produzir prova, tudo na exata medida do art. 350, antes comentado.

Não é incomum, aliás, o réu suscitar alguma preliminar (por exemplo, inépcia da petição inicial) e, ao mesmo tempo, norteado pelo princípio da eventualidade, apresentar fato modificativo daquele deduzido na petição inicial.

Valendo-se de adequada técnica processual, a réplica do autor deverá enfrentar tanto uma quanto outra das matérias alegadas, refutando, em ordem lógica, primeiramente a preliminar processual, para, em sequência, abordar a defesa atinente ao mérito.

143. Coibição de decisão escudada em "fundamento-surpresa"

Anote-se que a norma em apreço bem evidencia o compromisso do novo CPC com a garantia do contraditório, porque definitivamente convergente com a moderna perspectiva da ciência processual, que não admite, em hipótese alguma, a surpresa aos litigantes, decorrente de decisão escudada em argumento inédito ou em alegação de uma parte em detrimento da outra.

O juiz tem, pois, o poder-dever, nos termos dos arts. 9º e 10 do CPC, de propiciar prévio conhecimento a ambos os litigantes, ou, na situação da regra ora comentada, ao autor, das alegações deduzidas pelo réu. Deste modo, é irrefutável que o demandante terá toda a oportunidade de defender o seu direito e, sobretudo, influir na futura decisão judicial.

> **Art. 352.** Verificando a existência de irregularidades ou de vícios sanáveis, o juiz determinará sua correção em prazo nunca superior a 30 (trinta) dias.

CPC de 1973 – art. 327
Comparação jurídica – art. 590º do CPC português

144. Generalidades

A técnica de saneamento permanente e progressivo acolhida no CPC tem por primordial escopo evitar que o processo caminhe para fase sucessiva maculado por algum vício, que produza posterior nulidade.

Detectado qualquer defeito que possa comprometer a higidez do processo, o juiz, de ofício ou provocado pela parte, deverá determinar a sua correção, como medida de imperiosa economia processual.

Já tive oportunidade de frisar, nestes comentários, que qualquer óbice à resolução do mérito constitui circunstância de todo criticável, sobretudo quando o seu exame é relegado para uma fase adiantada do procedimento, pondo a perder atos processuais já aperfeiçoados, mas intrinsecamente viciados.

Note-se que o art. 6º do novo CPC português (Lei n. 41/2013), prestigiando esta mesma orientação, institui o denominado "dever de gestão processual",[388] regido, como se extrai da respectiva Exposição de Motivos, pelo "princípio da prevalência do mérito sobre meras questões de forma", no sentido de que toda atividade processual é voltada a propiciar a obtenção de decisões que privilegiem o mérito ou a substância sobre a forma, cabendo sanar o vício ou irregularidade, para desimpedir o julgamento do objeto do processo.

Para tanto, o n. 2 desse referido art. 6º, estabelece, a seu turno, que o juiz providenciará o suprimento da falta de pressupostos processuais suscetíveis de correção, determinando a realização dos atos necessários à regularização do processo ou, quando for necessária alguma modificação subjetiva, convidará as partes a proceder em tal sentido. Verifica-se claramente que essa atuação judicial de ofício, saneadora de defeitos formais, tem por finalidade evitar a prolação de sentenças terminativas para favorecer, desde que possível, a apreciação do mérito.

Explica FERNANDO PEREIRA RODRIGUES que o denominado princípio da prevalência da decisão de mérito consiste exatamente na faculdade outorgada ao juiz de, *ex officio*, providenciar o afastamento de obstáculos de natureza processual, para poder proferir decisão de fundo e, portanto, resolver a questão de direito submetida à cognição do tribunal.[389]

145. Atuação saneadora guiada pelo princípio da economia processual

De aduzir-se que, após a consagração, no plano constitucional, do direito fundamental à duração razoável do processo, a regra da economia processual, de natureza precipuamente técnica, transformou-se em postulado político.[390]

E isso certamente porque o art. 5º, LXXVIII, da Constituição Federal não assegura apenas e tão somente a prerrogativa de um processo sem dilações

---

[388] Com a seguinte redação: "1 – Cumpre ao juiz, sem prejuízo do ónus de impulso especialmente imposto pela lei às partes, dirigir ativamente o processo e providenciar pelo seu andamento célere, promovendo oficiosamente as diligências necessárias ao normal prosseguimento da ação, recusando o que for impertinente ou meramente dilatório e, ouvidas as partes, adotando mecanismos de simplificação e agilização processual que garantam a justa composição do litígio em prazo razoável. 2 – O juiz providencia oficiosamente pelo suprimento da falta de pressupostos processuais suscetíveis de sanação, determinando a realização dos atos necessários à regularização da instância ou, quando a sanação dependa de ato que deva ser praticado pelas partes, convidando estas a praticá-lo".

[389] O novo processo civil. *Os princípios estruturantes*, p. 214.

[390] Cf., na doutrina moderna, COMOGLIO, Le garanzie fondamentali del "giusto processo", in *Etica e tecnica del "giusto processo"*, p. 87-88.

indevidas, mas, na verdade, ainda contempla a inserção de mecanismos que "garantam a celeridade de sua tramitação".

Ressalte-se, a propósito, que a disciplina da fase postulatória passou a ser questão deveras significativa para garantir um método adequado de eficiência do processo. Segundo adverte TROCKER, "a evolução observada nos últimos anos na experiência jurídica dos países europeus demonstra a progressiva relevância que vem sendo atribuída à fase preparatória, dominada pela presença mais ativa do juiz".[391]

Essa nova perspectiva caracteriza, por exemplo, o modelo processual que hoje rege a justiça da Espanha, no qual os poderes do juiz, na condução do processo, foram vigorosamente ampliados, em especial, pelos arts. 414, 424, 426 e 429 da *Ley de Enjuiciamiento Civil*. Tal tema, aliás, tem gerado ampla discussão doutrinária.[392]

146. Providência para a correção do vício

Arguindo o réu a existência de alguma nulidade sanável, caberá sempre ao magistrado avaliar o grau de dificuldade exigido à regularização do processo, concedendo para tanto, à parte incumbida da respectiva correção, prazo não superior a 30 dias.

O art. 317 do CPC imbrica-se com o texto legal ora examinado, ao dispor que: "Antes de proferir decisão sem resolução do mérito, o juiz deverá conceder à parte oportunidade para, se possível, corrigir o vício".

Desse modo, sanado o vício, "il processo può proseguire verso la sentenza di merito", produzindo-se normalmente todos os efeitos substanciais da demanda.[393]

Contudo, como já visto, se o vício não suprido respeitar a petição inicial e estiver catalogado entre a maioria daqueles previstos no art. 320 do CPC, o juiz deve abster-se de conhecer o mérito, e, assim, indeferir a petição inicial (art. 485, I, do CPC). Asseveram, a propósito, ANTÓNIO MONTALVÃO MACHADO e PAULO PIMENTA que, se o autor, a despeito de instado, não satisfaz um requisito que a lei lhe impõe, "o desfecho da ação não pode deixar de ser

---

[391] Poderes del juez y derechos de las partes en el proceso civil: las enseñanzas de Calamandrei y las reformas procesales en Europa, tr. esp. Laura Volpe, *Teoría e Derecho – Revista de Pensamiento Jurídico*, 7, p. 116-117.

[392] Confira-se, a propósito, a coletânea coord. por JUAN MONTERO AROCA, *Proceso civil e ideología*. V., outrossim, M. I. VELAYOS, Measures to Accelerate Spanish Civil Procedure (1881-2003), in *The Law's Delay: Essays on Undue Delay in Civil Litigation*, obra coletiva ed. C. H. VAN RHEE, p. 323 e segs.

[393] FRANCESCO PAOLO LUISO, Effetti sostanziali della domanda e conclusione del processo con una pronuncia di rito, *Rivista di Diritto Processuale*, 2013:6-7.

meramente formal, caracterizado pela impossibilidade de o juiz examinar o mérito da causa".[394]

O art. 282, § 2º, do CPC, reproduzindo o art. 249, § 2º, do CPC de 1973, preceitua, por outro lado, que não deve ser pronunciada a invalidade do processo se o juiz vislumbrar que proferirá sentença de mérito em favor da parte que se beneficiaria do decreto de nulidade.

Acrescente-se, por fim, que, se o vício consiste na falta de um documento essencial para a prova do fato constitutivo deduzido pelo demandante, o não atendimento à determinação judicial implica que o fato não pode ser tido como existente, conduzindo à improcedência do pedido.[395]

> **Art. 353.** Cumpridas as providências preliminares ou não havendo necessidade delas, o juiz proferirá julgamento conforme o estado do processo, observando o que dispõe o Capítulo X.
>
> *CPC de 1973 – art. 328*
> *Comparação jurídica – sem correspondência*

147. Generalidades

Implementadas as providências preliminares ou, sendo elas consideradas desnecessárias, prosseguindo-se nas etapas demarcadas pelo novel estatuto processual, os autos serão conclusos ao juiz, presumindo-se que se encontra superado qualquer vício que possa comprometer a validade da decisão a ser proferida.

Abre-se ao juiz, em sequência, a possibilidade de julgamento conforme o estado do processo, que, na verdade, compreende três diferentes técnicas de julgamento, ou seja, de prolatar: *i*) sentença sem ou com resolução do mérito (art. 354); *ii*) julgamento antecipado do mérito (art. 355); ou *iii*) julgamento antecipado parcial do mérito (art. 356).

Inviabilizando-se qualquer uma das duas primeiras hipóteses, o juiz deverá proferir "decisão de saneamento e de organização do processo", pronunciamento complexo, que tem por escopo múltiplas finalidades (art. 357).

148. Julgamento parcial do mérito e saneamento do processo

Em comentário anterior, procurei esclarecer que o julgamento antecipado parcial do mérito pode ser simultâneo ao ato decisório de saneamento.

---

[394] *O novo processo civil*, p. 195.
[395] Cf., ainda, António Montalvão Machado e Paulo Pimenta, *O novo processo civil*, p. 195.

Proferido provimento parcial de mérito acerca de um ou mais dos pedidos formulados pelo demandante, não há qualquer obstáculo a que o juiz, na mesma ou em decisão apartada, declare saneado o processo relativamente aos demais pedidos que impõem o seu encaminhamento para instrução probatória.

O ato decisório que julga parte do mérito desafia agravo de instrumento por expressa disposição legal (art. 356, § 5º, do CPC), enquanto a decisão de saneamento e de organização do processo, dependendo da matéria apreciada, poderá ou não ser recorrível. Assim, por exemplo, na hipótese de ter decidido questão referente à distribuição do ônus da prova, será impugnável, neste capítulo, por meio de agravo de instrumento (art. 357, III, c/c art. 1.015, XI, do CPC).

CAPÍTULO X
DO JULGAMENTO CONFORME O ESTADO DO PROCESSO

Seção I
Da Extinção do Processo

Art. 354. Ocorrendo qualquer das hipóteses previstas nos arts. 485 e 487, incisos II e III, o juiz proferirá sentença.

Parágrafo único. A decisão a que se refere o *caput* pode dizer respeito a apenas parcela do processo, caso em que será impugnável por agravo de instrumento.

CPC de 1973 – art. 329
Comparação jurídica – § 301 do ZPO alemão

149. Generalidades

A sentença, no novo CPC, não mais guarda relação formal com o encerramento do processo, como sucedia à luz da redação original do art. 162 do CPC de 1973. A sentença, portanto, passa a ser o provimento mediante o qual o juiz, ressalvadas algumas exceções, põe fim à fase de conhecimento do processo ou à execução (art. 203, § 1º), com ou sem julgamento de mérito (arts. 485 e 487).

O ideal é que o mérito seja julgado, extinguindo-se o conflito de interesses submetido à apreciação do Poder Judiciário. Todavia, nem sempre este resultado poderá ser atingido, impondo-se julgamento sem apreciação do objeto do processo.

O novel diploma processual prevê, no art. 354, exatamente as hipóteses anômalas que ensejam tais espécies de julgamento – e *não de extinção do processo* –, reservando o art. 355 para contemplar a sentença de mérito propriamente dita, prevista no art. 487, I. Em outras palavras, "por força de sucessos estranhos, o processo pode vir a ter fim anormal, que não coincide com a solução da lide, mas, ao contrário, deixa-a em aberto, cumprindo às partes instaurá-lo outra vez, em nova tentativa de alcançar o resultado não obtido. A 'extinção do processo', portanto, também pode resultar de um acontecimento que lhe impede chegar ao desfecho normal, isto é, que não lhe permite proporcionar às partes o julgamento da causa".[396] Dessas duas modalidades de julgamento cuida o art. 354, ora comentado.

149.1. Julgamento sem resolução do mérito

As situações que impedem a resolução do mérito encontram-se, pois, catalogadas no art. 485, a saber: *a)* indeferimento da petição inicial (inciso I); *b)* paralisação do processo por mais de um ano por negligência das partes (inciso II); *c)* abandono do processo pelo autor por mais de 30 dias (inciso III); *d)* ausência de pressupostos de constituição e de desenvolvimento válido e regular do processo (inciso IV); *e)* perempção, litispendência e coisa julgada (inciso V); *f)* falta de legitimidade ou de interesse processual (inciso VI); *g)* convenção de arbitragem ou quando o juízo arbitral reconhecer sua competência (inciso VII); *h)* desistência da ação (inciso VIII); e *i)* intransmissibilidade da ação (inciso IX).

Recorde-se que o art. 321 do CPC impõe ao juiz o dever de propiciar às partes, quando for possível, a correção do respectivo vício, visando ao julgamento de mérito.

E é por esta razão que resulta fundamental, por imperativo de economia, que o juiz proceda ao exame destas hipóteses já na fase preambular da tramitação do processo. Deixar de resolver o mérito, por exemplo, com fundamento na inépcia da petição inicial, depois da instrução da causa, configura ocorrência absolutamente indesejável, que revela, quando nada, a falta de compromisso do juiz com a exigência de eficiência da administração da justiça e, sobretudo, com o princípio fundamental da duração razoável do processo!

149.2. Julgamento com resolução do mérito

Haverá, por outro lado, julgamento de mérito toda vez que, ultrapassado o exame das questões formais, o processo estiver escorreito para receber decisão sobre o objeto da controvérsia submetida à cognição do órgão jurisdicional.

O subsequente art. 487 enumera as hipóteses de julgamento do mérito. Além da resolução do mérito propriamente dita, especificada no inciso I, quando o juiz acolher ou rejeitar o pedido formulado na ação ou na reconvenção,

---

396 Cf. MONIZ DE ARAGÃO, *Comentários ao Código de Processo Civil*, v. 2, p. 479.

e, ainda, naquela de reconhecimento da decadência ou da prescrição (inciso II), o art. 487 prevê ainda três situações de atos compositivos do litígio, celebrados pelas próprias partes, diante das quais o juiz apenas profere sentença homologatória.

Na verdade, constata-se que o *meritum causae*, nos casos contemplados no inciso III do art. 487, não é resolvido por ato decisório, mas, antes, pelos próprios sujeitos do processo, de sorte que o juiz nada mais faz do que proferir sentença homologatória.

150. Imposição do contraditório

Tenha-se presente que na maioria das situações enumeradas nos arts. 485 e 487 do CPC deverá ser respeitada a regra do art. 10, em prol da efetivação do inafastável contraditório, evitando-se decisão lastreada em fundamento-surpresa.

Assim, por exemplo, constatada a decadência ou a prescrição (art. 487, II), caso não tenha sido proferida sentença de improcedência liminar do pedido (art. 332, § 1º), observar-se-á necessariamente tal preceito legal, devendo o juiz determinar a oitiva das partes antes de proferir julgamento com resolução do mérito.

Dessa forma, é evidente que os litigantes terão oportunidade de defender o seu direito e, sobretudo, influir na decisão judicial. Dúvida não há de que a liberdade outorgada ao tribunal, no que se refere à eleição da norma a ser aplicada, independentemente de ser ela invocada pelos litigantes, decorrente do aforismo *iura novit curia*, não dispensa a prévia manifestação das partes acerca da questão alvitrada pelo juiz, em inafastável homenagem ao princípio do contraditório.

151. Julgamento parcial

Para esclarecer a extensão objetiva das sentenças que poderão ser proferidas nas hipóteses arroladas nos referidos arts. 485 e 487 do CPC, dispõe o parágrafo único do art. 354 que tanto o julgamento sem resolução do mérito quanto aquele que examina o *thema decidendum* podem ser parciais.

Sob o aspecto técnico, melhor teria sido empregar-se, na redação deste parágrafo único, a expressão "parcela do objeto do processo" ao invés da forma elíptica "parcela do processo".

Nada impede, pois, que o ato decisório homologue a desistência em relação a um dos pedidos formulados (art. 485, VIII), ou, ainda, reconheça a prescrição de algumas parcelas incluídas na pretensão condenatória deduzida pelo autor (art. 487, II).

Verifica-se que, nesta derradeira situação, o art. 356 do CPC contempla expressamente o julgamento antecipado parcial de mérito.

Contra a decisão que coloca termo à fase de conhecimento do processo, por meio de decisão parcial, com ou sem resolução do mérito, é cabível o recurso de agravo de instrumento (art. 354, parágrafo único, c/c art. 1.015, XIII, do CPC).

Seção II
Do Julgamento Antecipado do Mérito

Art. 355. O juiz julgará antecipadamente o pedido, proferindo sentença com resolução de mérito, quando:

I – não houver necessidade de produção de outras provas;

II – o réu for revel, ocorrer o efeito previsto no art. 344 e não houver requerimento de prova, na forma do art. 349.

CPC de 1973 – art. 330

Comparação jurídica – art. 473 do NCPC francês; art. 497 da LEC espanhola; art. 567º do CPC português; § 331 do ZPO alemão; art. 223 do SZO suíço

152. Generalidades

Como já esclarecido, consoante o disposto no art. 353 do CPC, cumpridas as providências preliminares ou quando não haja o que determinar, o juiz, recebendo os autos conclusos, ao final da fase postulatória, dentre as alternativas que se lhe descortinam, poderá passar, desde logo, ao julgamento antecipado do mérito, desde que presente uma das duas situações previstas no art. 355 do CPC.

Assim, se não for caso de julgamento sem ou com resolução do mérito, porque não configuradas as hipóteses arroladas nos arts. 485 e 487, II e III, do CPC, e tampouco se imponha a instauração da fase instrutória ou tenha se verificado a presunção decorrente da revelia, o juiz deve proferir julgamento antecipado do mérito, técnica que abrevia a marcha do processo de modo considerável, em atenção aos princípios da economia processual e da duração razoável do processo.

Cumpre destacar, com PAULO LUCON, a diferença existente entre a sentença antecipatória de mérito e o ato decisório que concede tutela de urgência ou de evidência. Aquela se funda em juízo de cognição exauriente e é predisposta à definitividade, enquanto este é caracterizado pela sumariedade da cognição e pela provisoriedade. Não se confundem outrossim o julgamento antecipado com a estabilização da decisão que defere tutela provisória de urgência em caráter antecedente. A teor do art. 304 do CPC, a tutela antecipada de urgência concedida em caráter antecedente torna-se estável se não for interposto recurso contra a decisão que a deferiu. Nesta hipótese, o respectivo processo será extinto (art. 304, § 1º) e a decisão proferida continuará a produzir seus efeitos enquanto não for revista, reformada ou invalidada (art. 304, § 3º), o que somente ocorrerá se no prazo de até dois anos qualquer das partes ajuizar uma demanda com tal objetivo (art. 304, §§ 2º, 5º e 6º). Assim, duas são as diferentes situações: enquanto, no caso de julgamento antecipado, o mérito é analisado num momento preambular do processo, na hipótese de estabilização da tutela antecipada, o julgamento do mérito é postergado e condicionado à propositura de uma nova demanda.[397]

Pois bem. Configurada uma das hipóteses delimitadas no art. 355, o juiz tem o poder-dever de proferir julgamento antecipado.

153. Desnecessidade da produção de outras provas

Assim sendo, se a questão submetida à apreciação judicial for exclusivamente de direito, ou, sendo de direito e de fato, não houver necessidade de produção de qualquer outra prova além da documental já existente nos autos, nada resta ao juiz fazer senão a tarefa de proferir sentença com resolução do mérito.

A precipitação temporal da decisão que aí se verifica consiste, à evidência, numa decorrência lógica de o processo encontrar-se num estado tal que permite ao juiz, com base em cognição exauriente, enfrentar o objeto litigioso.

Tratando-se, pois, de controvérsia exclusivamente fundada em interpretação de texto legal, não há necessidade da produção de prova de qualquer fato essencial, como, por exemplo, numa ação ajuizada visando à declaração de nulidade de cláusula contratual abusiva, no âmbito de relação de consumo, que determina a retenção de 90% das parcelas pagas caso o promitente comprador de unidade condominial autônoma pretenda rescindir o negócio. Partindo-se do aforismo *da mihi factum dabo tibi ius*, torna-se absolutamente desnecessária a produção de qualquer prova para que o juiz possa analisar o respectivo contrato, a relação jurídica que envolve os contratantes, e verificar se a referida cláusula é ou não abusiva, considerando a defesa do réu, lastreada no princípio *pacta sunt servanda*.

Pela mesma razão, impõe-se o julgamento antecipado do mérito quando, a despeito de a questão submetida à apreciação do tribunal ser de direito e de fato, não houver também necessidade de qualquer outro elemento de convicção, além daquele já encartado nos autos.

---

[397] *Código de Processo Civil anotado* (obra coletiva), AASP-OAB/PR, 2015, nt. ao art. 355.

É que, em inúmeras ocasiões, o contraste emergente das antagônicas posições das partes apresenta-se de ínfimo significado no que toca à matéria fática, propiciando ao juiz condições seguras para a imediata entrega da prestação jurisdicional. Constituiria, certamente, patente inutilidade deixar-se a resolução do mérito para um momento posterior, levando o processo adiante, para fase posterior, de forma absolutamente desnecessária, em detrimento da celeridade processual, com enorme prejuízo a todos os protagonistas do processo.[398]

Assim, tal situação se verifica na hipótese de o litígio versar sobre matéria de direito e de fato e a prova já produzida restar conclusiva, dispensando ulterior dilação probatória. É o que se denota, com alguma frequência, no âmbito das ações de natureza tributária, cuja prova documental, exibida com a petição inicial, é suficiente para a comprovação do fato constitutivo do direito deduzido pelo contribuinte.

Igualmente, na ação de mandado de segurança, o "direito líquido e certo" suscitado pelo impetrante, consoante dispõe o art. 6º da Lei n. 12.016/2009, deve ser inferido da prova documental que instrui a petição inicial, não se admitindo qualquer outro meio probatório.

Além disso, como bem assevera PAULO LUCON, o novo CPC apresenta clara tendência a valorizar os precedentes judiciais, visando sobretudo a pôr termo às sucessivas discussões sobre temas repetitivos, em benefício da segurança jurídica e da previsibilidade das decisões judiciais. Nesse sentido, o julgamento antecipado do pedido deve igualmente ocorrer nos casos em que, desnecessária a instrução probatória, tenha sido a questão jurídica objeto de apreciação pelos tribunais superiores, em especial nos julgamentos de recursos repetitivos, cuja *ratio decidendi* então fixada deverá ser observada em casos futuros; ou, ainda, no julgamento do incidente de resolução de demandas repetitivas, outra inovação do CPC, para fazer frente à litigiosidade de massa.[399]

Desse modo, já no início do processo, pode o juiz constatar desde logo que se impõe a improcedência do pedido, porque, contra a tese articulada na petição inicial, conspira posição sedimentada na jurisprudência.

Assim, consoante a nova disposição do art. 332 do CPC, antes mesmo de determinada a citação do réu, poderá ser liminarmente proferida sentença de improcedência do pedido, quando este estiver fundamentado em argumentação jurídica que divergir de súmula, vinculante ou persuasiva, do Supremo Tribunal Federal, ou de enunciado sumulado do Superior Tribunal de Justiça (inciso I); de acórdão destes tribunais superiores proferidos em recursos repe-

---

398 Cf. ROGÉRIO LAURIA TUCCI, *Do julgamento conforme o estado do processo*, p. 250.
399 *Código de Processo Civil anotado*, nt. ao art. 355.

titivos (inciso II); de entendimento firmado em incidente de resolução de demandas repetitivas ou de assunção de competência (incisos III); ou, ainda, de súmula de tribunal de justiça sobre direito local (inciso IV).

Essa mesma técnica é aplicável se o juiz verificar, de plano, a ocorrência de decadência ou de prescrição, matéria cognoscível de ofício, a despeito do que preceitua o art. 10 do CPC, podendo excepcionalmente decretar a improcedência liminar do pedido (art. 487, parágrafo único), sem qualquer manifestação da parte contrária, até porque esta sequer foi citada.

O art. 374 do CPC, por sua vez, arrola inúmeros fatos que dispensam a produção de provas, quais sejam os: *a)* notórios; *b)* não impugnados e, portanto, confessados pela outra parte; *c)* incontroversos; e *d)* presumidos existentes ou verídicos.

Em todas estas hipóteses, os próprios fatos fazem prova direta, não exigindo a produção de qualquer meio adicional de comprovação, circunstância que justifica plenamente o julgamento antecipado do mérito.

Todavia, esta modalidade de provimento jurisdicional deverá deixar de ser proferida quando os fatos a serem provados se revelarem pertinentes e relevantes, ou seja, indispensáveis à formação do convencimento judicial. Segundo a doutrina ainda atual de CALMON DE PASSOS, "fato pertinente é o que diz respeito à causa, o que não lhe é estranho; fato relevante, aquele que, sendo pertinente, é também capaz de influir na decisão da causa". Desse modo, se o episódio da vida não é, ao mesmo tempo, pertinente e relevante, não haverá necessidade de prová-lo. E o juiz, pautado, então, pelos elementos de convicção já inseridos nos autos, deve proceder ao julgamento antecipado do mérito, embora de direito e de fato a questão controvertida.[400]

154. Reconhecimento da revelia e produção de seus respectivos efeitos

O juiz também deverá julgar antecipadamente o pedido, quando caracterizada a revelia, sempre que coexistentes os pressupostos que viabilizam a apreciação do mérito. Incidindo o efeito material da revelia (art. 344) e não intervindo o revel a tempo de requerer a produção de provas, nos termos do art. 349 do CPC, deve o juiz reconhecer como verdadeiros os fatos narrados pelo demandante, na petição inicial, à falta de contrariedade àqueles, não havendo necessidade da produção de quaisquer provas sempre que, verossímeis, estiverem adequada e juridicamente qualificados pelo autor.

Cabem aqui três relevantes observações.

---

400 Cf. CALMON DE PASSOS, *Comentários ao Código de Processo Civil*, p. 565; e, com ele, ROGÉRIO LAURIA TUCCI, *Do julgamento conforme o estado do processo*, p. 251-252.

A sentença que antecipa o julgamento de mérito, nesta hipótese, diante da presunção de veracidade dos fatos articulados pelo autor, não irrompe de cognição exauriente, embora, excepcionalmente, seja imunizada pela coisa julgada material.

O simples fato de o revel ingressar oportunamente no processo e requerer a produção de provas não significa, por si só, que o juiz fica impedido de proferir julgamento antecipado do mérito, como, em princípio, dá a entender o inciso II do art. 355. Na verdade, a exemplo do que ocorre em qualquer outra circunstância, a despeito do desejo de produzir provas manifestado pelo revel, o juiz poderá indeferi-las, visto que impertinentes, sempre de forma fundamentada, e conhecer antecipadamente do pedido.

Recorde-se, outrossim, que não se presumem verdadeiros os fatos, e, portanto, inviabiliza-se o julgamento antecipado, nas hipóteses arroladas no art. 345 do CPC, a saber: *a*) havendo litisconsórcio passivo unitário, algum dos réus oferecer contestação (inciso I); *b*) o objeto litigioso versar sobre direitos indisponíveis (inciso II); *c*) a petição inicial não estiver instruída com documento indispensável à prova do ato (inciso III); e *d*) os argumentos fáticos expendidos pelo autor forem inverossímeis ou colidirem com a prova constante dos autos (inciso IV)

Além destas, ao ensejo do comentário ao art. 345, observou-se que igualmente a jurisprudência afasta os efeitos da revelia no processo da ação rescisória e da ação de desapropriação, e, portanto, nestas situações, descabe o julgamento antecipado do mérito, com arrimo no art. 355, II, do CPC.

Ademais, oferecendo reconvenção sem contestar, também não há se falar em julgamento antecipado do mérito, se, pela fundamentação expendida na demanda reconvencional, baseada em fato modificativo ou extintivo do direito do autor, tornarem-se controvertidos, sob o aspecto lógico-jurídico, os fatos constitutivos deduzidos na petição inicial (art. 344, IV, *a contrario sensu*).

155. Julgamento antecipado e cerceamento de defesa

Seja como for, a experiência recomenda que a interpretação da norma legal sob análise deve ser cautelosa, a impedir que causas que reclamam a devida instrução probatória recebam decisões antecipadas de mérito que possam violar as garantias do devido processo legal, em particular o direito de ampla defesa.

É evidente que sempre caberá ao juiz avaliar, com redobrada atenção, se o processo encontra-se satisfatoriamente instruído, impondo-se-lhe o dever de motivação, para justificar a desnecessidade de dilação probatória.

Cassio Scarpinella Bueno, ao enfrentar esta questão, afirma, nesse sentido, que o julgamento antecipado da lide é recomendável quando o juiz estiver convencido de que "não há necessidade de qualquer outra prova para a formação de sua cognição sobre quem, autor ou réu, será tutelado pela atuação jurisdicional. Em termos mais técnicos, o julgamento antecipado da lide acaba por revelar a desnecessidade da realização da 'fase instrutória', suficientes as provas eventualmente já produzidas até então com a petição inicial, com a contestação e, bem assim, com as manifestações que, porventura, tenham sido apresentadas por força das 'providências preliminares', é dizer, ao ensejo da 'fase ordinatória'".[401]

Posiciono-me, neste particular, em senso contrário à tese defendida por FREDIE DIDIER JÚNIOR, ao sustentar que os litigantes devem ser informados pelo juiz acerca de sua "intenção de abreviar o procedimento, julgando antecipadamente o mérito", sobretudo para evitar surpresa e, com isso, frustrando a expectativa das partes.[402] É de ter-se presente que quem dirige o processo é o juiz, e não as partes: a técnica do julgamento antecipado, dentro dos limites da controvérsia, não se equipara evidentemente com sentença lastreada em fundamento-surpresa!

É que "a decisão pela necessidade ou não da produção de prova é uma faculdade do magistrado, a quem caberá decidir se há nos autos elementos e provas suficientes para formar sua convicção".[403]

Registre-se, por outro lado, que o direito à prova, como corolário da ampla defesa, além de ter assento constitucional (CF, art. 5º, LV), é considerado, pela doutrina especializada, como a faculdade reconhecida ao litigante de fazer encartar nos autos do processo todos os elementos de convicção de que dispõe, com a finalidade de demonstrar a verdade dos fatos que embasam suas alegações.[404]

Assim, havendo precipitação para a prolação da sentença, é certo dizer que qualquer obstáculo a impedir uma das partes de se defender da forma legalmente permitida acaba gerando inarredável cerceamento da defesa, implicativo da nulidade da sentença, diante da inafastável violação do principal constitucional do *due process of law*.

Nessa linha de raciocínio, haverá também grave vício de julgamento quando o ato decisório, que julgar antecipadamente a lide, vier escudado no fundamento da ausência de provas.

A esse respeito, examinando tal hipótese, a 2ª Turma do Superior Tribunal de Justiça, no julgamento do Agravo Regimental no Recurso Especial

---

401 *Curso sistematizado de direito processual civil*, v. 2, t. 1, p. 256.
402 *Curso de direito processual civil*, 1, p. 689.
403 STJ, 2ª T., REsp 874.735-RJ, rel. Min. CASTRO MEIRA, v.u., *DJ* 10/4/2007.
404 V., a propósito, MICHELLE TARUFFO, Il diritto alla prova nel processo civile, *Rivista di Diritto Processuale*, 1984, p. 77-78.

n. 1.394.556-RS, de relatoria do Ministro HUMBERTO MARTINS, decidiu que, *in verbis*: "Em relação ao alegado cerceamento de defesa, que configuraria violação ao art. 130 do CPC [de 1973], este Tribunal entende que, no curso da instrução processual, cabe ao juiz decidir livremente pelo deferimento ou indeferimento das provas requeridas pelas partes, sempre motivadamente. Destaque-se que, no caso de indeferimento de provas, ou de julgamento antecipado da lide, o pedido não poderá ser julgado improcedente com base na ausência de provas, sob pena de ficar configurado o cerceamento de defesa...".[405]

Em idêntico senso, a 3ª Turma da mesma Corte de Justiça federal, por ocasião do julgamento do Agravo Regimental no Recurso Especial n. 1.232.862-SP, relatado pela Ministra NANCY ANDRIGHI, asseverou, à unanimidade de votos, que: "Há cerceamento de defesa quando, julgada antecipadamente a lide, o pedido é indeferido em virtude da ausência de prova da pretensão".[406]

Sufragando este mesmo entendimento, ainda uma vez, a 3ª Turma, no julgamento do Agravo Regimental no Agravo em Recurso Especial n. 783.9082-PE, com voto condutor do Ministro MARCO AURÉLIO BELLIZZE, assentou que: "o acórdão recorrido decidiu em conformidade com a orientação jurisprudencial desta Corte que se firmou no sentido de que: 'Há cerceamento de defesa no procedimento do magistrado que, sem oportunizar a produção de provas, julga antecipadamente a lide e conclui pela não comprovação do fato constitutivo do direito do autor' (AgRg no REsp 1.149.914-MT, rel. Min. Paulo de Tarso Sanseverino, DJe 26.10.2012)".[407]

Importa finalizar aduzindo que qualquer irresignação sobre a suficiência do acervo probatório a justificar o julgamento antecipado fica confinada nos domínios das instâncias ordinárias. Com efeito, perante os tribunais superiores, em razão da atribuição que lhes é outorgada pela Constituição Federal, não se faz possível debater tal questão, porquanto exige ela inafastável reexame de matéria fática, expressamente vedado pelo óbice das Súmulas n. 279 do STF e 7 do STJ.[408]

Confira-se, a propósito, dentre muitos outros, precedente da 2ª Turma do Supremo Tribunal Federal, no julgamento do Agravo Regimental no Recurso Extraordinário n. 560.294-SP, com voto condutor do Ministro GILMAR

---

405 V.u., *DJe* 20/11/2013.
406 *DJe* 1º/8/2011.
407 V.u., *DJe* 2/2/2016.
408 V., ainda, em senso convergente, PAULO LUCON, *Código de Processo Civil anotado*, nt. ao art. 355.

Mendes: "O alegado cerceamento de defesa – decorrente, em tese, do julgamento antecipado da lide – está imediatamente relacionado à norma contida no art. 130 do CPC [de 1973]. Portanto, a violação, se existente, seria meramente reflexa à norma constitucional. Nesse contexto, segundo pacífica jurisprudência desta Corte, mera alegação de violação aos primados constitucionais do contraditório e do devido processo legal são insuficientes a viabilizar o processamento de recurso extraordinário, quando a norma constitucional for atingida apenas de forma mediata... Além disso, a análise da situação autorizadora do julgamento antecipado da lide demandaria revolvimento do acervo probatório, inviável em sede de recurso extraordinário".[409]

Com idêntica conclusão, embora sob diferente perspectiva, a 3ª Turma do Superior Tribunal de Justiça, a seu turno, no julgamento do Agravo Regimental no Agravo em Recurso Especial n. 228.913-SP, da relatoria do Ministro João Otávio de Noronha, decidiu que: "O recurso não merece prosperar. O Tribunal de origem, com base na análise do conjunto fático-probatório dos autos, concluiu que a responsabilidade pelo dano sofrido pelo recorrido ao descarregar o conteúdo transportado estava suficientemente provada nos autos por documentos, afastando a necessidade da conversão do julgamento em diligência. Assim, a revisão desse entendimento demanda a incursão no conjunto fático-probatório dos autos, medida inviável em recurso especial, nos termos da Súmula n. 7/STJ. Ademais, nos termos da orientação desta Corte, o julgamento antecipado da lide, por si só, não caracteriza cerceamento de defesa, pois cabe ao juiz apreciar livremente as provas dos autos, indeferindo aquelas que considere inúteis ou meramente protelatórias".[410]

Seção III
Do Julgamento Antecipado Parcial do Mérito

Art. 356. O juiz decidirá parcialmente o mérito quando um ou mais dos pedidos formulados ou parcela deles:

I – mostrar-se incontroverso;

II – estiver em condições de imediato julgamento, nos termos do art. 355.

§ 1º A decisão que julgar parcialmente o mérito poderá reconhecer a existência de obrigação líquida ou ilíquida.

§ 2º A parte poderá liquidar ou executar, desde logo, a obrigação reconhecida na decisão que julgar parcialmente o mérito, independentemente de caução, ainda que haja recurso contra essa interposto.

---

409 V.u., *DJe* 31/8/2015.
410 V.u., *DJe* 7/12/2015.

§ 3º Na hipótese do § 2º, se houver trânsito em julgado da decisão, a execução será definitiva.

§ 4º A liquidação e o cumprimento da decisão que julgar parcialmente o mérito poderão ser processados em autos suplementares, a requerimento da parte ou a critério do juiz.

§ 5º A decisão proferida com base neste artigo é impugnável por agravo de instrumento.

CPC de 1973 – art. 273, § 6º
Comparação jurídica – § 301 do ZPO alemão

156. Generalidades

Acolhendo-se sugestão formulada por Luiz Guilherme Marinoni, a Lei n. 10.444/2002 introduziu o § 6º no art. 273 do CPC revogado, viabilizando que, na hipótese, de cumulação simples ou sucessiva de pedidos, pudesse ser julgado pelo menos um deles, nos limites da matéria incontroversa, resultante, por certo, da prova inequívoca produzida já com a petição inicial, ou, ainda, da admissão pelo réu na contestação.

Nesta situação, o grau de probabilidade da procedência do pedido incontrovertido delineava-se tão elevado que justificava plenamente o julgamento parcial da pretensão formulada pelo demandante.

Cheguei a criticar mais de uma vez o equívoco cometido pelo legislador, que inseriu tal novidade em sede imprópria, que disciplinava o regime da tutela antecipada, dando a entender que o julgamento aparentemente concessivo de antecipação de tutela, relativo a um dos pedidos ou apenas a parcela deste, não se identificava com ato decisório passível de estabilizar-se de forma definitiva.

Motivo de confusão, muitos negavam a independência do provimento antecipado, nestas condições, como se não se tratasse de verdadeira sentença parcial.[411]

---

[411] V., e.g., STJ, 3ª T., REsp 1.281.978-RS, rel. Min. Ricardo Villas Bôas Cueva, v.u., *DJe* 20/5/2015, com expressiva ementa: "1. Cinge-se a controvérsia a saber se as alterações promovidas pela Lei n. 11.232/2005 no conceito de sentença (arts. 162, § 1º, 269 e 463 do CPC [de 1973] permitiram, na hipótese de cumulação de pedidos, a prolação de sentença parcial de mérito, com a resolução definitiva fracionada da causa, ou se ainda há a obrigatoriedade de um ato único para resolver integralmente o mérito da lide, pondo fim a uma fase do processo. 2. A reforma processual oriunda da Lei n. 11.232/2005 teve por objetivo dar maior efetividade à entrega da prestação jurisdicional, sobretudo quanto à função executiva, pois o processo passou a ser sincrético, tendo em vista que os processos de liquidação e de execução de

Diante destas incertezas, a referida novidade não foi bem acolhida pelos operadores do direito, praticamente não se verificando na praxe forense o julgamento fracionado do mérito, por meio da técnica de antecipação da tutela.

157. Julgamento antecipado parcial do mérito

Melhor estruturado do que aquele previsto no regime processual anterior, o art. 356, agora inserido em *locus* adequado, autoriza o juiz à prolação de julgamento antecipado parcial do mérito, quando: *a*) mostrar-se incontrovertido; ou *b*) estiver presente uma das situações de julgamento antecipado *tout court* (art. 355 do CPC).

A precipitação temporal do pronunciamento judicial, em tais circunstâncias, tem a mesma lógica e razão da hipótese de julgamento antecipado (integral), vale dizer, de tornar efetiva a prestação jurisdicional, ainda que restrita a um dos pleitos ou a parte do pedido deduzido pelo autor, quando houver cumulação própria ou sucessiva de pedidos.

Havendo, pois, verdadeira assimetria cronológica entre duas decisões – a parcial e a final –, o processo prosseguirá em relação aos demais pedidos, não se confundindo destarte o julgamento parcial de mérito com o acolhimento apenas de parcela do pedido (*infra petita*), no momento em que toda a causa é julgada por uma única sentença. Assim, por ilustração, o autor pleiteia indenização de 50 a título de dano material e 50 à guisa de dano moral. Incontrovertido o prejuízo material, o juiz deverá julgar antecipadamente aquele pedido, prosseguindo o processo no que se refere ao outro, relativo ao dano moral. Em

---

título judicial deixaram de ser autônomos para constituírem etapas finais do processo de conhecimento; isto é, o processo passou a ser um só, com fases cognitiva e de execução (cumprimento de sentença). Daí por que houve a necessidade de alteração, entre outros dispositivos, dos arts. 162, 269 e 463 do CPC [de 1973], visto que a sentença não mais 'põe fim' ao processo, mas apenas a uma de suas fases. 3. Sentença é o pronunciamento do juiz de primeiro grau de jurisdição (i) que contém uma das matérias previstas nos arts. 267 e 269 do CPC [de 1973] e (ii) que extingue uma fase processual ou o próprio processo. Em outras palavras, sentença é decisão definitiva (resolve o mérito) ou terminativa (extingue o processo por inobservância de algum requisito processual) e é também decisão final (põe fim ao processo ou a uma de suas fases). Interpretação sistemática e teleológica, que melhor se coaduna com o atual sistema lógico-processual brasileiro. 4. A novel legislação apenas acrescentou mais um parâmetro (conteúdo do ato) para a identificação da decisão como sentença, pois não foi abandonado o critério da finalidade do ato (extinção do processo ou da fase processual). Permaneceu, dessa forma, no CPC de 1973 a teoria da unidade estrutural da sentença, a obstar a ocorrência de pluralidade de sentenças em uma mesma fase processual. 5. A sentença parcial de mérito é incompatível com o direito processual civil brasileiro atualmente em vigor, sendo vedado ao juiz proferir, no curso do processo, tantas sentenças de mérito/terminativas quantos forem os capítulos (pedidos cumulados) apresentados pelo autor da demanda".

diferente situação, se o autor pede 100 e o juiz julga procedente o pedido, impondo condenação ao réu no valor de 80, significa que não houve decisão parcial do mérito, mas sim julgamento da integralidade do objeto litigioso, atendendo-se à pretensão do demandante em montante menor do que aquele pretendido.

Importa referir que, a exemplo do disposto no art. 23, § 1º ("Os árbitros poderão proferir sentenças parciais"), da Lei n. 13.129/2015, que aperfeiçoou a precedente normativa legal da arbitragem brasileira, o novo CPC consagra, de forma definitiva, a possibilidade de ser proferida sentença parcial, respeitante a parcela da pretensão do demandante.

158. Hipóteses de cabimento e honorários advocatícios

Duas são, como acima mencionado, as situações nas quais se descortina possível a prolação de ato decisório antecipado parcial de mérito.

A primeira delas quando um ou mais dos pedidos formulados ou parcela de um deles mostrar-se incontrovertido, isto é, quando o seu fato constitutivo estiver confessado na defesa apresentada pelo réu ou não for impugnado (art. 336 do CPC), ou, ainda, resultar patente da prova documental produzida pelas partes.

Assim, por exemplo, o autor ajuíza ação pedindo indenização por dano material, lucros cessantes e dano moral advindos de conduta ilícita do réu. Ao apresentar contestação, o demandado reconhece a sua culpa, admitindo ter provocado prejuízo material, mas impugna a pretensão de lucros cessantes e de dano moral. Havendo elementos suficientes, diante da confissão do réu, o juiz deverá julgar procedente, em momento antecipado, o pedido de ressarcimento de dano material.

A aplicação do art. 356 do CPC, em absoluta sintonia com a incidência do julgamento antecipado do mérito (art. 355), deve igualmente revestir-se de cautela, cuidando o juiz de diagnosticar, com todo o desvelo, se o processo encontra-se satisfatoriamente instruído, cumprindo-lhe justificar a desnecessidade de dilação probatória.

Já a outra hipótese decorre do enunciado do art. 355, II, do CPC, ou seja, das mesmas condicionantes que permitem o julgamento antecipado do mérito.

Assim, se um dos pedidos submetidos à cognição judicial for exclusivamente de direito, ou, sendo de direito e de fato, não houver necessidade de produção de qualquer outra prova além da documental já existente nos autos, nada resta ao juiz fazer senão a tarefa de proferir sentença antecipada com resolução parcial do mérito.

Exatamente como se verifica no julgamento antecipado, a precipitação temporal da decisão nesta hipótese nada mais significa do que uma decorrência lógica de parte do objeto litigioso encontrar-se num estado tal que permite ao juiz, com base em cognição exauriente, desde logo enfrentá-lo.

Impõe-se outrossim ao juiz proferir julgamento antecipado parcial do mérito quando configurada a revelia, sempre que coexistentes os pressupostos que viabilizam a apreciação do mérito. Incidindo o efeito material da revelia (art. 344) e não intervindo o revel a tempo de requerer a produção de provas, nos termos do art. 349 do CPC, deve o juiz reconhecer como verdadeiros os fatos narrados pelo demandante, na petição inicial, à falta de contrariedade àqueles, não havendo necessidade da produção de quaisquer provas sempre que, verossímeis, estiverem adequada e juridicamente qualificados pelo autor.

Têm pertinência, em tal sede, as mesmas observações feitas no comentário ao art. 355, sobre as causas que afastam a incidência dos efeitos da revelia e consequentemente da antecipação do julgamento parcial do mérito.

Em qualquer das situações acima referidas, embora se verificando sucumbência da parte parcialmente derrotada, somente na sentença é que deverá ser fixada, de forma global e definitiva, a verba honorária, ocasião na qual o juiz poderá avaliar, à luz dos critérios especificados no § 2º do art. 85 do CPC, a atuação integral dos advogados em todas as etapas do processo. Ademais, apenas na sentença é que será possível aplicar, se for o caso, a regra do art. 86, atinente à denominada sucumbência recíproca.[412]

159. Possibilidade de decisão condenatória ilíquida

Nas ações relativas à obrigação de pagar quantia, o art. 491 do CPC estabelece, como regra, que a sentença deve ser líquida.

Todavia, em algumas situações, torna-se impossível determinar-se o valor da condenação, ou, ainda, a extensão da obrigação, mesmo que não se trate de fixação de quantia em dinheiro.

O § 1º do art. 356 do CPC permite que a decisão parcial do mérito, de natureza condenatória, seja ilíquida.

160. Liquidação e possibilidade de cumprimento imediato da decisão parcial de mérito independentemente de caução

Neste caso, como exceção à regra, torna-se necessário efetivar-se a apuração do *quantum debeatur* ou a especificação do objeto da condenação por meio de liquidação.

---

412 V., nesse sentido, EDILTON MEIRELLES, Julgamento antecipado parcial do mérito, *Revista de Processo*, 252(2016)/141-142

A liquidação de sentença tem assim a finalidade de encontrar o montante de uma dívida preexistente ou da abrangência exata da obrigação, reconhecida por decisão judicial.

A exigência de liquidação decorre, pois, como destaca Luiz Rodrigues Wambier, da excepcionalíssima circunstância de ser proferida sentença genérica ou ilíquida, simplesmente porque impossível ao julgador determinar, desde logo, na sentença, o valor da condenação ou individuar o objeto da obrigação. Visa-se, pois, pela liquidação, a eliminar a generalidade da condenação, de forma que a sentença se torne exequível.[413]

Procede-se à liquidação da sentença por meio de arbitramento quando for exigida prova pericial, que será produzida nos autos do processo em que proferida a decisão genérica (art. 509, I, do CPC).

Ressalte-se, por outro lado, que, havendo necessidade de alegar e provar fato novo, a liquidação será feita por meio de ação de conhecimento, incidental, regrada pelo procedimento comum (art. 509, II, do CPC), que se identifica com a antiga "liquidação por artigos".

Tratando-se de julgamento antecipado parcial do mérito, ilíquido, é possível, de acordo com o § 2º do art. 356, que o vencedor providencie imediatamente a liquidação do ato decisório.

Sendo líquida a decisão, o interessado, desde logo, também pode requerer o respectivo cumprimento do ato decisório, nos termos do art. 513 e segs. do CPC, independentemente da prestação de qualquer garantia idônea, ainda que a outra parte tenha interposto recurso.

Tal disposição é de todo criticável, porque, além de não fazer qualquer sentido dispensar à decisão condenatória advinda do julgamento antecipado parcial do mérito tratamento diferenciado da normativa geral do cumprimento provisório da sentença, é manifesta a sua antinomia com o regime previsto nos arts. 520, IV, e 521 do CPC.

Os juízes certamente terão a tarefa de interpretar o enunciado do art. 356, § 2º, *cum grano salis*, ou seja, com muita ponderação, sobretudo para evitar prejuízo ao executado, na hipótese de ser provido o recurso por ele interposto.

Tanto a liquidação por arbitramento quanto o cumprimento da decisão, na hipótese vertente, poderão ser processados em autos suplementares, formados com o traslado de cópias das peças necessárias, a requerimento da parte ou a critério do juiz (art. 356, § 4º, do CPC).

Embora facultativo, é evidente que este expediente sempre será recomendável para evitar qualquer obstáculo à marcha do processo, cuja tramitação

---

413 *Breves comentários ao novo Código de Processo Civil*, p. 1313.

normal continuará em relação à pretensão autoral que não foi objeto do julgamento antecipado.

Preceitua ainda o § 3º do art. 356 que, se o ato decisório parcial de mérito transitar em julgado, o cumprimento de sentença seguirá o regime da execução definitiva (arts. 523 a 526 do CPC).

161. Recurso cabível

De forma expressa, com o objetivo de evitar qualquer dúvida, o § 5º do art. 356 do CPC explicita, por fim, que o agravo de instrumento é o recurso cabível contra a decisão antecipada parcial de mérito.

Em absoluta conformidade com a regra do art. 203, § 1º, do CPC, como este ato decisório não põe fim à fase de conhecimento do processo, ostenta ele natureza interlocutória, que desafia o recurso de agravo de instrumento (art. 1.015, II, do CPC), a ser interposto no prazo de 15 dias (art. 1.003, § 5º), a contar da respectiva intimação pela imprensa oficial ou da audiência de saneamento, se for ele proferido neste ato processual (art. 1.003 e § 1º).

162. Coisa julgada sobre decisões parciais de mérito e inconstitucionalidade do art. 975 do CPC

É da tradição da doutrina processual brasileira, firme na melhor literatura italiana, sustentar que pode existir no mesmo processo mais de uma decisão de mérito, rescindíveis por meio de autônomas ações rescisórias. Partindo das teorias da cumulação de demandas e dos capítulos da sentença, nada obsta a que, por exemplo, a parte, condenada por meio de decisão antecipada parcial do mérito, não manifeste irresignação ou, ainda que interponha recurso, este seja improvido.

Nunca houve dúvida, como procurei esclarecer em outro estudo, de que o capítulo da decisão de mérito não mais sujeita a recurso, ao transitar em julgado, é passível de desconstituição via ação rescisória, cujo biênio decadencial se inicia a partir do respectivo trânsito em julgado. Lembro-me inclusive de antigo e pioneiro ensaio escrito pelo saudoso Professor ALCIDES DE MENDONÇA LIMA[414] que defendia, com muita acuidade, sob a égide do CPC de 1973, o cabimento de ação rescisória contra decisão interlocutória de mérito, sendo o *dies a quo* do lapso de dois anos computado da respectiva preclusão.

Não obstante, a despeito da sólida construção doutrinária e jurisprudencial acerca dessa questão, a 1ª Seção do Superior Tribunal de Justiça, no famoso

---

414 Ação rescisória contra acórdão em agravo de instrumento, *Revista de Processo*, p. 15 e segs.

julgamento, ocorrido em 2003, dos Embargos de Divergência n. 404.777-DF, de relatoria do Ministro PEÇANHA MARTINS, por apertada maioria e de forma inusitada, passou a sufragar o entendimento de que: "Sendo a ação una e indivisível, não há que se falar em fracionamento da sentença/acórdão, o que afasta a possibilidade do seu trânsito em julgado parcial. Consoante o disposto no art. 495 do CPC [de 1973], o direito de propor a ação rescisória se extingue após o decurso de dois anos contados do trânsito em julgado *da última decisão proferida na causa*". Tem-se, pois, como evidente o indevido acréscimo à regra do revogado art. 495: "*da última decisão proferida na causa*".

Afirmava, com razão, RUI BARBOSA que a alteração abrupta de um preceito normativo ou a modificação de uma orientação jurisprudencial sedimentada tem a potencialidade de derrubar uma biblioteca inteira! E, ainda – permito-me acrescentar –, destrói o princípio da confiança!

Foi exatamente o que ocorreu, com a posterior edição da Súmula n. 401 do STJ, que secundou o suprarreferido *leading case*: "O prazo decadencial da ação rescisória só se inicia quando não for cabível qualquer recurso do último pronunciamento judicial". E isso porque, com toda a certeza, tal princípio sumulado conspirava contra a lei (art. 495 do CPC de 1973), a melhor exegese e, ainda – o que é muito pior –, contra a garantia da coisa julgada (art. 5º, XXXVI, da CF), e, consequentemente, contra a segurança jurídica.

Com efeito, suponha-se o reconhecimento parcial da prescrição decidido, por exemplo, há sete anos, numa decisão interlocutória de saneamento de um processo ainda em curso. Ora, segundo o enunciado da indigitada Súmula n. 401, o prazo decadencial de dois anos para o ajuizamento da ação rescisória contra aquele ato decisório ainda não se iniciou!

Como advogado militante, curvei-me ao equivocado posicionamento hermenêutico do Superior Tribunal de Justiça sobre esta importante questão, mas, como estudioso do processo, sempre fui um fervoroso crítico.

Pois bem. Passado o tempo, aquele mencionado acórdão proferido nos Embargos de Divergência n. 404.777-DF foi impugnado pelo Recurso Extraordinário n. 666.589-DF, distribuído, no Supremo Tribunal Federal, ao Ministro MARCO AURÉLIO.

Observo que a 1ª Turma, ao julgar, em 25 de junho de 2014, tal impugnação, cujo fundamento deduzido foi a ofensa ao art. 5º, XXXVI, da Constituição Federal ("intangibilidade da coisa julgada"), o proveu, à unanimidade de votos, com a seguinte e expressiva ementa: "Coisa julgada – Pronunciamento judicial – Capítulos autônomos. Os capítulos autônomos do pronunciamento judicial precluem no que não atacados por meio de recurso, surgindo, ante o fenômeno, o termo inicial do biênio decadencial para a propositura da rescisória".

Reconhecendo o valor da doutrina e da própria jurisprudência da Suprema Corte, lê-se no corpo do acórdão que: "Está em jogo definir o momento preciso em que ocorre o fenômeno da coisa julgada para efeito de assentar o início da fluência do prazo decadencial relativo à propositura de ação rescisória, considerado processo revelador de pedidos cumulados, mas materialmente divisíveis, em que as decisões concernentes a cada qual se tornaram definitivas em momentos distintos. A controvérsia envolve saber se é possível cogitar de trânsito em julgado individual das decisões autônomas e a implicação dessa cisão para a contagem do prazo de decadência da rescisória. O Superior Tribunal de Justiça, apontando o caráter unitário e indivisível da causa, consignou a inviabilidade do trânsito em julgado de partes diferentes do acórdão rescindendo, devendo o prazo para propositura de demanda rescisória começar a partir da preclusão maior atinente ao último pronunciamento. Com essas premissas, deu provimento a especial do Banco Central para admitir pedido rescisório, afastada a decadência reconhecida no Tribunal Regional Federal da 1ª Região. O acórdão impugnado está em desarmonia com a melhor doutrina sobre o tema e com a jurisprudência do Supremo, encerrando violação à garantia da coisa julgada, prevista no art. 5º, XXXVI, da Carta da República. Consoante a circunstância de haver capítulos dos pronunciamentos repercute, necessariamente, sobre a determinação do objeto possível dos recursos, seja quanto ao conteúdo, seja no tocante ao legitimado recursal. Unidades autônomas de pedidos implicam capítulos diferentes que condicionam, objetiva ou subjetivamente, e sem prejuízo do princípio da unicidade recursal, as vias de impugnação disponibilizadas pelo sistema normativo processual – recursos parciais ou interpostos por ambos os litigantes em face do mesmo ato judicial formalmente considerado. O caso concreto descreve muito bem o fenômeno – a cláusula do acórdão relativa aos danos emergentes foi desafiada por especial do Banco Central, a alusiva aos lucros cessantes, atacada por recurso da PEBB Corretora de Valores. Pressupostos diversos questionados mediante recursos interpostos por partes adversas em razão de fragmentos autônomos do mesmo acórdão. Essa distinção provoca reflexos no cumprimento do ato – que pode ser realizado de modo independente –, assim como – e esta é a questão central deste processo – no trânsito em julgado, que se mostra passível de ocorrer em momentos separados presentes os capítulos autônomos da decisão... É nesse sentido o entendimento do Supremo, como ficou decidido na 11ª Questão de Ordem na Ação Penal 470-MG, relator ministro Joaquim Barbosa, julgada em 13.11.2013, D.J. de 19.02.2014. Na ocasião, o tribunal, por unanimidade, concluiu pela executoriedade imediata dos capítulos autônomos do acórdão condenatório, declarando o respectivo trânsito em julgado, excluídos aqueles objeto de embargos infringentes... Considerada a implicação apontada pelos mestres de ontem e de hoje, deve ser recusada qualquer tese versando unidade absoluta de termo inicial do biênio previsto no art. 495 do CPC. O prazo para formalização da rescisória, em homenagem à natureza fundamental da coisa julgada, só pode iniciar-se de modo independente, relativo a cada decisão autônoma, a partir da preclusão maior progressiva. Nas palavras de Humberto Theodoro, revelada a presença de capítulos diferentes e de recursos parciais, 'não há como fugir da possibilidade de contar-se o prazo da rescisória a partir do trânsito em julgado de cada um dos capítulos em que se dividiu a sentença, se nem todos foram uniformemente afetados pelos diversos recursos manejados' (*Curso de direito processual civil*, v. 1, 52ª ed., 2011, p. 745-746)... Os fundamentos até aqui desenvolvidos revelam, a mais não poder, que o acórdão atacado implicou transgressão ao art. 5º, XXXVI, da Carta. A rescisória dirige-se contra acórdão do Superior Tribunal de Justiça, confirmando condenação quanto a danos emergentes, cujo trânsito em julgado ocorreu em 8 de fevereiro de 1994. Essa é a data a corresponder ao termo inicial do prazo decadencial, e não aquela, referente à preclusão maior da última decisão – 20 de junho de 1994 –, envolvido especial do recorrente e versados lucros cessantes, matéria que não é objeto da demanda rescisória. Devem ser reconhecidos, sob pena de afronta à garantia constitucional, dois momentos distintos do trânsito em julgado, sendo apenas o primeiro relevante para a formulação do presente pedido rescisório. Tendo sido formalizada a ação em 6 de junho de 1996, evidencia-se a decadência do pleito. Ante o exposto, voto no sentido de dar provimento ao extraordinário para reformar o acórdão recorrido, assentando a decadência do direito e negando seguimento ao pedido rescisório".

Conclui-se, assim, pela superveniente insustentabilidade da Súmula n. 401 do STJ, diante de sua flagrante inconstitucionalidade, por violar a coisa julgada material, reafirmando-se, destarte, a supremacia da segurança jurídica em prol da sociedade!

Contudo, a despeito desse recente e judicioso pronunciamento do Supremo Tribunal Federal, de modo surpreendente e, a meu ver, sem qualquer justificativa plausível, ao ensejo da tramitação perante a Câmara dos Deputados, foi introduzida a esdrúxula redação do *caput* do art. 975 do novel diploma processual,[415] que já desponta natimorto, dada a sua manifesta inconstitucionalidade.

---

415 "O direito à rescisão se extingue em 2 (dois) anos contados do trânsito em julgado da última decisão proferida no processo."

Seção IV
Do Saneamento e da Organização do Processo

163. Introdução: aproximação dos regimes processuais europeus

A instituição de um sistema jurídico harmônico, a vigorar no âmbito da Comunidade Europeia, não constitui por certo um ideal tão distante, sobretudo depois da assinatura do Tratado de Maastricht, em 7 de fevereiro de 1992, em que veio concebido um modelo político federativo para reger as relações entre os países signatários.

Assim é que, além de relevantes aspectos de natureza econômica e social, os Estados-membros passaram a adotar uma normativa legal tanto quanto possível uniforme para disciplinar, e.g., as sociedades comerciais, a defesa da concorrência, a tutela dos consumidores e, ainda, muitas outras matérias no plano do direito material.

Já no que concerne a um "processo comum europeu", adverte FAZZALARI que a equiparação substancial de diferentes sistemas constitui, sem dúvida, tarefa árdua, tendo-se em conta as dificuldades objetivas para unificar conteúdos normativos, experiências e culturas jurídicas discrepantes e, inclusive, valores éticos de matiz bem diversificado.[416]

No entanto, a interação política e estratégica da maioria das nações da União Europeia não pode evitar a influência recíproca de vários regimes jurídicos, chegando-se até a admitir, como meta concreta, um "direito processual europeu".[417]

Cumpre observar que o art. 6.º, 1, da Convenção Europeia para Salvaguarda dos Direitos do Homem e das Liberdades Fundamentais, subscrita em Roma no dia 4 de novembro de 1950, prescreve que: "Toda pessoa tem direito a que sua causa seja examinada equitativa e publicamente num prazo razoável, por um tribunal independente e imparcial instituído por lei, que decidirá sobre seus direitos e obrigações civis ou sobre o fundamento de qualquer acusação em matéria penal contra ela dirigida".

Aduza-se que essa importante regra supranacional é considerada a fonte motriz de toda a dogmática atinente às garantias do devido processo legal,

---

416 Prefazione, in *La giustizia civile nei paesi comunitari*, p. VII.
417 Cf. MARCEL STORME, Perorazione per un diritto giudiziario europeo, *Rivista di Diritto Processuale*, p. 293 e segs.; Diritto processuale internazionale, in *La giustizia civile nei paesi comunitari*, p. 26 e segs.; ELIO FAZZALARI, Per un processo comune europeo, *Rivista Trimestrale di Diritto e Procedura Civile*, p. 665 e segs.; ERIC STEIN, *Un nuovo diritto per l'Europa*, 1991; Peter Stein, *I fondamenti del diritto europeo – Profili sostanziali e processuali dell'evoluzione dei sistemi giuridici*, 1995.

então disseminadas de modo praticamente análogo entre os países europeus, na certeza de que não basta assegurar o acesso aos tribunais, e, consequentemente, o *direito ao processo*. Delineia-se inafastável, também, a absoluta *regularidade* deste (*direito no processo*), com a verificação efetiva de todas as garantias e formalidades em lei previstas.

Tendo presente essa notória realidade, que irrompe da deliberada consagração de um *due process* como expressão de liberdade, assevera Carpi que, mais recentemente, a Corte de Justiça da Comunidade Europeia, sediada em Luxemburgo, ditou as premissas mínimas, a partir da exegese pretoriana da Convenção de Bruxelas (1968), especialmente no que toca à competência e à execução das sentenças, para a elaboração de um *código de processo civil europeu*.[418]

Desse modo, há que se ter presente o deliberado desejo, entre os países-membros, de aperfeiçoamento e modernização das instituições judiciárias, para atender às exigências ditadas pela União Europeia, cujo escopo precípuo é o de lutar contra a morosidade da justiça.

Dentre vários temas que têm merecido atenção da legislação e da doutrina europeias, focada na razoável duração do processo, destaca-se o do "saneamento compartilhado" do processo, visando sobretudo a antecipar o julgamento da causa ou, então, a escoimar o processo de eventuais vícios que possam vir a comprometer a higidez da decisão futura.

Nesta fase do procedimento, a cooperação das partes atinge o seu ponto culminante, convergindo a atuação de todos os protagonistas da relação processual para um declarado objetivo, qual seja, o de selar os rumos do processo.

164. Audiência de saneamento sob a perspectiva da comparação jurídica

Registre-se de início que, sob o prisma histórico, como já tive oportunidade de escrever,[419] a denominada audiência preliminar ou de debates, idealizada nos fins do século XIX por Franz Klein, resulta de inequívoca influência do direito austríaco,[420] à vista das finalidades que persegue e que vão desde a apreciação de questões prévias atinentes ao objeto formal do processo, solução das exceções dilatórias e fixação do *thema probandum*, para a realização da audiência subsequente, na qual serão produzidas as provas orais e apresentadas as alegações finais.

---

418 Reflections on the Harmonization of Civil Procedural Law in Europe in Relation to the 1968 Brussels Convention, in *Scritti in onore di F. Mancini*, 2, p. 112-113.
419 Cruz e Tucci, *Lineamentos da nova reforma do CPC*, p. 55 e segs.
420 V., a propósito, por todos, Franco Cipriani, Nel centenario del regolamento di Klein (il processo civile tra libertà e autorità), *Rivista di Diritto Processuale*, p. 969 e segs.

Inspirando-se na denominada regra da aceleração processual (*Beschleunigungsprinzip*), o legislador alemão de época mais recente procurou introduzir medidas tendentes a diminuir o lapso temporal entre o início do processo e a sentença definitiva, visando decididamente a conferir maior efetividade ao processo.

Acompanhando, assim, um movimento que se generalizou no continente europeu, a partir da década dos anos 1960, e, em especial, com base em um ensaio escrito pelo Professor Fritz Baur, publicado pela primeira vez em 1966, sob o título *Caminhos para a concentração da oralidade no processo civil*,[421] instituiu-se informalmente, desde 1967, um procedimento mais concentrado e célere, batizado com o nome de "modelo de Stuttgart" (*Stuttgarter Modell*).

Foi este, na verdade, inicialmente implantado na famosa 20ª Seção do Tribunal (*Landgericht*) de Stuttgart, presidida então por R. Bender, cuja meta se resumia no desejo de desenvolver um "processo modelo", ou seja, um processo rápido, eficiente e justo.[422]

Regido assim pelos postulados da oralidade, concentração e eventualidade, esse "modelo", consoante a abalizada opinião de Grunsky, apresenta-se como um antídoto eficaz contra os fatos serodiamente apresentados.[423]

Tão profícuos foram os resultados iniciais desse procedimento que acabou sendo definitivamente introduzido no ZPO pela reforma de 1976/1977, com a modificação, em particular, dos §§ 271 e segs. Atualmente, pois, sobrelevando a importância da colaboração das partes, prescreve o § 282 do ZPO que cada litigante deve apresentar todas as suas alegações fáticas e jurídicas, de ataque e de defesa, em uma única oportunidade, para facilitar, à evidência, a tramitação do procedimento.

Nos domínios do processo civil austríaco, após a reforma de 2002, o § 258 do ZPO, prestigiando a oralidade, contempla a realização de uma audiência preparatória (*vorbereitende Tagsatzung*), destinada a dirimir eventuais exceções processuais e a complementar as posições das partes, para, em seguida, discutir e preparar as posteriores etapas do processo ("... *Erörterung des weiteren Fortgangs des Prozesses und der Bekanntgabe des Prozessprogramms*").

---

421 *Wege zu einer Konzentration der mündlichen Verhandlung im Zivilprozess*, agora estampado em Fritz Baur, *Beiträge zur Gerichtsverfassung und zum Zivilprozessrecht*, p. 223 e segs.

422 V., a propósito, Nicolò Trocker, *Processo civile e costituzione*: problemi di diritto tedesco e italiano, p. 88 e segs.

423 Il cosiddetto "Modello di Stoccarda" e l'accelerazione del processo civile tedesco, *Rivista di Diritto Processuale*, p. 366. V. Rolf Bender, The Stuttgart Model, in *Acess to Justice*, v. 2, t. 2, ed. Cappelletti e Weisner, p. 437-438.

Na Itália, a Lei n. 353, de 26 de novembro de 1990, introduziu profundas modificações no processo civil em geral e no processo de conhecimento em particular.

Dominada pelas regras da oralidade e da eventualidade, pode-se afirmar que a referida lei procurou valorizar o procedimento de primeiro grau de jurisdição sobretudo com a introdução de fases preclusivas bem nítidas.

Duas audiências vieram previstas pela reforma peninsular: a primeira, que ora interessa, regrada no art. 183 do CPC italiano, denominada *prima udienza di trattazione*, destina-se à estabilização do processo, podendo as partes complementar as suas alegações, e se encerra com o exame e decisão sobre questões cognoscíveis *ex officio* e relativas ao objeto formal do processo.

Tal inovação, aperfeiçoada há mais de uma década, tem colhido bons frutos, dada a sensível celeridade que imprimiu ao processo, tendo-se presente a concentração de seus atos e a preclusão atinente ao objeto do litígio (*deduzioni di merito*) logo a partir da fase postulatória.[424]

Anote-se, por outro lado, que a novel legislação processual de Portugal, em vigor desde 2013, seguiu, neste particular, o CPC revogado (art. 508º-A), dando um importante passo ao consagrar o direito "a obter, em prazo razoável, uma decisão de mérito e a respectiva execução".[425]

A experiência do processo civil português acerca desta temática é deveras profícua, uma vez que o denominado "despacho saneador", como ato judicial precipuamente destinado ao controle e ao julgamento da matéria relativa às nulidades processuais, é criação genuína do direito português, introduzido no art. 24 do Decreto n. 12.353, de 1926.[426]

---

424 Luigi Paolo Comoglio, Corrado Ferri e Michele Taruffo, *Lezioni sul processo civile*, p. 486; Gian Franco Ricci, *Principi di diritto processuale generale*, p. 155.

425 José Lebre de Freitas, Revisão do processo civil, *Revista da Ordem dos Advogados*, p. 427.

426 Cf. José Alberto dos Reis, *Breve estudo sobre a reforma do processo civil e comercial*, p. 149 e segs. O referido texto legal ampliou a intervenção do juiz e transformou o despacho regulador em despacho saneador. Consta do relatório preambular do Decreto n. 12.353/1926 a seguinte passagem: "No sistema atual, o juiz mantém inteiramente alheio e estranho à controvérsia que se debate nos autos até o momento em que vai proferir a sentença; ignora absolutamente o que está dentro do processo, embora tenha presidido a atos da maior importância, como exames, vistorias e inquirições de testemunhas. A sua presença é *nominal*... O Decreto propõe-se remediar estes males. Em primeiro lugar obriga o juiz, por uma forma indireta, a tomar conhecimento, desde o início do processo, da questão que se controverte e a acompanhá-la com atenção. O dever, imposto ao juiz, de indeferir *in limine* a petição inicial em certos casos e a necessidade de resolver, no fim dos articulados, as questões que possam obstar à apreciação do objeto da ação,

Atualmente, inserido no capítulo intitulado *Da Gestão Inicial do Processo e da Audiência Prévia*, o art. 591º do novo Código português, após as diligências atinentes à regularização de eventuais exceções dilatórias, será realizada *audiência prévia*, que comporta as seguintes atividades: *a*) tentativa de conciliação (art. 594º); *b*) discussão das partes quanto a matéria de fato e de direito, objetivando a propiciar julgamento do mérito; *c*) delimitação dos termos do pedido e suprimento de eventuais imprecisões na exposição da matéria de fato; *d*) proferimento do despacho saneador; *e*) determinação, após o debate, a adequação formal, a simplificação ou a agilização processual; e *f*) programação, em conjunto com os advogados das partes, dos atos a serem realizados na audiência final.

Aduza-se que esta audiência, a rigor, não é obrigatória, podendo ser dispensada em duas ocasiões ditadas pelo subsequente art. 592, a saber: *i*) nas ações não contestadas; e *ii*) quando acolhida exceção dilatória.

Frisa, a propósito, MIGUEL TEIXEIRA DE SOUSA, sob a égide do CPC português de 1996, que a regra implantando a então denominada "audiência preliminar" constitui uma inovação da qual há legitimamente muito a esperar. "Ela permite dar expressão ao princípio da concentração e ao desejo de reduzir a duração do processo, mas – importa acrescentar – isso não será alcançado se a sobrecarga de trabalho dos tribunais conduzir a que a audiência preliminar seja convocada para muito depois de findos os articulados ou se, aliada a essa sobrecarga, os hábitos de trabalho dos advogados a transformarem numa formalidade sem utilidade prática. Com a sua consagração, a tramitação do processo passa a estruturar-se em torno de duas audiências: a audiência preliminar e a audiência de discussão e julgamento. Aquela é antecedida pela fase da discussão escrita entre as partes, esta última antecede o proferimento da decisão final. Estreita deve ser também a conexão entre essas audiências: a separá-las devem estar somente as indispensáveis actividades instrutórias, pelo que, tanto quanto possível, elas devem subordinar-se a um princípio de continuidade".[427]

O imperativo de evitar a realização de atos processuais absolutamente inúteis foi também o declarado propósito perseguido pela nova *Ley de Enjuiciamiento Civil* da Espanha pela Lei n. 1/2000. Trata-se de um diploma processual moderno e ambicioso, com 827 artigos, que entrou em vigor, para substituir a secular legislação de 1881, no dia 8 de janeiro de 2001.[428]

---

forçam-no a pôr-se a par do litígio..." (cf. FERNANDO LUSO SOARES, *Processo civil de declaração*, p. 709-710).
427 Apreciação de alguns aspectos da "revisão do processo civil – projecto", *Revista da Ordem dos Advogados*, p. 396.
428 V., para uma análise crítica da legislação espanhola, MANUEL SERRA DOMÍNGUEZ, *La Ley 1/2000 sobre enjuiciamiento civil*, 2000.

Sem dúvida que uma das mais expressivas novidades do Código espanhol é a introdução da *audiencia previa al juicio* – aliás estranha da tradição do processo civil espanhol –, regrada nos arts. 414 a 430.

Embora de realização obrigatória, também na Espanha, a exemplo do sistema português, reserva-se a esse relevante momento processual: *a*) a tentativa de conciliação ou transação entre as partes; *b*) o exame das questões processuais que possam obstar a marcha do processo (função saneadora); *c*) a fixação do objeto do litígio; e *d*) o deferimento dos meios de prova.[429]

De anotar-se, por outro lado, que o denominado Código-Tipo para a América Latina, cujo anteprojeto data de 1988, tem interesse à luz da comparação jurídica por refletir algumas tendências da moderna ciência processual.

Centrado no dogma da oralidade, verifica-se que o Código-Tipo combate o formalismo e o tecnicismo dos juízes e adota um procedimento mais singelo, sem excesso de solenidade, buscando evitar um distanciamento temporal entre as fases instrutória e decisória. Pelo regime estabelecido no art. 301, a audiência preliminar, em princípio obrigatória, tem igualmente por escopo otimizar as atividades processuais.

Com efeito, frustrada a conciliação, as etapas sucessivas da audiência se desenrolam em estreita colaboração entre os litigantes e o órgão julgador.[430]

Na precisa síntese de Teresa Sapiro Anselmo Vaz, "o Código-Tipo para a América Latina harmoniza o princípio dispositivo com o princípio inquisitório, com a introdução de um princípio de colaboração entre as partes e o juiz, em ordem à fixação do objeto do processo, constituindo a audiência preliminar o fulcro central de todo o processo".[431]

165. Antecedentes da reforma brasileira

Foi com certeza nesse contexto, e imbuído de grande interesse em racionalizar o desenvolvimento do procedimento em primeiro grau de jurisdição,

---

[429] Cf. Juan Montero Aroca et alii, *El nuevo proceso civil (Ley 1/2000)*, p. 393, com a observação de que a audiência prévia supõe uma alteração de orientação deveras importante.

[430] José Lebre de Freitas (Em torno da revisão do direito processual civil, *Revista da Ordem dos Advogados,* p. 14) lembra que o denominado princípio da cooperação (*Arbeitsgemeinschaft*) é hoje reputado como uma das traves mestras do direito processual civil, "já há décadas propugnado por Rosenberg e ainda há dois anos reafirmado como princípio fundamental do processo civil no IX Congresso Mundial de Direito Judiciário". V., a respeito, Elício de Cresci Sobrinho, *Dever de esclarecimento e complementação no processo civil*, p. 106.

[431] Novas tendências do processo civil no âmbito do processo declarativo comum (alguns aspectos), *Revista da Ordem dos Advogados,* p. 883.

que o legislador brasileiro introduziu, pela Lei n. 8.952, de 13 de dezembro de 1994, a denominada "audiência de conciliação", ditada pela modificação do art. 331, assim redigido: "Se não se verificar qualquer das hipóteses previstas nas seções precedentes e a causa versar sobre direitos disponíveis, o juiz designará audiência de conciliação, a realizar-se no prazo máximo de 30 (trinta) dias, à qual deverão comparecer as partes ou seus procuradores, habilitados a transigir. § 1º Obtida a conciliação, será reduzida a termo e homologada por sentença. § 2º Se, por qualquer motivo, não for obtida a conciliação, o juiz fixará os pontos controvertidos, decidirá as questões processuais pendentes e determinará as provas a serem produzidas, designando audiência de instrução e julgamento, se necessário".

Não é difícil concluir, à simples leitura do supratranscrito dispositivo legal, que a anterior reforma do nosso CPC alvitrou, de modo particular, agilizar o procedimento, possibilitando, de logo, às partes a autocomposição do litígio respeitante a direitos disponíveis, e, à falta de conciliação, pela intransigência daquelas ou pela impossibilidade substancial, a fixação de modo objetivo, dos pontos controvertidos da causa que reclamam instrução probatória.

Verifica-se, assim, da interpretação conjugada dos arts. 329 a 331 do CPC revogado, que três caminhos se ofereciam ao juiz ao ensejo da conclusão da fase postulatória na órbita do processo de conhecimento. Em primeiro lugar, incumbia-lhe examinar se o objeto formal do processo (pressupostos processuais e condições da ação) encontrava-se em absoluta ordem, evitando-se, com esse expediente, perda de tempo, energia e dinheiro. Em seguida, não sendo caso de julgamento segundo o estado dos autos (art. 329) ou de extinção antecipada do processo (art. 330), deveria o juiz, tratando-se de procedimento comum ordinário, designar audiência preliminar (art. 331).

Desse modo, quando da fase saneadora, não havendo conciliação das partes no momento inaugural desse importante ato processual, ou não sendo ela cabível (direito indisponível), o juiz passava então a prolatar a decisão declaratória de saneamento e procedia à especificação do fato ou fatos essenciais consistentes no *thema probandum* (art. 331, § 2º, do CPC de 1973).

É exatamente nesta etapa que, como visto, as legislações modernas depositam grande importância na audiência prévia ou preliminar, sobretudo no que se refere à definição do objeto do processo. Assim também, para evitar qualquer espécie de surpresa aos litigantes, à luz da atual concepção da garantia do contraditório, impõe-se aí ao juiz, segundo recente e prestigiosa doutrina, o dever de comunicar às partes as questões fáticas que ele reputa relevantes para a formação de sua própria convicção.[432]

---

432 Cf. LUIGI MONTESANO, La garanzia costituzionale del contraddittorio e i giudizi civili di "terza via", *Rivista di Diritto Processuale*, p. 936. Apesar da incidência do

Como bem ponderam António Montalvão Machado e Paulo Pimenta, a seleção da matéria fática pendente de prova resulta de um debate entre o juiz e os advogados das partes, no qual todos devem intervir com um "espírito de entreajuda processual".[433]

Não pode restar dúvida de que toda essa atuação judicial consubstancia medida de flagrante economia de tempo, especialmente porque ao julgador cabia, como cabe, zelar para que a produção da prova se restrinja ao fato ou fatos probandos. Na verdade, da forma como idealizada e se bem implementada, a audiência destinada ao saneamento e à organização do feito presta-se a fomentar a inafastável interação entre os primordiais atores do processo.

> **Art. 357.** Não ocorrendo nenhuma das hipóteses deste Capítulo, deverá o juiz, em decisão de saneamento e de organização do processo:
> **I** – resolver as questões processuais pendentes, se houver;
> **II** – delimitar as questões de fato sobre as quais recairá a atividade probatória, especificando os meios de prova admitidos;
> **III** – definir a distribuição do ônus da prova, observado o art. 373;
> **IV** – delimitar as questões de direito relevantes para a decisão do mérito;
> **V** – designar, se necessário, audiência de instrução e julgamento.
> **§ 1º** Realizado o saneamento, as partes têm o direito de pedir esclarecimentos ou solicitar ajustes, no prazo comum de 5 (cinco) dias, findo o qual a decisão se torna estável.
> **§ 2º** As partes podem apresentar ao juiz, para homologação, delimitação consensual das questões de fato e de direito a que se referem os incisos II e IV, a qual, se homologada, vincula as partes e o juiz.
> **§ 3º** Se a causa apresentar complexidade em matéria de fato ou de direito, deverá o juiz designar audiência para que o saneamento seja feito em cooperação com as partes, oportunidade em que o juiz, se for o caso, convidará as partes a integrar ou esclarecer suas alegações.
> **§ 4º** Caso tenha sido determinada a produção de prova testemunhal, o juiz fixará prazo comum não superior a 15 (quinze) dias para que as partes apresentem rol de testemunhas.

---

princípio *iura novit curia*, pelo qual o juiz goza de liberdade para aplicar o direito ao caso concreto, a fixação das *quaestiones facti* confere o necessário equilíbrio, que sempre deve existir na órbita do processo de conhecimento, entre aquele princípio e os regramentos do contraditório e da congruência, "que se configuran, de esse modo, como verdaderos límites al primero" (Francisco Javier Ezquiaga Ganuzas, Iura novit curia *y aplicación judicial del derecho*, p. 32). V., em senso assemelhado, Carlos Alberto Alvaro de Oliveira, O juiz e o princípio do contraditório, *Revista de Processo*, p. 10.

433 *O novo processo civil*, p. 209.

§ 5º Na hipótese do § 3º, as partes devem levar, para a audiência prevista, o respectivo rol de testemunhas.

§ 6º O número de testemunhas arroladas não pode ser superior a 10 (dez), sendo 3 (três), no máximo, para a prova de cada fato.

§ 7º O juiz poderá limitar o número de testemunhas levando em conta a complexidade da causa e dos fatos individualmente considerados.

§ 8º Caso tenha sido determinada a produção de prova pericial, o juiz deve observar o disposto no art. 465 e, se possível, estabelecer, desde logo, calendário para sua realização.

§ 9º As pautas deverão ser preparadas com intervalo mínimo de 1 (uma) hora entre as audiências.

CPC de 1973 – arts. 331 e 407

Comparação jurídica – art. 12 do NCPC francês; art. 426 da LEC espanhola; art. 595º do CPC português

166. Generalidades

Sob a rubrica *Do Saneamento e da Organização do Processo*, o *caput* do art. 357 do CPC estabelece que, não se verificando qualquer uma das hipóteses de julgamento com ou sem resolução do mérito, anteriormente enunciadas, o juiz deverá proceder ao saneamento e à organização do processo, por meio de ato decisório proferido em gabinete ou em audiência, sendo que, nesta segunda situação, a atividade saneadora será compartilhada entre o juiz e as partes.

A atuação judicial, em tal oportunidade processual, desponta complexa e abrange: *a*) a solução de questões processuais que porventura ainda estejam pendentes; *b*) a fixação das questões de fato sobre as quais recairá a produção das provas, com o deferimento dos meios probatórios reputados pertinentes; *c*) a definição quanto à distribuição do ônus da prova, segundo as diretrizes especificadas no art. 373; *d*) a delimitação das questões de direito que serão consideradas para a decisão da causa; e, ainda, *e*) a designação, quando necessário, de audiência de instrução e julgamento.

Trata-se, como facilmente se observa, de um ato programático de suma relevância, que exige do magistrado acurado exame dos autos e adequada fundamentação para justificar cada capítulo da decisão de saneamento.[434] Não

---

[434] Cf., nesse sentido, STJ, 1ª T., REsp 780.285-RR, rel. Min. Francisco Falcão, v.u., *DJ* 27/3/2006: "a fase saneadora do processo é de extrema importância para o seu deslinde, tendo conteúdo complexo, sendo que nela o juiz examinará os pontos arguidos na contestação, de caráter preliminar, assim como os pressupostos processuais e os requerimentos de produção de provas, exigindo-se, para tanto, a devida

se admite, pois, "saneamento implícito", tendo se tornado obsoleto o enunciado da Súmula n. 424 do STF.[435]

167. Resolução de questões processuais pendentes

A praxe forense mostra que, pelo constante acúmulo de serviço, de um modo geral, a grande maioria dos juízes relega para este momento do processo a análise das preliminares de natureza processual.

É, com efeito, depois da réplica do autor que, efetivamente, o órgão julgador se debruça sobre o processo para dirimir as eventuais "questões processuais pendentes", como, v.g., a arguição de incompetência ou a falta de legitimidade.

Tenha-se presente que esta atuação judicial não constitui apenas uma atribuição legal subordinada a eventual disposição ou discricionariedade. Constitui verdadeiro dever imposto ao juiz de enfrentar, com toda a atenção e acuidade, possível arguição de existência de vício processual, atinente à ausência dos pressupostos de constituição e desenvolvimento válido do processo, de uma das condições de admissibilidade de ação, ou, ainda, de alguma irregularidade, cuja análise já deveria ter sido efetivada pelo julgador, caso fosse ele incontornável, implicativo de julgamento sem resolução do mérito.

Seja como for, o juiz, em princípio, é o único responsável pelos prejuízos ocasionados às partes pela postergação desse necessário escrutínio, relegando-o para fase ulterior, após, por exemplo, a devida instrução da causa, correndo o risco de ser obrigado a proferir sentença terminativa. Inadmite-se, portanto, em qualquer hipótese, decisão (não rara, aliás) proferida nos seguintes termos: "As preliminares se confundem com o mérito, razão pela qual deixo de apreciá-las nesta oportunidade".

Afigura-se de todo inadmissível este comportamento absolutamente descompromissado com a própria índole da atividade jurisdicional!

168. Fixação das questões de fato e deferimento dos meios de prova

Visando a extrair o máximo proveito da atividade instrutória, o art. 357, II, do CPC também impõe ao juiz o dever de fixar as questões de fato, sobre

---

fundamentação. Sendo assim, não há como o julgador deixar de proceder ao despacho saneador, deixando *in albis* as preliminares suscitadas e passando diretamente para a fase de instrução e julgamento, presumindo-se, assim, que o processo encontra-se sanado, sob pena de nulidade absoluta do feito".

435 Consulte-se, sobre a evolução da jurisprudência acerca desta questão, THEOTONIO NEGRÃO et alii, *Código de Processo Civil e legislação processual em vigor*, p. 471, nt. 11 ao art. 331.

as quais será produzida a prova. Com este expediente, afasta-se a prática de atos desnecessários ou inúteis, ao ensejo da colheita da prova oral, que não guarda qualquer relação com os fatos probandos, efetivamente relevantes para o deslinde da causa.

Observa, a propósito, PAULO LUCON[436] que o prévio conhecimento destes pontos fáticos não interessa apenas ao convencimento do magistrado, mas igualmente às partes, que orientarão suas condutas no tocante à atividade instrutória de acordo com o quanto estabelecido na decisão de saneamento. A delimitação das questões de fato realizada em tal oportunidade desempenha ainda outra relevante função, qual seja, a de simplificar o controle da regra da congruência. Uma vez fixadas as questões de fato relevantes para o julgamento da causa, mais facilmente se poderá constatar se o juiz a respeitou ou não. Se não foi respeitada a congruência, afere-se com maior objetividade se o julgamento desponta *extra, ultra* ou *citra petita* (art. 141 do CPC).

Ainda nesta linha de atividade ordinatória, o juiz examinará a especificação de provas formulada pelas partes, deferindo aquelas que forem reputadas pertinentes para a certificação das questões de fato então fixadas. Exige-se, igualmente, adequada fundamentação deste ato decisório, sobretudo quando for indeferido algum meio de prova pleiteado por um dos litigantes (art. 370, parágrafo único, do CPC).

Cumpre frisar que, a teor do art. 370 do CPC, diante da omissão ou imprecisão das partes quanto à postulação das provas, o juiz detém o poder-dever de determinar *ex officio* a produção de qualquer meio de prova que entender necessário diante das peculiaridades fáticas do caso concreto.

E esta prerrogativa sequer fica sujeita à preclusão, como assentou a 3ª Turma do Superior Tribunal de Justiça, no julgamento do Recurso Especial n. 1.132.818-SP, de relatoria da Ministra NANCY ANDRIGHI: "... não há preclusão absoluta em matéria de prova, até por se tratar de questão de ordem pública. Mesmo proferido o despacho saneador, o juiz pode, mais tarde, determinar a realização de outras provas, caso entenda que essa providência é necessária à instrução do processo".[437]

Permito-me abrir um parêntese para esclarecer que a literatura processual se preocupou no passado e ainda hoje debate a opção, que tem norteado as legislações modernas, pela ampliação dos poderes do juiz, seja no que se refere à produção da prova, seja no que concerne à direção do processo.

Na visão de CALAMANDREI, inspirada na doutrina de CHIOVENDA, a ampliação dos poderes instrutórios do juiz não enfraquece o princípio dispositivo,

---

436 *Código de Processo Civil anotado*, nt. ao art. 357.
437 V.u., *DJe* 10/5/2012.

uma vez que permanecem salvaguardadas a proibição de julgamento *ultra petita* e o dever de decidir *secundum allegata*.[438]

Oportuno é observar que esta lição se amolda perfeitamente à moderna dogmática processual, no sentido de que a "ampliação dos poderes do juiz", ou seja, a concepção de um juiz proativo, não implica, *tout court*, a instituição de um processo necessariamente autoritário. Com efeito, hoje, a dilatação dos poderes judiciais de direção e de instrução deve ser sempre equacionada com as garantias constitucionais do processo ("autoridade da lei"), a permitir que as partes possam participar – cooperando com o juiz, em constante contraditório – de todos os rumos que o procedimento venha a trilhar, por força de decisão judicial, incluindo-se, aí, por óbvio, toda a atividade relacionada à produção da prova (consulte-se, à guisa de exemplo, o art. 6º do CPC, com a seguinte redação: "Todos os sujeitos do processo devem cooperar entre si para que se obtenha, em tempo razoável, decisão de mérito justa e efetiva").

Mais recentemente, ainda sobre esta importante temática, registra-se acirrada polêmica teórica, que envolveu inúmeros processualistas.

A partir de um livro escrito por JUAN MONTERO AROCA, intitulado *Los principios políticos de la nueva Ley de Enjuiciamiento Civil: los poderes del juez y la oralidad*, de 2001, no qual vem repudiada, de forma veemente, a opinião de quem sustenta que o processo está a serviço de determinados fins estatais e que a função jurisdicional é o meio para alcançar os escopos políticos do Estado democrático, o debate se instaurou com a posição crítica assumida por GIOVANNI VERDE, então vice-presidente do Conselho Superior da Magistratura italiana, no artigo *Le ideologie del processo in un recente saggio*.[439]

Embora sobrelevando as garantias processuais, MONTERO AROCA resume o seu ponto de vista, quanto ao exercício dos poderes instrutórios atribuídos ao julgador, afirmando que a chamada "publicização" do processo civil tem origem na ideologia fascista e totalitária, sendo certo que a concessão de amplos poderes discricionários ao juiz – especialmente nos sistemas processuais austríaco, soviético, alemão e italiano – não se sustenta, visto que o processo civil tem por objeto direitos subjetivos privados, de interesse exclusivo dos litigantes e não do Estado. Assim, o juiz jamais pode ter maior protagonismo do que a atuação das próprias partes.[440]

---

438 V., a respeito, as importantes considerações de MICHELE TARUFFO, Calamandrei e le riforme del processo civile, in *Piero Calamandrei – Ventidue saggi su un grande maestro*, p. 160-161.

439 *Rivista di Diritto Processuale*, p. 676-687. Reproduzido em espanhol, sob o título Las ideologías del proceso en un reciente ensayo, in *Proceso civil e ideología*, coord. JUAN MONTERO AROCA, p. 67 e segs.

440 *Los principios políticos de la nueva Ley de Enjuiciamiento Civil: los poderes del juez y la oralidad*, passim; El proceso civil llamado "social" como instrumento de "justicia"

Ora, como destaca Joan Picó i Junoy, a tese dos "revisionistas", de que a inatividade do juiz se justifica pelo caráter privado do objeto discutido no processo civil, encontra-se completamente ultrapassada, diante de uma perspectiva "publicista" ou "social" do processo, que o concebe como instrumento necessário para o exercício da função jurisdicional do Estado. Mesmo que o cerne dos litígios discutidos no âmbito do processo civil tenha natureza, em regra, privada ou disponível, dúvida não há de que o modo de o processo desenvolver-se não comporta ingerência das partes, mas, sim, do Estado-juiz, "único titular da função jurisdicional, que se serve do processo como instrumento para garantir a efetividade desta função".[441]

Ademais, cumpre salientar que a atividade probatória de ofício vem contemplada na grande maioria das legislações processuais do mundo ocidental, como importante regra técnica, quando reputado necessário o seu emprego, de complementação da produção da prova, em prol da adequada solução do litígio.

Suplantada a concepção individualista do direito civil e do processo civil, pode-se alvitrar, na atualidade, um processo com escopos sociais bem mais nítidos, um processo de conotação mais pública do que privada. Em nosso atual direito positivo, no contexto da denominada tutela jurisdicional das liberdades, o microssistema formado, em particular, pelas leis que regulamentam a ação popular (Lei n. 4.717/1965), a ação civil pública (Lei n. 7.347/1985), a ação de improbidade administrativa (Lei n. 8.429/1992) e as ações para proteção dos consumidores (Lei n. 8.078/1990) e dos investidores do mercado de capitais (Lei n. 7.913/1989) tem regras próprias, que interagem com a legislação processual codificada, mantendo com esta estrito relacionamento no que se refere ao procedimento e às peculiaridades processuais.

Enfrentando esta importante temática, José Roberto dos Santos Bedaque, com arrimo na prestigiosa doutrina de Barbosa Moreira, escreve que a simplificação do procedimento, a instituição de instrumentos ajustados às especificidades do direito material e o aperfeiçoamento das técnicas tradicionais

---

autoritaria, in *Proceso civil e ideología*, p. 130 e segs.; Síntesis de las concepciones históricas del proceso civil, *Teoría & Derecho – Revista de Pensamiento Jurídico*, p. 15 e segs.

A discutível posição de Montero Aroca foi secundada por Franco Cipriani, Prefazione à edição italiana do livro de Montero Aroca, *I principi politici del nuovo processo civile spagnolo*, 2002; e por Girolamo Monteleone, Principi e ideologie del processo civile: impressioni di un "revisionista", *Rivista Trimestrale di Diritto e Procedura Civile*, p. 575 e segs.; reproduzido em espanhol, sob o título Principios y ideologías del proceso civil: impresiones de "un revisionista", in *Proceso civil e ideología*, coord. Juan Montero Aroca, p. 97 e segs.

441 El derecho procesal entre el garantismo y la eficacia: un debate mal planteado, in *Proceso civil e ideología*, p. 121-122.

tendem, com efeito, a ampliar o acesso à ordem jurídica justa, uma vez que, além de imprimir maior celeridade ao meio estatal apto à solução das controvérsias, aumentam o diâmetro de efetividade da tutela jurisdicional. Estas técnicas, destinadas a conferir maior efetividade ao instrumento, "acabam por implicar a concessão de maiores poderes ao julgador na condução do processo, mas de modo nenhum comprometem a liberdade das partes quanto à determinação dos limites objetivos e subjetivos da decisão, que não pode alcançar senão aquilo que fora determinado pelos sujeitos parciais ao fixar os limites da demanda".[442]

Conclui-se, pois, que a atual concepção de "processo justo" não compadece qualquer resquício de discricionariedade judicial, até porque, longe de ser simplesmente "la bouche de la loi", o juiz proativo da época moderna deve estar determinado a zelar, tanto quanto possível, pela observância, assegurada aos litigantes, do devido processo legal.

169. Distribuição do ônus da prova

Acompanhando tendência preconizada pela moderna doutrina processual, o art. 357, III, ora comentado, autoriza o juiz a determinar a distribuição do ônus da prova, em consonância com a regra do art. 373 do CPC, inserida entre as disposições gerais do capítulo das provas e que contempla, em seu *caput*, a clássica distribuição subjetiva do ônus da prova. Assim, repetindo o preceito do revogado art. 333, o ônus da prova incumbe ao demandante, para provar o fato constitutivo de seu direito (art. 373, I); e ao réu, "quanto à existência de fato impeditivo, modificativo ou extintivo do direito do autor" (art. 373, II).

Todavia, o § 1º do art. 373 avança nesta matéria, ao acolher a técnica da denominada distribuição dinâmica do ônus da prova, seja por força de lei, seja a partir do exame de peculiaridades da situação concreta, possibilitando ao juiz repartir o ônus da prova, de modo diferente daquele estabelecido no *caput*, atribuindo-o à parte que dispõe de maior destreza para produzir determinada prova. A avaliação a ser feita pelo juiz, entre a excessiva dificuldade da obtenção da prova por uma das partes e a facilidade de acesso ou de produção da prova pela outra, pode muito bem recair sobre um único fato.

É evidente que há aí, quando a inversão é determinada *ope iudicis*, certo subjetivismo, não podendo o juiz se afastar de um critério de razoabilidade e bom senso.[443]

---

442 Cf. BEDAQUE, *Instrumentalismo e garantismo: visões opostas do fenômeno processual?*, artigo inédito. V., ainda, BEDAQUE, *Poderes instrutórios do juiz*, p. 140-142.
443 V. LUCAS BURIL DE MACÊDO e RAVI MEDEIROS PEIXOTO, *Ônus da prova e sua dinamização*, p. 127.

De qualquer forma, é sempre imprescindível que a inversão do *onus probandi* seja ordenada por meio de ato decisório devidamente motivado, permitindo, ainda, que a parte a quem se atribui tal encargo tenha plena oportunidade para dele se desincumbir.

O CPC, como se nota, optou de uma vez por todas por afastar a ideia de que a inversão do ônus da prova seria regra de julgamento, posição esta sustentada por inúmeros doutrinadores.[444]

Cuidando de comentar o art. 6º, VIII, do Código de Defesa do Consumidor, sempre defendi orientação oposta, qual seja, a de que a inversão é regra de instrução e que, por esta razão, deve ser determinada antes do início da fase instrutória, na decisão declaratória de saneamento, na qual, igualmente, serão fixados, de forma precisa, os fatos que o produtor ou fornecedor deverá provar.[445]

De um modo geral, o ato decisório que modifica a normativa sobre o ônus da prova deve ser proferido antes do início da instrução da causa. Em hipótese alguma o *onus probandi* é passível de dinamização, seja esta legal ou judicial, apenas no momento da sentença, como se fosse regra de julgamento. Na verdade, qualquer alteração na estrutura da atividade probatória deve dar-se concomitantemente ao deferimento das provas, a evitar ofensa ao direito fundamental ao contraditório.[446]

Atualmente, a respeito desta questão, o Superior Tribunal de Justiça esposa entendimento uníssono. Examinando controvérsia sobre a responsabilidade de procedimento médico em cirurgia estética, a 3ª Turma proveu o Recurso Especial n. 1.395.254-SC, relatado pela Ministra Nancy Andrighi, asseverando que: "A jurisprudência da 2ª Seção, após o julgamento do REsp 802.832-MG, rel. Min. Paulo de Tarso Sanseverino, *DJe* de 21.9.2011, consolidou-se no sentido de que a inversão do ônus da prova constitui regra de instrução, e não de julgamento".[447]

170. Delimitação das questões de direito

Para evitar qualquer risco de afronta ao princípio da congruência, estabelecido no art. 141 do CPC, e, outrossim, de atividade processual desfocada da *quaestio* ou *quaestiones iuris*, que integram o objeto litigioso, o inciso IV do

---

444 V., para uma síntese da atual posição doutrinária, Camilo José D'Ávila Couto, *Dinamização do ônus da prova no processo civil*, p. 164 e segs.
445 Cruz e Tucci, Técnica processual civil do Código de Defesa do Consumidor, in *Devido processo legal e tutela jurisdicional*, p. 116-117.
446 Cf., nesse sentido, o detido estudo de Artur Carpes, *Ônus dinâmico da prova*, p. 137.
447 V.u., *DJe* 29/11/2013.

art. 357 determina que a decisão de saneamento e de organização do processo, exatamente como ocorre em relação aos pontos fáticos essenciais, delimite as questões de direito que realmente são relevantes para o julgamento de mérito.

Por força do princípio *iura novit curia*, tais questões não ficam circunscritas àquelas suscitadas pelos litigantes. Enfatiza, a respeito, FREDIE DIDIER JÚNIOR[448] que o art. 10 do CPC impõe ao magistrado o dever de consultar as partes sobre qualquer questão de direito que tenha efetivo significado para o deslinde da controvérsia, afastando o perigo de ser proferida decisão baseada em fundamento-surpresa, expressamente vedada pelo novo diploma processual.

Sempre afirmei que o ato decisório de saneamento é igualmente útil, quando fixadas tais balizas de fato e de direito, ficando elas documentadas nos autos, para auxiliar, como uma verdadeira bússola, o novo juiz da causa que eventualmente venha a substituir, meses depois, o magistrado que teve o zelo de esquadrinhar o objeto do processo.

171. Designação de audiência de instrução e julgamento

Ao ensejo do saneamento, geralmente também é designada a audiência de instrução e julgamento quando sua realização é reputada imprescindível, por ser descabido, à vista de particularidades do *thema decidendum*, o julgamento conforme o estado do processo (extinção do processo ou julgamento antecipado da lide).

Visualizando, pois, a necessidade da produção de prova oral, torna-se inafastável a realização da audiência de instrução e julgamento. Esta deverá ser designada, segundo dispõe o § 9º desse art. 357, com um intervalo mínimo de uma hora entre o seu início e o da próxima audiência. Nesse caso, dependendo da complexidade da causa e, em particular, da extensão da prova oral a ser colhida, o juiz deverá estar atento para que na designação da audiência de instrução e julgamento haja um lapso temporal razoável entre aquelas que deverão ser realizadas no mesmo dia, evitando-se perda de tempo de todos os demais envolvidos e, pior ainda, que a subsequente audiência se frustre pelo adiantado da hora.

172. Previsão de pedido de esclarecimento formulado pelas partes

Diante da decisão de saneamento e organização do processo, o § 1º do art. 357 faculta às partes, sob pena de preclusão, pleito de esclarecimento ou de complementação, no prazo de cinco dias.

---

448 *Curso de direito processual civil*, 1, p. 692.

Em primeiro lugar, deve ser observado que a matéria sujeita à preclusão não inclui, por certo, aquela passível de impugnação por meio de recurso, a ser manejado em momento posterior. Além disso, se houver, por exemplo, redistribuição do ônus da prova (art. 373, § 1º, do CPC), poderá ser interposto agravo de instrumento, a teor do disposto no art. 1.015, XI, do CPC.

Ademais, verifica-se ser redundante tal disposição legal (art. 357, § 1º), porque sempre possível, contra qualquer ato decisório, de acordo com o art. 1.022 do CPC, a oposição de embargos de declaração. Desde que seja caso de solicitar esclarecimento, será sempre preferível a parte valer-se dos embargos de declaração, que provocam a interrupção do prazo para a interposição do recurso cabível (art. 1.026), a correr o risco da preclusão, se o juiz simplesmente rejeitar o pedido de esclarecimento.

Ressalte-se que o legislador foi demasiadamente otimista ao tratar desta matéria, partindo do pressuposto de que todos os magistrados ou pelo menos a grande maioria deles estará disposta, em regime de franca cooperação, a prestar prontamente os esclarecimentos solicitados pelas partes. Muitos e muitos juízes, pelo contrário, como sói acontecer, rejeitarão o pleito de esclarecimento sob o fundamento-bordão de que o tribunal não está obrigado a responder as dúvidas dos litigantes.

Seja como for, o pedido de esclarecimento, a ser oferecido por ambas ou por qualquer uma das partes, deverá ser formulado no prazo de cinco dias, a contar da intimação ou da audiência na qual a decisão de saneamento e de organização do processo foi proferida.[449]

173. Delimitação consensual acerca das *questiones facti* e *iuris*

Os demandantes têm a faculdade de apresentar ao juiz, para homologação, convenção consensual sobre a fixação das questões de fato e de direito, acima referidas. O § 2º do art. 357 diz mais: tal acordo ostenta eficácia vinculante às partes e ao juiz.

Tal regra tem certamente como fonte inspiradora o art. 12 do *Nouveau Code de Procédure Civile* francês, que autoriza as partes, de comum acordo, a delimitarem a extensão da matéria que será objeto de debate.[450]

---

449 Como a lei não traça qualquer distinção, permito-me discordar da posição sustentada por Fredie Didier Júnior, com apoio em opinião de Daniel Mitidiero, no sentido de que, se o ato decisório de saneamento for proferido em audiência, o pleito de esclarecimento deve ser formulado até o término desta, "sob pena de preclusão" (*Curso de direito processual civil*, 1, p. 693).
450 V., a propósito, Anne Le Gallou, Le juge e le droit: présentation de l'article 12 NCPC, *Revue Juridique de l'Ouest*, p. 477 e segs.

Nota-se, ainda, sem qualquer dificuldade, que a importante diretriz normativa, prevista no art. 357, § 2º, deve ser interpretada em conjunto com o art. 190 do CPC: "Versando o processo sobre direitos que admitem autocomposição, é lícito às partes plenamente capazes estipular mudanças no procedimento para ajustá-lo às especificidades da causa e convencionar sobre os seus ônus, poderes, faculdades e deveres processuais, antes ou durante o processo".

A bem da verdade, esta inovação segue orientação que tem sido prestigiada pelas experiências jurídicas mais avançadas.

Observa-se que, em época contemporânea, buscando racionalizar a marcha do processo, foi introduzida, em 1999, no sistema jurídico inglês, importante reforma – *The Woolf Reforms* –, que criou uma verdadeira comunidade de trabalho entre o juiz e as partes, visando a um maior dinamismo processual em prol da celeridade.

Cumpre salientar que, nas hipóteses mais complexas, o procedimento a ser adotado pela regra 29 das *Civil Procedure Rules* é o denominado *multi-track*, que confere ao tribunal ampla liberdade de atuação, admitindo alterações na consecução dos atos processuais, em consonância com a natureza, relevância e duração da demanda.

Para o início desse respectivo procedimento é prevista a realização de um significativo ato processual, informado pela oralidade, denominado *case management conference*, ou seja, uma audiência na qual, sob a direção do juiz, em franca cooperação, as partes convencionam os limites do litígio e estabelecem, de comum acordo, o cronograma, os limites e a sequência das provas a serem produzidas.[451]

Em França e na Itália, igualmente, são atualmente admitidos, com peculiaridades próprias, acordos processuais sobre o desenrolar do procedimento.[452]

Deve ter-se presente, nesse particular, que as convenções sobre os atos procedimentais têm natureza estritamente processual, não se confundindo com os negócios propriamente ditos, que ocorrem incidentalmente no âmbito do processo e que têm por objeto o próprio direito litigioso (por exemplo, a transação).

---

451 V., a propósito, Cruz e Tucci, *Direito processual civil inglês*, Direito processual civil europeu (obra coletiva), p. 227 e segs.

452 Consulte-se, a propósito, Loïc Cadiet, Les convenctions relatives au procès en droit français. Sur la contractualisation du règlement des litiges, *Accordi di Parti e Processo* – suplemento da *Rivista Trimestrale di Diritto e Procedura Civile,* p. 8 segs.; Remo Caponi, Autonomia privata e processo civile: gli accordi processuali, *Accordi di parti e processo,* p. 99 e segs.; Maria Francesca Ghirga, Le novità sul calendario del processo: le sanzioni previste per il suo mancato rispetto, *Rivista di Diritto Processuale,* p. 166 e segs.; e, na literatura pátria, Antonio do Passo Cabral, *Convenções processuais,* p. 109 e segs.

Diante de tais premissas, sob o aspecto dogmático, o gênero negócio jurídico processual pode ser classificado nas seguintes espécies: *a*) negócio jurídico processual (*stricto sensu*), aquele que tem por objeto o direito substancial; e *b*) convenção processual, que concerne a acordos entre as partes sobre matéria estritamente processual.

As convenções almejam, pois, alterar a sequência programada dos atos processuais prevista pela lei, mas desde que não interfiram em seus efeitos. Enquanto há disponibilidade no modo de aperfeiçoamento dos atos do procedimento, a sua eficácia descortina-se indisponível, ainda que o objeto do litígio admita autocomposição.

Trilhando esse mesmo raciocínio, frisa DINAMARCO que a escolha voluntária para regrar o procedimento não vai além de se direcionar em um ou outro sentido, sem liberdade, contudo, para construir o conteúdo específico de cada um dos atos. Os seus respectivos efeitos são sempre os que resultam da lei e não da vontade das partes.[453]

Assim sendo, é vetado às partes, por exemplo, estabelecerem que não se aplica a presunção de veracidade se algum fato não for contestado pelo réu, ou, ainda, atribuir peso/valor a determinada prova em relação a outro meio probatório.

Pois bem. Dentre as novidades inseridas no CPC destaca-se exatamente aquela contemplada no *caput* do art. 190, acima transcrito.

É certo que as convenções de natureza processual já existiam em nosso sistema processual (dispensa de audiência, suspensão do processo, distribuição do ônus da prova, critério para a entrega de memoriais, adiamento de julgamento em segundo grau), embora sem a amplitude que agora vem prevista no novel diploma processual.[454]

Vale salientar que esta prerrogativa concedida às partes não pode ser identificada com os modos de solução consensual da controvérsia, que decorrem, como acima frisado, de verdadeiros negócios jurídicos, atinentes ao mérito da controvérsia.

Tais pactos, a exemplo do que se verifica no terreno da arbitragem, podem ser projetados antes mesmo da eclosão da lide ou celebrados incidentalmente já no curso do processo judicial. Não se afasta, pois, a possibilidade da ocorrência de mais de uma convenção processual entre as partes num mesmo processo.

Importa aduzir, em conclusão, a evitar qualquer dúvida, que as convenções processuais, amplamente admitidas pelo art. 190 do CPC, que ostentam na-

---

453 *Instituições de direito processual civil*, 2, p. 475.
454 V., sobre o tema, ROBSON GODINHO, *Negócios processuais sobre o ônus da prova no novo Código de Processo Civil*, 2015.

tureza e conteúdo estritamente processual, não têm qualquer identidade dogmática com os negócios jurídicos processuais, de cunho substancial e que têm por objeto o direito controvertido.

174. Complexidade da causa e imposição de audiência para o saneamento compartilhado

Inspirando-se na moderna doutrina, que já adotara entre os princípios éticos que informam a ciência processual o denominado "dever de cooperação recíproca em prol da efetividade", o art. 6º do CPC objetiva desarmar todos os participantes do processo, infundindo em cada qual um comportamento pautado pela boa-fé, para se atingir uma profícua comunidade de trabalho. E isso, desde aspectos mais corriqueiros, como a simples consulta pelo juiz aos advogados da conveniência da designação de audiência numa determinada data, até questões mais complexas, como a expressa previsão de cooperação dos demandantes ao ensejo do saneamento do processo (art. 357, § 3º, do CPC). Trata-se aí de *cooperação em sentido formal*.

O novo estatuto processual, neste particular, estabeleceu verdadeira transformação das relações entre o juiz e os litigantes, determinante do abandono definitivo de velhos hábitos forenses de desprezo pela recíproca atuação dos juízes e dos patronos das partes, para abrir espaço a uma estreita colaboração, cujo resultado, qualquer que seja ele, sempre será mais profícuo.

Uma das mais emblemáticas inovações no novo CPC concerne à reconfiguração da função atribuída ao juiz, que determina uma direção ativa do processo, possibilitando-lhe traçar uma rota segura que mais se adapte às exigências da causa.

Em obra que marcou época, discorrendo sobre a independência e o sentido de responsabilidade do juiz, CALAMANDREI asseverava que os advogados sempre devem enaltecer os magistrados "que ousam romper a regra monástica do seu silêncio para transformarem a audiência, de inútil solilóquio de um retórico diante de uma assembleia de assistentes sonolentos, num diálogo entre interlocutores vivos que procuram, por meio da discussão, compreender-se e convencer-se". Na verdade – conclui CALAMANDREI –, "para que as instituições judiciárias atendam às exigências de uma sociedade de homens livres, que seja banido o seu tradicional traço secreto, permitindo que também no processo permeie entre juízes e advogados este sentido de confiança, de solidariedade e de humanidade, que é em todos os campos o espírito vivificador da democracia".[455]

---

455 *Processo e democrazia*, p. 90.

Verifica-se, destarte, que o CPC ampliou o sentido do art. 339 do velho diploma, agora repetido no art. 378: "Ninguém se exime do dever de colaborar com o Poder Judiciário para o descobrimento da verdade". Afirma-se que, nesta hipótese, a lei prevê a *cooperação em sentido material*, uma vez que faz recair sobre as partes e terceiros o dever de prestarem a sua recíproca colaboração para a descoberta da verdade.

É de ter-se presente que, além de situações de natureza técnica, que impõem a cooperação, valores de deontologia forense, sobrelevados pelos operadores do Direito – juízes, promotores e advogados –, também se inserem na esperada conduta participativa.

Pela perspectiva cooperativa por parte do tribunal despontam os deveres de prevenção, de esclarecimento, de consulta e de auxílio às partes, que podem ser resumidos da seguinte forma: *a) dever de prevenção*: cabe ao juiz apontar as inconsistências das postulações das partes, para que possam ser aperfeiçoadas a tempo (v.g.: emenda da petição inicial para especificar um pedido indeterminado; individualizar as parcelas de um montante que só é globalmente indicado); *b) dever de esclarecimento*: cabe ao juiz determinar às partes que prestem esclarecimentos quanto a alegações obscuras ou circunstâncias que demandem complementações; *c) dever de consulta*: cabe ao juiz colher previamente a manifestação das partes sobre questões de fato ou de direito que influenciarão o julgamento; e *d) dever de auxílio*: cabe ao juiz facilitar às partes a superação de eventuais dificuldades ou obstáculos que impeçam o exercício de direitos ou faculdades (por exemplo, o juiz deve proceder à remoção de empecilho à obtenção de um documento ou informação que seja indispensável para a prática de um determinado ato processual).

Já o dever de cooperação dos litigantes repousa no dever de se pautarem por probidade e boa-fé, de apresentarem os esclarecimentos determinados pelo juiz e de cumprirem as intimações para comparecimento em juízo. Esse dever não é apenas retórico. O art. 334 do CPC, que disciplina a audiência de conciliação e de mediação, preceitua, no § 8º, que: "O não comparecimento injustificado do autor ou do réu à audiência de conciliação é considerado ato atentatório à dignidade da justiça e será sancionado com multa de até dois por cento da vantagem econômica pretendida ou do valor da causa, revertida em favor da União ou do Estado", dependendo, é claro, se o aludido ato processual foi designado em processo que se desenvolve, respectivamente, perante a justiça federal ou a justiça estadual.

O mais importante é que a colaboração, ditada pelo novel diploma processual, esteja a serviço da celeridade processual na direção do julgamento de mérito. Nesse sentido, e.g., dispondo sobre as cartas de comunicação processual, o art. 261, § 3º, do CPC reza que: "A parte a quem interessar o cumprimento da diligência cooperará para que o prazo a que se refere o *caput* seja cumprido". Procura-se, assim, evitar situações que proporcionem deliberada procrastinação do procedimento ou mesmo nulidade do processo.

Aos poucos a jurisprudência passa a reconhecer o dever de cooperação, como se extrai do seguinte julgado: "Nos termos do art. 535 do CPC [de 1973], os embargos de declaração constituem modalidade recursal destinada a suprir eventual omissão, obscuridade e/ou contradição que se faça presente na decisão contra a qual se insurge, de maneira que seu cabimento revela finalidade estritamente voltada para o aperfeiçoamento da prestação jurisdicional, que se quer seja cumprida com a efetiva *cooperação das partes*".[456]

Os profissionais do direito sabem que há demandas bem mais intrincadas do que outras, que se diferenciam pelo grau de complexidade. Ninguém ousará discordar de que uma causa, na qual se pretende indenização por danos material e moral, provocados pelo extravio de bagagem, é mais simples do que a ação declaratória de nulidade de um contrato, cumulada com pedidos de cancelamento de registro imobiliário e de ressarcimento por perdas e danos e lucros cessantes.

Daí por que, nas questões mais singelas, o magistrado, em regra, prescinde de maior participação ativa das partes para proferir a decisão de saneamento e de organização do processo.

Todavia, verificando-se que, diante das circunstâncias de uma situação concreta mais complexa, sobretudo quando pairarem dúvidas e dificuldades de compreensão atinentes, precipuamente, à matéria de fato, mas, também, às questões de direito, que podem ser melhor definidas com a cooperação das partes, deverá o juiz designar "audiência de saneamento", para que as providências acima referidas sejam compartilhadas pelos protagonistas do processo (art. 357, § 3º, do CPC).

Tal determinação, como se percebe, encontra-se em absoluta sintonia com a previsão do aludido art. 6º do CPC. Ademais, aplica-se aqui, por analogia, a regra salutar do art. 334, § 12º, segundo a qual o juiz deverá designar a audiência de saneamento com um intervalo de pelo menos 20 minutos entre o início de uma e o da próxima.

A experiência forense revela que a contribuição dos advogados na fixação dos pontos litigiosos, preparando o processo para a atividade instrutória, é quase sempre oportuna e profícua.

Convidar as partes a integrar ou esclarecer as suas respectivas alegações, como se extrai da redação do § 3º do art. 357, implica inclusive a possibilidade

---

456 STJ, 1ª T., EDcl no AgRg no Agravo 1.300.872-CE, rel. Min. NAPOLEÃO NUNES MAIA FILHO, v.u., *DJe* 3/2/2015.

de aditamento ou mesmo de alteração do pedido e/ou da causa de pedir, segundo dispõe o art. 329, II, do CPC, desde que consinta o réu, assegurando-se-lhe o contraditório.

175. Procedimento para a futura produção de prova testemunhal

Procurando igualmente racionalizar a gestão do processo, os §§ 4º a 7º do art. 357 do CPC contêm algumas regras sobre o procedimento da prova testemunhal. Em primeiro lugar, deferido esse meio de prova, o juiz deverá fixar um prazo comum, não superior a 15 dias, para que as partes apresentem o rol das respectivas testemunhas (§ 4º).

Quando for designada audiência de saneamento compartilhado, os litigantes terão de comparecer à audiência, cada qual munido de seu rol de testemunhas (§ 5º), cujo número não excederá a 10, sendo três, no máximo, para depor sobre cada fato (§ 6º). O juiz, no entanto, diante das peculiaridades fáticas e da complexidade da causa, de acordo com o art. 357, § 7º, tem a prerrogativa de reduzir a lista das testemunhas, prestando às partes a devida justificativa.

Numa demanda que tenha por objeto a apuração de responsabilidade pelos prejuízos ocasionados por acidente de trânsito, 10 testemunhas é realmente um número excessivo para a prova oral de circunstâncias fáticas singelas, acerca, por exemplo, da dinâmica da colisão, do excesso de velocidade ou da luz do semáforo no momento da colisão.

176. Procedimento para a futura produção de prova pericial

A mesma lógica pauta a hipótese de deferimento de prova pericial, devendo o juiz, de conformidade com o disposto no art. 465 do CPC, nomear desde logo perito e fixar o prazo de entrega do laudo. Sendo também possível, o juiz deverá estabelecer, no próprio ato decisório de saneamento, o calendário para a produção da prova pericial (art. 357, § 8º, do CPC).

Certamente muito mais eficiente, no entanto, quando o juiz alvitrar tratar-se de hipótese que recomende a prova pericial, é a realização de saneamento compartilhado, em audiência, para que, de comum acordo, os litigantes estipulem as datas das sucessivas etapas do procedimento do referido meio de prova.

Embora omissa a lei processual, sendo designada audiência, as partes deverão estar preparadas para indicar, caso deferida a produção de prova pericial, os seus respectivos assistentes técnicos e apresentar os quesitos a serem respondidos.

177. Intervalo mínimo entre a realização das audiências de instrução e julgamento

Embora com redação criticável, porque não há clareza suficiente sobre qual audiência se está tratando, dispõe, finalmente, o § 9º do art. 357 que as pautas de audiência (por certo destinada à instrução e julgamento da causa) deverão observar um intervalo mínimo de pelo menos uma hora entre cada uma delas. A meu ver, constitui dever do juiz cuidar para que a pauta das respectivas audiências seja escalonada, de sorte a resguardar aquele interregno de tempo entre o início de uma e o da audiência subsequente.

Não é preciso dizer que, dependendo da extensão da prova oral, diante do número de testemunhas que prestará depoimento, o lapso de uma hora pode ser muito exíguo. Cabe, assim, ao magistrado designar a audiência de instrução e julgamento sucessiva num horário adequado, considerando-se, ainda que de forma presumida, o tempo de duração da audiência anterior.

A exemplo do § 12 do art. 334 do CPC, o suprarreferenciado preceito legal revela, à evidência, respeito às partes e aos seus procuradores, uma vez que, na praxe forense, inclusive atualmente, inúmeras audiências são designadas para um único horário ou com intervalo mínimo, ficando, pois, comprometida a tarde toda dos mencionados atores do processo, que permanecem nas dependências do fórum durante horas e horas, aguardando o pregão para o início da audiência que lhes interessa.

178. Limites da eficácia preclusiva da decisão de saneamento

Considerada a relevância da decisão de saneamento e de organização do processo, torna-se oportuno examinar a extensão da eficácia preclusiva no que se refere ao seu respectivo núcleo decisório.

Invoque-se, a propósito, como ponto de partida, a regra do *caput* do art. 505 do CPC: "Nenhum juiz decidirá novamente as questões já decididas relativas à mesma lide".

Comentando o art. 471 do diploma revogado, correspondente a este dispositivo, praticamente com a mesma redação, MONIZ DE ARAGÃO esclarece serem duas as suas finalidades: uma atinente à coisa julgada e outra à preclusão.[457]

É até intuitivo que, diante da segurança jurídica assegurada com a formação da coisa julgada, o que foi definitivamente decidido não é passível de ser novamente objeto de julgamento. E isso deve ocorrer não apenas no âmbito do mesmo processo, como, igualmente, em processo sucessivo.

Saliente-se, inicialmente, que a expressão "questões decididas" imbrica-se à doutrina de CARNELUTTI, relativa à distinção entre "processo integral" (contendo toda a lide) e "processo parcial" (contendo apenas parte da lide), sempre dependendo do poder de disposição do demandante quanto à delimitação do objeto litigioso.[458]

---

457 *Sentença e coisa julgada – Exegese do Código de Processo Civil*, p. 264.
458 *Istituzioni del processo civile italiano*, v. 1, p. 255-256.

No entanto, sobretudo com a expressa admissão, pelo novo CPC (art. 203, § 2º), de decisão interlocutória de mérito, é possível que esta se torne, no curso do processo, indiscutível, diante da preclusão.

Não sendo ela impugnada por meio de agravo de instrumento (art. 1.015, II), transita em julgado, adquirindo o *status* de coisa julgada material. Outro regime é reservado às questões de natureza processual. Apreciadas e julgadas estas no curso do processo, em especial no ato decisório de saneamento, somente poderão ser impugnadas, dependendo do objeto da decisão, por agravo de instrumento, ou, então, no momento oportuno, por meio de apelação. Todavia, tratando-se de matéria de ordem pública, o juiz poderá revê-las, enquanto não exaurida a sua jurisdição, diante da inexistência de preclusão *pro iudicato*.

Enfatiza Sérgio Porto que, embora indiferente a natureza do ato decisório, sentença ou interlocutória, sendo de mérito, toda a matéria que tenha se caracterizado como questão controvertida e que tenha provocado julgamento, não sendo impugnada ou não sendo mais passível de recurso, adquire estabilidade, vedando nova decisão, por incidência da coisa julgada material.[459]

Sob outra perspectiva, dentre as espécies de preclusão, em relação aos protagonistas do processo, há ainda a denominada preclusão *pro iudicato*, pela qual é vedado ao juiz decidir questão de mérito já julgada.

Assim, a preclusão, normalmente, atinge a atividade dos demandantes, mas, igualmente, pode também ocorrer em relação ao órgão jurisdicional, impondo-lhe o obstáculo de não mais poder decidir matéria de mérito, referente a direito disponível, a qual, nos termos do *caput* do art. 505, foi objeto de precedente julgamento.

Cumpre deixar claro que a vedação no sentido de desautorizar o juiz a rever anterior ato decisório concerne apenas a questões de direito disponível, atinentes ao mérito, uma vez que, consoante o disposto no art. 485, § 3º, do CPC, não alcança a matéria de natureza processual de ordem pública, que pode ser reexaminada, pelo próprio juiz da causa, até o momento de proferir sentença.

Fredie Didier Júnior, enfrentando esta questão já sob as novas regras processuais, sustenta diferente opinião, trazendo inúmeros argumentos que convidam à reflexão. Embora entendendo que o art. 485, § 3º, do CPC autoriza a cognição em qualquer grau e tempo de jurisdição da matéria arrolada nos respectivos incisos IV, V, VI e IX, isso somente ocorrerá se não tiver sido precedentemente examinada: "convém precisar a correta interpretação que se deve dar ao enunciado do § 3º do art. 485 do CPC. O que ali se permite é o

---

459 *Comentários ao Código de Processo Civil*, p. 206.

conhecimento, a qualquer tempo, das questões relacionadas à admissibilidade do processo – não há preclusão para a verificação de tais questões, que podem ser conhecidas *ex officio*, até o trânsito em julgado da decisão final, mesmo pelos tribunais. Mas não há qualquer referência no texto legal à inexistência de preclusão em torno das questões *já decididas*".[460]

Se fosse consistente esta linha de raciocínio, quando já decidida, por exemplo, em primeiro grau uma preliminar de natureza processual, não impugnada a decisão por meio do recurso cabível, o tribunal estaria impedido de reexaminá-la de ofício, porque coberta pela preclusão. Na verdade, o tribunal não só pode como deve enfrentar as questões de ordem pública, visto que não há se falar em preclusão *pro iudicato* sobre esta matéria.

Tive oportunidade de examinar esta problemática sob a égide do CPC revogado, valendo-me da lição de GALENO LACERDA.[461] Na verdade, há ensinamentos que se perpetuam. Como a redação do atual *caput* do art. 505 é praticamente a mesma da anterior (art. 471 do CPC de 1973), invoco mais uma vez a doutrina do insigne processualista gaúcho, ainda atual, ao refutar a posição de LIEBMAN, no sentido da impossibilidade de ser reavivado, no curso do processo, o exame acerca de questões cujo deslinde já havia sido coberto pela preclusão.

Com efeito, após sistematizar as nulidades processuais e tentar solucionar os problemas que defluíam da atividade saneadora do juiz, GALENO LACERDA afirmava que: "a violação de normas imperativas, ao contrário do que ocorre com a anulabilidade, deve ser declarada de ofício pelo magistrado. Enquanto, porém, a ofensa à lei reclamada pelo interesse público provoca nulidade insanável, a infração de preceito imperativo ditado em consideração a interesse da parte impede o juiz a tentar o suprimento, antes de declarar a nulidade. Ora, o problema da preclusão de decisões *no curso do processo* é substancialmente diverso do problema da preclusão das decisões *terminativas*. Enquanto nestas o magistrado esgota a jurisdição, extinguindo a relação processual, naquelas ele *conserva a função jurisdicional*, continua preso à relação do processo. Em face desta premissa, a pergunta se impõe: Pode o magistrado, que conserva a jurisdição, fugir ao mandamento de norma imperativa, que o obriga a agir de ofício, sob pretexto de que a decisão interlocutória precluiu? Reconhecido o próprio erro, poderá a falta de impugnação da parte impedi-lo de retratar-se? Terá esta com sua anuência, tal poder de disposição sobre a atividade ulterior

---

460 *Curso de direito processual civil*, p. 699.
461 CRUZ E TUCCI, Sobre a eficácia preclusiva da decisão declaratória de saneamento, in *Temas polêmicos de processo civil*, p. 49 e segs., com arrimo na obra de GALENO LACERDA, *Despacho saneador*, escrita sob a vigência do CPC de 1939.

do juiz? A resposta, evidentemente, no caso, deve ser negativa. Se o juiz conserva a jurisdição, para ele não preclui a faculdade de reexaminar a questão julgada, desde que ela escape à disposição da parte, por emanar de norma processual imperativa. Daí se conclui que a preclusão *no curso do processo* depende, em última análise da disponibilidade da parte em relação à matéria decidida. Se indisponível a questão, a ausência de recurso não impede o reexame pelo juiz. Se disponível, a falta de impugnação importa concordância tácita à decisão. Firma-se o efeito preclusivo não só para as partes, mas também para o juiz, no sentido de vedada se torna a retratação".[462]

Desse modo, também sob a vigência do novo CPC, se, depois de ter proferido a decisão de saneamento, enquanto não esgotada a jurisdição, entender o juiz que se equivocara quanto às matérias arroladas nos incisos IV, V, VI e XI do art. 485 e no inciso II do art. 487, impõem-lhe a função de dirigente do processo e o dever de velar pela duração razoável do processo (art. 139) reexaminá-la e resolvê-la novamente. É o que determina o art. 485, § 3º, no sentido de autorizar ao juiz conhecer de ofício das supra aludidas matérias, até que, à evidência, não tenha exaurido a sua própria jurisdição.[463]

Esta mesma orientação tem prevalecido atualmente em nossos tribunais, como, v.g., colhe-se em acórdão da 3ª Turma do Superior Tribunal de Justiça, no Agravo Regimental no Recurso Especial n. 1.377.422-PR, relatado pelo Ministro RICARDO VILLAS BÔAS CUEVA: "Nos termos da jurisprudência desta Corte as matérias de ordem pública decididas por ocasião do despacho saneador não precluem, podendo ser suscitadas na apelação, ainda que a parte não tenha interposto o recurso de agravo".[464]

Em senso análogo, a 2ª Turma, a seu turno, por ocasião do julgamento do Recurso Especial n. 1.483.180-PE, com voto condutor do Ministro HERMAN BENJAMIN, assentou, à unanimidade de votos, que: "Esta Corte Superior possui entendimento consolidado de que as matérias de ordem pública decididas por ocasião do despacho saneador não precluem, podendo ser suscitadas na apelação, ainda que a parte não tenha interposto o recurso de agravo".[465]

---

462 *Despacho saneador*, p. 160-161.
463 V., em senso análogo, sob o regime do CPC de 1973, MOACYR AMARAL SANTOS, *Primeiras linhas de direito processual civil*, v. 2, p. 299.
464 V.u., *DJe* 17.4.2015. Confira-se, outrossim, STJ, 3ª T., EDcl no Ag 1.378.731-PR, rel. Min. JOÃO OTÁVIO DE NORONHA, v.u., *DJe* 24.5.2013: "As matérias de ordem pública decididas por ocasião do despacho saneador não precluem, podendo ser suscitadas na apelação, ainda que a parte não tenha interposto o recurso de agravo".
465 *DJe* 27/11/2014. O STJ, por paradoxal que possa parecer e de forma injustificada, considera a arguição de prescrição como mera exceção, em afronta à letra do art. 487, II, do CPC: 4ª T., AgRg no AREsp 411.528-MG, Min. RAUL ARAÚJO, v. u., *DJe* 11/5/2015: "Conforme assentado na jurisprudência desta Corte, 'Afastada a

Capítulo XI
DA AUDIÊNCIA DE INSTRUÇÃO E JULGAMENTO

179. Introdução: audiência de instrução e julgamento na tradição do processo civil brasileiro

A oralidade no processo civil, que teve na obra de Giuseppe Chiovenda lugar de inegável destaque, reúne como corolários: *a*) a prevalência da palavra; *b*) a imediatidade; *c*) a identidade física do juiz; e *d*) a concentração de determinados atos processuais numa única oportunidade.

Calamandrei, muitos anos depois, reafirmando, quase que integralmente, os alicerces da clássica teoria de seu mestre, sublinha que, de fato, o mérito de ter sobrelevado, na Itália, as vantagens da oralidade é todo de Chiovenda, que, com um admirável apostolado, iniciado em 1906 e que perdurou até a sua morte, fez-se pregoeiro daquela reforma inspirada no processo oral, que acabou triunfando não apenas na legislação italiana, como, igualmente, mundo afora, em inúmeros outros diplomas processuais.[466]

À guisa de exemplo, o processo civil espanhol adota expressamente a imediação, no modelo chiovendiano, a teor dos arts. 137 e 289.2 da *Ley de Enjuiciamiento Civil* (Lei n. 1/2000), que impõem a presença da autoridade judiciária na consecução de uma série de atos processuais, sob pena de nulidade.

---

prescrição no despacho saneador e não havendo recurso, opera-se a preclusão, não sendo admissível a rediscussão da matéria no âmbito de apelação. Precedentes: AgREsp 1.013.225/SC, rel. Min. Humberto Martins, *DJe* 4.2.2009; AgREsp 1.069.442-PR, rel. Min. Sidnei Beneti, *DJe* 3.11.2008; AgREsp 1.045.481-PR, rel. Min. Massami Uyeda, *DJe* 28.8.2008; REsp 706.754-RJ, rel. Min. João Otávio de Noronha, *DJe* 5.5.2008; REsp 595.776-MG, rel. Min. Denise Arruda, *DJ* 4.12.2006' (2ª T., REsp 1.147.112-PR, rel. Min. Castro Meira, *DJe* 19.8.2010)"; 2ª T., REsp 1.276.048-SP, Min. Assusete Magalhães, v. u., *DJe* 12.2.2015: "Hipótese em que o juiz de 1º grau, após afastar a tese de prescrição do direito de ação, no despacho saneador – contra o qual não foi interposto qualquer recurso –, novamente decidiu a questão, quando da prolação da sentença, acolhendo a referida prejudicial de mérito, reexaminando matéria preclusa, questão que já se encontrava acobertada pela preclusão também para o Tribunal de origem, em flagrante afronta ao art. 471 do CPC. 'O art. 471 [do CPC de 1973] do CPC é peremptório ao prescrever que nenhum juiz decidirá de novo as questões já decididas – precisamente por falar em nenhum juiz o texto dessa disposição abrange também o juiz da causa, manifestamente compreendido na generalidade do advérbio'. Esse artigo também se aplica às decisões interlocutórias... Esta Corte firmou o entendimento segundo o qual, 'afastada a prescrição no despacho saneador e não havendo a interposição de recurso, não pode o Tribunal, em sede de apelação, sob pena de vulneração do instituto da preclusão, proferir nova decisão sobre a matéria'...".

466 Oralità nel processo, *Nuovo Digesto Italiano*, 9, p. 179; Opere giuridiche, 1, p. 450 e segs.

Igualmente, vem sancionada, no art. 442, a ausência das partes ou de seus procuradores na audiência (tanto no *juicio ordinario* quanto no *juicio verbal*), com a rejeição da demanda sem exame do mérito.[467]

Bem é ver que a imediatidade, na doutrina de CHIOVENDA,[468] constitui o núcleo central do processo oral, pelo qual "o juiz, a quem cabe proferir a sentença, deve assistir ao desenrolar das provas, das quais tem de extrair seu convencimento, ou seja, que tenha estabelecido contato direto com as partes, com as testemunhas, com os peritos e com o objeto do processo, de modo que possa apreciar as declarações de tais pessoas e as condições do lugar em que os fatos se passaram, e ainda outras, baseado na impressão imediata, que delas teve, e não em informações de outrem".

Em nossa experiência processual, antes mesmo da influência da dogmática italiana que, mais tarde, iria marcar de forma indelével a legislação e a doutrina pátrias, a tradição jurídica luso-brasileira já conhecia, na seara forense, a "audiência" como ato de interlocução entre o juiz e os advogados das partes, que acorriam ao foro para apresentar, diretamente ao magistrado, alegações e requerimentos. Todos estes atos processuais ficavam registrados pelos escrivães, que os transcreviam nos respectivos autos do processo.

Importa ressaltar que esta praxe, provinda do direito reinol, mais especificamente das Ordenações Filipinas (1603),[469] coincidia, certamente, com algumas discrepâncias formais, com a concepção preconizada por CHIOVENDA, no sentido de que "não se entende por feita uma declaração, se não é feita ou evocada oralmente em audiência. Vê-se que os escritos preparatórios são anteriores à audiência; é um verdadeiro contrassenso vir à audiência para expender alegações por escrito; a escrita se usa entre ausentes, mas, entre presentes, faz-se uso da palavra".[470]

Ao tempo da pluralidade legislativa em matéria processual, os Códigos estaduais, em geral, embora disciplinassem uma audiência ordinária, não contemplavam a realização de um ato processual dominado pelos regramentos da oralidade.

---

467 V., a respeito, HEITOR VITOR MENDONÇA SICA, Direito processual civil espanhol, in *Direito processual civil europeu contemporâneo*, p. 80.
468 *Instituições de direito processual civil*, v. 3, p. 53. Lembre-se que CHIOVENDA foi aluno de ADOLF WACH, na Alemanha, adepto ferrenho do processo oral e autor de célebre ensaio (Oralidad y escritura, in *Conferencias sobre la Ordenanza Procesal Civil*, p. 32-33), cuja ideia central é a de que a defesa deve ser *preparada*, e não *efetuada*, mediante a troca de petições, e que o demandado deve ter, no debate oral, plena liberdade de movimento quanto ao material de defesa... Com relação à substância efetiva do fundamento, a demanda representa, destarte, um simples escrito preparatório.
469 3.19: "*Do Regimento das Audiências*".
470 Procedimento oral, in *Processo oral* (obra coletiva), p. 59.

O CPC de 1939, a seu turno, a despeito de ter recebido estrutura bem mais científica, deixou de recepcionar a regra da oralidade em toda a sua extensão, inserida definitivamente nos quadrantes de uma dogmática mais evoluída que então estava em voga no continente europeu, já na década de 30 do século passado.

Elucida, a propósito, ATHOS GUSMÃO CARNEIRO que, sob a égide do nosso primeiro CPC, "o processo brasileiro, todavia, continuou consagrando a regra de que as declarações fundamentais das partes contêm-se na inicial e na contestação, apresentadas não com a função de meros escritos preparatórios, mas como declarações de vontade, fixando em definitivo os lindes da pretensão e da resistência".[471] Contudo, o CPC de 1939 adotou, do processo oral, a imediatidade, prevendo que o juiz devesse assistir à produção das provas em audiência.

O CPC de 1973, declaradamente, consagrou, ainda que de forma atenuada, as principais características do processo oral, que tem o seu momento culminante na audiência de instrução e julgamento, então disciplinada no art. 450 e segs.

Como se infere da respectiva Exposição de Motivos do CPC agora revogado, manteve ele, quanto ao processo oral, firme na lição de CHIOVENDA, "o sistema vigente, mitigando-lhe o rigor, a fim de atender a peculiaridades da extensão territorial do País. O ideal seria atingir a oralidade em toda a sua pureza. Os elementos que a caracterizam são: *a*) a identidade da *pessoa física* do juiz, de modo que este dirija o processo desde o seu início até o julgamento; *b*) a concentração, isto é, que em uma ou em poucas audiências próximas se realize a produção das provas; *c*) a irrecorribilidade das decisões interlocutórias, evitando a cisão do processo ou a sua interrupção contínua, mediante recursos; que devolvem ao Tribunal o julgamento da decisão impugnada. Falando de processo oral em sua pureza, cumpre esclarecer que se trata de um tipo ideal, resultante da experiência legislativa de vários povos e condensado pela doutrina em alguns princípios. Mas, na realidade, há diversos tipos de processo oral, dos quais dois são os mais importantes: o austríaco e o alemão. Entre estes, a diferença que sobreleva notar, concerne ao princípio da concentração. Ocorre, porém, que o projeto, por amor aos princípios, não deve sacrificar as condições próprias da realidade nacional. O CPC se destina a servir ao Brasil. Atendendo a estas ponderações, julgamos de bom aviso limitar o sistema de processo oral, não só no que toca ao princípio da identidade da pessoa física do juiz, como também quanto à irrecorribilidade das decisões interlocutórias. O Brasil não poderia consagrar uma aplicação rígida e inflexível do princípio da

---

471 *Audiência de instrução e julgamento*, p. 5.

identidade, sobretudo porque, quando o juiz é promovido para comarca distante, tem grande dificuldade para retomar ao juízo de origem e concluir as audiências iniciadas. O projeto preservou o princípio da identidade física do juiz, salvo nos casos de remoção, promoção ou aposentadoria (art. 137). A exceção aberta à regra geral confirma-lhe a eficácia e o valor científico. 'O que importa', diz Chiovenda, 'é que a oralidade e a concentração sejam observadas rigorosamente como regra'...".

Anote-se, ainda, que a instituição do julgamento antecipado da lide, com a reconhecida desnecessidade da audiência de instrução e julgamento, realça a importância da oralidade, que ficava reservada somente para as hipóteses nas quais se impunha o contato do juiz com as partes e, sobretudo, com a produção da prova oral.

> **Art. 358.** No dia e na hora designados, o juiz declarará aberta a audiência de instrução e julgamento e mandará apregoar as partes e os respectivos advogados, bem como outras pessoas que dela devam participar.

CPC de 1973 – art. 450

Comparação jurídica – art. 430 do NCPC francês; art. 190-bis do CPC italiano; art. 431 da LEC espanhola; art. 599º do CPC português; art. 232 do SZO suíço

180. Generalidades

O novo CPC, inspirando-se praticamente no mesmo modelo do sistema oral do diploma revogado, reduziu-o ainda mais, visto que deixou de exigir a identidade física do juiz, antes prevista, com todas as letras, no revogado art. 132.

Contudo, a audiência de instrução e julgamento continua sendo o palco primordial para que os protagonistas parciais do processo, na presença do juiz, produzam as suas provas orais e concluam os debates sobre os pontos mais relevantes da causa. Em seguida, sendo possível, o magistrado proferirá sentença.

Este importante ato processual, como acima frisado, é, em regra, designado na decisão de saneamento e organização do processo, quando sua realização é considerada necessária, por ser inviável, diante das particularidades do objeto litigioso, o julgamento conforme o estado do processo, em qualquer uma de suas variantes (extinção do processo ou julgamento antecipado da lide).

A audiência de instrução e julgamento constitui o ato processual mais solene do procedimento de primeiro grau, visto que complexo, dinâmico e demarcado por inúmeras formalidades. É ela a principal audiência regulada pelo CPC, integrante do procedimento comum e que tem lugar em todos os demais procedimentos, desde que exigida prova oral ou esclarecimentos de perito antes da decisão da demanda. Nos domínios do processo oral, representa ela o ápice, visto que concentra os atos culminantes da contenda judicial. Nela, o juiz entra em contato direto com as provas, presencia o debate final das partes e profere sentença que coloca termo ao litígio. Por meio desta audiência põe-se em prática o princípio da oralidade com a plenitude de todos os seus mais importantes corolários, de resto, salientes no processo de época contemporânea.[472]

Constatando, pois, a imprescindibilidade da produção de prova oral, torna-se imperiosa a realização da audiência de instrução e julgamento, que deverá ser designada nos termos do art. 212, *caput*, do CPC, ou seja, num dia normal de expediente forense, no horário ali previsto.

181. Pregão e declaração de abertura da audiência

Com redação claramente invertida, dispõe o art. 358 do CPC que, no dia e hora previamente fixados, com tolerância máxima de 30 minutos (art. 362, III, do CPC), o juiz mandará o auxiliar do juízo apregoar as partes e seus respectivos advogados, e, ainda, outras pessoas intimadas, como, por exemplo, testemunhas, perito, assistentes técnicos.

O pregão é formalidade essencial, por meio da qual se procede à publicidade do ato e garante a ciência aos interessados. A ausência do pregão gera nulidade da audiência, caso decorra prejuízo a quem deveria ter comparecido. Mesmo que o processo tramite sob o signo da publicidade restrita, devendo a audiência ser realizada a portas fechadas, o pregão é público, dirigido a todas as pessoas que dela devem participar.[473]

Primeiramente, ingressam na sala de audiência, localizada na sede do juízo, apenas as partes e os seus patronos. Não se pode admitir, em hipótese alguma, o mau vezo de alguns magistrados, em particular nas causas de família, que, antes mesmo de instalada a audiência, convocam somente as partes. Este é o chamado "juiz-esfinge", soturno, que prefere conversar com os litigantes longe dos advogados. Na verdade, em muitas ocasiões, a parte, geralmente nervosa, não tem habilidade e tampouco condições de entender o que o juiz pretende extrair neste diálogo secreto. O litigante, em qualquer situação, tem o direito impostergável de se fazer acompanhar por seu advogado e este tem a prerrogativa inarredável de estar ao lado de seu constituinte.

Devidamente acomodados as partes e os seus patronos, só então é que o juiz declara aberta a audiência de instrução e julgamento. Tanto é assim que

---

472 Cf. Humberto Theodoro Júnior, *Curso de direito processual civil*, v. 1, p. 535.
473 Cf. Joaquim Felipe Spadoni, *Breves comentários ao novo Código de Processo Civil*, p. 978.

se infere da redação do art. 362, § 1º, do CPC que o pregão precede a instalação da audiência, inclusive para que se possa verificar se a ausência de alguma pessoa que deva participar do ato compromete a sua realização.

> **Art. 359.** Instalada a audiência, o juiz tentará conciliar as partes, independentemente do emprego anterior de outros métodos de solução consensual de conflitos, como a mediação e a arbitragem.
>
> *CPC de 1973 – art. 448*
> *Comparação jurídica – art. 198 do CPC italiano; art. 604º do CPC português*

182. Generalidades

Depois de declarada aberta a audiência, versando a demanda sobre direito que comporte autocomposição, o juiz deverá tomar a iniciativa de perquirir acerca da possibilidade de solução consensual do litígio, em franco diálogo com as partes e seus advogados. É claro que eventuais observações e conselhos normalmente feitos pelo juiz nesta ocasião não deverão ultrapassar o limite do razoável, ou seja, não se admite que os litigantes sejam "forçados" ou se sintam constrangidos a se reconciliarem.

A atividade conciliatória do juiz jamais pode ser abusiva, gerando embaraços e expondo indesejada "parcialidade secreta". A tentativa de conciliação, encetada pelo magistrado, não pode se transformar numa "obrigação" para as partes transigirem. Pelo contrário, a experiência e a habilidade judiciais, visando a persuadir os litigantes, devem sempre deixá-los à vontade, até porque, com toda a certeza, muito antes da data da audiência, já puderam eles refletir e sopesar, seguindo a orientação de seus respectivos patronos, quão vantajosa seria uma solução amigável da controvérsia nesta altura da demanda.

Escreve, a propósito, ALEXANDRE PESSOA VAZ, em obra específica sobre este tema, que o denominado dever de persuasão judicial consubstancia-se na iniciativa conciliatória *ex officio* do juiz do processo, que pressupõe estreita cooperação com os litigantes, em busca da realização de uma autêntica pacificação social, simples, pronta e econômica.[474]

Cumpre ainda esclarecer que a tentativa de conciliação a ser observada no início da audiência de instrução e julgamento não fica prejudicada mesmo que, em momento precedente, em especial ao ensejo da audiência de conciliação ou de mediação, anteriormente realizada, as partes não tenham alcançado qualquer acordo. Com o tempo transcorrido entre tais atos processuais,

---

[474] *Poderes e deveres do juiz na conciliação judicial*, p. 77-79. V., ainda, ELIO FAZZALARI, Le funzione del giudice nella direzione del processo civile, *Rivista di Diritto Processuale*, p. 64 e segs.

é possível que aspectos subjetivos, combinados com a alteração de condições objetivas, tenham contribuído para que os demandantes mudassem de ideia, preferindo agora, por razões estratégicas, encerrar o litígio de forma suasória.

Bem é de ver, nesse sentido, que, embora a anterior tentativa de conciliação não tenha sido profícua, quando ainda não se tinha uma visão global da causa, o mesmo esforço pode renovar-se, e com maior esperança, na audiência de instrução e julgamento, momento em que o juiz, plenamente informado do conteúdo da causa, pode agir com maior proveito, e as partes têm condições de melhor avaliar a conveniência de prolongar ou não um processo cujo resultado, em muitas situações, já pode ser presumido.

É exatamente esta realidade que justifica a regra do art. 359 do CPC, ao prever a tentativa de conciliação, por ocasião da realização da audiência de instrução e julgamento, "independentemente do emprego anterior de outros métodos de solução consensual de conflitos".

Exitosa a conciliação, as cláusulas do acordo serão reduzidas a termo, sobrevindo a respectiva sentença homologatória da transação a que as partes chegaram, implicativa de julgamento com resolução do mérito (art. 487, III, b, do CPC).

Não atingida a solução consensual, o juiz deverá dar imediato prosseguimento à audiência, passando-se à produção da prova oral.

183. A arbitragem não constitui método de solução consensual de conflitos

Equívoco imperdoável do legislador emerge da redação do art. 359, ao inserir, de forma exemplificativa, ao lado da mediação, a arbitragem, como se esta também fosse um mecanismo alternativo de resolução amigável do litígio.

A arbitragem, na verdade, consiste numa técnica de heterocomposição de controvérsias mediante a intervenção de um ou mais árbitros, escolhidos pelas partes, a partir de uma convenção de natureza privada. Dentre as peculiaridades mais salientes da Lei n. 9.307/1996, destaca-se a equiparação da sentença arbitral à sentença judicial, como, com toda a clareza, dispõe o art. 31: "A sentença arbitral produz, entre as partes e seus sucessores, os mesmos efeitos da sentença proferida pelos órgãos do Poder Judiciário e, sendo condenatória, constitui título executivo".

Infere-se, de logo, que se atribui natureza publicística ao juízo arbitral, consubstanciado em equivalente jurisdicional, por opção das partes. A despeito de ser instituído por meio de um instrumento negocial de cunho privado (convenção arbitral), o desenrolar do processo de arbitragem é tão jurisdicional quanto aquele que tramita perante a justiça estatal.

Ademais, o processo arbitral pode ser classificado como sendo de "jurisdição contenciosa", cuja sentença, segundo o art. 26 da Lei de Arbitragem, deve ser elaborada seguindo a mesma estrutura formal exigida pela legislação processual (art. 489 do CPC).

A arbitragem, pois, não se confunde com a conciliação ou com a mediação, as quais, efetivamente, constituem meios alternativos de solução consensual dos conflitos.

> **Art. 360.** O juiz exerce o poder de polícia, incumbindo-lhe:
>
> **I** – manter a ordem e o decoro na audiência;
>
> **II** – ordenar que se retirem da sala de audiência os que se comportarem inconvenientemente;
>
> **III** – requisitar, quando necessário, força policial;
>
> **IV** – tratar com urbanidade as partes, os advogados, os membros do Ministério Público e da Defensoria Pública e qualquer pessoa que participe do processo;
>
> **V** – registrar em ata, com exatidão, todos os requerimentos apresentados em audiência.
>
> *CPC de 1973 – art. 445*
>
> *Comparação jurídica – art. 439 do NCPC francês; arts. 150º e 602º do CPC português*

184. Generalidades

Em caráter exortativo, o enunciado do art. 360 traz à relembrança que o juiz, como autoridade pública, é detentor do poder de polícia e, por esta razão, tem a prerrogativa de exercê-lo durante a audiência de instrução e julgamento. Este – o poder de polícia –, numa moderna perspectiva, encerra atividade de cunho disciplinar, permitindo ao agente estatal impor restrições ou limitações, em prol do interesse público, a direitos e liberdades individuais.[475]

A Administração Pública, de um modo geral, no exercício do aludido poder, de um lado, regulamenta as leis e controla a sua aplicação, preventivamente (por meio de notificações, licenças ou autorizações), e, de outro, repressivamente, quando houver a prática de atos abusivos, ilegais ou irregulares (mediante a imposição de ordens ou de medidas coercitivas).[476]

---

[475] Observe-se que o art. 78 do CTN define, de forma ampla, o que vem a ser poder de polícia: "Considera-se poder de polícia atividade da administração pública que, limitando ou disciplinando direito, interesse ou liberdade, regula a prática de ato ou abstenção de fato, em razão de interesse público concernente à segurança, à higiene, à ordem, aos costumes, à disciplina da produção e do mercado, ao exercício de atividades econômicas dependentes de concessão ou autorização do Poder Público, à tranquilidade pública ou ao respeito à propriedade e aos direitos individuais ou coletivos".

[476] Maria Sylvia Zanella Di Pietro, *Direito administrativo*, p. 110.

É certo que este poder de polícia atribuído à autoridade judicial não se faz presente apenas na audiência de instrução e julgamento, visto que inerente à sua atividade jurisdicional e administrativa, nos quadrantes do juízo em que exerce a jurisdição. O juiz, pois, a teor do art. 139, VII, do CPC, exerce o poder de polícia durante toda a tramitação do processo, cabendo-lhe, dentre outros aspectos, zelar pelo respeito mútuo e nível condizente dos debates travados pelos advogados.

Acentua, a respeito, ATHOS GUSMÃO CARNEIRO que, como as demais atividades estatais, "por excelência, a atuação judicial exige seja efetivada em ambiente de ordem e disciplina, em benefício do interesse geral e da atividade-fim. Através do poder de polícia, a autoridade judiciária, atuando administrativamente, condiciona e limita o exercício de certas faculdades individuais, visando a assegurar, em convivência e atuação harmônica de todos os sujeitos do processo, e auxiliares do juízo, a mais pronta e eficaz obtenção das finalidades da própria atividade no campo da jurisdição".[477]

185. Preservação da ordem e do decoro

Diante da solenidade e sobriedade de que são revestidas as audiências do procedimento de primeiro grau e as sessões de julgamento nos tribunais, o silêncio, a ordem e o decoro devem ser sempre mantidos. É necessário que as audiências em geral se desenvolvam num clima de tranquilidade e num ambiente tanto quanto possível sereno e cordial.

Assim, todos os presentes têm o dever de colaborar para a preservação destes imperativos durante a realização daqueles referidos atos processuais. Devem manter-se de modo adequado e em rigoroso silêncio, coibindo-se o uso de celular, inclusive de aplicativos de mensagem de texto, e de outros aparelhos eletrônicos congêneres.

Observando o tradicional aspecto austero dos tribunais, escrevi que o tempo dos atos processuais, sob o aspecto intrínseco, não é um tempo ordinário. Da mesma maneira que o espaço judiciário reconstrói um interior que encarna a ordem absoluta, o tempo do processo interrompe o desenvolvimento linear do tempo cotidiano. Ele se insinua, como uma ação temporária que, por sua ordem e regularidade, compensa as lacunas do tempo profano. O tempo fisiológico do processo é um tempo inteiramente ordenado, que permite à sociedade regenerar a ordem social e jurídica.

A separação do tempo do processo materializa-se, antes de mais nada, por um ruído: com efeito, a Corte, antes de entrar na sala de audiências, dá uma

---
477 *Audiência de instrução e julgamento*, p. 38.

batida de martelo à porta ou, nos tribunais modernos, o toque de uma campainha. Esse sinal impõe silêncio aos presentes, que, em alguns tribunais, já estão instalados em seus lugares na sala, e os faz levantar. Uma simples abstenção – o silêncio – não é suficiente: a modificação da qualidade do tempo deve ser corporalmente demonstrada pelo ato de levantar-se. Os interessados e o simples espectador devem cumprir esse primeiro rito positivo: colocar-se em pé. Se alguém se recusa, o meirinho lhe fará uma advertência; além da pressão de todos os presentes que se levantaram, ele se confronta com o oficial, num primeiro relacionamento de força física que pode justificar a sua expulsão da sala.[478]

O trabalho simbólico do espaço fica então prolongado pelas formalidades que marcam a qualidade do tempo. Inevitável a lembrança dos três golpes que precedem todas as apresentações teatrais. O som produzido, brutal e detonante, um pouco como uma explosão, parece aquele do tumulto que na China arcaica cassava os maus espíritos. A função simbólica desse barulho é purificar o porvir, distinguindo-o do tempo informal que o precede. Segue-se imediatamente uma frase ritual pronunciada em alta voz pelo oficial: "a Corte" ou "o Tribunal"! Nos Estados Unidos, o anúncio de abertura da audiência é feito com tamanha rapidez que ninguém consegue recolher suas anotações, mas todos compreendem que é preciso levantar-se...[479]

O juiz, investido do poder de polícia na condução da audiência, diante de atitude inusitada de quem quer que seja – partes, advogados, estagiários, serventuários –, deverá agir com firmeza, advertindo-o de que seu comportamento é incondizente com a ordem e com o decoro.

186. Comportamento inconveniente e requisição de força policial

Persistindo o desrespeito e a inconveniência daquele que foi admoestado, o juiz poderá ordenar que se retire da sala de audiências seja pessoa que participa do processo ou seja terceiro, estranho ao litígio, embora presente ao ato, cujo comportamento seja considerado inadequado à ordem que deve ser mantida na sessão.

A infringência à ordem do magistrado, no exercício do poder de polícia repressiva, "acarretará advertência ao transgressor; e, se grave ou renovada a infração, determinará o juiz sua retirada da sala, ainda que para tanto possa ser mister a suspensão da própria audiência. Prevê a lei processual, se indispensável, a requisição, pelo juiz, de força policial, quer para constranger os recalcitrantes à retirada da sala, quer para garantia do cumprimento de eventual prisão em

---

478 Cf. trecho do capítulo "Le temps judiciaire", do livro de ANTOINE GARAPON, *Bien juger. Essai sur le rituel judiciaire*, p. 51.
479 ANTOINE GARAPON, *Bien juger. Essai sur le rituel judiciaire*, p. 52.

flagrante por desacato, desobediência, ou ilícito criminal outro, consumado, ou tentado, na presença do magistrado".[480]

O art. 150º do novo CPC português, condicionado pela mesma tradição histórica do nosso diploma, preceitua que: "A manutenção da ordem nos atos processuais compete ao magistrado que eles presida, o qual toma as providências necessárias contra quem perturbar a sua realização, podendo, nomeadamente, e consoante a gravidade da infração, advertir com urbanidade o infrator, retirar-lhe a palavra quando se afaste do respeito devido ao tribunal ou às instituições vigentes, condená-lo em multa ou fazê-lo sair do local, sem prejuízo do procedimento criminal ou disciplinar que no caso couber... 7. Para a manutenção da ordem nos atos processuais, pode o tribunal requisitar, sempre que necessário, o auxílio da força pública, a qual fica submetida, para o efeito, ao poder de direção do juiz que presidir o ato".

187. Tratamento urbano

Já dispunham as Ordenações Filipinas, no título dedicado ao *Regimento das Audiências*, que o juiz deve ouvir a todos os requerentes com afabilidade e urbanidade, "sem usar de palavras de remoque ou escândalo, nem consentir que se digam...".[481]

Nota-se, com efeito, que esta velha advertência, atualmente repristinada com ênfase nos estatutos de conduta e de ética da magistratura, do Ministério Público e da advocacia,[482] lamentavelmente tem sido cada vez menos observada.

A satisfação e o prazer em advogar – outrora tão exaltados por CALAMANDREI – encontram-se em sensível queda livre, diante dos múltiplos dissabores que o exercício profissional tem revelado nestes últimos tempos.

---

480 Cf. ATHOS GUSMÃO CARNEIRO, *Audiência de instrução e julgamento*, p. 40.
481 3.19.14.
482 Lei Complementar n. 35/1979 (LOMAN), art. 35: "São deveres do magistrado: ... IV– tratar com urbanidade as partes, os membros do Ministério Público, os advogados, as testemunhas, os funcionários e auxiliares da Justiça, e atender aos que o procurarem, a qualquer momento, quanto se trate de providência que reclame e possibilite solução de urgência". Lei n. 8.625/1993 (LOMP), art. 43: "São deveres dos membros do Ministério Público, além de outros previstos em lei: ... IX – tratar com urbanidade as partes, testemunhas, funcionários e auxiliares da Justiça". Conferindo redação bem mais abrangente da norma contida no velho diploma, dispõe, com todas as letras, o art. 27 do novo Código de Ética da OAB que: "O advogado observará, nas suas relações com os colegas de profissão, agentes políticos, autoridades, servidores públicos e terceiros em geral, o dever de urbanidade, tratando a todos com respeito e consideração, ao mesmo tempo em que preservará seus direitos e prerrogativas, devendo exigir igual tratamento de todos com quem se relacione".

A incivilidade que exorna atualmente o ambiente forense foi destacada, de forma contundente, por Manuel Alceu Affonso Ferreira, em artigo que merece ser lido e que constitui importante repositório de memória àqueles que, como eu, recordam-se, com um certo saudosismo, das relações bem mais cordiais que marcavam o relacionamento entre os protagonistas da justiça. Invocando este passado, já remoto, Manuel Alceu enfatiza os tempos "em que o *data venia* não constituía sinal de fraqueza ou de rendição ao adversário; nos quais os advogados falavam em pé, pediam licença e protestavam respeitos, esmeravam-se na conjugação verbal, na pluralização e nas concordâncias; em que magistrados não encaravam como impertinentes, por isso assumindo fisionomias agressivas e carrancas belicosas, o causídico que buscava um urgente despacho ou, a propósito dessa urgência, tecia breve exposição presencial; a época em que inexistia a surpreendente categoria hoje formada pelos que, nos tribunais, 'não recebem advogados', dessa recusa se jactando; os julgamentos transparentes, com os seus votos abertamente proclamados sem o humilhante apelo à reles leitura (*per saltum* e geralmente inaudível...) de ementas nada esclarecedoras...".[483]

E isso tudo sem contar, entre muitas outras facetas da crônica forense, circunstância deveras inusitada, pautada pela prepotência, na qual alguns desembargadores sentiram-se ofendidos com crítica, séria, científica, impessoal e, sobretudo, educada, a tese jurídica sustentada em acórdão lavrado pela respectiva turma julgadora, e, por este motivo, passaram, de forma vingativa e sem qualquer escrúpulo ético, a desmoralizar o autor do escrito!

No contexto de uma experiência jurídica, como a do Brasil, na qual o advogado exerce atividade indispensável à administração da justiça e é investido de função pública, dúvida não há de que juízes e advogados são inseridos moralmente, ainda que não materialmente, no mesmo plano axiológico. Desse modo – afirmava Calamandrei –, o juiz que falta ao respeito para com o advogado e, também, o advogado que não tem deferência para com o juiz ignoram que magistratura e advocacia obedecem à lei dos vasos comunicantes: não se pode baixar o nível de uma sem que o nível da outra desça na mesma medida.

Aos profissionais que assim agem, falta-lhes, como é curial, rudimentar conhecimento de deontologia (teoria dos deveres) forense!

A responsabilidade moral e ética de cada ser humano, a rigor, não deveria estar disciplinada por normas preestabelecidas, visto que decorre como consequência natural do berço, da vida em sociedade, do homem em suas relações vitais e comunicativas.

---

483 Funeral da cordialidade, *Revista da CAASP*, p. 50-51.

Todavia, como há inexoráveis desvios, que se fazem intoleráveis, torna-se de todo recomendável que seja estabelecido um *standard*, um padrão, a possibilitar a delimitação objetiva na liberdade de escolha desta ou daquela conduta ética. A ética normatizada tem, pois, a função de fixar algumas premissas, básicas e mínimas, de comportamento profissional, simplesmente para viabilizar o necessário controle corporativo e institucional.

188. Documentação dos requerimentos deduzidos na audiência

Prevê, ainda, o inciso V do art. 360 do CPC que o juiz deve cuidar para que todos os requerimentos formulados pelas partes durante a realização da audiência de instrução e julgamento sejam registrados em ata.

A documentação dos pleitos deduzidos pelos litigantes, consoante dispõe o subsequente art. 367 do CPC, vem complementada pelo registro de todos os demais atos no termo da audiência.

Anote-se que esta incumbência do juiz, de velar pelo registro dos requerimentos das partes, prevista no art. 360, V, não constitui propriamente exercício do poder de polícia, mas, sim, atividade ordinatória de natureza processual.

> **Art. 361.** As provas orais serão produzidas em audiência, ouvindo-se nesta ordem, preferencialmente:
>
> **I** – o perito e os assistentes técnicos, que responderão aos quesitos de esclarecimentos requeridos no prazo e na forma do art. 477, caso não respondidos anteriormente por escrito;
>
> **II** – o autor e, em seguida, o réu, que prestarão depoimentos pessoais;
>
> **III** – as testemunhas arroladas pelo autor e pelo réu, que serão inquiridas.
>
> **Parágrafo único.** Enquanto depuserem o perito, os assistentes técnicos, as partes e as testemunhas, não poderão os advogados e o Ministério Público intervir ou apartear, sem licença do juiz.
>
> *CPC de 1973 – arts. 413, 446 e 452*
>
> *Comparação jurídica – art. 433 da LEC espanhola; art. 604º do CPC português*

189. Generalidades

Deslocando-o do capítulo atinente às provas do CPC revogado, o legislador estabelece neste dispositivo, inserido entre as normas disciplinadoras do procedimento da audiência de instrução e julgamento, a ordem para a produção da prova oral, procurando otimizar o aproveitamento das declarações para o esclarecimento dos fatos.

Verifica-se claramente que tal determinação guarda coerência com a estrutura dialética do processo contencioso, cabendo ao autor a ofensiva e ao réu a defesa, no tocante à prova dos fatos, em perfeita sintonia com a regra do art. 373 do CPC, vale dizer, ao autor incumbe a prova dos fatos constitutivos do seu direito, e, ao réu, em imediata sequência, a prova dos fatos impeditivos, modificativos ou extintivos do direito do autor.

Importa frisar que o preceito em apreço, parcialmente repetido no art. 456 do CPC, refere-se a uma ordem preferencial, embora não cogente, porque nada obsta a que as partes, de comum acordo, modifiquem-na, por mera conveniência ou por qualquer outra razão circunstancial, visando sobretudo a evitar o adiamento da audiência (art. 456, parágrafo único). Tudo dependerá da relação entre o depoimento da testemunha e o fato probando, que pode ser colhido em sequência diferente àquela predeterminada, desde que o litigante, que consentiu com a alteração, entenda que não sofrerá prejuízo.

A esse respeito, a jurisprudência tem se escudado no princípio da razoabilidade, deixando de anular o processo quando ocorrida a aludida inversão da ordem de oitiva de testemunhas, desde que não evidenciado qualquer prejuízo, como se infere de julgamento da 11ª Câmara de Direito Privado do Tribunal de Justiça de São Paulo, na Apelação n. 9184245-18.2008.8.26.0000, da relatoria do Desembargador AIRTON PINHEIRO DE CASTRO.[484]

Abonando esse posicionamento, a 3ª Turma do Superior Tribunal de Justiça, no julgamento do Agravo Regimental no Agravo em Recurso Especial n. 249.673-RS, relatado pelo Ministro SIDNEI BENETI, asseverou que: "A inversão na ordem da oitiva das testemunhas não acarretou prejuízo à defesa do agravante, razão pela qual, ausente a prova de efetivo prejuízo, não merece reforma o aresto recorrido quanto ao tema".[485]

Acrescente-se que o art. 139, VI, do CPC autoriza o juiz a: "dilatar os prazos e alterar a ordem de produção dos meios de prova, adequando-os às necessidades do conflito de modo a conferir maior efetividade à tutela do direito", por meio de decisão devidamente fundamentada.

190. Cronologia da produção da prova oral

Recomenda-se que, no início da produção da prova oral, o juiz se reporte às questões de fato, sobre as quais deverá girar a instrução, que foram fixadas na decisão de saneamento, segundo o art. 357, II, do CPC.

---

484 Registro do acórdão: 2/8/2014.
485 V.u., *DJe* 28/2/2013.

Como a prova pericial já foi realizada, serão ouvidos, primeiramente, o perito e os respectivos assistentes técnicos, a requerimento das partes, a respeito dos quesitos suplementares, caso não respondidos ou respondidos, por escrito, de forma insatisfatória (art. 361, I). Nesta hipótese, deverão ser intimados por meio eletrônico, com antecedência mínima de 10 dias, na forma do art. 477, §§ 3º e 4º, do CPC, para que compareçam à audiência de instrução e julgamento.

Se todos eles forem intimados, após os esclarecimentos do perito, serão ouvidos o assistente técnico indicado pelo autor e, em seguida, aquele indicado pelo réu. Poderão eles reproduzir oralmente respostas trazidas por escrito.[486]

Passa-se então à colheita do depoimento pessoal do autor, que necessariamente deve ter sido intimado para tal finalidade (arts. 361, II, e 385, § 1º, do CPC). Se houver litisconsórcio ativo, caberá ao réu eleger qual deles deve depor em primeiro lugar. Após o depoimento do autor, tomado sem a presença dos outros litigantes que ainda não depuseram (art. 385, § 2º), passa-se à oitiva, se houver, do outro litisconsorte e, em seguida, do réu, observando-se a mesma ordem.

Serão inquiridas, em imediata sequência, as testemunhas arroladas pelo autor, na ordem por ele escolhida, e, em seguida, aquelas arroladas pelo réu (art. 361, III). Deverão ser elas ouvidas separadamente, cuidando-se para que uma não assista ao depoimento da outra (art. 456 do CPC).

Tenha-se presente que, determinada diferente distribuição do ônus da prova, ao ensejo da decisão de saneamento e organização do processo (art. 357, III, do CPC), o juiz deverá igualmente inverter a ordem de inquirição das testemunhas, ouvindo as do réu e, em seguida, aquelas arroladas pelo autor.

191. Palavra pela ordem com autorização judicial

Dispõe ainda o parágrafo único do art. 361 que, durante o depoimento de todas as pessoas acima referidas, certamente para evitar tumulto, os advogados e o representante do Ministério Público não poderão intervir ou apartear sem permissão do juiz.

Frise-se que entre as prerrogativas do exercício profissional do advogado, consoante dispõe o art. 7º, X, da Lei n. 8.906/1994 (Estatuto da Advocacia), encontra-se a de: "usar da palavra, pela ordem, em qualquer juízo ou tribunal, mediante intervenção sumária, para esclarecer equívoco ou dúvida surgida em relação a fatos, documentos ou afirmações que influam no julgamento, bem como para replicar acusação ou censura que lhe forem feitas".

---

486 Cf. MOACYR AMARAL SANTOS, *Comentários ao Código de Processo Civil*, v. 4, p. 383.

Todavia, deverá exercê-la, quando reputar pertinente, após a autorização do juiz, de forma serena, cordata e em tom de voz condizente.

Art. 362. A audiência poderá ser adiada:

I – por convenção das partes;

II – se não puder comparecer, por motivo justificado, qualquer pessoa que dela deva necessariamente participar;

III – por atraso injustificado de seu início em tempo superior a 30 (trinta) minutos do horário marcado.

§ 1º O impedimento deverá ser comprovado até a abertura da audiência, e, não o sendo, o juiz procederá à instrução.

§ 2º O juiz poderá dispensar a produção das provas requeridas pela parte cujo advogado ou defensor público não tenha comparecido à audiência, aplicando-se a mesma regra ao Ministério Público.

§ 3º Quem der causa ao adiamento responderá pelas despesas acrescidas.

CPC de 1973 – art. 453

Comparação jurídica – art. 603º do CPC português

192. Generalidades

Norteadas pelo princípio da cooperação, tão prestigiado pelo novo CPC, as partes deverão envidar todo o esforço para evitar o adiamento da audiência de instrução e julgamento. Nesse sentido, devem elas diligenciar junto à escrivania para que sejam expedidas as cartas de intimação a tempo de chegarem ao seu destino antes da data aprazada para a realização do mencionado ato processual.

Na verdade, excluindo-se a hipótese de ser provocado pelo requerimento conjunto das partes, o adiamento da audiência, que embaraça a marcha normal do processo, somente se justifica em circunstâncias excepcionais, inesperadas, que acabam impondo a redesignação daquele ato.

193. Causas determinantes do adiamento da audiência

O art. 362 enumera as situações que determinam a redesignação da data da audiência de instrução e julgamento.

O adiamento decorrente de convenção das partes (inciso I) atende, a um só tempo, à conveniência pessoal dos litigantes ou dos advogados, como também à possibilidade de eventual composição amigável. O novo CPC suprimiu da redação do velho art. 453, I, a locução "... caso em que só será admissível por uma vez", dando a entender que, pelo art. 363, I, o pedido de adiamento a requerimento conjunto das partes pode ser formulado em mais de uma oportunidade, sendo razoável que seja justificado por motivo consistente.

O requerimento conjunto, por meio de petição, deve ser apresentado ao juiz até antes da abertura da audiência.

Ausente o magistrado, dúvida não há de que a audiência não se realiza, podendo ser ele responsável pelos eventuais prejuízos gerados pelo seu não comparecimento.

A ausência justificada de qualquer uma das pessoas que dela deva necessariamente participar, em particular, de um dos litigantes ou de seu respectivo patrono também constitui motivo para o adiamento (inciso II). Há de ser motivo "realmente poderoso" – aduz ATHOS GUSMÃO CARNEIRO –, grave o suficiente para embasar a redesignação da audiência.[487]

Escreve sobre o tema MOACYR AMARAL SANTOS, procurando esclarecer que "motivo justificado", no texto da lei, constitui algo inexorável, que implique real impedimento, como doença ou viagem para atender a pessoa da família que esteja enferma.[488]

Não comparecendo a parte por justo motivo, quando intimada para prestar depoimento pessoal, designará o juiz nova data para a realização da audiência, a menos que a parte contrária desista de seu depoimento. Neste caso, a audiência pode ser instalada, uma vez que o litigante ausente deverá estar representado pelo seu patrono.

Se a parte que não compareceu sem motivo justificado deveria se submeter a depoimento pessoal, incide o disposto no art. 385, § 1º, do CPC, aplicando-se-lhe a pena de confesso, podendo o juiz dispensar a produção de outras provas.

Se a parte outorgou poderes a mais de um advogado, o impedimento de um deles por certo não constituirá motivo obstativo da realização da audiência, porque o outro causídico poderá comparecer em tal ato processual.[489]

Ademais, não se configura hipótese de força maior, suficiente a motivar o adiamento da audiência, a coincidência de para o mesmo horário ter sido marcada, ainda que em momento precedente, audiência em outro processo no qual o advogado também seja o único procurador.[490] Não se mostra razoável impor à parte contrária o adiamento de uma audiência, em razão da exclusiva

---

487 Cf. ATHOS GUSMÃO CARNEIRO, *Audiência de instrução e julgamento*, p. 101.
488 *Comentários ao Código de Processo Civil*, v. 4, p. 384.
489 TJSP, 11ª Câm. Dir. Públ., AgrInstr 2204795-46.2014.8.26.0000, rel. Des. OSCILD DE LIMA JÚNIOR, v.u., j. 12/5/2015: "Pretensão de redesignação de audiência de oitiva de testemunha a que a advogada da autora não pôde comparecer, por estar doente – Pedido indeferido – Parte representada por dois procuradores – Possibilidade de representação por um deles na impossibilidade de comparecimento do outro".
490 ATHOS GUSMÃO CARNEIRO, *Audiência de instrução e julgamento*, p. 101-102.

conveniência do advogado. Tal situação, que, de fato, ocorre na prática, deve ser solucionada pelo bom senso, procurando o patrono o seu colega, advogado da outra parte, ou mesmo o juiz da causa, para tentar contornar o problema de ordem profissional.

O não comparecimento justificado do perito ou de uma testemunha não é causa suficiente para o adiamento da audiência, que pode ser instalada e, se for o caso, cindida, para continuação em subsequente oportunidade (art. 365 do CPC).

A ausência deve ser informada e justificada até a abertura da audiência, logo após o pregão. Se iniciado o ato sem qualquer comunicação, o juiz procederá à instrução (art. 362, § 1º).

Dependendo das circunstâncias, como, por exemplo, o não comparecimento injustificado ou reiterado do advogado de uma das partes, poderá até provocar a dispensa da produção das provas por ela requeridas. Esta mesma disposição é aplicada na hipótese de ausência do defensor público ou do representante do Ministério Público (art. 362, § 2º).

Ressalte-se, por outro lado, que, se o representante do Ministério Público, devidamente intimado, deixar de comparecer à audiência, o juiz consignará na ata a sua ausência e a audiência se realizará dentro da normalidade. Contudo, se o membro do *Parquet* não foi intimado, o ato deve ser renovado, porque implicativo da nulidade do processo.

O atraso injustificado por mais de 30 minutos é, igualmente, motivo mais do que razoável para o adiamento da audiência. O inciso III do art. 362 do CPC tem por objetivo emprestar respeito às partes e aos seus procuradores, uma vez que, na praxe forense, em muitas ocasiões, ficam eles nas dependências da sede do juízo durante tempo excessivo, bem depois da hora designada, aguardando o pregão para o início da audiência que lhes interessa.

Reza, aliás, o art. 7º, XX, do Estatuto da Advocacia que, dentre os direitos do advogado, encontra-se aquele de: "retirar-se do recinto onde se encontre aguardando pregão para ato judicial, após 30 minutos do horário designado e ao qual ainda não tenha comparecido a autoridade que deva presidir a ele, mediante comunicação protocolizada em juízo".

194. Responsabilidade pelas despesas

Por fim, traçando regra de todo compreensível, o § 3º do art. 362 do CPC imputa a quem deu causa ao adiamento a responsabilidade pelas despesas decorrentes. Assim, todas as custas que forem necessárias para o cartório providenciar novas intimações deverão ser recolhidas pelo responsável, que inclusive terá de indenizar eventual testemunha, presente na data da audiência adiada, pelos gastos que incorreu.

Art. 363. Havendo antecipação ou adiamento da audiência, o juiz, de ofício ou a requerimento da parte, determinará a intimação dos advogados ou da sociedade de advogados para ciência da nova designação.

CPC de 1973 – sem dispositivo correspondente
Comparação jurídica – art. 603º do CPC português

195. Generalidades

Abrindo-se uma janela na pauta do expediente do juízo ou mesmo em situações excepcionais, a requerimento de uma ou de ambas as partes, o juiz, velando sempre pela duração razoável do processo (art. 139, II, do CPC), poderá determinar a antecipação da data para a realização da audiência de instrução e julgamento.

Mais frequente, contudo, por inúmeras razões de força maior, que se verificam sobretudo em grandes comarcas (manifestações populares, falta de energia etc.), é o adiamento da audiência.

Tanto na antecipação quanto no adiamento da audiência, o juiz deverá observar o comando, já examinado, do § 9º do art. 357 do CPC, mantendo, quando for o caso, o intervalo mínimo de uma hora entre as audiências.

Em ambas as situações, o juiz deve ordenar a intimação dos advogados das partes ou da sociedade de advogados por eles integrada, nos termos do art. 272 do CPC, cientificando-os da nova data e horário para os quais foi redesignada a audiência. Devem igualmente ser intimados, quando atuarem no processo, o defensor público e o representante do Ministério Público.

É evidente que, se a audiência não puder ser realizada pela ausência justificada de quem dela deveria participar, todos os demais presentes serão pessoalmente intimados da respectiva redesignação na própria sala de audiências. O juiz então, de ofício ou a requerimento da(s) parte(s), determinará a intimação daquele ou daqueles que não compareceram, por motivo justificado, para cientificá-los da nova data.

196. Nulidade decorrente da falta ou da inexatidão da intimação

A falta de intimação referente à redesignação da audiência, que configura cerceamento de defesa, inquina o processo de vício insanável.

O Superior Tribunal de Justiça orienta-se no sentido de que a decretação da nulidade, nesta situação, é regida pelo princípio *pas de nullité sans grief*, devendo, portanto, resultar prejuízo ao litigante.[491]

---

[491] 3ª T., AgRg no Agravo em REsp 285.000-RJ, rel. Min. PAULO DE TARSO SANSEVERINO, v.u., *DJe* 17/11/2014.

Ademais, quando houver necessidade de intimação por via eletrônica ou pela imprensa oficial, sob pena de nulidade (art. 280 do CPC), deverão ser observadas as formalidades exigidas nos §§ 2º a 5º do art. 272 do CPC.

Tenha-se presente que o novo CPC não repetiu a regra do art. 242, § 2º, agora revogada, que contemplava, na hipótese de antecipação da audiência, a intimação pessoal dos advogados.

> **Art. 364.** Finda a instrução, o juiz dará a palavra ao advogado do autor e do réu, bem como ao membro do Ministério Público, se for o caso de sua intervenção, sucessivamente, pelo prazo de 20 (vinte) minutos para cada um, prorrogável por 10 (dez) minutos, a critério do juiz.
>
> **§ 1º** Havendo litisconsorte ou terceiro interveniente, o prazo, que formará com o da prorrogação um só todo, dividir-se-á entre os do mesmo grupo, se não convencionarem de modo diverso.
>
> **§ 2º** Quando a causa apresentar questões complexas de fato ou de direito, o debate oral poderá ser substituído por razões finais escritas, que serão apresentadas pelo autor e pelo réu, bem como pelo Ministério Público, se for o caso de sua intervenção, em prazos sucessivos de 15 (quinze) dias, assegurada vista dos autos.
>
> *CPC de 1973 – art. 454*
>
> *Comparação jurídica – art. 440 do NCPC francês; art. 201 do CPC italiano; art. 433 da LEC espanhola; art. 604º do CPC português; art. 232 do SZO suíço*

197. Generalidades

Produzida a prova oral na audiência e não havendo que se aguardar qualquer complementação da instrução da causa ainda pendente em outro juízo, como, e.g., a oitiva de testemunha por meio de carta precatória, encontra-se encerrada a fase probatória.

Cumpre lembrar que, neste estágio do procedimento, além da prova colhida na audiência de instrução e julgamento, todas as demais, ou seja, a documental e a pericial, quando esta foi deferida, já devem ter sido oportunamente produzidas.

198. Debates orais

Passa-se, assim, em imediata sequência, aos debates orais, momento reservado às partes para manifestação abreviada das razões que lhes pareçam mais relevantes, seja em relação aos fatos seja quanto aos fundamentos jurídicos de suas respectivas posições. Estes debates constituem uma das características mais marcantes do processo oral, "em que se assinala a importância do princípio da oralidade".[492]

Assevera FERNANDO LUSO SOARES que não há previsão legal acerca da estrutura das alegações dos advogados em matéria de fato. Os argumentos expendidos, como parte verdadeiramente discussória da audiência, devem procurar destacar os pontos positivos da prova oral que acabou de ser produzida. É certo que as alegações de alguns advogados serão mais objetivas, mais elegantes, mais persuasivas, e, assim, mais convincentes que as de outros. A arte e o talento de argumentar são pessoais. Todavia, sem descuidar da oratória, deve ser preocupação de cada patrono das partes a análise crítica da prova com referência a cada fato probando. Só assim os advogados logram transmitir ao juiz a impressão sobre o *provado* ou *não provado* de cada questão de fato.[493]

Como o réu sempre fala por último, o juiz concederá a palavra primeiramente ao advogado do autor, ao do réu e, por fim, ao representante do Ministério Público, quando atuar no feito. É claro que, se o membro do *Parquet* estiver participando na qualidade de autor, deverá fazer uso da palavra antes do réu.

O *caput* do art. 364 do CPC fixa ainda o prazo sucessivo de 20 minutos para cada um sustentar as suas razões. Este prazo poderá ser prorrogado, a critério do magistrado, por mais 10 minutos.

No entanto, se houver litisconsórcio ativo ou passivo, ou ainda terceiro que tenha adquirido a condição de parte, a ordem é preservada, mas aquele prazo, já prorrogado, vale dizer, de 30 minutos, será dividido entre os patronos "do mesmo grupo", isto é, que estejam atuando no interesse convergente dos mesmos litigantes, desde que não tenham convencionado de forma diferente (art. 364, § 1º).

Assiste razão a MOACYR AMARAL SANTOS[494] quanto à crítica que lançou acerca da exiguidade do prazo então previsto no art. 454 do diploma revogado (20 + 10 = 30 minutos), entendendo que, em tal situação, deveria incidir a regra que duplica os prazos.

Idêntico lapso temporal, como visto, foi mantido no CPC agora vigente, cabendo, portanto, aquela mesma censura, com a sugestão ao juiz para que aplique o art. 229 do CPC (prazo em dobro), a possibilitar uma defesa oral um tanto mais eficiente.

---

492 MOACYR AMARAL SANTOS, *Comentários ao Código de Processo Civil*, p. 386.
493 *Processo civil de declaração*, p. 811.
494 *Comentários ao Código de Processo Civil*, p. 387.

199. Substituição dos debates orais pela apresentação sucessiva de memoriais escritos

199.1. As "razões finais escritas" em nossa tradição jurídica

Com enunciado bem mais aperfeiçoado, o § 2º do art. 364 do CPC repetiu o § 3º do revogado art. 454, determinando que, diante de questões complexas de fato e de direito emergentes da causa, o debate oral poderá ser substituído por razões finais escritas.

Assinale-se que, sob a égide do CPC de 1973, em reiteradas ocasiões, a praxe forense mal interpretava a aludida regra, fazendo com que as partes apresentassem os arrazoados finais num mesmo momento, isto é, simultaneamente.

Examinando as nossas leis anteriores, iremos observar que outra, bem outra, era a orientação por elas perfilhada no tocante à apresentação das "razões" ou "alegações finais".

Com efeito, seguindo a estrutura procedimental traçada pelo direito reinol, especialmente pelas Ordenações Filipinas, o Regulamento n. 737/1850, destinado a disciplinar o processo das causas de natureza comercial, e que, após a proclamação da República, *ex vi* do disposto no Decreto n. 763/1890, passou a ser igualmente observado nos processos atinentes às questões cíveis, preceituava no art. 223: "Na mesma audiência em que se derem por findas as dilações a requerimento das partes, se assignarão dez dias a cada uma dellas para dizerem afinal por seu advogado, dizendo primeiro o autor e depois o réo".

Aduzia, sobre a questão, PAULA BAPTISTA que "findas as dilações probatórias seguem-se as razões finais, que são uma dissertação que cada uma das partes faz, sustentando seu direito com argumentos fundados nas provas dos autos e na lei, e refutando as provas e argumentos contrários. São um ótimo meio de discussão; mas não ato substancial... Deve o autor arrazoar primeiro que o réu, guardada a regra: *Reus in exceptione actor est*".[495]

Realçando, a seu turno, o escopo da manifestação derradeira dos litigantes, aduzia MORAES CARVALHO que, encerrado "o lançamento das provas, o escrivão continua vista dos autos aos advogados das partes para formarem suas alegações, devendo primeiro continuá-la ao do autor, e depois ao do réu".[496]

Tempos depois, influenciado pela disciplina imposta pelo Código do Estado da Bahia (arts. 288 e 293), o qual, por sua vez, já sentira os ventos da oralidade que sopravam do Velho Continente, o diploma do Estado de Minas

---

[495] *Compendio de theoria e pratica do processo civil comparado com o commercial*, p. 164. Consulte-se, para uma resenha histórica mais aprofundada, TUCCI e CRUZ E TUCCI, Indevido processo legal decorrente da apresentação simultânea de memoriais, in *Devido processo legal e tutela jurisdicional*, p. 87 e segs.

[496] *Praxe forense ou directorio prático do processo civil brasileiro*, p. 165-166.

Gerais (Lei n. 830, de 7-9-1922), assegurava, no art. 368, a possibilidade da apresentação de "razões finais", sucessivas e escritas, no prazo de 10 dias para cada uma das partes, prevendo, no art. 371, o debate oral: "Devolvidos a cartório e preparados os autos para julgamento, designará o juiz, si o requerer alguma das partes e com a intimação dos respectivos advogados, a audiência destinada ao debate oral, que se effectuará dentro dos dez dias seguintes".

A regra da oralidade vinha, então, defendida de modo obstinado por ARTHUR RIBEIRO, autor do Projeto do Código mineiro, ao salientar, na discussão que precedeu a sua promulgação, que: "na exposição de motivos já dei a razão por que entendi introduzir na economia do nosso Direito Judiciário o instituto do debate oral, nos termos em que, com melhores resultados, foi estabelecido na legislação bahiana...".[497]

Conclui-se, pois, à luz da tradição jurídica brasileira, que as "razões finais", por escrito ou em forma de debate oral, sempre foram apresentadas, como é curial, sucessivamente, isto é, ensejando-se a que o réu se manifestasse após conhecer o teor das alegações do autor, em estrita observância das regras do contraditório e da publicidade dos atos processuais.

Com o restabelecimento da unidade legislativa em matéria processual (art. 16, XVI, da CF/1937), vem editado o nosso primeiro CPC de abrangência nacional.

No que se refere ao assunto ora examinado, dispunha o art. 269 que: "Terminada a instrução, o juiz fixará os pontos a que deverá limitar-se o debate oral. Em seguida, será dada a palavra ao procurador do autor e ao do réu e ao órgão do Ministério Público, sucessivamente, pelo prazo de 20 (vinte) minutos para cada um, prorrogável por 10 (dez), a critério do juiz".

Todavia, a regra da oralidade, então plenamente acatada no diploma de 1939, passou a ser inobservada na prática nas hipóteses de incidência do parágrafo único do art. 271, que, a seu turno, preceituava o seguinte: "Se não se julgar habilitado a decidir a causa, designará, desde logo, outra audiência, que se realizará dentro de 10 (dez) dias, a fim de publicar a sentença".

Consoante esclarecimento de FREDERICO MARQUES, quando a decisão não era prolatada na audiência de debates, a oralidade vinha desvirtuada, uma vez que os "memoriais escritos substituíram, quase que totalmente, a discussão oral da causa".[498]

É bem de ver, por outro lado, que, em tais casos, não era só a oralidade que se delineava comprometida, como também infringidos restavam o

---

497 *Código de Processo Civil (com anotações de Arthur Ribeiro)*, p. 113.
498 *Instituições de direito processual civil*, v. 3, p. 507.

contraditório e a publicidade do debate, porquanto os memoriais, à guisa de razões finais, passaram a ser apresentados, simultaneamente, em cartório.

Como bem vaticinara Gabriel de Rezende Filho, em decorrência do procedimento adotado pelo Código, "acontecerá, na prática, aquilo a que, com chiste se referiu ilustre comentador do Projeto nas colunas do 'Estado de S. Paulo': ... o debate escrito, posto fora pela porta da sala das audiências, voltará aos autos pela porta dos cartórios...".[499]

O CPC de 1973, seguindo a melhor tradição de nosso direito, estabelecia no art. 454 e § 3º que: "Finda a instrução, o juiz dará a palavra ao advogado do autor e ao do réu, bem como ao órgão do Ministério Público, sucessivamente, pelo prazo de 20 (vinte) minutos para cada um, prorrogável por 10 (dez) a critério do juiz... § 3º Quando a causa apresentar questões complexas de fato ou de direito, o debate oral poderá ser substituído por memoriais, caso em que o juiz designará dia e hora para o seu oferecimento".[500]

Nota-se, de logo, que, desde a tramitação legislativa, a letra e o espírito do dispositivo focado vinham mal interpretados (alvitre de inusitado sigilo – repita-se!), com a agravante da prática de entrega simultânea de memoriais que se formara sob a égide do CPC de 1939.

Os mais comezinhos princípios de hermenêutica jurídica evidenciam que o parágrafo de um dispositivo legal não pode ser interpretado isoladamente, isto é, sem se considerar o seu *caput*. Pelo método sistemático, o exegeta deve partir, para bem interpretar as leis, da conexidade entre as partes de um mesmo preceito, e entre este e outros dispositivos do mesmo diploma legal. A compreensão inteira da norma resulta de seu contexto global e jamais de uma parte apenas truncada.[501]

Assim, como os debates são realizados sucessivamente, a substituição destes por memoriais, na hipótese de a causa apresentar questões fáticas ou jurídicas intricadas, também deverá ser sucessiva, e não simultânea!

É, com efeito, de Pereira e Souza a vetusta e irrepreensível afirmação de que: "O privilégio do réu, ou de quem faz as vezes de réu, é sempre dizer em último lugar".[502]

---

499 A reforma processual, in *Processo oral*, p. 204.
500 A redação do transcrito § 3º decorre de emenda apresentada pelo Relator-Geral do Projeto, Sen. Accioly Filho, ao então § 3º do art. 458, substituindo a locução "designará audiência para o seu oferecimento", por "designará dia e hora para o seu oferecimento", justificando a sugestão nos seguintes termos: "Um único juiz não fará 'audiência' para receber os memoriais. A fim de uma das partes não poder ler o memorial da outra, que o entregará antes, marcando-se dia e hora para todos resolve-se o assunto".
501 Cf. Carlos Maximiliano, *Hermenêutica e aplicação do direito*, p. 167.
502 *Primeiras linhas sobre o processo civil, acomodadas ao foro do Brasil*, p. 211, nt. 573.

Acrescente-se que essa é regra de caráter universal, não apenas no âmbito do processo penal (art. 500 do CPP) como, igualmente, na esfera do processo civil.[503]

A doutrina pátria, contudo, influenciada pela praxe do regime anterior, interpretava o aludido § 3º como se o legislador tivesse imposto, quando o juiz reputasse necessário, o oferecimento contemporâneo de razões escritas.

Assim, escreve WELLINGTON MOREIRA PIMENTEL que a lei não esclarece se o oferecimento será feito por ambas as partes, simultaneamente, ao próprio juiz, em seu gabinete, ou se a entrega poderá ser feita em cartório. Esta última forma será, certamente, a que se adotará na prática.[504] Quanto ao modo de apresentação sugerido pelo ilustre processualista, nada há a aduzir; todavia, a simultaneidade explicitada fica, com a devida vênia, por sua exclusiva conta...

Por sua vez, ATHOS GUSMÃO CARNEIRO, em conhecida monografia dedicada à audiência de instrução e julgamento, mesmo fazendo referência aos antecedentes históricos da verba legislativa examinada, acompanha a doutrina, sem qualquer alusão ao problema ora focado.[505]

Como é fácil perceber, e de logo ressaltado, os doutrinadores mais autorizados acomodaram-se à praxe, deixando de vislumbrar o óbvio...

199.2. Precisa redação do art. 364, § 2º, do CPC

Assim, para eliminar qualquer dúvida e considerando a orientação central do CPC quanto à irrestrita observância da bilateralidade da audiência, merece destaque positivo o enunciado do § 2º do art. 364, ao estabelecer, com meridiana clareza, que as razões finais escritas deverão ser oferecidas pelas partes e, inclusive pelo Ministério Público, quando tiver intervindo no processo, "em prazos sucessivos de 15 (quinze) dias, assegurada vista dos autos".

Isso significa que, após a apresentação do memorial do demandante, deverá ser ele juntado aos autos, e só então se abrirá vista ao réu, para que ofereça as suas alegações finais.

Havendo litisconsortes ou terceiros intervenientes, como bem lembra FLÁVIO YARSHELL, diante da omissão do texto legal, tem incidência a regra do *caput* do art. 364, atinente ao tempo dos debates orais, dividindo-se o prazo

---

503 V., e.g., ITALO ANDOLINA e GIUSEPPE VIGNERA, *Il modelo costituzionale del processo civile italiano*, p. 109-110; W. HABSCHEID, *Droit judiciaire privé suisse*, p. 360: "Chaque partie peut de même discuter le résultat d'une instruction pour tenter de dissiper l'impression défavorable qui en résulte, ou pour l'exploiter en sa faveur".

504 *Comentários ao Código de Processo Civil*, p. 476-477.

505 *Audiência de instrução e julgamento*, p. 96-97.

entre os integrantes do polo ativo ou passivo, sem dilatação do interregno de 15 dias, sobretudo se os autos forem eletrônicos.[506]

> **Art. 365.** A audiência é una e contínua, podendo ser excepcional e justificadamente cindida na ausência de perito ou de testemunha, desde que haja concordância das partes.
>
> **Parágrafo único.** Diante da impossibilidade de realização da instrução, do debate e do julgamento no mesmo dia, o juiz marcará seu prosseguimento para a data mais próxima possível, em pauta preferencial.

CPC de 1973 – art. 455
Comparação jurídica – art. 606º do CPC português

200. Generalidades

Com o inescondível propósito de manter coerência com a regra da concentração, o legislador mantém mônedas as várias etapas da audiência de instrução e julgamento, devendo todos os atos, de diversa natureza, que a compõem ser realizados na mesma sessão. Por esta razão é que a audiência será una e contínua, iniciando-se e se encerrando, quando for possível, num único dia.

Todavia, diante de determinados obstáculos, como, por exemplo, o não comparecimento do perito, intimado a prestar esclarecimento, ou de alguma testemunha, o ato da audiência poderá ser interrompido, para continuação em outra oportunidade, desde que haja consenso entre as partes.

Isso significa que a audiência pode ser iniciada na data designada, procedendo-se de forma normal, inclusive com a produção de prova oral, em ordem diferente daquela preestabelecida no art. 361.

Como acima visto, no comentário a esse dispositivo do novo CPC, a ordem da colheita da prova descortina-se apenas preferencial, visto que nada impede que as partes, de comum acordo, alterem-na procurando afastar a sempre indesejada redesignação da audiência.

Não havendo consenso entre os litigantes, se o juiz vislumbrar comportamento voltado a procrastinar a marcha do processo, sem que haja ponderação razoável de uma das partes, deverá intervir para evitar o adiamento da audiência.

201. Continuação da audiência em data próxima

Embora una e contínua, a audiência pode ser interrompida por razões inexoráveis, quando não for possível ultimar, numa única sessão, todas as suas

---

506 *Comentários ao Código de Processo Civil*, 5, p. 382.

etapas, seja porque o tempo tornou-se exaurido, dentro do horário forense, seja pela ausência justificada de uma das pessoas que dela deveriam participar.

Suspensa a audiência, o juiz determinará o seu prosseguimento em data próxima, designando-a em pauta preferencial.

Ressalta, nesse particular, MOACYR AMARAL SANTOS[507] que, como se trata de continuação da audiência de instrução e julgamento, considerando-se que esta se norteia pelos regramentos da concentração e da imediatidade, é de se recomendar que, tais sejam as circunstâncias, alguma outra audiência, em outro processo, tenha de ser sacrificada, ficando prejudicada com a sua redesignação; porque, do contrário, o *dia próximo*, principalmente nas grandes comarcas, será por certo tão distante, pondo a perder as virtudes da oralidade.

O escrevente da sala de audiências deverá intimar, de logo, as partes e os seus patronos da data e horário de sua continuação, e o juiz determinará a intimação do ausente – v.g., perito, testemunha –, com a observância das formalidades legais, cabendo à parte a quem interessa a oitiva daquele providenciar os meios necessários para a efetivação do respectivo ato de comunicação processual.

> **Art. 366.** Encerrado o debate ou oferecidas as razões finais, o juiz proferirá sentença em audiência ou no prazo de 30 (trinta) dias.
>
> *CPC de 1973 – art. 456*
>
> *Comparação jurídica – art. 447 do NCPC francês; art. 190-bis do CPC italiano; art. 434 da LEC espanhola; art. 607º do CPC português; art. 236 do SZO suíço*

202. Generalidades

Ultimando-se a participação dos litigantes no ato da audiência, com os debates orais, o processo encontra-se no estado de receber sentença, a ser proferida, em imediata sequência, pelo mesmo juiz que dirigiu a produção da prova e presenciou a discussão da causa.

Sendo assim possível, o magistrado ditará a sentença ao escrevente, observando os seus requisitos formais, enumerados no art. 489 do CPC. Caso o juiz não tenha condições de julgar a demanda na própria audiência, determinará que os autos lhe venham conclusos para proferir sentença.

Ademais, se os debates forem substituídos pela entrega de razões finais escritas, a audiência será encerrada, sendo que aquelas deverão ser apresentadas em cartório, no prazo fixado no § 2º do art. 364 do CPC.

Encerrado o prazo para o oferecimento de memoriais, com ou sem eles, os autos serão conclusos ao juiz.

---

507 *Comentários ao Código de Processo Civil*, p. 389.

O mesmo art. 366 estabelece o prazo (impróprio) de 30 dias para que o juiz prolate a sentença, a qual será publicada na imprensa oficial, para fins de intimação, de acordo com o art. 1.003 do CPC.

203. Abandono da regra da identidade física do juiz

Deixando de acolher todos os corolários do processo oral, como acima esclarecido, o legislador não repetiu no novo CPC a preceituação do revogado art. 132. Desse modo, não mais vigora em nosso sistema processual civil a regra da identidade física do juiz, podendo então a sentença, em princípio, ser proferida por juiz diferente daquele que presidiu a audiência de instrução e julgamento.

Na verdade, os nossos tribunais já vinham flexibilizando a exigência da identidade física do juiz, para atender, com maior efetividade, ao princípio da duração razoável do processo, como se infere, v.g., de importante precedente da 1ª Turma do Superior Tribunal de Justiça, depois confirmado em inúmeros outros arestos, mantendo-se tal orientação até a presente data, textual: "Na forma do art. 132 do CPC [de 1973], o magistrado que concluir a audiência só não julgará a lide se estiver convocado, licenciado, afastado por qualquer motivo, promovido ou aposentado, caso em que a passará ao seu sucessor. Sob esse enfoque, a Corte Especial deste Tribunal, por ocasião do julgamento do AgRg no Ag 624.779-RS, de relatoria do Ministro Castro Filho, firmou entendimento no sentido de que o princípio da identidade física do juiz não tem caráter absoluto, podendo o juiz titular ser substituído por seu sucessor nas hipóteses previstas no art. 132 do CPC, entre as quais está incluída a expressão 'afastado por qualquer outro motivo', a partir da qual pode-se considerar o afastamento do magistrado em decorrência do regime de exceção/mutirão, que visa a agilização da prestação jurisdicional. Além disso, a jurisprudência entende que a simples alegação de afronta ao referido dispositivo legal não tem o condão de acarretar a nulidade da sentença, porquanto imperioso ventilar qual o prejuízo efetivamente sofrido. No caso em foco, verifica-se da leitura dos fundamentos do acórdão recorrido que, indubitavelmente, foram levados em consideração os elementos probatórios produzidos nos autos, dentre eles, documentos, prova testemunhal e pericial, de modo que, em assim sendo, não há como vislumbrar qualquer prejuízo ao recorrente. E, sem prejuízo, não há nulidade. Com efeito, desde que não haja prejuízo para nenhuma das partes, consoante ocorre na espécie, o princípio do juiz natural pode ser flexibilizado, a fim de conferir efetividade ao Judiciário, como nas hipóteses de mutirões...".[508]

A alteração legislativa agora verificada, certamente, deveu-se a algumas circunstâncias que ensejavam enorme atraso na marcha do processo, quando

---

508 REsp 380.466-PR, rel. Min. BENEDITO GONÇALVES, v.u., *DJe* 22/10/2009.

observada com excessivo rigor a referida norma legal. Mas nem por esta razão, é claro, as causas deixarão de ser julgadas pelo mesmo juiz. Dúvida não persiste quanto às vantagens, veementemente defendidas por CHIOVENDA, no sentido de que a impressão recebida pelo juiz que assistiu aos atos orais, em contato direto com as partes e testemunhas, não pode ser transmitida a outro magistrado, encarregado de julgar a causa: "se o processo foi oral perante o juiz que colheu a prova, torna-se escrito para o que vai decidir!".[509]

Saliente-se, outrossim, que a despeito de ter sido abolida a identidade física, o novo juiz que for proferir sentença, se entender necessário, poderá determinar a repetição de alguma prova oral já produzida.

> **Art. 367.** O servidor lavrará, sob ditado do juiz, termo que conterá, em resumo, o ocorrido na audiência, bem como, por extenso, os despachos, as decisões e a sentença, se proferida no ato.
> **§ 1º** Quando o termo não for registrado em meio eletrônico, o juiz rubricar-lhe-á as folhas, que serão encadernadas em volume próprio.
> **§ 2º** Subscreverão o termo o juiz, os advogados, o membro do Ministério Público e o escrivão ou chefe de secretaria, dispensadas as partes, exceto quando houver ato de disposição para cuja prática os advogados não tenham poderes.
> **§ 3º** O escrivão ou chefe de secretaria trasladará para os autos cópia autêntica do termo de audiência.
> **§ 4º** Tratando-se de autos eletrônicos, observar-se-á o disposto neste Código, em legislação específica e nas normas internas dos tribunais.
> **§ 5º** A audiência poderá ser integralmente gravada em imagem e em áudio, em meio digital ou analógico, desde que assegure o rápido acesso das partes e dos órgãos julgadores, observada a legislação específica.
> **§ 6º** A gravação a que se refere o § 5º também pode ser realizada diretamente por qualquer das partes, independentemente de autorização judicial.

CPC de 1973 – art. 457
Comparação jurídica – art. 235 do SZO suíço

204. Generalidades

Valendo-se da mesma técnica prevista no diploma revogado, o novel legislador disciplina a documentação de todas as vicissitudes verificadas na audiência de instrução e julgamento, inclusive no que respeita ao processo eletrônico.

Assim, além do registro da presença e da identificação dos participantes do ato, o escrevente de sala inserirá no "termo de audiência", sob ditado do juiz,

---

509 *Procedimento oral*, p. 60.

um resumo de tudo de relevante que ocorreu na audiência, bem como a íntegra de todas as decisões e da sentença, quando proferida esta na mesma sessão.

205. Documentação em autos físicos

O juiz rubricará as respectivas folhas, devendo o termo ser subscrito pelo juiz, advogados, representante do Ministério Público, quando tiver intervindo, e pelo escrivão ou escrevente de sala. O termo será encadernado em volume próprio, ficando armazenado no arquivo do cartório (art. 367, § 1º).

Se do termo de audiência constar qualquer ato de disposição para o qual os patronos não detenham poder específico, as partes deverão subscrevê-lo (art. 367, § 2º).

Suponha-se, por exemplo, que as partes celebrem transação sobre alguma parcela do objeto litigioso. Ainda que os advogados tenham sido investidos de poderes para transigir, como as partes se encontram presentes, recomenda-se que elas também assinem o termo.

O escrivão providenciará o traslado, para os autos do processo, de cópia autêntica do termo de audiência.

Se a audiência tiver prosseguimento em outra sessão, lavrar-se-á novo termo.

206. Documentação em autos eletrônicos

Atento à inexorável transição do paradigma do processo físico para o do processo eletrônico, o legislador estabelece, no § 4º do art. 367, que a documentação da audiência de instrução e julgamento, quando eletrônicos os autos, deverá observar a respectiva disciplina, prevista no CPC, em lei específica a ser editada e, ainda, nas normas internas dos tribunais.

Seja como for, nos domínios do processo eletrônico, o termo de audiência será igualmente reproduzido nos autos virtuais.

207. Registro da audiência em vídeo e áudio

Com os olhos voltados para a modernidade, o § 5º do art. 367 contempla significativa novidade, ao autorizar a gravação por imagem e áudio, por meios técnicos adequados, da audiência de instrução e julgamento, sujeitando-se igualmente à normativa própria.

Esta possibilidade, já cogitada há alguns anos, fica condicionada à garantia de rápido e fácil acesso pelo juiz e pelas partes.

Aduza-se que o texto legal em apreço não especifica quem é que fornecerá, se e quando implantada tal faculdade, o aparato técnico para o apontado registro em vídeo e áudio. Considerando a regra do subsequente § 6º, tudo leva a crer que a gravação aqui contemplada tenha um cunho oficial, ficando à disposição do juízo e das partes, em cartório, se os autos forem físicos, ou em algum *link* do processo eletrônico.

Isso significa que, no futuro, as salas de audiência serão dotadas dos artefatos eletrônicos exigidos para a alvitrada finalidade.

208. Autorização *ope legis* da gravação da audiência

Para pôr fim a discussões que ainda hoje ocorrem na sala de audiências, o § 6º do art. 367 permite, com meridiana clareza, que qualquer uma das partes, *independentemente de autorização judicial*, proceda à gravação em imagem e/ou em áudio da audiência de instrução e julgamento.

Nesse caso, como parece evidente, a parte é que deverá providenciar, com a necessária discrição, o aparelhamento necessário para a referida gravação.

> **Art. 368.** A audiência será pública, ressalvadas as exceções legais.
>
> *CPC de 1973 – art. 444*
>
> *Comparação jurídica – art. 433 do NCPC francês; art. 128 do CPC italiano; art. 138 da LEC espanhola; art. 606º do CPC português; § 357 do ZPO alemão; art. 54 do SZO suíço*

209. Generalidades

A publicidade e o dever de motivação estão consagrados, pela moderna doutrina processual, na esfera dos direitos fundamentais, como pressupostos do direito de defesa e da imparcialidade e independência do juiz.

A publicidade do processo constitui um imperativo de conotação política, introduzido, nos textos constitucionais contemporâneos, pela ideologia liberal, como verdadeiro instrumento de controle da atividade dos órgãos jurisdicionais.

É por essa razão que os especialistas têm destacado sua respectiva importância, como, e.g., STALEV, ao afirmar que a publicidade consubstancia-se numa "garantia para o procedimento legal e imparcial dos tribunais, tanto como a veracidade das alegações das partes e das testemunhas, devido à influência disciplinadora propiciada pela possibilidade que concede ao povo de vigiar os atos e termos do processo. Ao mesmo tempo, a publicidade desvela a vertente pedagógica da justiça. No mundo, a publicidade é a mais adequada técnica para uma boa justiça e um dos melhores meios para a educação jurídica da sociedade".[510]

---

[510] Fundamental Guarantees of Litigation in Civil Proceedings: A Survey of the Laws of the European People's Democracies, in *Fundamental Guarantees of the Parties in*

Na mesma linha, COUTURE, ao conceber a publicidade e transparência dos atos processuais como a própria essência do modelo democrático de governo, acrescenta que representa ela um elemento necessário "para a aproximação da justiça aos cidadãos".[511]

Na verdade, já agora segundo assevera FAIRÉN GUILLÉN, a garantia em tela vem baseada na exigência política de evitar a desconfiança popular na administração da justiça, até porque a publicidade consiste num mecanismo apto a controlar a falibilidade humana dos juízes; num meio pelo qual o povo supervisiona a atuação do Poder Judiciário; num instrumento para fomentar o interesse popular pela justiça.[512]

No que concerne à garantia da publicidade, verifica-se, de logo, que o novo diploma processual, além de manter-se fiel aos dogmas clássicos do processo liberal, assegurando, como regra, a *publicidade absoluta* ou *externa*,[513] mostra considerável aperfeiçoamento em relação à legislação revogada.

Em primeiro lugar, como norma de caráter geral, praticamente repetindo o mandamento constitucional (art. 93, IX, da CF), dispõe o art. 11, *caput*, que: "Todos os julgamentos dos órgãos do Poder Judiciário serão públicos, e fundamentadas todas as decisões, sob pena de nulidade".

210. Publicidade da audiência

Acrescente-se que o último dispositivo do capítulo intitulado *Da Audiência de Instrução e Julgamento* – art. 368 do CPC –, de forma incisiva (e até

Civil Litigation, org. CAPPELLETTI e TALLON, p. 406. Cf., ainda, TUCCI e CRUZ E TUCCI, *Constituição de 1988 e processo,* p. 76, à qual me reporto parcialmente no presente comentário. V., a propósito, JOAN PICÓ I JUNOY, *Las garantías constitucionales del proceso,* p. 116 e segs.; e, na literatura pátria, ROBERTO JOSÉ FERREIRA DE ALMADA, *A garantia processual da publicidade,* coord. BEDAQUE e CRUZ E TUCCI, p. 86 e segs.
511 *Fundamentos del derecho procesal civil,* p. 87.
512 *Un proceso actual, oral, concentrado y económico: él del Tribunal de las Aguas de Valencia,* in *Studi in onore di Enrico Tullio Liebman,* v. 4, p. 2.859.
513 É aquela que autoriza o acesso, na realização dos respectivos atos processuais, não apenas das partes, mas ainda do público em geral; *publicidade restrita* ou *interna,* pelo contrário, é aquela na qual alguns ou todos os atos se realizam apenas perante as pessoas diretamente interessadas e seus respectivos procuradores judiciais, ou, ainda, somente com a presença destes.
Observa-se, pois, que a doutrina processual mais recente abandonou a utilização (aliás, atécnica e de todo inapropriada) da expressão "segredo de justiça". Prefere-se, pois, o emprego das locuções "regime de publicidade absoluta" e "regime de publicidade restrita". V., e.g., TOME GARCÍA, *Protección procesal de los derechos humanos ante los tribunales ordinarios,* p. 116; FAIRÉN GUILLÉN, *Los princípios procesales de oralidad y de publicidad general y su carácter técnico o político,* p. 325.

redundante), reza que: "A audiência será pública, ressalvadas as exceções legais".

É dizer, a audiência de instrução e julgamento, assim como todas as demais, será realizada a portas abertas, *coram populo*, para conhecimento difuso de todos, ainda que sem o menor interesse na demanda, cabendo sempre ao juiz manter a ordem e o decoro, exercendo o seu inerente poder de polícia (art. 360 do CPC).

Como bem lembra Athos Gusmão Carneiro, se a audiência for realizada em sigilo, sem que incida a regra impositiva da publicidade restrita, ainda que com a presença das partes e de seus advogados, estará ela acoimada de nulidade, expressamente prevista no art. 93, IX, do texto constitucional.

211. Restrição legal à publicidade

Como exceção do significativo princípio da ampla publicidade, há situações nas quais sobrepuja algum interesse relevante – público ou particular –, impondo-se restrições àquele.

É por esta razão que o parágrafo único do suprarreferido art. 11 do CPC preceitua que: "Nos casos de segredo de justiça, pode ser autorizada a presença somente das partes, de seus advogados, de defensores públicos ou do Ministério Público".

Coerente com esta premissa, dispõe o art. 189 do CPC: "Os atos processuais são públicos, todavia tramitam em segredo de justiça os processos: I – em que o exija o interesse público ou social; II – que versem sobre casamento, separação de corpos, divórcio, separação, união estável, filiação, alimentos e guarda de crianças e adolescentes; III – em que constem dados protegidos pelo direito constitucional à intimidade; IV – que versem sobre arbitragem, inclusive sobre cumprimento de carta arbitral, desde que a confidencialidade estipulada na arbitragem seja comprovada perante o juízo. § 1º O direito de consultar os autos de processo que tramite em segredo de justiça e de pedir certidões de seus atos é restrito às partes e aos seus procuradores. § 2º O terceiro que demonstrar interesse jurídico pode requerer ao juiz certidão do dispositivo da sentença, bem como de inventário e partilha resultante de divórcio ou separação".

Embora mais aperfeiçoado, o novel texto manteve, em linhas gerais, a regra do art. 155 do CPC revogado.

Cabem aqui, pois, algumas observações. Nota-se que o art. 189 continua utilizando, como já visto, a anacrônica expressão "segredo de justiça", ao invés daquela muito mais técnica, qual seja, "regime de publicidade restrita".

Ademais, o interesse a preservar, muitas vezes, não é apenas de conotação "pública", mas, sim, "privada" (por exemplo, casos de erro médico, nos quais a prova produzida pode vulnerar a dignidade da pessoa envolvida),[514] ou seja, de um ou de ambos os litigantes, devendo o juiz, norteado pelo inciso X do art. 5º da Constituição Federal, valer-se do princípio da proporcionalidade, para determinar a "publicidade restrita" na tramitação do respectivo processo. Observe-se que a própria Carta Magna autoriza a limitação da publicidade para proteger a intimidade das partes.[515]

Andou bem o legislador ao zelar, de forma expressa (art. 189, III, do CPC), pela garantia constitucional da privacidade/intimidade de informações respeitantes às partes ou mesmo a terceiros (art. 5º, XII, da CF). Mas isso não basta. Há também outros dados, que, embora não preservados pela mencionada garantia, quando revelados, em muitas circunstâncias, acarretam inequívoco prejuízo a um dos litigantes. Refiro-me, em particular, às ações concorrenciais, às que têm por objeto dados atinentes à propriedade intelectual, ao segredo industrial, ao cadastro de clientes etc. Estas informações, igualmente, merecem ser objeto de prova produzida em "regime de publicidade restrita".

Lembre-se, outrossim, de que, além das situações arroladas no supratranscrito art. 189, o CPC também permite excepcionalmente que se realizem *inaudita altera parte* inúmeros atos processuais, como, v.g., preveem vários dispositivos, uma vez que o interesse preponderante é do próprio requerente, cuja tutela jurisdicional pleiteada poderia sofrer o risco de ineficácia sempre que a outra parte pudesse ter prévio conhecimento da efetivação daquela (por exemplo, art. 300).

Quanto à audiência de instrução e julgamento, nestas situações, a despeito de todos os seus respectivos participantes serem apregoados de viva voz e publicamente, será ela realizada em regime de publicidade restrita, isto é, a portas cerradas, permanecendo na sala, além do juiz e do escrevente, as partes, os advogados e o membro do Ministério Público, quando tiver intervindo na causa.

---

514 Cf., também, Pontes de Miranda, *Comentários ao Código de Processo Civil*, t. 3, p. 71, ao enfatizar que: "Hoje em dia, os respeitáveis interesses do Estado em que se ignore a posição de certos serviços estratégicos, bem como os dos particulares... são tão dignos de proteção quanto o decoro e a moralidade pública". V., sobre o tema, Luigi Montesano, "Pubblico" e "privato" in norme del Codice Civile sulla tutela giurisdizionale dei diritti, in *Scritti in onore di Elio Fazzalari*, v. 2, p. 15 e segs.
Aduza-se, por outro lado, que, a teor de acórdão da 4ª T. do STJ, de relatoria do Min. Fernando Gonçalves, no julgamento do REsp 253.058-MG, v.u., *DJe* 8/3/2010, restou assentado que: "Nos casos de pessoas públicas, o âmbito de proteção dos direitos da personalidade se vê diminuído, sendo admitidas, em tese, a divulgação de informações aptas a formar o juízo crítico dos eleitores sobre o caráter do candidato".

515 Art. 5º, LX, da CF: "a lei só poderá restringir a publicidade dos atos processuais quando a defesa da intimidade ou o interesse social o exigirem".

BIBLIOGRAFIA

ABOLONIN, VADIM. La mediazione in Russia: una nuova strada verso l'ignoto, *Rivista Trimestrale di Diritto e Procedura Civile*, 2011.

ACIERNO, MARIA. La motivazione della sentenza tra esigenze di celerità e giusto processo, *Rivista Trimestrale di Diritto e Procedura Civile*, 2012.

ALBACAR LOPEZ, JOSÉ LUIS. La durata e il costo del processo nell'ordinamento spagnolo, tr. it. Gigliola Funaro, *Rivista Trimestrale di Diritto e Procedura Civile*, 1983.

ALEXY, ROBERT e DREIER, RALF. Precedent in the Federal Republic of Germany, in *Interpreting Precedents*: A Comparative Study, obra coletiva dir. Neil Maccormick e Robert Summers, Adershot, Ashgate, 1997.

ALMADA, ROBERTO JOSÉ FERREIRA DE. *A garantia processual da publicidade*, coord. Bedaque e Cruz e Tucci, São Paulo: RT, 2005.

ALMEIDA JÚNIOR, JOÃO MENDES DE. *A uniformidade, a simplicidade e a economia do nosso processo forense*, São Paulo: Siqueira, Nagel & Cia., 1915.

ALMEIDA JÚNIOR, JOÃO MENDES DE. *Direito judiciário brasileiro*, 5ª ed., atual. João Mendes Neto, Rio de Janeiro: Freitas Bastos, 1960.

ANDOLINA, ITALO e VIGNERA, GIUSEPPE. *I fondamenti costituzionali della giustizia civile*, Torino: Giappichelli, 1997.

ANDOLINA, ITALO e VIGNERA, GIUSEPPE. *Il modello costituzionale del processo civile italiano*, Torino: Giappichelli, 1990.

ANDRADE, LUÍS ANTONIO DE. *Aspectos e inovações do Código de Processo Civil*, Rio de Janeiro: Francisco Alves, 1974.

ARAGÃO, EGAS DIRCEU MONIZ DE. *Comentários ao Código de Processo Civil*, 4ª ed., Rio de Janeiro: Forense, 1983. v. 2.

ARAGÃO, EGAS DIRCEU MONIZ DE. Conexão e tríplice identidade, *Revista de Processo*, 29, 1983.

ARAGÃO, EGAS DIRCEU MONIZ DE. *Sentença e coisa julgada*: exegese do Código de Processo Civil, Rio de Janeiro: Aide, 1992.

ARAÚJO CINTRA, ANTONIO CARLOS DE. *Sobre os limites objetivos da apelação civil*, São Paulo: tese de titularidade, Faculdade de Direito da USP, 1986.

ARENHART, SÉRGIO CRUZ e MARINONI, LUIZ GUILHERME. *Comentários ao Código de Processo Civil*, São Paulo: RT, 2000. v. 5. t. 1.

ARENS, PETER. *Zivilprozessrecht*, 3ª ed., München, Beck'sche, 1984.

ARMELIN, DONALDO. Tutela jurisdicional diferenciada, *Revista de Processo*, 65, 1992.

ARMENTA DEU, TERESA. *La acumulación de autos (reunión de procesos conexos)*, Madrid: Montecorvo, 1983.

ARRUDA ALVIM, Eduardo. *Direito processual civil*, 2ª ed., São Paulo: RT, 2008.
ASSIS, Araken de. *Cumulação de ações*, 2ª ed., São Paulo: RT, 1995.
AZEVEDO, Luiz Carlos de. *Da penhora*, São Paulo: FIEO/Resenha Tributária, 1994.
AZEVEDO, Luiz Carlos de e CRUZ E TUCCI, José Rogério. *Lições de história do processo civil lusitano*, Coimbra-São Paulo: Coimbra Ed./RT, 2009.
AZEVEDO, Luiz Carlos de e CRUZ E TUCCI, José Rogério. *Lições de história do processo civil romano*, 2ª ed., São Paulo: RT, 2013.
AZEVEDO, Luiz Carlos de e CRUZ E TUCCI, José Rogério. *Lições de processo civil canônico*, São Paulo: RT, 2001.
AZEVEDO, Philadelpho de. *Um triênio de judicatura*, São Paulo: Max Limonad, 1955. v. III.
BARBOSA MOREIRA, José Carlos. *A conexão de causas como pressuposto da reconvenção*, São Paulo: Saraiva, 1979.
BARBOSA MOREIRA, José Carlos. A influência do CPC brasileiro no novo Código peruano, *Revista do Advogado da AASP*, São Paulo: n. 40, jul. 1993.
BARBOSA MOREIRA, José Carlos. A resposta do réu no sistema do Código de Processo Civil, *Revista de Processo*, 2, 1976.
BARBOSA MOREIRA, José Carlos. *Comentários ao Código de Processo Civil*, 15ª ed., Rio de Janeiro: GEN-Forense, 2009. v. 5.
BARBOSA MOREIRA, José Carlos. Correlação entre o pedido e a sentença, *Revista de Processo*, 83, 1996.
BARBOSA MOREIRA, José Carlos. O novo Código Civil e o direito processual, *Revista Síntese de Direito Civil e Processual Civil*, 19, 2002.
BARBOSA MOREIRA, José Carlos. *O novo processo civil brasileiro*, 27ª ed., Rio de Janeiro: Forense, 2008.
BARBOSA MOREIRA, José Carlos. Saneamento do processo e audiência preliminar, in *Temas de direito processual*, 4ª s., São Paulo: Saraiva, 1989.
BAUR, Fritz. Wege zu einer Konzentration der mündlichen Verhandlung im Zivilprozess, in *Beiträge zur Gerichtsverfassung und zum Zivilprozessrecht*, Tübingen, Mohr, 1983.
BEDAQUE, José Roberto dos Santos. *Efetividade do processo e técnica processual: tentativa de compatibilização*, São Paulo: Malheiros, 2006.
BEDAQUE, José Roberto dos Santos. *Breves comentários ao novo Código de Processo Civil*, 3ª ed., coord. Teresa Arruda Alvim Wambier et alii, São Paulo: RT, 2016.
BEDAQUE, José Roberto dos Santos. *Instrumentalismo e garantismo: visões opostas do fenômeno processual?*, artigo inédito.
BEDAQUE, José Roberto dos Santos. Os elementos objetivos da demanda examinados à luz do contraditório, in *Causa de pedir e pedido no processo civil (questões polêmicas)*, coord. Cruz e Tucci e Bedaque, São Paulo: RT, 2002.
BEDAQUE, José Roberto dos Santos. *Poderes instrutórios do juiz*, 5ª ed., São Paulo: RT, 2011.
BENDER, Rolf. *The Stuttgart Model*, Acess to Justice, ed. Cappelletti e Weisner, Milano--Sijthoff, Giuffrè/Alphen aan den Rijn, 1979. v. 2. t. 2.

BENETI, SIDNEI AGOSTINHO. Desconsideração da sociedade e legitimidade *ad causam*: esboço de sistematização, in *Aspectos polêmicos e atuais sobre os terceiros no processo civil e assuntos afins,* obra coletiva, coord. Fredie Didier Júnior e Teresa Arruda Alvim Wambier, São Paulo: RT, 2004.

BERZOSA FRANCOS, MARIA VICTORIA. *Demanda, causa petendi e objeto del proceso,* Cordoba: Almendro, 1984.

BONCRISTIANI, DINO. Il nuovo art. 101, comma 2, c.p.c. sul contraddittorio e sui rapporti tra parti e giudice, *Rivista di Diritto Processuale,* 2010.

BONDIOLI, LUIS GUILHERME AIDAR. *Breves comentários ao novo Código de Processo Civil,* 3ª ed., coord. Teresa Arruda Alvim Wambier et alii, São Paulo: RT, 2016.

BONDIOLI, LUIS GUILHERME AIDAR. *Reconvenção no processo civil,* São Paulo: Saraiva, 2009.

BRAGA, PAULA SARNO. *Norma de processo e norma de procedimento,* Salvador: JusPodivm, 2015.

BRAGA DA CRUZ, GUILHERME. A formação histórica do moderno direito privado português e brasileiro, *Revista da Faculdade de Direito da USP,* 50, 1955.

BRESOLIN, UMBERTO BARA. *Revelia e seus efeitos,* São Paulo: Atlas, 2006.

BRIEGLEB, HANS KARL. *Einleitung in die Theorie der summarischen Processe,* Leipzig: Tauchnitz, 1859.

BUENO, CASSIO SCARPINELLA. *Curso sistematizado de direito processual civil,* 7ª ed., São Paulo: Saraiva, 2014. v. 2. t. 1.

BUENO, CASSIO SCARPINELLA. *Partes e terceiros no processo civil brasileiro,* São Paulo: Saraiva, 2003.

BUZAID, ALFREDO. Uniformização da jurisprudência, *Ajuris,* 34, 1985.

CABRAL, ANTONIO DO PASSO. *Convenções processuais.* Salvador: JusPodivm, 2016.

CADIET, LOÏC. Les convenctions relatives au procès en droit français. Sur la contractualisation du règlement des litiges, in *Accordi di Parti e Processo* – suplemento da *Rivista Trimestrale di Diritto e Procedura Civile,* 2008.

CAIANIELLO, VINCENZO. Riflessioni sull'art. 111 della Costituzione, *Rivista di Diritto Processuale,* 2001.

CALAMANDREI, PIERO. *Elogio dei giudici scritto da un avvocato,* 4ª ed., Milano: Ponte alle Grazie, 1959.

CALAMANDREI, PIERO. Oralità nel processo, in *Nuovo Digesto Italiano,* 9, Torino: UTET, 1940 (= *Opere giuridiche,* 1, Napoli: Morano, 1965).

CALAMANDREI, PIERO. *Processo e democrazia,* Padova: Cedam, 1954.

CALMON DE PASSOS, J. J. *Comentários ao Código de Processo Civil,* 3ª ed., Rio de Janeiro: Forense, 1977. v. 3.

CALMON DE PASSOS, J. J. *Da revelia do demandado,* Salvador: Livr. Progresso, 1960.

CANÁRIO, ANTÓNIO COLAÇO. *A reconvenção e a compensação em processo civil,* Lisboa: AAFDL, 1983.

CAPONI, REMO. Autonomia privata e processo civile: gli accordi processuali, *Accordi di Parti e Processo* – suplemento da *Rivista Trimestrale di Diritto e Procedura Civile,* 2008.

CARNEIRO, ATHOS GUSMÃO. *Audiência de instrução e julgamento*, 4ª ed., Rio de Janeiro: Forense, 1992.

CARNEIRO, ATHOS GUSMÃO. *Intervenção de terceiros*, 12ª ed., São Paulo: Saraiva, 2001.

CARNELUTTI, FRANCESCO. Cosa giudicata e sostituzione processuale, *Rivista di Diritto Processuale*, 1942.

CARNELUTTI, FRANCESCO. *Diritto e processo*, Napoli: Morano, 1958.

CARNELUTTI, FRANCESCO. *Istituzioni del processo civile italiano*, 5ª ed., Roma: Foro Italiano, 1956. v. 1.

CARNELUTTI, FRANCESCO. *Lezioni di diritto processuale civile. Processo di esecuzione*, Padova: CEDAM, 1932. v. 1.

CARNELUTTI, FRANCESCO. *Sistema di diritto processuale civile*, 1, Padova: CEDAM, 1936.

CARPES, ARTUR. *Ônus dinâmico da prova*, Porto Alegre: Livraria do Advogado, 2010.

CARPI, FEDERICO. "Flashes" sulla tutela giurisdizionale differenziata, *Rivista Trimestrale di Diritto e Procedura Civile*, 1980

CARPI, FEDERICO. Reflections on the Harmonization of Civil Procedural Law in Europe in relation to the 1968 Brussels Convention, *Scritti in onore di F. Mancini*, 2, Milano: Giuffrè, 1998.

CARVALHO, ALBERTO ANTONIO DE MORAES. *Praxe forense ou directorio prático do processo civil brasileiro*, 3ª ed., Rio de Janeiro: Ribeiro dos Santos, 1910.

CARVALHO, MILTON PAULO DE. *Do pedido no processo civil*, Porto Alegre: Sérgio Fabris/FIEO, 1992.

CARVALHO, MILTON PAULO DE. Pedido novo e aditamento do pedido. O art. 194 do Código de Processo Civil na sua nova redação, in *Processo civil:* evolução – 20 anos de vigência, coord. Cruz e Tucci, São Paulo: Saraiva, 1995.

CAVALLARI, BONA CIACCIA. Contumacia, in *Digesto delle discipline privatistiche* – sezione civile, 4, Torino: UTET, 1989.

CAVALLARI, BONA CIACCIA. *La contestazione nel processo civile*, 1, Milano: Giuffrè, 1992.

CHIARLONI, SERGIO. Il nuovo art. 111 Cost. e il processo civile, *Rivista di Diritto Processuale*, 2000.

CHIOVENDA, GIUSEPPE. *Instituições de direito processual civil*, 2ª ed., trad. port. J. Guimarães Menegale, São Paulo: Saraiva, 1965. v. 1 e 3.

CHIOVENDA, GIUSEPPE. *Principii di diritto processuale civile*, 3ª ed., Napoli: Jovene, 1923.

CHIOVENDA, GIUSEPPE. Procedimento oral, in *Processo oral* (obra coletiva), trad. port. Osvaldo Magon, Rio de Janeiro: Forense, 1949.

CIPRIANI, FRANCO. Nel centenario del regolamento di Klein (il processo civile tra libertà e autorità), *Rivista di Diritto Processuale*, 1995.

CIPRIANI, FRANCO. Prefazione à edição italiana do livro de Montero Aroca, *I principi politici del nuovo processo civile spagnolo*, Napoli: ESI, 2002.

COLESANTI, VITTORIO. Principio del contraddittorio e procedimenti speciali, *Rivista di Diritto Processuale*, 1975.

COMOGLIO, LUIGI PAOLO, FERRI, CORRADO e TARUFFO, MICHELE. *Lezioni sul processo civile*, Bologna: Mulino, 1995.

COMOGLIO, LUIGI PAOLO. Le garanzie fondamentali del "giusto processo", in *Etica e tecnica del "giusto processo"*, Torino: Giappichelli, 2004.

CONCEIÇÃO, Maria Lúcia Lins. A resposta do réu no CPC/2015, *Ideias e Opiniões, Wambier Advocacia*, n. 22, 2015.

CONSOLO, Giovanni, LUISO, Francesco P. e SASSANI, Bruno. *La riforma del processo civile – commentario*, Milano: Giuffrè, 1991.

CORRÊA, Fábio Peixinho Gomes. Direito processual civil alemão, in *Direito processual civil europeu contemporâneo* (obra coletiva), coord. Cruz e Tucci, São Paulo: Lex, 2010.

CORREIA TELLES, José Homem. Comentário crítico à Lei da Boa Razão, Auxiliar Jurídico, apêndice às *Ordenações Filipinas*, Lisboa: Fundação C. Gulbenkian, 1985. v. II.

COSTA, Mário Júlio de Almeida. *Direito das obrigações*, 12ª ed., Coimbra: Almedina, 2009.

COUTO, Camilo José D'Ávila. *Dinamização do ônus da prova no processo civil*, Curitiba: Juruá, 2014.

COUTURE, Eduardo J. *Fundamentos del derecho procesal civil*, 3ª ed., Buenos Aires: Depalma, 1966.

CRUZ E TUCCI, José Rogério e AZEVEDO, Luiz Carlos de. *Lições de história do processo civil romano*, 2ª ed., São Paulo: RT, 2013.

CRUZ E TUCCI, José Rogério e AZEVEDO, Luiz Carlos de. *Lições de história do processo civil lusitano*, Coimbra-São Paulo: Coimbra Ed./RT, 2009.

CRUZ E TUCCI, José Rogério e AZEVEDO, Luiz Carlos de. *Lições de processo civil canônico*, São Paulo: RT, 2001.

CRUZ E TUCCI, José Rogério e TUCCI, Rogério Lauria. *Constituição de 1988 e processo*, São Paulo: Saraiva, 1989.

CRUZ E TUCCI, José Rogério e TUCCI, Rogério Lauria. Indevido processo legal decorrente da apresentação simultânea de memoriais, in *Devido processo legal e tutela jurisdicional*, São Paulo: RT, 1993.

CRUZ E TUCCI, José Rogério. *A causa petendi no processo civil*, 3ª ed., São Paulo: RT, 2009.

CRUZ E TUCCI, José Rogério. *Ação monitória*, 3ª ed., São Paulo: RT, 2001.

CRUZ E TUCCI, José Rogério. *Da reconvenção*, São Paulo: Saraiva, 1984.

CRUZ E TUCCI, José Rogério. Direito processual civil inglês, in *Direito processual civil europeu contemporâneo* (obra coletiva), coord. Cruz e Tucci, São Paulo: Lex, 2010.

CRUZ E TUCCI, José Rogério. Diretrizes do novo processo civil italiano, in *Devido processo legal e tutela jurisdicional*, São Paulo: RT, 1993.

CRUZ E TUCCI, José Rogério. Do relacionamento juiz-advogado como motivo de suspeição, *RT*, 756, 1998.

CRUZ E TUCCI, José Rogério. *Limites subjetivos da eficácia da sentença e da coisa julgada civil*, São Paulo: RT. 2006.

CRUZ E TUCCI, José Rogério. *Lineamentos da nova reforma do CPC*, 2ª ed., São Paulo: Saraiva, 2002.

CRUZ E TUCCI, José Rogério. *Precedente judicial como fonte do direito*, São Paulo: RT, 2004.

CRUZ E TUCCI, José Rogério. Sobre a eficácia preclusiva da decisão declaratória de saneamento, in *Temas polêmicos de processo civil*, São Paulo: Saraiva, 1990.

CRUZ E TUCCI, José Rogério. Técnica processual civil do Código de Defesa do Consumidor, in *Devido processo legal e tutela jurisdicional,* São Paulo: RT, 1993.

CUNHA, Leonardo Carneiro da. *Comentários ao Código de Processo Civil,* 3, São Paulo: RT, 2016.

DANTAS, Marcelo Navarro Ribeiro. *Breves comentários ao novo Código de Processo Civil,* 3ª ed., coord. Teresa Arruda Alvim Wambier et alii, São Paulo: RT, 2016.

DANZ, Wilhelm August Friedrich. *Grundsätze der summarischen Prozesse,* atual. Nikolaus Thaddäus Gönner, Stuttgart: Franz Christian, 1806.

DE CRESCI SOBRINHO, Elício. *Dever de esclarecimento e complementação no processo civil,* Porto Alegre: Fabris, 1988.

DE LA RÚA, Fernando. Procesos lentos y reforma urgente, in *Proceso y justitia,* Buenos Aires: Lea, 1980.

DIAS, Handel Martins. *Condicionamento histórico do processo civil brasileiro: o legado do direito lusitano,* tese de doutorado, Faculdade de Direito da USP, 2015.

DIDIER JÚNIOR, Fredie e ZANETI JÚNIOR, Hermes. O CPC-2015 e a reconvenção em processo coletivo, in *Processo coletivo* (coletânea), Salvador: JusPodivm, 2016.

DIDIER JÚNIOR, Fredie. *Curso de direito processual civil,* 1, 17ª ed., Salvador: JusPodivm, 2015.

DIDIER JÚNIOR, Fredie. *Pressupostos processuais e condições da ação,* São Paulo: Saraiva, 2005.

DIDIER JÚNIOR, Fredie. *Regras processuais no novo Código Civil,* São Paulo: Saraiva, 2004.

DINAMARCO, Cândido Rangel. *Instituições de direito processual civil,* 2 e 3, 6ª ed., São Paulo: Malheiros, 2009.

DINAMARCO, Cândido Rangel. *Intervenção de terceiros,* 2ª ed., São Paulo: Malheiros, 2000.

DI PIETRO, Maria Sylvia Zanella. *Direito administrativo,* 11ª ed., São Paulo: Atlas, 1999.

DREIER, Ralf e ALEXY, Robert. Precedent in the Federal Republic of Germany, in *Interpreting Precedents: A Comparative Study,* obra coletiva dir. Neil Maccormick e Robert Summers, Adershot, Ashgate, 1997

ESTELITA, Guilherme. *Do litisconsórcio no direito brasileiro,* Rio de Janeiro: Freitas Bastos, 1955.

FABRÍCIO, Adroaldo Furtado. *Comentários ao Código de Processo Civil,* 2ª ed., Rio de Janeiro: Forense, 1984. v. 8. t. 3.

FAIRÉN GUILLÉN, Victor. Los princípios procesales de oralidad y de publicidad general y su carácter técnico o político, *Rer. Der. Proc. Ibero Americana,* 1975.

FAIRÉN GUILLÉN, Victor. Un proceso actual, oral, concentrado y económico: él del Tribunal de las Aguas de Valencia, in *Studi in onore di Enrico Tullio Liebman,* Milano: Giuffrè, 1979. v. 4.

FAZZALARI, Elio. *Il processo ordinario di cognizione e la Novella del 1990,* Torino: UTET, 1991.

FAZZALARI, Elio. *Istituzioni di diritto processuale,* 4ª ed., Padova: CEDAM, 1986.

FAZZALARI, Elio. La sentenza in rapporto alla struttura e all'oggetto del processo, in *La sentenza in Europa* (obra coletiva), Padova: CEDAM, 1988.

FAZZALARI, Elio. Le funzione del giudice nella direzione del processo civile, *Rivista di Diritto Processuale*, 1963.

FAZZALARI, Elio. Per un processo comune europeo, *Rivista Trimestrale di Diritto e Procedura Civile*, 1994.

FAZZALARI, Elio. Prefazione, in *La giustizia civile nei paesi comunitari*, obra coletiva dir. Elio Fazzalari, Padova: CEDAM, 1994.

FAZZALARI, Elio. Procedimento e processo (teoria generale), in *Enciclopedia del diritto*, Milano: Giuffrè, 1968. v. 35.

FERRARI, Vincenzo. Etica del processo: profili generali, *Rivista Trimestrale di Diritto e Procedura Civile*, 2014.

FERREIRA, Manuel Alceu Affonso. Funeral da cordialidade, *Revista da CAASP*, dez./2014.

FERREIRA FILHO, Manoel Caetano. *A preclusão no direito processual civil*, Curitiba: Juruá, 1991.

FERRI, Corrado, TARUFFO, Michele e COMOGLIO, Luigi Paolo. *Lezioni sul processo civile*, Bologna: Mulino, 1995.

FETTWEIS, Albert. *Manuel de procédure civile*, Facultè de Droit de Liège, 1985.

FIGUEIRA JÚNIOR, Joel Dias. *Comentários ao Código de Processo Civil*, São Paulo: RT, 2001. v. 4.

FIGUEIREDO MARCOS, Rui Manuel de. *Rostos legislativos de D. João VI no Brasil*, Coimbra: Almedina, 2008.

FIGUERUELO BURRIEZA, Ángela. *El derecho a la tutela judicial efectiva*, Madrid: Tecnos, 1990.

FONS RODRÍGUEZ, Carolina. *La acumulación objetiva de acciones en el proceso civil*, Barcelona: J. M. Bosch, 1998.

FONSECA, Elena Zucconi Galli. La nuova mediazione nella prospettiva europea: note a prima lettura, *Rivista Trimestrale di Diritto e Procedura Civile*, 2010.

FORNACIARI JÚNIOR, Clito. A imensidão da contestação, *Tribuna do Direito*, set. 2015.

FORNACIARI JÚNIOR, Clito. *Da reconvenção no direito processual civil brasileiro*, 2ª ed., São Paulo: Saraiva, 1983.

FRANÇA, Rubens Limongi. Jurisprudência, in *Enciclopédia Saraiva do Direito*, 47, 1980.

FRANÇA, Rubens Limongi. *O direito, a lei e a jurisprudência*, São Paulo: RT, 1974.

FRANCHI, Giuseppe. *La litispendenza*, Padova: CEDAM, 1963.

GAJARDONI, Fernando da Fonseca. *Flexibilização procedimental*, São Paulo: Atlas, 2008.

GALGANO, Francesco. Il precedente giudiziario in civil law, in *Atlante di diritto privato comparato*, Bologna: Zanichelli, 1999.

GANUZAS, Francisco Javier Ezquiaga. *Iura novit curia y aplicación judicial del derecho*, Valladolid: Lex Nova, 2000.

GARAPON, Antoine. *Bien juger. Essai sur le rituel judiciaire*, Paris: Odile Jacob, 1997.

GARBAGNATI, Edoardo. *La sostituzione processuale nel nuovo Codice di Procedura Civile*, Milano: Giuffrè, 1942.

GELSI BIDART, Adolfo. El tiempo y el proceso, *Revista de Processo*, 23, 1981.

GHIRGA, MARIA FRANCESCA. Le novità sul calendario del processo: le sanzioni previste per il suo mancato rispetto, *Rivista di Diritto Processuale*, 2012.

GIUSSANI, ANDREA. Azione di classe, conciliazione e mediazione, *Rivista Trimestrale di Diritto e Procedura Civile*, 2011.

GODINHO, ROBSON. *Negócios processuais sobre o ônus da prova no novo Código de Processo Civil*, São Paulo: RT, 2015.

GONÇALVES NETO, DIÓGENES M. *Tutela condenatória civil e condenação para o futuro*, São Paulo: Quartier Latin, 2010.

GORLA, GINO. Precedente giudiziale, in *Enciclopedia giuridica treccani*, 1990. v. 23.

GRAZIOSI, CHIARA. La terza via e il giudice programmato: spunti sistemici, *Rivista Trimestrale di Diritto e Procedura Civile*, 2011.

GRUNSKY, WOLFGANG. Il cosiddetto "Modello di Stoccarda" e l'accelerazione del processo civile tedesco, *Rivista di Diritto Processuale*, 1971.

GUASP, JAIME. *Derecho procesal civil*, 1, 3ª ed., Madrid: Instituto de Estudios Políticos, 1968. t. 1.

GUIMARÃES, MÁRIO. *O juiz e a função jurisdicional*, Rio de Janeiro: Forense, 1958.

HABSCHEID, WALTER J. *Droit judiciaire privé suisse*, 2ª ed., Genebra: Gerg e Cia., 1981.

HABSCHEID, WALTER J. Giurisdizione e processo civile nella Repubblica Federale Tedesca, *Rivista di Diritto Processuale*, 1987.

HABSCHEID, WALTER J. *Introduzione al diritto processuale civile comparato*, Rimini: Maggioli, 1985.

KELLER, FRIEDRICH LUDWIG. *Ueber Litis Contestation und Urtheil nach classischen Römischen Recht*, Zurique: Gessner'sche, 1827 (reimpr., Leipzig, 1969).

LACERDA, GALENO. *Despacho saneador*, Porto Alegre: Sulina, 1953.

LANCELLOTTI, FRANCO. *La soccombenza requisito di legittimazione alle impugnazioni*, Milano: Giuffrè, 1996.

LARENZ, KARL. *Metodologia da ciência do direito*, 3ª ed., tr. port. José Lamego, Lisboa: Fundação C. Gulbenkian, 1997.

LA TORRE, MASSIMO; TARUFFO, MICHELE. Precedent in Italy, in *Interpreting Precedents: A Comparative Study*, obra coletiva dir. Neil Maccormick e Robert Summers, Adershot, Ashgate, 1997.

LEBRE DE FREITAS, JOSÉ. *Introdução ao processo civil. Conceito e princípios gerais à luz do Código revisto*, Coimbra: Coimbra Ed., 1996.

LEBRE DE FREITAS, JOSÉ. Revisão do processo civil, *Revista da Ordem dos Advogados*, Lisboa: 55, 1995.

LE GALLOU, ANNE. Le juge e le droit: présentation de l'article 12 NCPC, *Revue Juridique de l'Ouest*, 1995. v. 8. n. 4.

LEONEL, RICARDO DE BARROS. *Causa de pedir e pedido. O direito superveniente*, São Paulo: Método, 2006.

LIEBMAN, ENRICO TULLIO. *Efficacia ed autorità della sentenza*, Milano: Giuffrè, 1962, reimpressão.

LIEBMAN, ENRICO TULLIO. *Eficácia e autoridade da sentença e outros estudos sobre a coisa julgada*, tr. port. Alfredo Buzaid e Benvindo Aires, 2ª ed., Rio de Janeiro: Forense, 1981.

LIEBMAN, ENRICO TULLIO. Giudicato – diritto processuale civile, in *Enciclopedia giuridica treccani*, 1989. v. 15.

LIEBMAN, ENRICO TULLIO. Istituti del diritto comune nel processo civile brasiliano, in *Problemi del processo civile*, Napoli: Morano, s.d.

LIEBMAN, ENRICO TULLIO. *Manuale di diritto processuale civile*, 1, 6ª ed., Milano: Giuffrè, 2002.

LIEBMAN, ENRICO TULLIO. Notas às *Instituições de direito processual civil* de Chiovenda, 2ª ed., tr. port. J. Guimarães Menegale, São Paulo: Saraiva, 1965. v. 3.

LIEBMAN, ENRICO TULLIO. The Notion of *Res Judicata, Italian Yearbook of Civil Procedure*, ed. Elio Fazzalari e Maurice Sheridan, Milano: Giuffrè, 1991.

LOBO DA COSTA, MOACYR. *Breve notícia histórica do direito processual civil brasileiro e de sua literatura*, São Paulo: RT/Edusp, 1970.

LOBO DA COSTA, MOACYR. *Cumulação de juízos na ação rescisória*, São Paulo: 1986, separata.

LUCON, PAULO HENRIQUE DOS S. *Código de Processo Civil anotado* (obra coletiva), AASP--OAB/PR, 2015.

LUCON, PAULO HENRIQUE DOS S. *Relação entre demandas*, tese de livre-docência, Faculdade de Direito da USP, 2015.

LUISO, FRANCESCO P. Effetti sostanziali della domanda e conclusione del processo con una pronuncia di rito, *Rivista di Diritto Processuale*, 2013.

LUISO, FRANCESCO P. Poteri di ufficio del giudice e contraddittorio, *Rivista Trimestrale di Diritto e Procedura Civile*, 2011.

LUISO, FRANCESCO P. Principio di eventualità e principio della trattazione orale, *Scritti in onore di Elio Fazzalari*, Milano: Giuffrè, 1993. v. 2.

LUISO, FRANCESCO P., CONSOLO, GIOVANNI e SASSANI, BRUNO. *La riforma del processo civile – commentario*, Milano: Giuffrè, 1991.

MACÊDO, LUCAS BURIL e PEIXOTO, RAVI MEDEIROS. *Ônus da prova e sua dinamização*, Salvador: JusPodivm, 2014.

MACHADO, ANTÓNIO MONTALVÃO e PIMENTA, PAULO. *O novo processo civil*, 2ª ed., Coimbra: Almedina, 2000.

MACHADO, MARCELO PACHECO. *A correlação no processo civil. Relações entre demanda e tutela jurisdicional*, Salvador: JusPodivm, 2015.

MANCUSO, RODOLFO DE CAMARGO. O direito à tutela jurisdicional: o novo enfoque do art. 5º, XXXV, da Constituição Federal. *Revista dos Tribunais*, v. 926, 2012.

MANDRIOLI, CRISANTO. *Corso di diritto processuale civile*, 6ª ed., Torino, Giappichelli, 1985. v. 1.

MARINONI, LUIZ GUILHERME. *Tutela cautelar e tutela antecipatória*, São Paulo: RT, 1992.

MARINONI, LUIZ GUILHERME e ARENHART, SÉRGIO CRUZ. *Comentários ao Código de Processo Civil*, São Paulo: RT, 2000. v. 5. t. 1.

MARINONI, LUIZ GUILHERME e MITIDIERO, DANIEL. *O Projeto do CPC: críticas e propostas*, São Paulo: RT, 2010.

MARQUES, JOSÉ FREDERICO. *Instituições de direito processual civil*, Rio de Janeiro: Forense, 1959. v. 3.

MARQUES, José Frederico. *Manual de direito processual civil*, 10ª ed., São Paulo: Saraiva, 1983. v. 1.

MARQUES, José Frederico. *O direito processual em São Paulo:* São Paulo: Saraiva, 1977.

MARTINETTO, Giuseppe. Contraddittorio (principio del), in *Novissimo Digesto Italiano*, 4, 1959.

MARTINS, Pedro Batista. Em defesa do ante-projeto de Código de Processo Civil, in *Processo oral,* São Paulo: RT, 1940.

MARTINS, Pedro Batista. Sobre o Código de Processo Civil, in *Revista Forense*, 81, 1940.

MAXIMILIANO, Carlos. *Hermenêutica e aplicação do direito*, 6ª ed., Rio de Janeiro: Freitas Bastos, 1957.

MEIRELLES, Edilton. Julgamento antecipado parcial do mérito, *Revista de Processo*, 252, 2016.

MELLO, Patrícia Perrone Campos. *Precedentes*, Rio de Janeiro: Renovar, 2008.

MENCHINI, Sergio. *Il giudicato civile*, Torino: UTET, 1988.

MENDES, João de Castro. *Direito processual civil*, Lisboa: AAFDL, 1987. v. 2.

MENDONÇA LIMA, Alcides de. A primazia do Código de Processo Civil e Comercial do Rio Grande do Sul, in *Direito processual civil*, São Paulo: JB Ed., 1977.

MENDONÇA LIMA, Alcides de. Ação rescisória contra acórdão em agravo de instrumento, *Revista de Processo*, 41, 1986.

MILLAR, Robert Wyness. The Formative Principles of Civil Procedure, in *A History of Continental Civil Procedure,* coord. Arthur Engelmann, New York: Augustus Kelley, 1969.

MINIATO, Lionel. *Le principe du contradictoire en droit processuel*, Paris: LGDJ, 2008.

MITIDIERO, Daniel e MARINONI, Luiz Guilherme. *O Projeto do CPC: críticas e propostas*, São Paulo: RT, 2010.

MITIDIERO, Daniel. *Precedentes: da persuasão à vinculação*, São Paulo: RT, 2016.

MONTELEONE, Girolamo. Principi e ideologie del processo civile: impressioni di un "revisionista", *Rivista Trimestrale di Diritto e Procedura Civile,* 2003 (= Principios y ideologías del proceso civil: impresiones de "un revisionista", in *Proceso civil e ideología*, coord. Juan Montero Aroca, Valencia: Tirant lo Blanch, 2006).

MONTERO AROCA, Juan et alii. *El nuevo proceso civil (Ley 1/2000)*, Valencia: Tirant lo Blanch, 2000.

MONTERO AROCA, Juan. Síntesis de las concepciones históricas del proceso civil, in *Teoría & Derecho – Revista de Pensamiento Jurídico*, 7, Valencia: Tirant lo Blanch, 2010.

MONTERO AROCA, Juan. El proceso civil llamado "social" como instrumento de "justicia" autoritaria, in *Proceso civil e ideología,* coord. Juan Montero Aroca, Valencia: Tirant lo Blanch, 2006.

MONTERO AROCA, Juan. *La legitimación en el proceso civil*, Madrid: Civitas, 1994.

MONTERO AROCA, Juan. *Los principios políticos de la nueva Ley de Enjuiciamiento Civil: los poderes del juez y la oralidad*, Valencia: Tirant lo Blanch, 2001.

MONTESANO, Luigi. "Pubblico" e "privato" in norme del Codice Civile sulla tutela giurisdizionale dei diritti, in *Scritti in onore di Elio Fazzalari,* Milano: Giuffrè, 1993. v. 2.

MONTESANO, Luigi. Diritto sostanziale e processo civile di cognizione nell'individuazione della domanda, *Rivista Trimestrale di Diritto e Procedura Civile*, 1993.

MONTESANO, Luigi. La garanzia costituzionale del contraddittorio e i giudizi civili di "terza via", *Rivista di Diritto Processuale*, 2000.

MONTESANO, Luigi. Luci ed ombre in leggi e proposte di "tutele differenziate" nei processi civili, *Rivista di Diritto Processuale*, 1979.

MURRAY, Peter L. e STÜRNER, Rolf. *German Civil Justice*, Durham: Carolina Academic Press, 2004.

NEGÓCIOS PROCESSUAIS (obra coletiva), 2ª ed., Salvador: JusPodivm, 2016.

NEGRÃO, Theotonio et alii. *Código de Processo Civil e legislação processual em vigor*, 46ª ed., São Paulo: 2014.

NERI, Adriana. Eccezioni rilevabili d'ufficio e preclusioni nel processo ordinario di cognizione, in *Studi in onore di Carmini Punzi*, 1, Torino: Giappichelli, 2008.

NERY JÚNIOR, Nelson e NERY, Rosa. *Código de Processo Civil comentado e legislação extravagante*, 13ª ed., São Paulo: RT, 2013.

NERY JÚNIOR, Nelson e NERY, Rosa. *Comentários ao Código de Processo Civil*, São Paulo: RT, 2015.

NEVES, António Castanheira. *O instituto dos "assentos" e a função jurídica dos Supremos Tribunais*, Coimbra: Almedina, 1983.

NEVES, António Castanheira. *O problema da constitucionalidade dos assentos*, Coimbra: Coimbra Ed., 1994.

NICOLETTI, Carlo A. *La conciliazione nel processo civile*, Milano: Giuffrè, 1963.

NIKISCH, Arthur. *Der Streitgegenstand im Zivilprozess*, Tübingen: Mohr, 1935.

NORONHA, Carlos Silveira. A causa de pedir na execução, *Revista de Processo*, 75, 1994.

NORONHA, Carlos Silveira. *Sentença civil*, São Paulo: RT, 1995.

OLIVEIRA, A. de Almeida. *A assignação de dez dias no foro commercial e civil*, 2ª ed., Rio de Janeiro: Garnier, 1883.

OLIVEIRA, Bruno Silveira de. *Conexidade e efetividade processual*, São Paulo: RT, 2007.

OLIVEIRA, Carlos Alberto Alvaro de. *Do formalismo no processo civil*, 3ª ed., São Paulo: Saraiva, 2012.

OLIVEIRA, Carlos Alberto Alvaro de. Garantia do contraditório, in *Garantias constitucionais do processo civil*, coord. Cruz e Tucci, São Paulo: RT, 1999.

OLIVEIRA, Carlos Alberto Alvaro de. O juiz e o princípio do contraditório, *Revista do Advogado da AASP*, n. 40, 1993 (= *Revista de Processo*, 73, 1994).

OLIVEIRA ASCENSÃO, José de. *O direito. Introdução e teoria geral:* uma perspectiva luso-brasileira, 11ª ed., Coimbra: Almedina, 2001.

PACÍFICO, Luiz Eduardo Boaventura. Direito processual civil italiano, in *Direito processual civil europeu contemporâneo* (obra coletiva), coord. Cruz e Tucci, São Paulo: Lex, 2010.

PALACIO, Norberto Ricardo. *La reconvención en el proceso civil y comercial*, Buenos Aires: Hammurabi, 1976.

PAULA BAPTISTA, Francisco de. *Compendio de theoria e pratica do processo civil comparado com o commercial*, 7ª ed., Lisboa: Livr. Clássica Ed., 1910.

PEIXOTO, Ravi Medeiros e MACÊDO, Lucas Buril. *Ônus da prova e sua dinamização*, Salvador: JusPodivm, 2014.

PEREIRA E SOUZA, Joaquim José Caetano. *Primeiras linhas sobre o processo civil, acomodadas ao foro do Brasil*, Rio de Janeiro: Garnier, 1907.

PESSOA VAZ, Alexandre Mário. *Poderes e deveres do juiz na conciliação judicial*, Coimbra: Coimbra Ed., 1976.

PICARDI, Nicola. *Manuale del processo civile*, Milano: Giuffrè, 2006.

PICÓ I JUNOY, Joan. El derecho procesal entre el garantismo y la eficacia: un debate mal planteado, in *Proceso civil y ideología*, coord. Juan Montero Aroca, Valencia: Tirant lo Blanch, 2006.

PICÓ I JUNOY, Joan. *La buena fe procesal*, Bogotá: Pontificia Universidad Javeriana, 2011.

PICÓ I JUNOY, Joan. *Las garantías constitucionales del proceso*, Barcelona: Bosch, 1997.

PIMENTA, Paulo e MACHADO, António Montalvão. *O novo processo civil*, 2ª ed., Coimbra: Almedina, 2000.

PIMENTEL, Wellington Moreira. *Comentários ao Código de Processo Civil*, São Paulo: RT, 1975. v. 3.

PITOMBO, Sérgio Marcos de Moraes. 4ª capa, in Rogério Lauria Tucci, *Direito intertemporal e a nova codificação processual penal*, São Paulo: J. Bushatsky, 1975.

PONTES DE MIRANDA, Francisco Cavalcanti. *Comentários ao Código de Processo Civil*, Rio de Janeiro: Forense, 1974. t. 4.

PONTES DE MIRANDA, Francisco Cavalcanti. *Comentários ao Código de Processo Civil*, 2ª ed., Rio de Janeiro: Forense, 1979. t. 3.

PORTO, Sérgio. *Comentários ao Código de Processo Civil*, São Paulo: RT, 2000. v. 6.

PROTO PISANI, Andrea. Introduzione (Breve premessa a un corso sulla giustizia civile), in *Appunti sulla giustiza civile*, Bari: Cacucci, 1982.

PROTO PISANI, Andrea. *Lezioni di diritto processuale civile*, Napoli: Jovene, 1994.

PROTO PISANI, Andrea. Problemi della c. d. tutela giurisdizionale differenziata, in *Appunti sulla giustiza civile*, Bari: Cacucci, 1982.

PROTO PISANI, Andrea. Sulla tutela giurisdizionale differenziata, *Rivista di Diritto Processuale*, 1979,

PROVINCIAL, Renzo. *Delle impugnazioni in generali*, Napoli: Morano, 1962.

PUGLIESE, Giovanni. La *litis contestatio* nel processo formulare, *Rivista di Diritto Processuale*, 1951.

REIS, José Alberto dos. *Breve estudo sobre a reforma do processo civil e comercial*, 2ª ed., Coimbra: Coimbra Ed., 1929.

REIS, José Alberto dos. *Comentário ao Código de Processo Civil*, Coimbra: Coimbra Ed., 1946.v. 3.

REZENDE FILHO, Gabriel de. A reforma processual, in *Processo oral*, Rio de Janeiro: Forense, 1940.

RIBEIRO, Arthur. *Código de Processo Civil (com anotações de Arthur Ribeiro)*, Belo Horizonte: Imprensa Oficial, 1922.

RICCI, Edoardo. Il progetto Rognoni di riforma urgente del processo civile, *Rivista di Diritto Processuale*, 1987.

RICCI, GIAN FRANCO. L'allegazione dei fatti nel nuovo processo civile, *Rivista Trimestrale di Diritto e Procedura Civile*, 1992.

RICCI, GIAN FRANCO. *Principi di diritto processuale generale*, Torino: Giappichelli, 1995.

RISPOLI, ARTURO. *Il processo civile contumaciale*, Milano: SEL, 1911.

RIZZI, SÉRGIO. *Ação rescisória*, São Paulo: RT, 1979.

RODRIGUES, FERNANDO PEREIRA. *O novo processo civil. Os princípios estruturantes*, Coimbra: Almedina, 2013.

RODRIGUES, MARCO ANTONIO DOS SANTOS. *A modificação do pedido e da causa de pedir no processo civil*, Rio de Janeiro: GZ Ed., 2014.

ROSAS, ROBERTO. *Direito sumular*, 14ª ed., São Paulo: Malheiros, 2012.

SALVANESCHI, LAURA. Dovere di collaborazione e contumacia, *Rivista di Diritto Processuale*, 2014.

SANTOS, MOACYR AMARAL. As fases lógicas do procedimento ordinário, *Revista Forense*, 243, 1973.

SANTOS, MOACYR AMARAL. *Comentários ao Código de Processo Civil*, 3ª ed., Rio de Janeiro: Forense, 1982. v. 4.

SANTOS, MOACYR AMARAL. *Primeiras linhas de direito processual civil*, 26ª ed., São Paulo: Saraiva, 2010. v. 2.

SANTOS, MOACYR AMARAL. *Prova judiciária no cível e comercial*, 5ª ed., São Paulo: Saraiva, 1983. v. 1.

SASSANI, BRUNO, CONSOLO, GIOVANNI e LUISO, FRANCESCO P. *La riforma del processo civile: commentario*, Milano: Giuffrè, 1991.

SASSANI, BRUNO. *Note sul concetto di interesse ad agire*, Rimini: Maggioli, 1983.

SATTA, SALVATORE. Dalla procedura civile al diritto processuale civile, *Rivista Trimestrale di Diritto e Procedura Civile*, 1964.

SATTA, SALVATORE. *Diritto processuale civile*, 10ª ed., atual. Carmine Punzi, Padova: Cedam, 1987.

SCHAUER, FREDERICK. *Thinking like a Lawyer*, 1ª reed. Indiana-Nova Deli: Universal, 2010.

SERRA DOMÍNGUEZ, MANUEL. *La Ley 1/2000 sobre enjuiciamiento civil*, Barcelona: J. M. Bosch, 2000.

SICA, HEITOR VITOR MENDONÇA. *Breves comentários ao novo Código de Processo Civil*, 3ª ed., coord. Teresa Arruda Alvim Wambier et alii, São Paulo: RT, 2016.

SICA, HEITOR VITOR MENDONÇA. Direito processual civil espanhol, in *Direito processual civil europeu contemporâneo*, coletânea coord. Cruz e Tucci, São Paulo: Lex, 2010.

SICA, HEITOR VITOR MENDONÇA. *O direito de defesa no processo civil brasileiro*, São Paulo: Atlas, 2011.

SICA, HEITOR VITOR MENDONÇA. *Preclusão processual civil*, 2ª ed., São Paulo: Atlas, 2008.

SILVA, OVÍDIO BAPTISTA DA. *Curso de processo civil*, 5ª ed., São Paulo: RT, 2000. v. 1.

SOARES, FERNANDO LUSO. *Processo civil de declaração*, Coimbra, Almedina, 1985.

SOUSA, MIGUEL TEIXEIRA DE. Apreciação de alguns aspectos da "revisão do processo civil – projecto", *Revista da Ordem dos Advogados*, 55, 1995.

SOUSA, MIGUEL TEIXEIRA DE. *Sobre a teoria do processo declarativo*, Coimbra: Coimbra Ed., 1980.

SPADONI, Joaquim Felipe. *Breves comentários ao novo Código de Processo Civil*, 3ª ed., coord. Teresa Arruda Alvim Wambier et alii, São Paulo: RT, 2016.

STALEV, Zhivko. Fundamental Guarantees of Litigation in Civil Proceedings: A Survey of the Laws of the European People's Democracies, in *Fundamental Guarantees of the Parties in Civil Litigation*, ed. Mauro Cappelletti e Denis Tallon, Milano-New York: Giuffrè/Oceana, 1973.

STEIN, Eric. *Un nuovo diritto per l'Europa*, trad. it. Ilaria Mattei, Milano: Giuffrè, 1991.

STEIN, Peter. *I fondamenti del diritto europeo:* profili sostanziali e processuali dell'evoluzione dei sistemi giuridici, Milano: Giuffrè, 1995.

STORME, Marcel. Diritto processuale internazionale, in *La giustizia civile nei paesi comunitari*, obra coletiva dir. Elio Fazzalari, Padova: CEDAM, 1994.

STORME, Marcel. Perorazione per un diritto giudiziario europeo, *Rivista di Diritto Processuale*, 1986.

STRECK, Lênio Luiz. *Jurisdição constitucional e hermenêutica. Uma nova crítica do direito*, Porto Alegre: Livr. do Advogado, 2002.

STÜRNER, Rolf e MURRAY, Peter. *German Civil Justice*, Durham: Carolina Academic Press, 2004.

TALAMINI, Eduardo. *Coisa julgada e sua revisão*, São Paulo: RT, 2005.

TARTUCE, Fernanda. *Mediação nos conflitos civis*, 2ª ed., Rio de Janeiro: GEN-Método, 2015.

TARUFFO, Michele, COMOGLIO, Luigi Paolo e FERRI, Corrado. *Lezioni sul processo civile*, Bologna: Mulino, 1995.

TARUFFO, Michele. Calamandrei e le riforme del processo civile, in *Piero Calamandrei: ventidue saggi su un grande maestro*, Per la storia del pensiero giuridico moderno, 32, coord. Paolo Barile, Milano: Giuffrè, 1990.

TARUFFO, Michele. Dimensioni del precedente giudiziario, in *Scintillae iuris*: studi in memoria di Gino Gorla, Milano: Giuffrè, 1994. t. 1.

TARUFFO, Michele. Il diritto alla prova nel processo civile, *Rivista di Diritto Processuale*, 1984.

TARUFFO, Michele. La struttura del procedimento di primo grado, in *La reforma del processo civile*: linee fondamentali (obra coletiva), Milano: Giuffrè, 1991.

TARZIA, Giuseppe. L'art. 111 Cost. e le garanzie europee del processo civile, *Rivista di Diritto Processuale*, 2001.

TARZIA, Giuseppe. *Lineamenti del nuovo processo di cognizione*, Milano: Giuffrè, 1996.

TEITELBAUM, Jaime W. *El proceso acumulativo civil*, Montevideo: Ed. Amalio M. Fernandez, 1973.

TEIXEIRA, Guilherme Freire de Barros. *Teoria do princípio da fungibilidade*, São Paulo: RT, 2008.

THEODORO JÚNIOR, Humberto. A exceção de prescrição: aspectos substanciais e processuais, in *As novas reformas do Código de Processo Civil*, Rio de Janeiro: Forense, 2006.

THEODORO JÚNIOR, Humberto. *Comentários ao novo Código Civil*, 3ª ed., Rio de Janeiro: Forense, 2005. v. 3. t. 2.

THEODORO JÚNIOR, Humberto. Prescrição: ação, exceção e pretensão, *Revista Magister de Direito Civil e Processual Civil*, v. 51, nov./dez. 2012.

TJÄDER, Ricardo Luiz da Costa. *Cumulação eventual de pedidos*, Porto Alegre: Livraria do Advogado, 1998.

TOME GARCÍA, José Antonio. *Protección procesal de los derechos humanos ante los tribunales ordinarios*, Madrid: Montecorvo, 1987.

TOMMASEO, Ferrucio. *Appunti di diritto processuale civile (note introduttive)*, Torino: Giappichelli, 1991.

TORNAGHI, Hélio. *Comentários ao Código de Processo Civil*, São Paulo: RT, 1974. v. 1.

TROCKER, Nicolò. Poderes del juez y derechos de las partes en el proceso civil: las enseñanzas de Calamandrei y las reformas procesales en Europa, tr. esp. Laura Volpe, *Teoría e Derecho – Revista de Pensamiento Jurídico*, 7, Valencia: Tirant lo Blanch, 2010.

TROCKER, Nicolò. *Processo civile e costituzione:* problemi di diritto tedesco e italiano, Milano: Giuffrè, 1974.

TUCCI, Rogério Lauria e CRUZ E TUCCI, José Rogério. *Constituição de 1988 e processo*, São Paulo: Saraiva, 1989.

TUCCI, Rogério Lauria e CRUZ E TUCCI, José Rogério. Indevido processo legal decorrente da apresentação simultânea de memoriais, in *Devido processo legal e tutela jurisdicional*, São Paulo: RT, 1993.

TUCCI, Rogério Lauria. *Da contumácia no processo civil brasileiro*, tese, São Paulo: 1964.

TUCCI, Rogério Lauria. *Do julgamento conforme o estado do processo*, 3ª ed., São Paulo: Saraiva, 1988.

VAZ, Teresa Sapiro Anselmo. Novas tendências do processo civil no âmbito do processo declarativo comum (alguns aspectos), *Revista da Ordem dos Advogados,* Lisboa: 55, 1995.

VELAYOS, M. I. Measures to Accelerate Spanish Civil Procedure (1881-2003), in *The Law's Delay: Essays on Undue Delay in Civil Litigation,* obra coletiva ed. C. H. VAN RHEE, Antwerp: Intersentia, 2004.

VERDE, Giovanni, Le ideologie del processo in un recente saggio, *Rivista di Diritto Processuale,* 2002 (= Las ideologías del proceso en un reciente ensayo, in *Proceso civil y ideología,* coord. Juan Montero Aroca, Tirant lo Blanch, Valencia, 2006).

VERGÉ GRAU, Joan. *La rebeldía en el proceso civil*, Barcelona: Bosch, 1989.

VIANA, Juvêncio Vasconcelos. Causa de pedir na ação de execução, in *Causa de pedir e pedido no processo civil (questões polêmicas),* coord. Cruz e Tucci e Bedaque, São Paulo: RT, 2002.

VIGNERA, Giuseppe e ANDOLINA, Italo. *I fondamenti costituzionali della giustizia civile*, Torino: Giappichelli, 1997.

VIGNERA, Giuseppe e ANDOLINA, Italo. *Il modello costituzionale del processo civile italiano*, Torino: Giappichelli, 1990.

VON BARGEN, Jan Malte. *Gerichtsinterne Mediation*, Tübingen: Mohr, 2008.

VON MEHREN, Arthur Taylor. Some Comparative Reflections on First Instance Civil Procedure: Recent Reforms in German Civil Procedure and in the Federal Rules, *Notre Dame Law Review*, 63, 1988.

VULLO, Enzo. *La domanda riconvenzionale nel processo ordinario di cognizione*, Milano: Giuffrè, 1995.

WAMBIER, Luiz Rodrigues. *Breves comentários ao novo Código de Processo Civil*, 3ª ed., coord. Teresa Arruda Alvim Wambier et alii, São Paulo: RT, 2016.

WATANABE, Kazuo. *Da cognição no processo civil*, São Paulo: RT, 1987.

WINTER, Lorena Bachmaier. *La rebeldía en el proceso civil norteamericano y español*, Madrid: Univesidad Complutense, 1994.

WLASSAK, Moritz. Die Litiskontestation im Formularprozess, in *Festschrift B. Windscheid,* Leipzig: Duncker & Humblot, 1889.

YARSHELL, Flávio Luiz. *Comentários ao Código de Processo Civil*, 5, Yarshell, Setoguti e Rodrigues, São Paulo: RT, 2016.

YARSHELL, Flávio Luiz. *Curso de direito processual civil*, São Paulo: Marcial Pons, 2014. v. 1.

ZANETI JÚNIOR, Hermes e DIDIER JÚNIOR, Fredie. O CPC-2015 e a reconvenção em processo coletivo, in *Processo coletivo* (coletânea), Salvador: JusPodivm, 2016.

ZANZUCCHI, Marco Tullio. *Nuove domande, nuove eccezioni e nuove prove in appello (art. 490-491 CPC)*, Milano: Soc. Ed. Libr., 1916.